国家重点档案专项资金资助项目

民国时期重庆民族工业发展档案汇编

重庆电力股份有限公司

第⑧辑

重庆市档案馆◎编

唐润明◎主编

西南师范大学出版社

国家一级出版社 全国百佳图书出版单位

目录

五、计划总结

目录

六、生产经营

目录

五、计划总结

重庆电力股份有限公司一九三六年度报告书（一九三六年） 0219-2-4

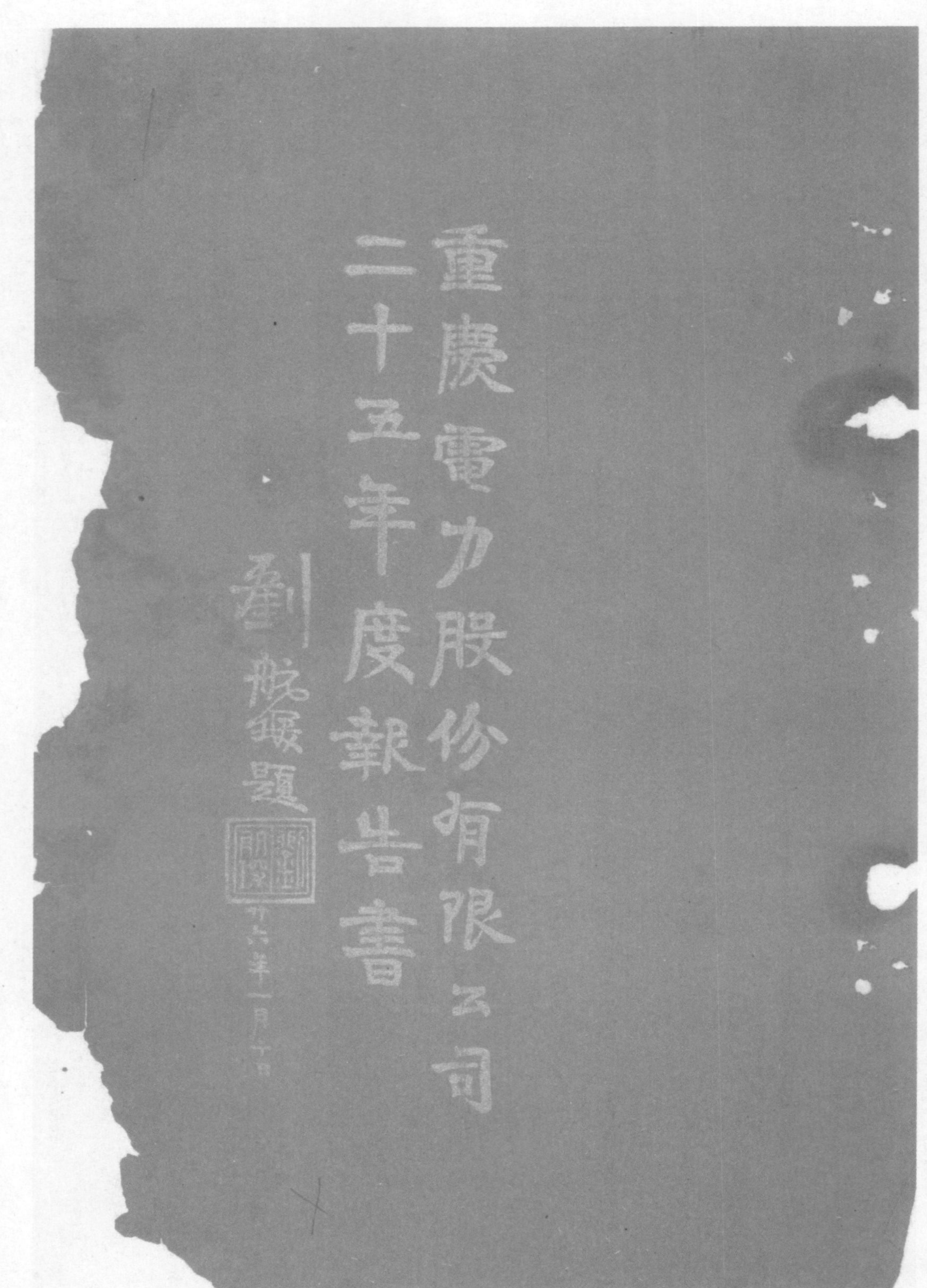

重慶電力股份有限公司

二十五年度報告書

劉航琛題

廿六年一月十[illegible]

重庆电力股份有限公司一九三六年度报告书（一九三六年） 0219-2-4

重庆电力股份有限公司一九三六年度报告书（一九三六年） 0219-2-4

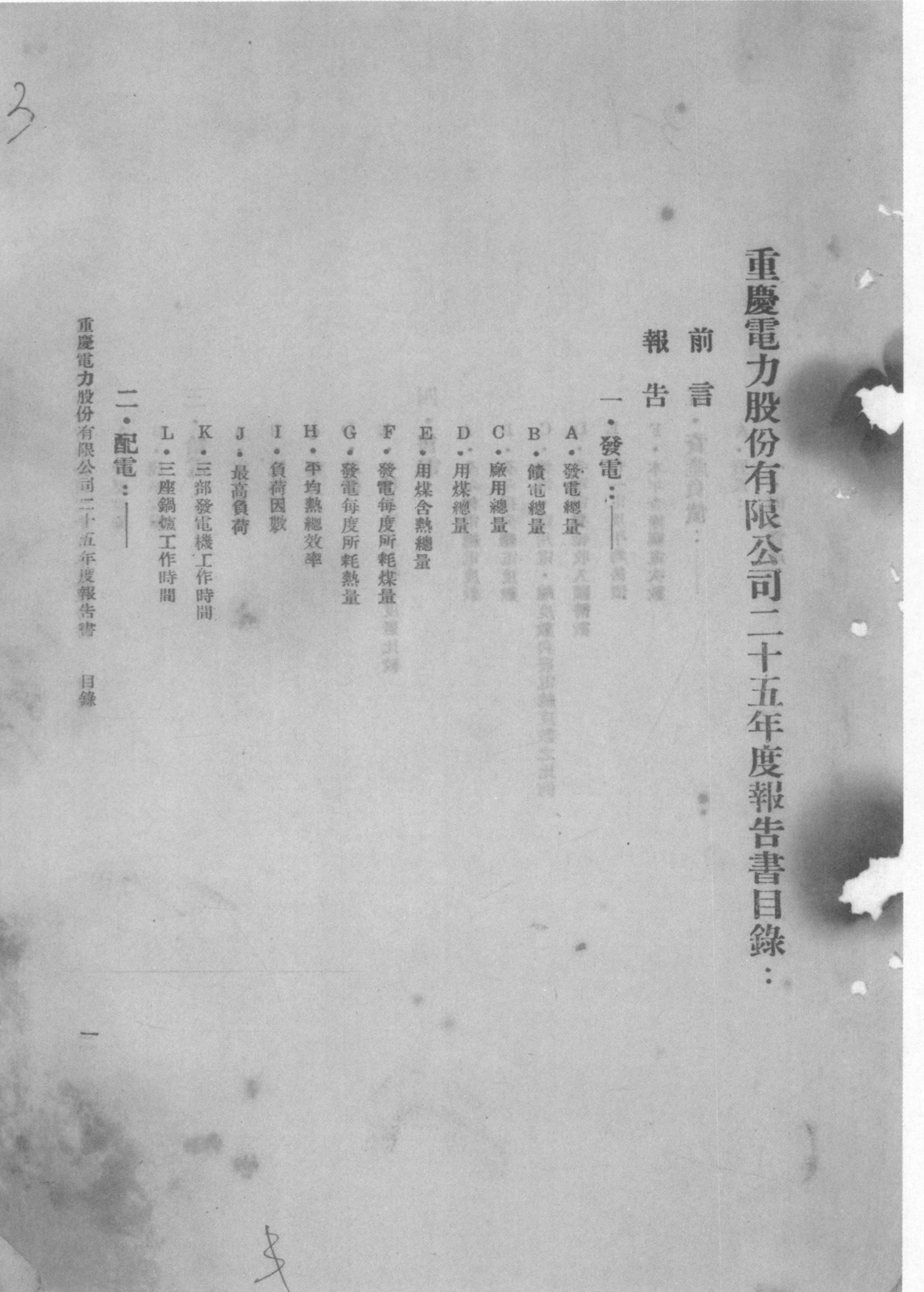

重慶電力股份有限公司二十五年度報告書目錄：

重庆电力股份有限公司一九三六年度报告书（一九三六年） 0219-2-4

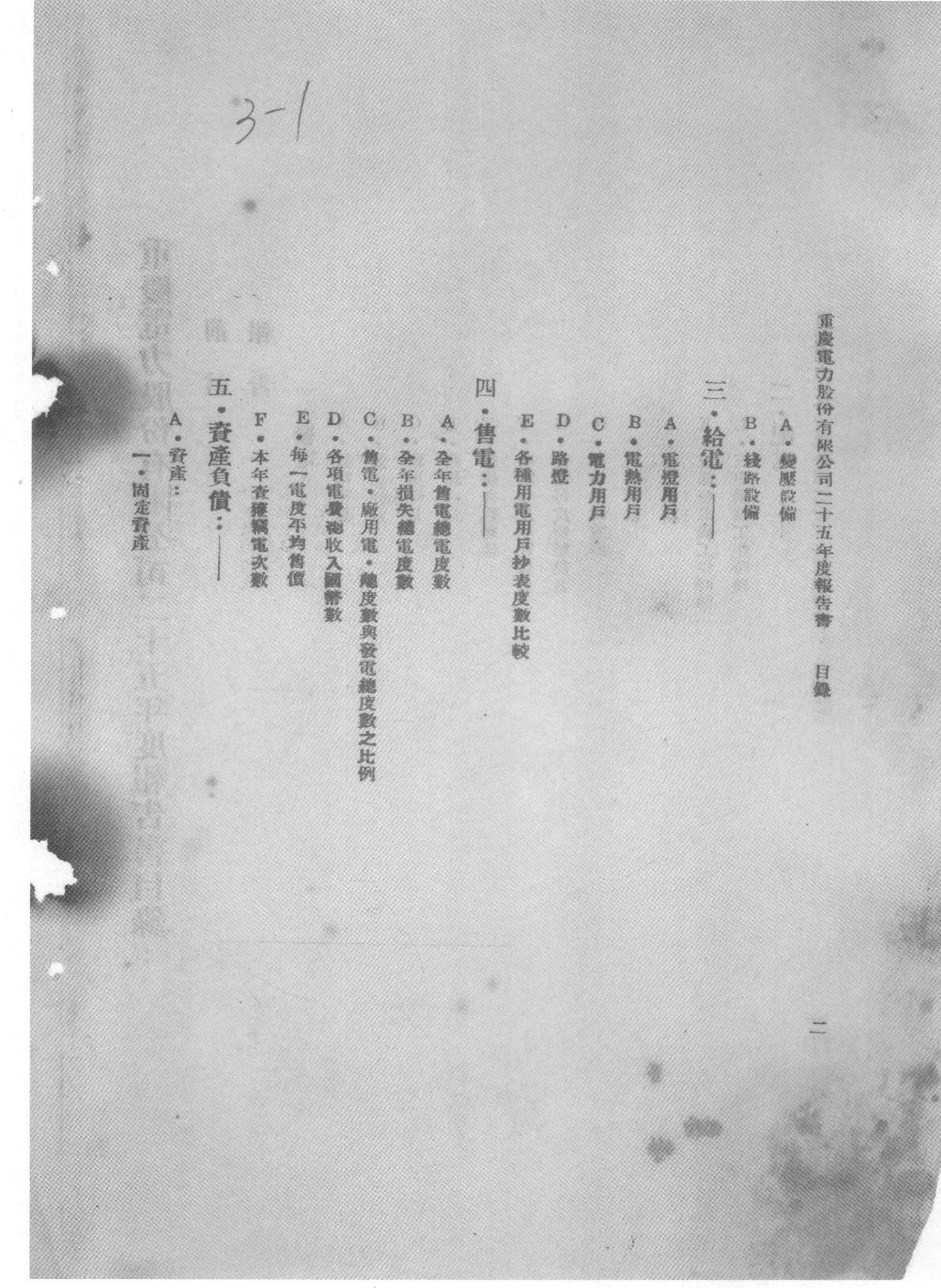

重慶電力股份有限公司二十五年度報告書　目錄　二

A・變壓設備

B・綫路設備

三・給電：——

A・電燈用戶

B・電熱用戶

C・電力用戶

D・路燈

E・各種用電用戶抄表度數比較

四・售電：——

A・全年售電總電度數

B・全年損失總電度數

C・售電・廠用電・總度數與發電總度數之比例

D・各項電費徵收入國幣數

E・每一電度平均售價

F・本年查獲竊電次數

五・資產負債：——

A・資產：

一・固定資產

重庆电力股份有限公司一九三六年度报告书（一九三六年）　0219-2-4

圖表

帳目

重庆电力股份有限公司一九三六年度报告书（一九三六年）　0219-2-4

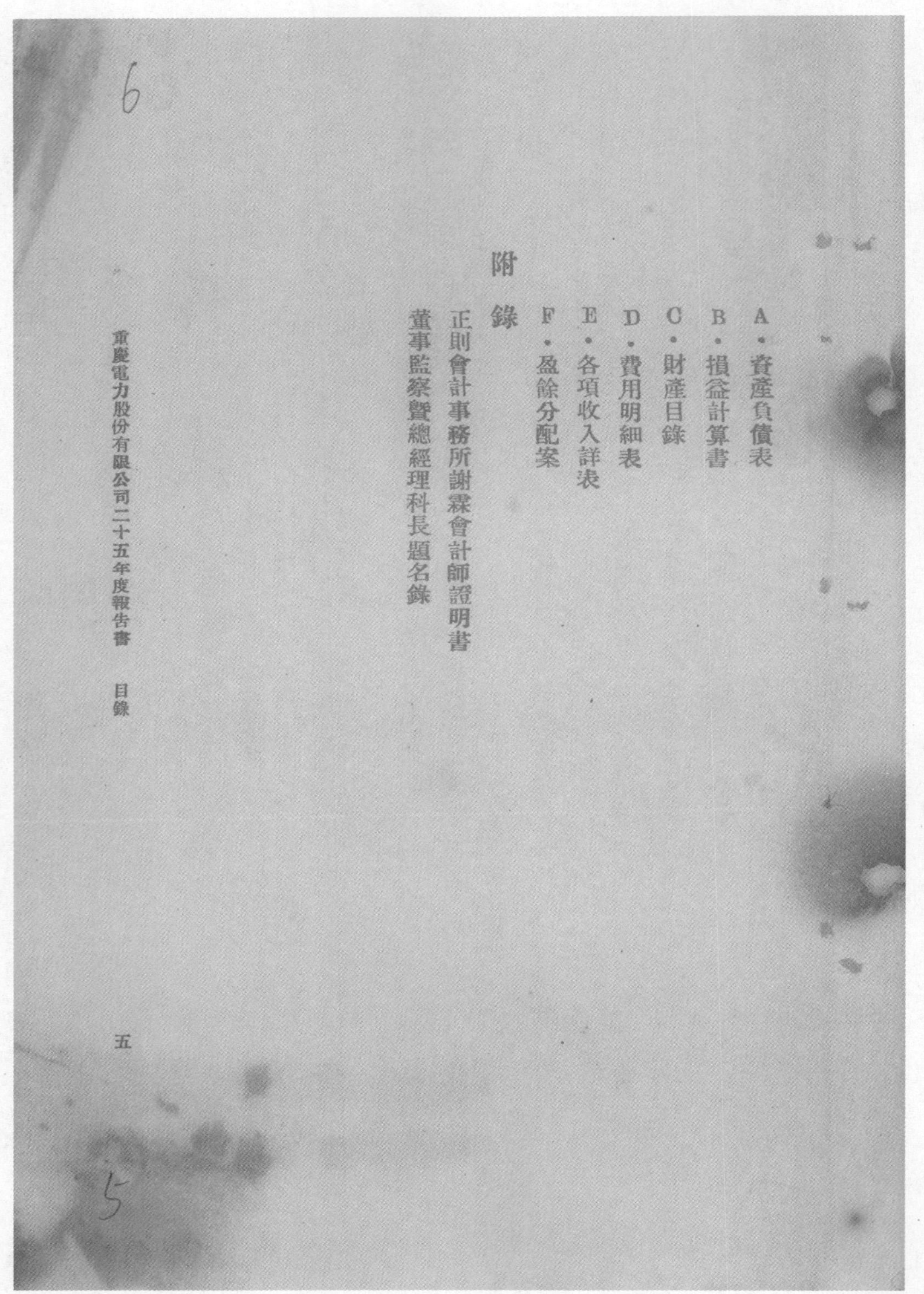

附錄

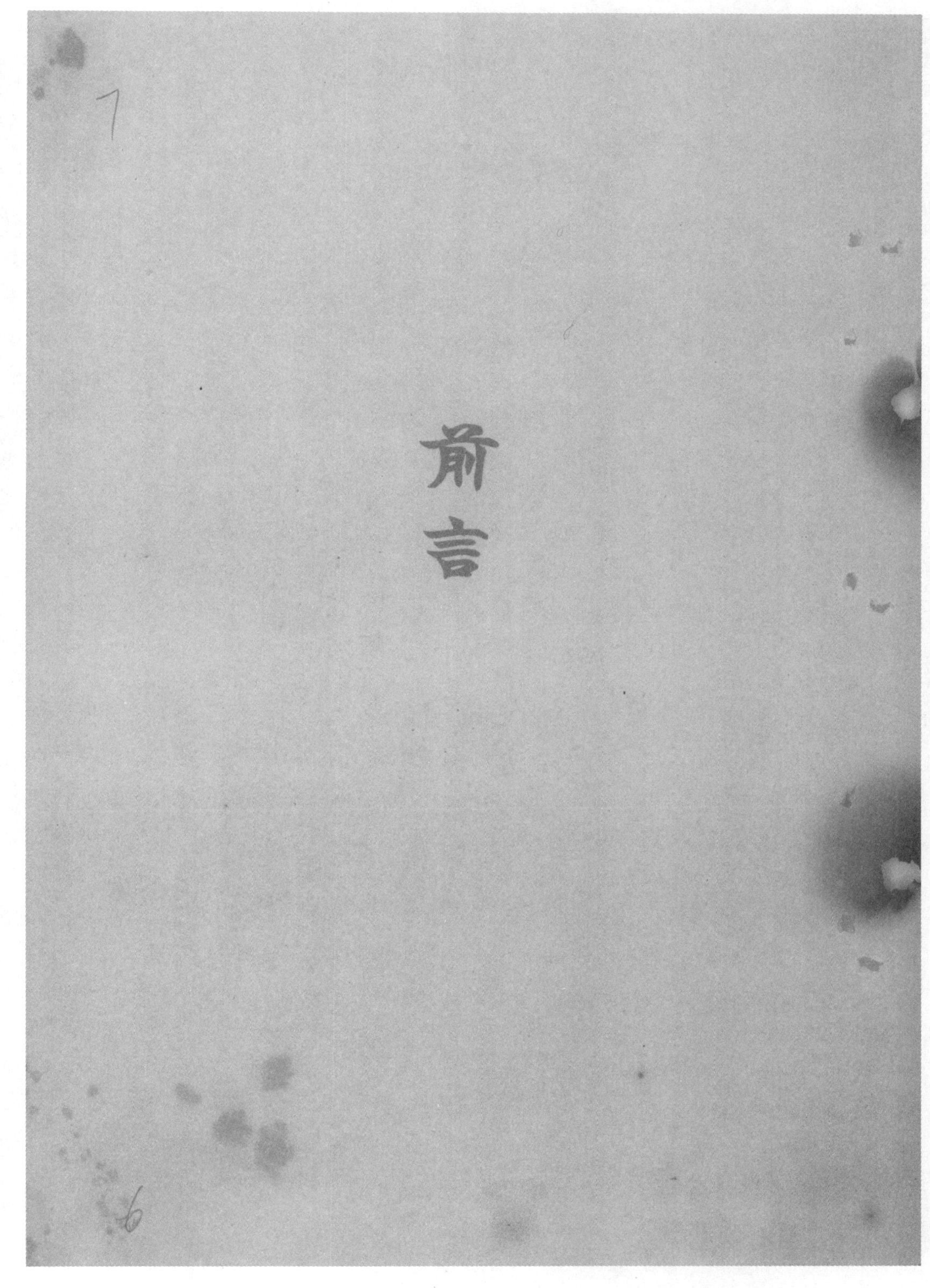

前言

重庆电力股份有限公司一九三六年度报告书（一九三六年） 0219-2-4

前言

總經理 劉航琛

本公司二十五年度決算報告書，爲第一屆會計年度終始之結果。乃本公司於二十四年二月一日正式成立以來的兩年過程中，其一切組織系統，均趨納於具體化；抑卽得以奠定鞏固之基礎。

查本公司自二十四年度一月份起，截至二十五年度六月份爲止；其業務・工務・會計・等情形；及其概算結算，已詳「第一次臨時股東大會報告書」，茲不復贅。

關於本報告書之內容：係就本年整個年度內之工務・業務・會計・諸方面，依照「會計規程」之規定，確切統計，分門縷列；並附以數字圖表。俾期瀏覽詳盡，確知本公司二十五年度之眞實情形。

際茲全國各種企業，均籠罩於深深底不景氣雰圍中，以公用事業言：本公司之經營電氣事業，得以在渝市日臻發展者，其最大因素，爲本公司之企業，已適合於現代渝市社會之一般的需要。故足以促進各種輕重工業之循序晉展；而同時形成今日渝市社會之繁榮。是則本公司之興起，有其備具之必然條件在；實亦爲

9

復興渝市社會經濟的當務之急，可斷言也。

復以本公司之整個情形言：其所以能有表現今日比較圓滿之成績者，固有賴職工同仁之孜孜努力；復幸蒙　政府及社會人士之維護及提倡，始得蔚成企業之大觀。然亦我股東諸君之期勉砥礪，羣策羣力，有以致之者矣！

重庆电力股份有限公司一九三六年度报告书（一九三六年） 0219-2-4

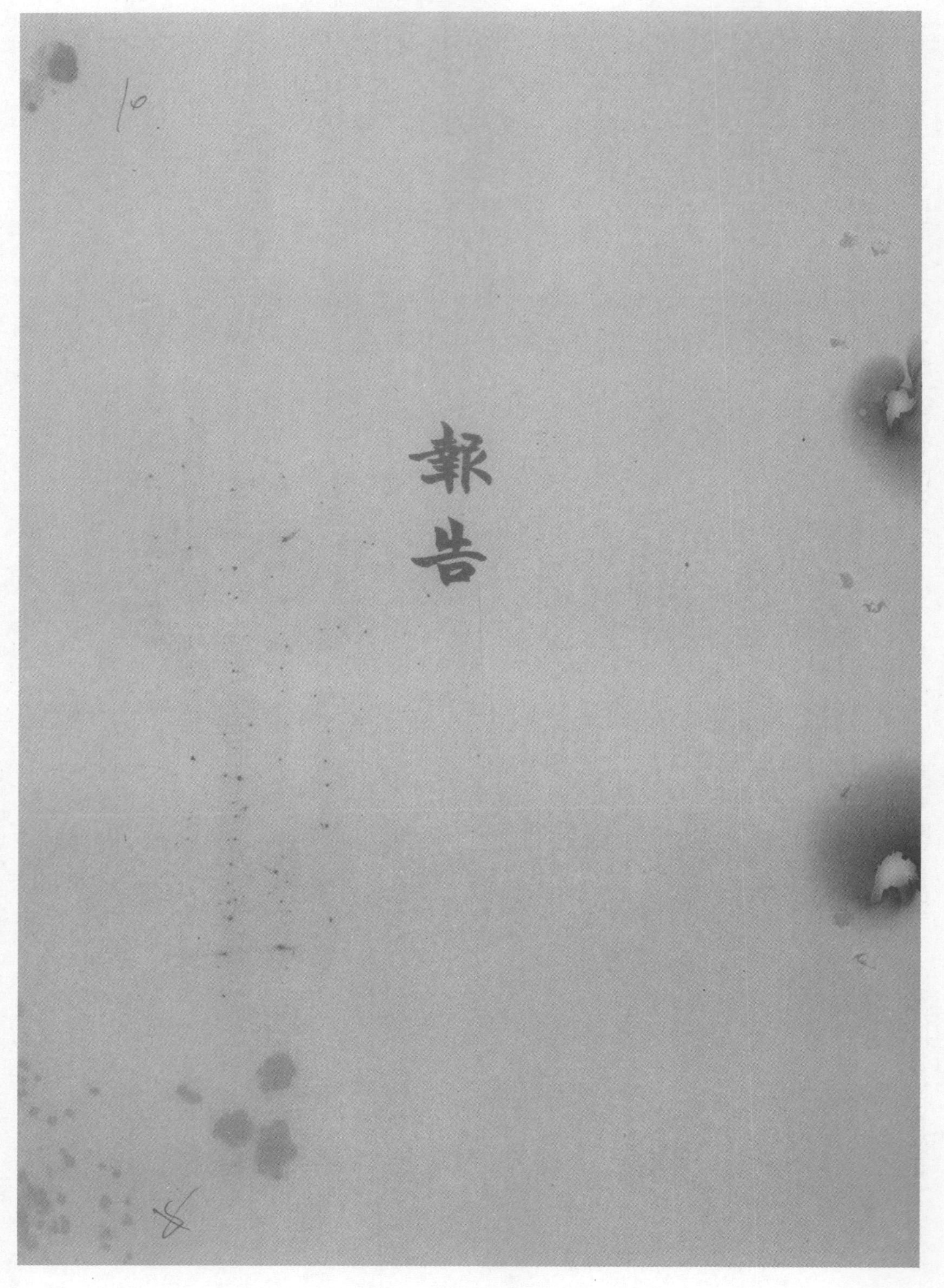

一，發電：——

項　目：	二十五年度全年統計：
A. 發電總量	六·〇九三·七〇〇度
B. 饋電總量	五·八三二·九九一度
C. 廠用總量	二六〇·七〇九度
D. 用煤總量	八七五·二四五噸
E. 用煤含熱總量	四八·五四四卡X。10
F. 發電每度所耗煤量	一·四四公斤
G. 發電每度所耗熱量	七·九七五卡
H. 平均熱總效率	一〇·七三百分比
I. 負荷因數	三四·四〇百分比
J. 最高負荷	二三八〇瓩
K. 三部發電機工作時間：	
第一部	一一三九小時
第二部	五三九七小時

重庆电力股份有限公司一九三六年度报告书（一九三六年）　0219-2-4

12

第三部……四七九六小時

L　三座鍋爐工作時間：

第一座……一三三〇小時

第二座……四九八八小時

第三座……五二七二小時

（說明）：㈠上列各項：係根據本年度逐月發電月報彙集。

㈡其中（C）項包括廠房所用電力，及與分電站之電燈電度。

㈢（B）項係爲（A）項與（C）項之差數。

㈣（E）項之計算，因廠房未有「化驗設備」，故暫時祇能假定用煤每公斤含熱五五六〇卡計算。

㈤全年總數（A），（B），（C），（D），（E），（k），（L），各項計算者，非各月之平均數。

二，配電：——

A，變壓設備：

本廠現有輸電，及配電綫路，尚未有較高於發電電壓之運用。故升高變壓設備者，尚付闕如。所有之變壓設備，盡屬降壓；其高壓電壓全係五二五〇伏，或五〇〇〇伏。低壓方面除一二專用變壓器外，幾全爲三八〇伏及二二〇伏，其出品廠家，大部屬於英國茂偉廠，及中國益中公司，尚有一二屬於美國製品。

13

變壓器之能量，最大者達五〇〇開維愛（K．V．A．）最小者爲五開維愛。內中本廠自有者三九具，其總能量爲二五五五開維愛。其餘係用戶所自購備，較諸二十四年年終，本廠自有僅爲三一具，總能量爲一八九〇開維愛，已有顯著之增加。且目前各變壓器之能量，頗少剩餘，故日後之增進與擴充，尚無限量也。

B，綫路設備：

項目	二十五年度全年統計：
一，木桿	三六一四根
二，鐵塔（揚子江，嘉陵江，電廠總站，分站，各二座）	八座
三，過江綫（爲三相）	一．三四公里
四，高壓綫路	四〇．一六公里
五，低壓綫路（共計）	八五．六九公里
甲．三相者	五二．四〇公里
乙．兩相者	二．一六公里
丙．單相者	三一．一三公里

（說明）：㈠上列公里數字，係指綫路之長度言，非爲導綫之長度。因接頭及弧垂關係，導綫之實長，須較綫路之長度稍大。

重庆电力股份有限公司一九三六年度报告书（一九三六年） 0219-2-4

㈡普通所用導綫，均用爲硬銅絲絞成者。高壓風雨包皮綫，最大截面爲一〇〇平方公厘，最小五·二五平方公厘。

㈢過江綫全用銅鋁合金絞綫，截面一律爲三九平方公厘，銅與鋁之比爲4．3。

㈣本年度高低綫路伸長數量，頗有可觀；祇因過去創辦之初未有年終之統計，故不能得精確之比較。

三，給電：——

項目：		二十五年度全年統計：
A. 電燈用戶：	（共計）	一〇·三九二戶
甲，本市區		九·六五一戶
乙，江北區		六〇八戶
丙，南岸區		一三三戶
B. 電熱用戶：	（共計）	三七戶
甲，本市區		三七戶
乙，江北區		（無）
丙，南岸區		（無）
C. 電力用戶：	（共計）	九六戶

15

甲，本市區……八九戶

乙，江北區……二戶

丙，南岸區……五戶

D. 路燈：……一·三八八盞

E. 各種用電用戶抄表度數比較：（全年統計）

年月	電燈：	電力：	電熱、	路燈：	合計：
廿四·十二·	一四五五〇三·六七	一〇六七一〇·〇〇	一五四八·六〇	三八三〇八·四四	三九一八七〇·六一
廿五·一·	二六四五七三·七七	九六九三〇·〇〇	四八六四·四〇	三八三〇八·四四	三九五九九五·六一
二，	一三三三二九·〇九	一〇二〇六三·〇〇	六六六一·七〇	三八三〇八·三三	三八四四五一·一二
三，	二三〇一六四·八一	一〇〇六七一·七〇	三八四六·六〇	三八三〇八·三三	三六二九九一·四四
四，	二〇七六七二·九九	九九四九一·一〇	六一七·八〇	三八三〇八·二三	三四六三〇〇·一三
五，	一九四九九九·六五	一一二三四九·〇〇	二四四·〇〇	三八三〇八·三三	三四五九九〇·九八
六，	二〇七五七五·一六	一一三五五〇·〇〇	三三一·四〇	三八三〇八·三三	三八〇七六四·八九
七，	二〇六一二三·〇四	一六六〇五五·一〇	三三八·一〇	三八三〇八·三三	四一〇八六三·五七
八，	二二八五九七·四三	一〇八五五〇·八七	四八〇·八一	三八三〇八·三三	四六五七三七·四四
九，	二二五四四七·二〇	一七六二三一·三〇	五二七·三五	三八三〇八·三三	四七二三八四·一八
十，	二二七六〇三·六八	一五五六〇九·九二	七二三·九〇	三八三〇八·四四	四六六六五五·八一

重慶電力股份有限公司二十五年度報告書　給電　五

重庆电力股份有限公司一九三六年度报告书（一九三六年） 0219-2-4

16

十一，　三二四八〇〇·一四　一三三五九·一六　一三三〇·八〇　三六三〇八·一三　四七五六六八·六四

總計：　二六三三四五八·七二　一五八三六九〇·一五　二三五三五·四六　四九七〇〇·〇〇　四八九八三七四·三三

「說明」：㈠本年度逐月路燈度數，係用全年路燈用電總度數，以十二個月平均計算。

㈡各月售出電度，均係於各該月份之次月製票收費；故本表上所列月份，係在製票月份之前一月。

四，售電：——

A，全年售電總電度數：　四八九八三七四，三三度。

B，全年損失總電度數：

供電系之電度損失，似爲極簡單之計算；僅須將饋電之總度數，減去售電總度數卽得。惟事實上欲得精確之結果，比較困難。因：——

㈠用戶電表，不能於短時間內逐戶抄完，故時間上不能一致。

㈡不可避免之竊電，及強用電流損失，其數量雖不多，但無法稽考。

準上各因；故研究供電系之損失，除以饋電及售電度數爲根據外；當再加以計算上之參考。

本年度饋電總度數爲：五·八三二一·九九一·〇〇度。售電總度數爲：四·八九八·三七四·三三度。相差九三四·六一六·六七度中，假定全年變壓器之總容量爲二五〇〇開維愛，

則其「鐵耗」當爲一二〇・〇〇〇度。最高負荷時，平均電壓降落，大約爲百分之十；則變壓器及綫路之「銅耗」爲一三六・〇〇〇度。至綫路之漏電度數爲極少，無須計及。其餘之四九九・〇〇〇度中，一部份爲竊電，及其他之不正確所致。

C，售電，廠用電，總度數與發電總度數之比例：（百分比）

由上項所述各節爲依據，假定饋電總度數爲一〇〇，則售電總度數爲百分之八五・五。損失電度爲百分之一四・五中，百分之五・九爲確實之供電損失；其餘百分之八・六爲屬於竊電。

D，各項電費總收入國幣數： 八七〇・〇一八・五九元。

E，每一電度平均售價： 〇・一八弱。

電燈每度平均價……〇・二五强。

電力每度平均價……〇・〇七强。

電熱每度平均價……〇・〇九弱。

路燈每度平均價……〇・〇四强。

F，本年查獲竊電次數：

項　目： 次數

處理竊電案　六四件

隨時剪除强用電流案　二九五戶

五，資產負債：——

A，資產：　(合計)三・六九一・九八二・九七國幣。

項目：	二十五年度年終統計：
一，固定資產	二・五九一・三三一・四九國幣。
二，流動資產	五四六・二一五・七九國幣。
三，雜項資產	五五四・四三五・六九國幣。

B，負債：　(合計)三・六九一・九八二・九七國幣。

項目：	二十五年度年終統計：
一，資本及公積	二・五〇三・三八九・八四國幣。
二，長期負債	四〇〇・〇〇〇・〇〇國幣。
三，短期負債	二一一・四〇〇・九五國幣。
四，雜項負債	一六〇・〇八七・一九國幣。
五，盈餘	四一七・一〇四・九九國幣。

六，損益計算：——

A，收入：　（合計）九〇六·一八九·二三國幣。

項　目：	二十五年度年終統計：
一，電費收入	八七〇·〇一八·五九國幣。
二，營業收入	一三·一八六·九〇國幣。
三，雜項收入	二二·九八三·七四國幣。

B，支出：　（合計）五一九·五九二·八一國幣。

項　目：	二十五年度年終統計：
一，發電費用	二〇六·〇九〇·七四國幣。
二，供電費用	九九·五七三·七八國幣。
三，營業費用	三七·七五六·〇三國幣。
四，管理費用	一七六·一七二·二六國幣。

七，盈餘：——

重庆电力股份有限公司一九三六年度报告书（一九三六年）　0219-2-4

A、盈餘金額：　四一七·一〇四·九九國幣。

一，前期盈餘滾存　三〇·五〇八·五七國幣。

二，本期盈餘　三八六·五九六·四二國幣。

B，淨餘金額：（除提存公積及撥付股息外之淨餘金額）　三二一·四七五·〇五國幣。

八，擴充營業區域：

本公司營業區域，截至二十四年度年終爲止：一爲重慶區，及新市區，西至李子壩。二爲江北區，自江北城沿嘉陵江上游至相國寺。當時因南岸尚未供電，未能營業。迄至本年度年終爲止，因供電綫路之伸長：——

㈠新市區之西端，已擴充至浮圖關；一面伸長至化龍橋。（該段因工程尚未完成，目前尚未供電營業。）

㈡江北自相國寺延長至董家溪。

㈢南岸至銅元局，瑪瑙溪，海棠溪，上龍門浩，下龍門浩一帶，均已供電營業。

預計明年擴充計劃：南岸綫路即可完成下龍門浩至彈子石一段。江北綫路可增進至磁器口，及九龍舖之輸電綫。是則本公司今後營業區域之增進，當極有可觀也。

重庆电力股份有限公司一九三六年度报告书（一九三六年） 0219-2-4

重庆电力股份有限公司一九三六年度报告书（一九三六年） 0219-2-4

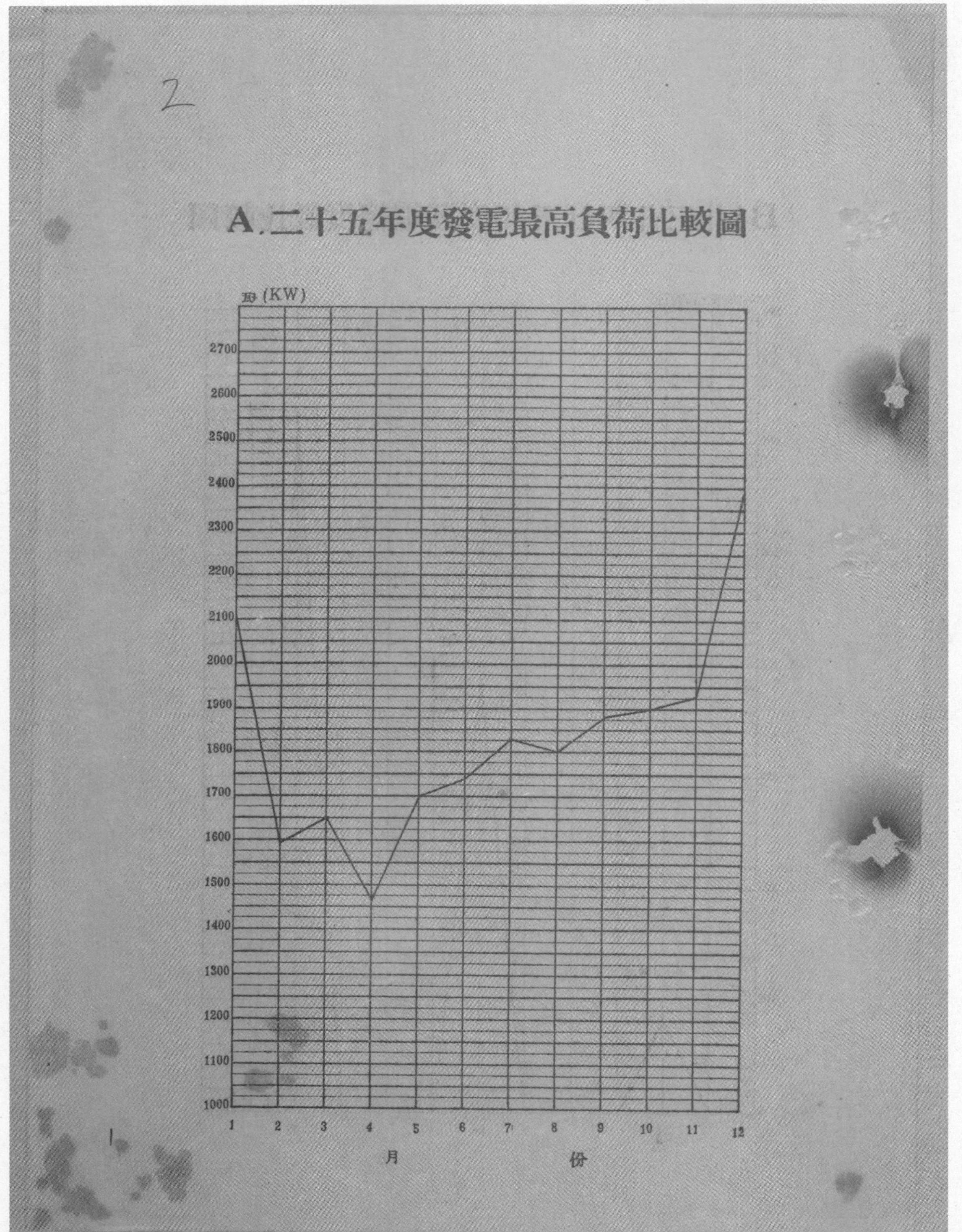

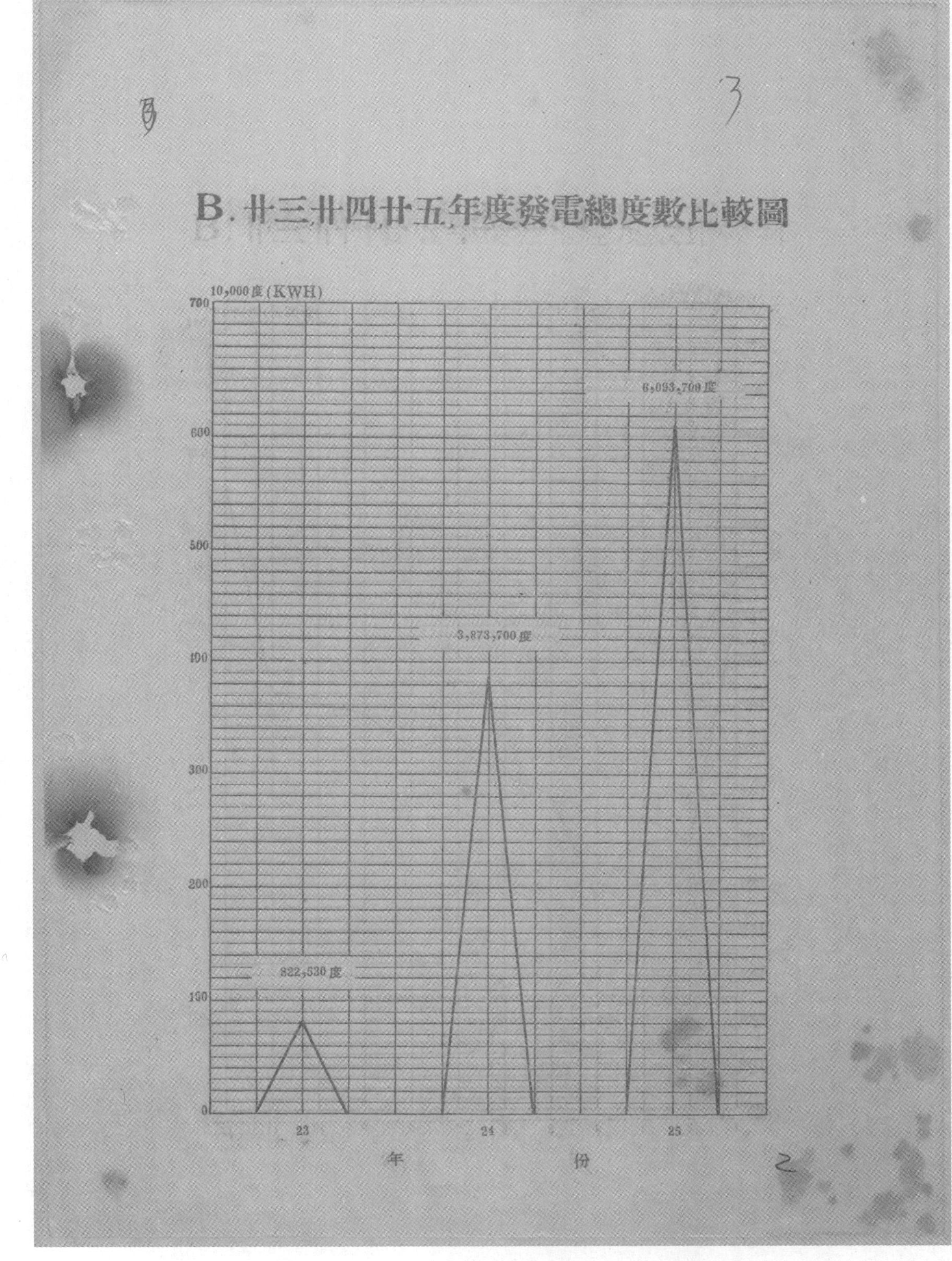
B.廿三廿四廿五年度發電總度數比較圖
10,000度(KWH)
700
600
500
400
300
200
100
0
822,530度
3,873,700度
6,093,700度
23
24
25
年 份

C. 二十五年度逐月饋電比較圖

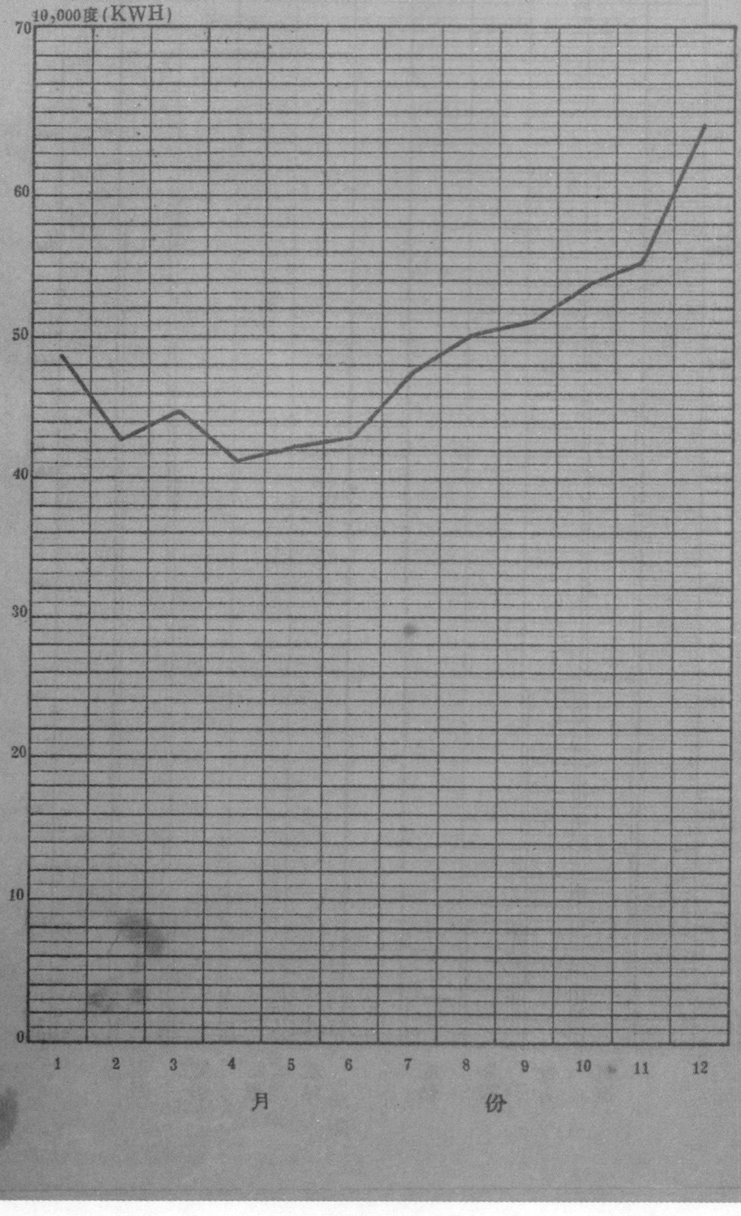

10,000度(KWH)

70
60
50
40
30
20
10
0

1 2 3 4 5 6 7 8 9 10 11 12

月 份

重庆电力股份有限公司一九三六年度报告书（一九三六年） 0219-2-4

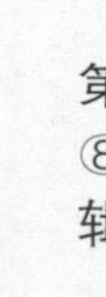

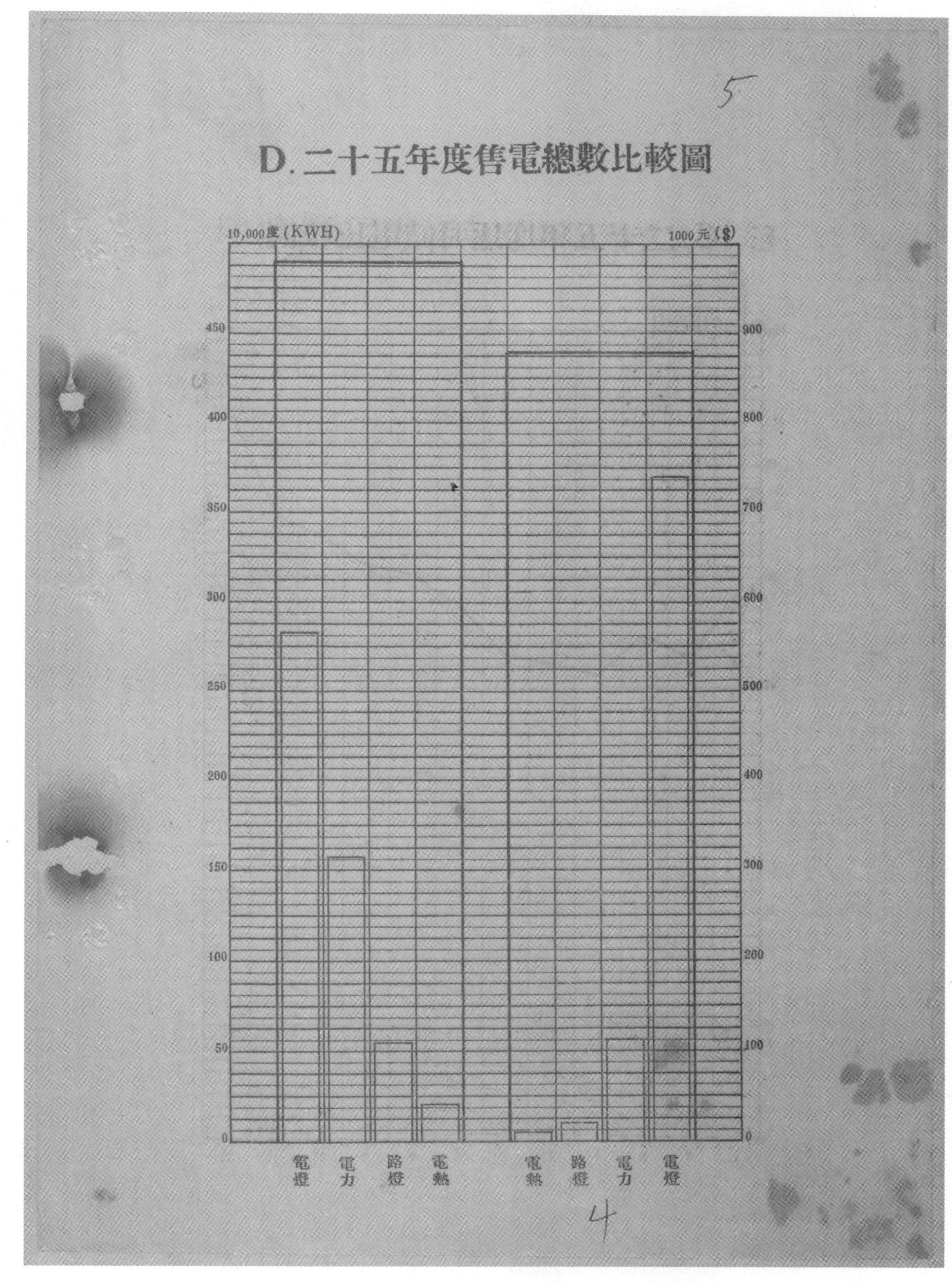
5
D.二十五年度售電總數比較圖
10,000度(KWH)
1000元($)
450
400
350
300
250
200
150
100
50
0
900
800
700
600
500
400
300
200
100
0
電燈
電力
路燈
電熱
電熱
路燈
電力
電燈
4

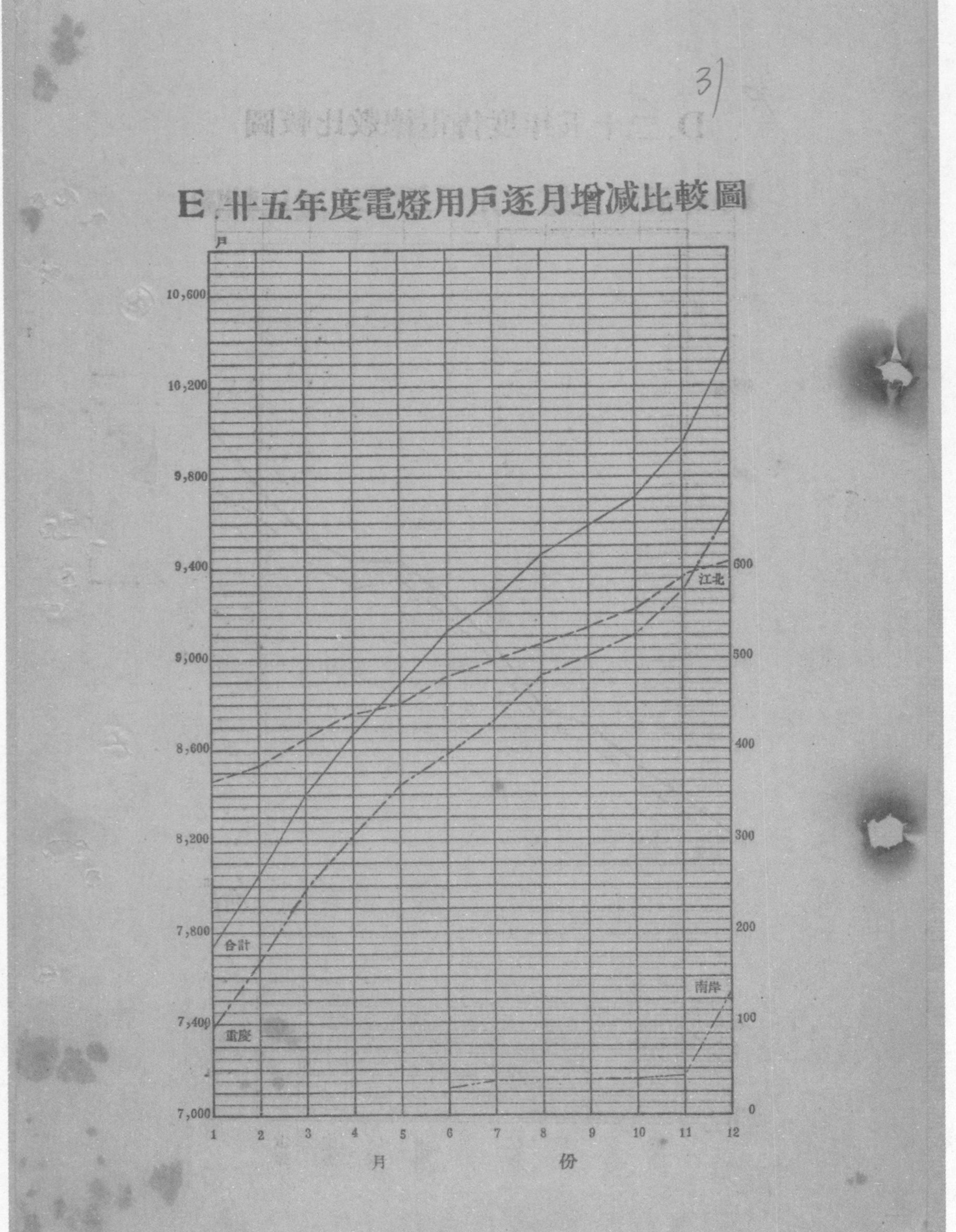

重庆电力股份有限公司一九三六年度报告书（一九三六年） 0219-2-4

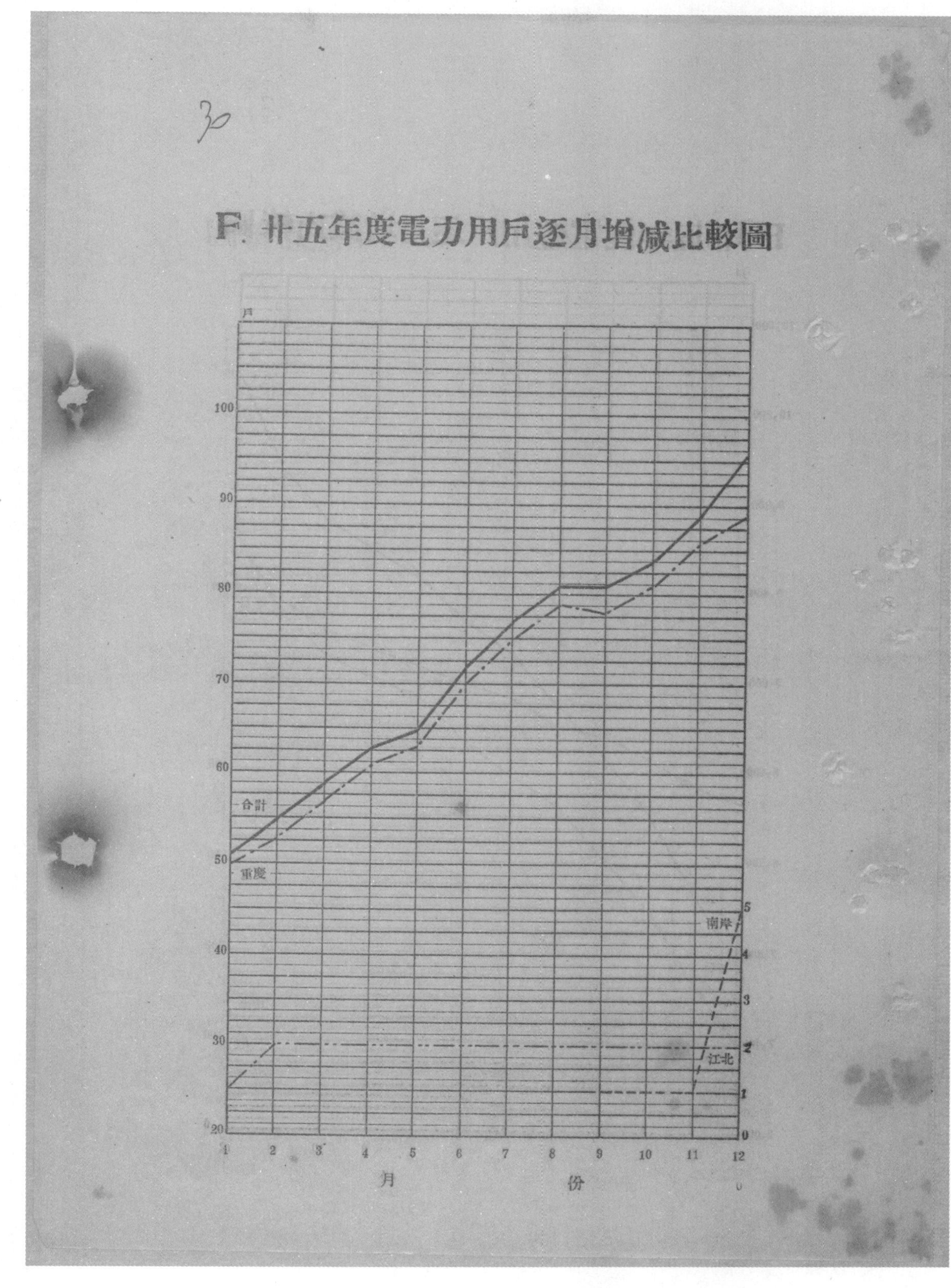
30
F. 廿五年度電力用戶逐月增減比較圖
戶
100
90
80
70
60
50
40
30
20
合計
重慶
南岸
江北
5
4
3
2
1
0
1
2
3
4
5
6
7
8
9
10
11
12
月
份

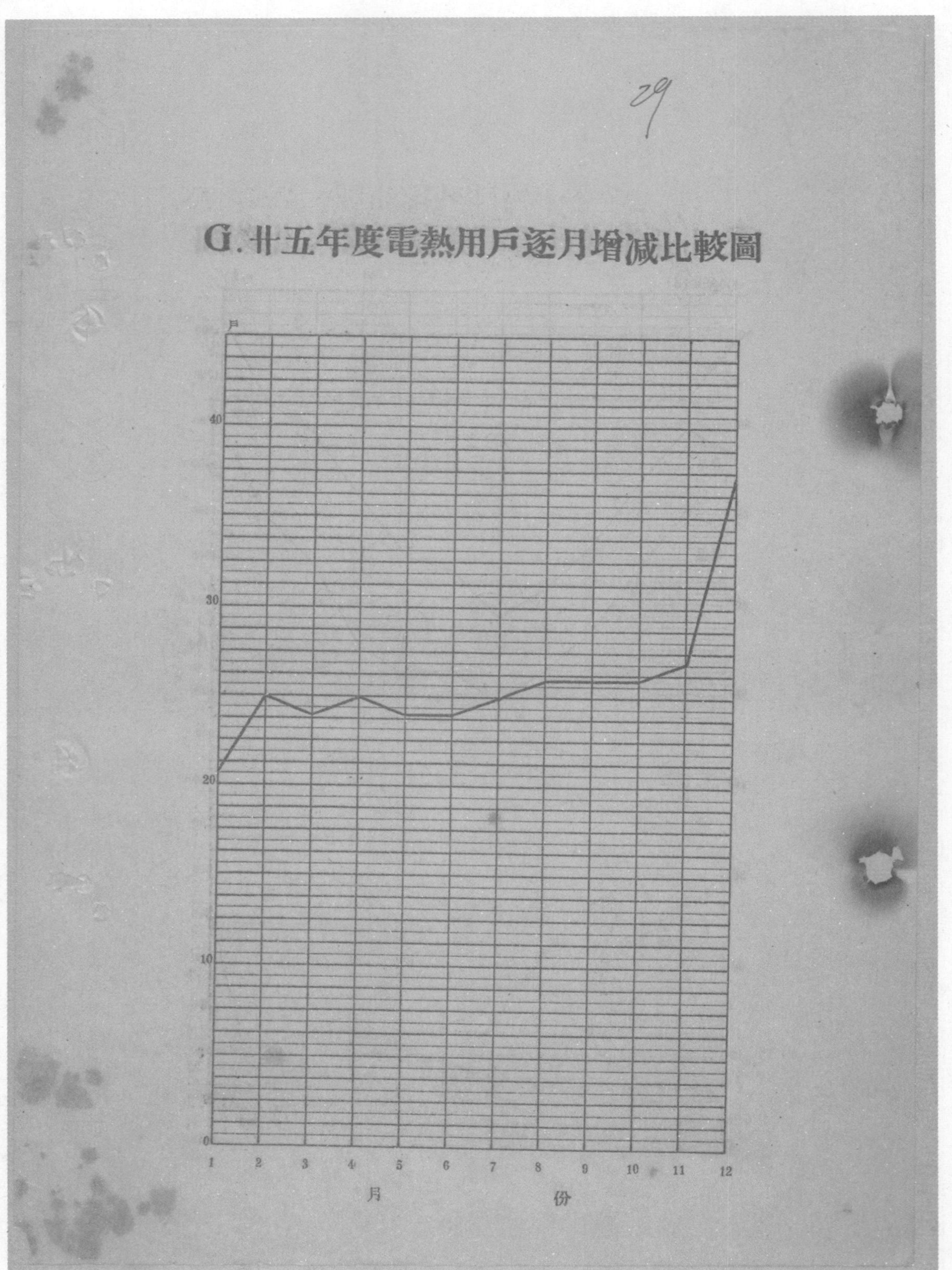

重庆电力股份有限公司一九三六年度报告书（一九三六年） 0219-2-4

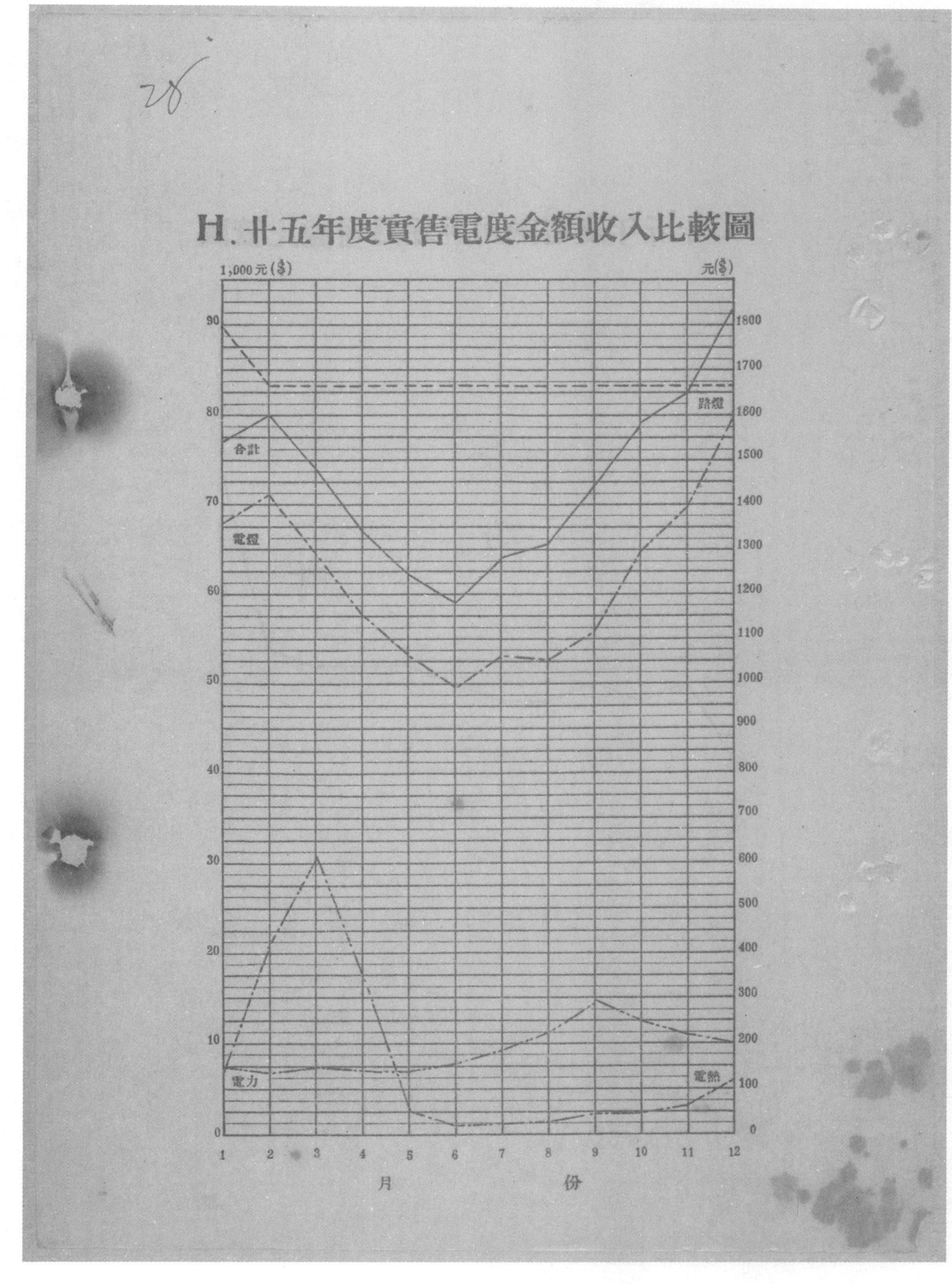
28
H.廿五年度實售電度金額收入比較圖
1,000元($)
元($)
0
10
20
30
40
50
60
70
80
90
100
200
300
400
500
600
700
800
900
1000
1100
1200
1300
1400
1500
1600
1700
1800
路燈
合計
電燈
電力
電熱
1 2 3 4 5 6 7 8 9 10 11 12
月 份

重庆电力股份有限公司一九三六年度报告书（一九三六年） 0219-2-4

26

(A) 重慶電力股份有限公司

資產負債表

中華民國二十五年十二月三十一日止

資產之部

科目	金額	合計
固定資產		
發電資產	1,409,113,11	
輸電配電資產	737,948,70	
用電資產	311,509,12	
業務資產	32,760,56	
其他固定資產	100,000,00	2,591,331,49
流動資產		
現金	2,392,69	
銀行存款	173,97	
應收票據	11,000,00	
應收帳款	62,880 63	
借出款	182,000,00	
存出款	200,000,00	
材料	187,768,45	546,215,79
雜項資產		
開辦費	8,198,84	
存出保證金	8,500,00	
暫付款項	509,531,30	
催收款項	973,91	
應計欠款	12,296,72	
預付款項	14,934,92	554,435,69
		3,691,982,97

負債之部

科目	金額	合計
資本及公積		
資本總額	2,500,000,00	
法定公積	3,389,84	2,503,389,84
長期負債		
長期借入款	400,000,00	400,000,00
短期負債		
銀行透支	1,157,95	
應付票據	30,00,000	
存入保證金	180,243,00	211,400,95
雜項負債		
折舊準備	129,492,52	
呆帳準備	5,217,81	
暫收款項	16,508,52	
應計存項	8,868,34	160,087,19
盈餘		
前期盈餘滾存	30,508,57	
本期盈餘	386,596,42	417,104,9[illegible]
		3,691,982,97

25

(B.) 重慶電力股份有限公司

損益計算書

中華民國二十五年十二月三十一日止

損失之部

科目	金額	合計
經常開支		
發電費用	206,090,74	
供電費用	99,573,78	
營業費用	37,756,03	
管理費用	176,172,26	519,592,81
盈餘		
本期盈餘	386,596,42	386,596,42
		906,189,23

利益之部

科目	金額	合計
電費收入		
電燈收入	726,321,28	
電力收入	113,204,08	
電熱收入	1,928,39	
路燈收入	19,959,60	
自用電度收入	8,026,79	
補繳電費收入	578,45	870,018,59
營業收入		
業務手續收入	13,186,90	13,186,90
雜項收入		
利息收入	18,990,02	
房地租金收入	2,436,00	
補助費收入	1,264,35	
物材料盤盈	250,84	
售貨利益	18,41	
其他雜項收入	24,12	22,983,74
		906,189,23

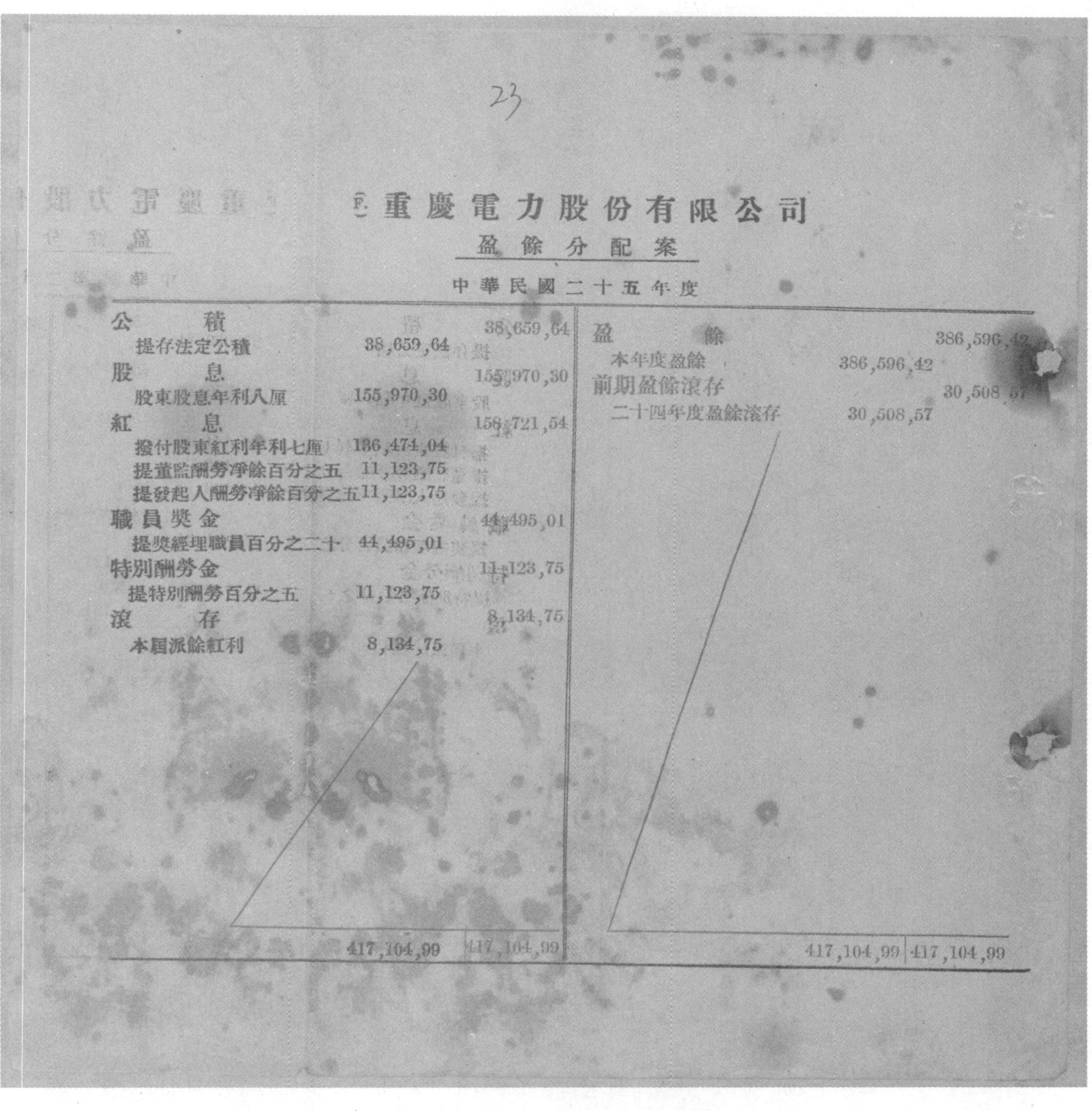

23

重慶電力股份有限公司

盈餘分配案

中華民國二十五年度

科目	細數	總數
公　積		38,659,64
提存法定公積	38,659,64	
股　息		155,970,30
股東股息年利八厘	155,970,30	
紅　息		158,721,54
撥付股東紅利年利七厘	136,474,04	
提董監酬勞淨餘百分之五	11,123,75	
提發起人酬勞淨餘百分之五	11,123,75	
職員獎金		44,495,01
提獎經理職員百分之二十	44,495,01	
特別酬勞金		11,123,75
提特別酬勞百分之五	11,123,75	
滾　存		8,134,75
本屆派餘紅利	8,134,75	
	417,104,99	417,104,99

科目	細數	總數
盈　餘		386,596,42
本年度盈餘	386,596,42	
前期盈餘滾存		30,508,57
二十四年度盈餘滾存	30,508,57	
	417,104,99	417,104,99

重庆电力股份有限公司一九三六年度报告书（一九三六年）　0219-2-4

重庆电力股份有限公司一九三七年度报告书（一九三七年） 0219-2-4

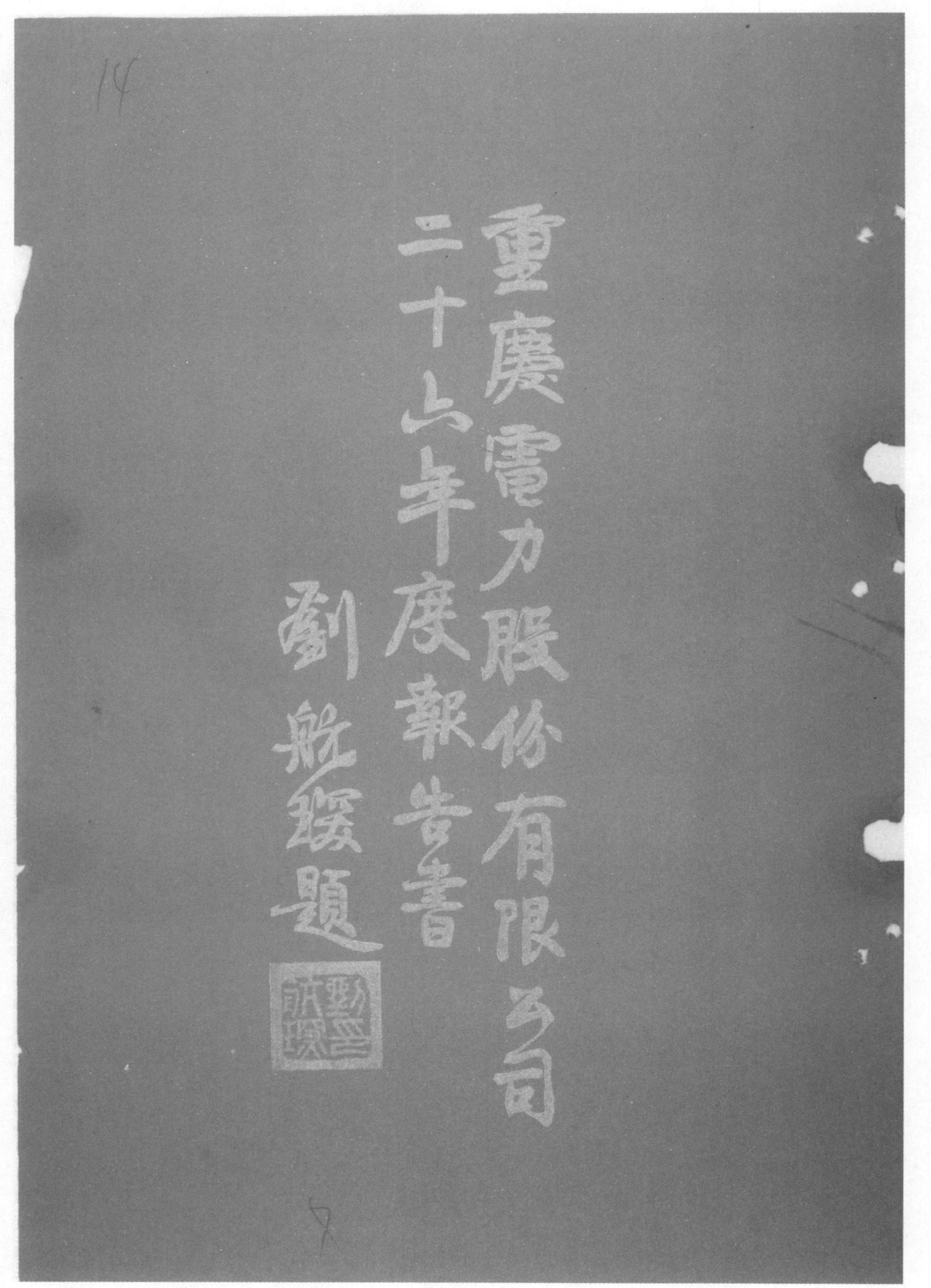

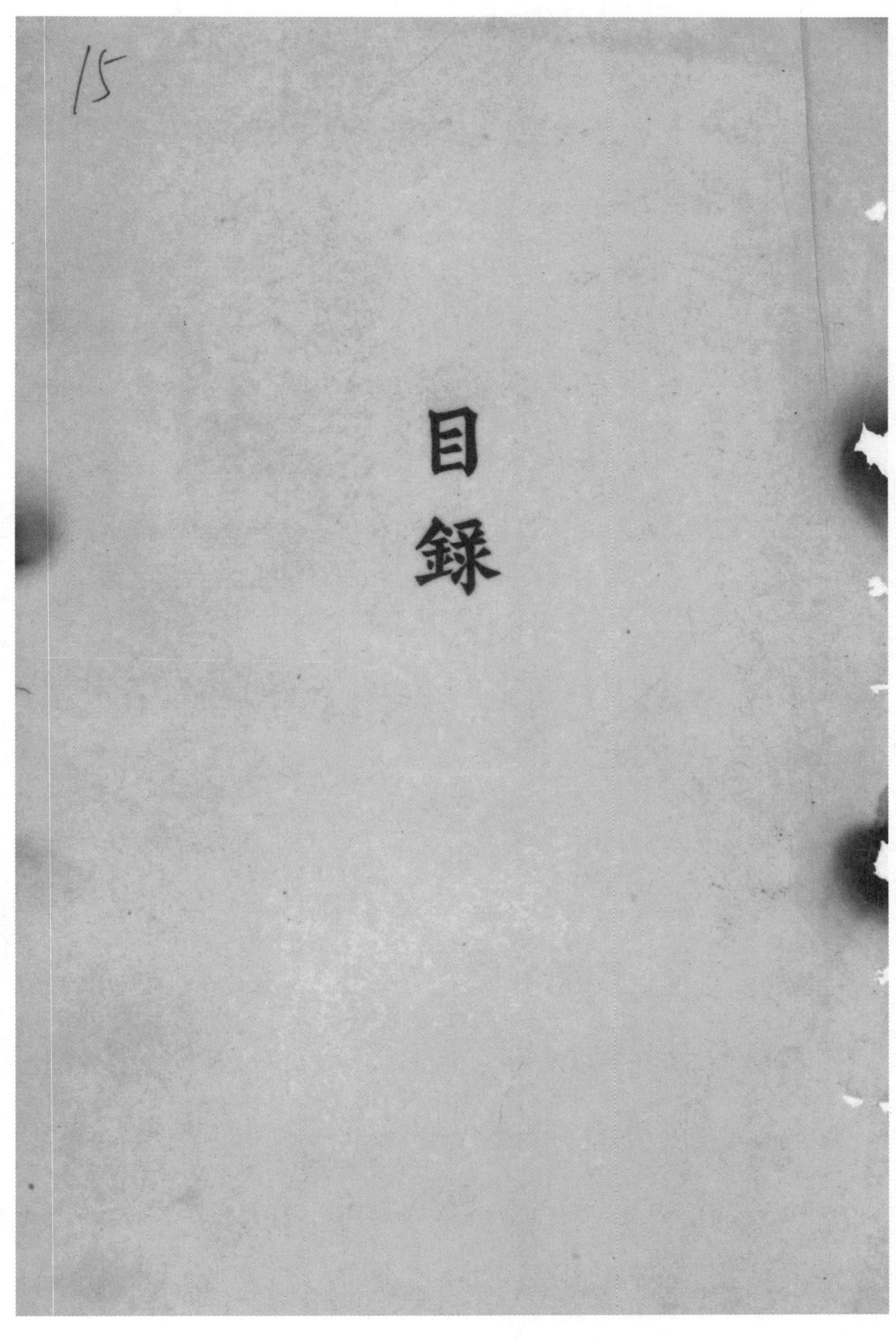
15
目錄

重庆电力股份有限公司一九三七年度报告书（一九三七年） 0219-2-4

17

重慶電力股份有限公司二十六年度報告書目錄：

18

重庆电力股份有限公司一九三七年度报告书（一九三七年） 0219-2-4

19

重庆电力股份有限公司一九三七年度报告书（一九三七年） 0219-2-4

帳目

附錄

重慶電力股份有限公司二十六年度報告書： 目錄

正則會計事務所謝霖會計師證明書

董事監察暨總經協理科長題名錄

六

重庆电力股份有限公司一九三七年度报告书（一九三七年） 0219-2-4

23

前言

24

前言

總經理 劉航琛

本公司二十六年度決算報告書·乃第二屆會計年度終始之結果；接續二十五年度報告書而編製。

本報告書之內容：係就本年整個年度內之工務·業務·會計諸方面·依據「會計規程」之規定，分門統計·附以數字圖表·俾期瀏覽詳盡·確知本公司二十六年度之眞實情況；其項目一仍上年度報告書之例。惟增設新機兩部，實爲本年之重要事件，爰於配電欄內·分列發電所之擴充·擴充工程經過兩項，將新機內容及裝設情形，詳細臚舉。又於資產負債欄內·分列添設新機總數；因裝安工程·尙未全部結束驗收·未便轉入固定資產；特於雜項資產項內表示之。此項資產純係借入，特於該期負債項內表示之，此爲本報告書之特點。

關於本年度各科目列舉事實，有須參閱上年度之結果，以爲進展程度之考證者，特於各項目中，分列兩年比較。此後每年報告，均擬著爲成例。

際茲全國抗戰期間，各種企業均陷停頓，本公司獨得堅苦邁進者，蓋深知電氣

重庆电力股份有限公司一九三七年度报告书（一九三七年） 0219-2-4

事業於非常期中所負之使命特重，故竭全力以赴之；即令公司物力財力兩方不免稍有損害，然苟於抗戰前途有裨益，亦本公司樂盡之義務也。

再就本公司之整個情形言：處此艱難情勢之下，其所以仍能表現今日比較圓滿之成績者，固有賴於職工同人之努力弗懈；而亦實 政府及社會人士之維護與贊助，與我股東諸君之期勉砥礪，羣策羣力，有以致之者矣！

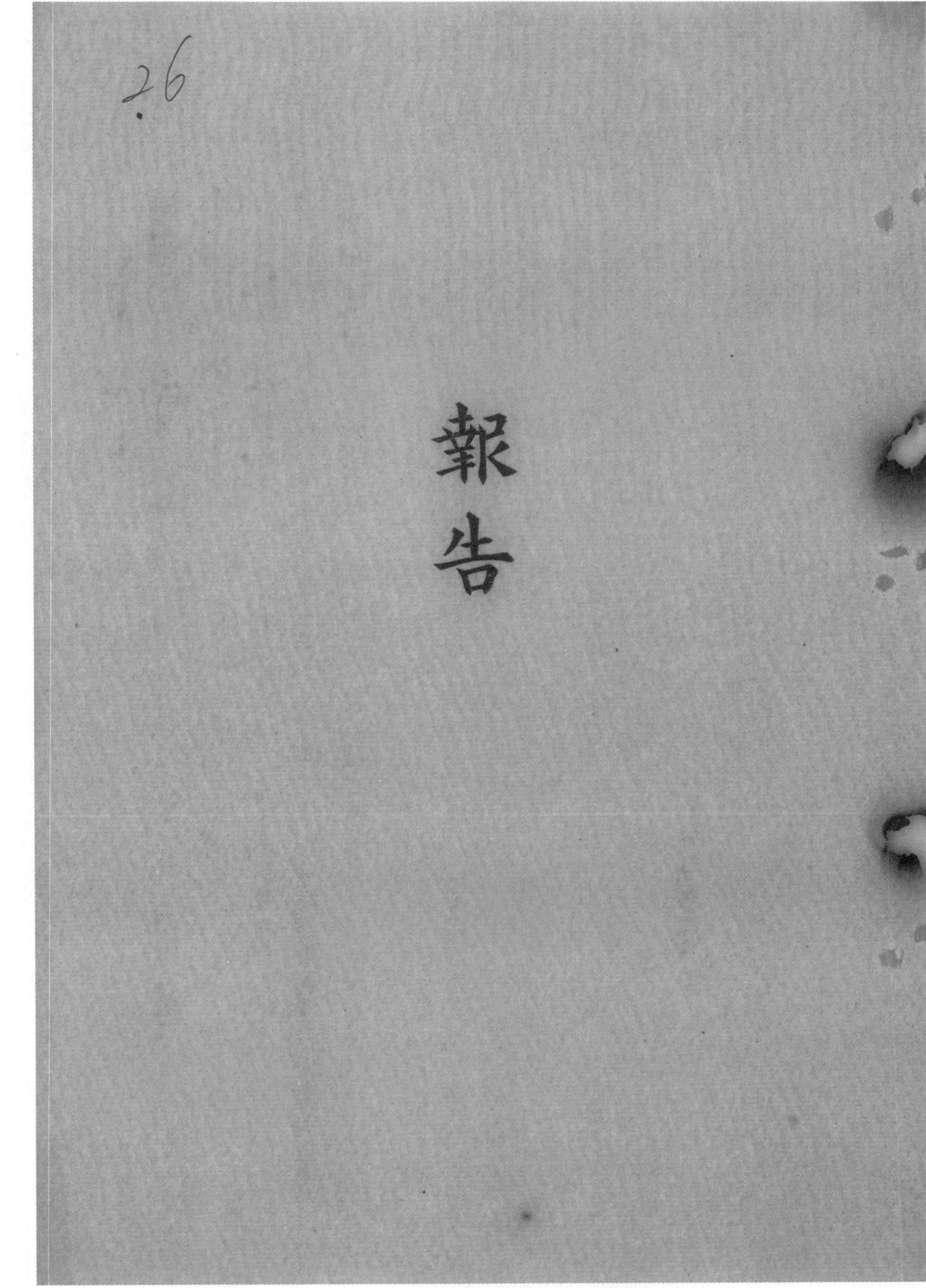
26
報告

重庆电力股份有限公司一九三七年度报告书（一九三七年）　0219-2-4

27

一，發電

項　目：	二十五年度全年統計：	二十六年度全年統計：
A.發電總量	六，〇九三，七〇〇度	八，一五一，四一〇度
B.饋電總量	五，八三二，九九一度	七，八七六，三九四度
C.廠用總量	二六〇，七〇九度	二七五，〇一六度
D.用煤總量	八七五，二四五噸	一三，五七六．二五噸
E.用煤含熱總量	四八，五四四䅂X 10⁹	六，八四一，九二六X 10⁴䅂
F.發電每度所耗煤量	一．四四公斤	一．五一公斤
G.發電每度所耗熱量	七．九七五䅂	八，三九〇．四䅂
H.平均熱總效率	一〇．七三百分比	一〇．二〇百分比
I.負荷因數	三四．四〇百分比	四五．四六百分比
J.最高負荷	三．八三〇瓩	二．九一〇瓩
K.三部發電機工作時間：		
第一部	一一三九小時	一二三八小時
第二部	五三九七小時	五九六〇小時

第二部	四七九六小時	五五三六小時

1.三座鍋爐工作時間：

第一座	一三三〇小時	一二二五小時
第二座	四九八八小時	五八〇一小時
第三座	五二七二小時	五九三六小時

二，配電

本年度配電之擴充及改良，曾擬有詳細計劃，惟因一部份材料不能如期運到，故未能完成其全部工作。

至已成工程之較重要者，爲添設自廠房經石廟子至沙坪壩之十四開維綫路，計長約十三公里。南岸各區早已於二十五年度供電，輸電電壓原爲五開維，係由中區路分出，經兩路口至菟子背過江。本年度添設由石廟子至揚子江鐵塔之十四開維綫路，並將自南岸鐵塔至龍門浩之已敷五開維綫路加以改換，使適於輸送高壓電流。

又龍門浩設臨時分站一所，本年十月初，廠內昇高變壓器裝置完竣，十四開維綫路卽開始輸電。惟自石廟子至沙坪壩一段，因分電站未建，及變壓器未到之故，暫時接於早設至化龍橋之五開維綫上，臨時供給沙坪壩中央大學，交通部電台等處之用。

重庆电力股份有限公司一九三七年度报告书（一九三七年） 0219-2-4

照預定計劃：本年度擬完成渝市北區之五開維綫路，因該區馬路遲未開工，暫緩進行，故五開維綫路添設不多。復因供電區域擴大，用戶日增，低壓綫路隨之增加，本年度計增設三相綫路三，一二公里；單相綫路一七，三三公里。以上爲本年度綫路方面之工作大概情形也。

A，變壓設備：（本年度新設備者）

㈠十四開維愛變壓設備：

變壓器容量（K·V·A·）	製造廠家	電壓	裝設地點	供電區域
四五〇〇	茂偉廠	五二五〇伏至一三八〇〇伏	廠房	南岸及磁器口輸電綫
二二五〇	茂偉廠	同右	同右	同右
一五〇〇	茂偉廠	一三八〇〇伏至三八〇〇/二二〇〇伏	瑪瑙溪分電站	水泥廠專用
五〇〇	茂偉廠	一三八〇〇伏至五二五〇伏	沙坪壩分電站	小龍坎至磁器口一帶
五〇〇	藹益吉廠	同右	龍門浩分電站	南岸海棠溪至彈子石一帶
二二五	藹益吉廠	一三八〇〇伏至三八〇〇/二二〇〇伏	銅元局	銅元局及第一兵工廠

㈡五開維變壓設備：

30

變壓器容量(K.V.A.)	製造廠家	電壓	裝設地點	供電區域
五〇	茂偉廠	五二五〇伏至三八〇/二二〇伏	朱什字	朱什字一帶
三〇	茂偉廠	同右	化龍橋	化龍橋一帶
三〇	益中廠	同右	成渝路材料廠	成渝路機廠
五〇	茂偉廠	同右	渝孚冰廠	渝孚冰廠專用
五(單相)	益中廠	同右	李子壩	林主席官邸
五	茂偉廠	同右	化龍橋	行營交通處修理廠
一〇〇	茂偉廠	同右	小樑子	小樑子新川影院一帶
一〇〇	益中廠	同右	國府門外	國民政府專用
五〇	益中廠	同右	牛角沱	牛角沱一帶
五〇	益中廠	同右	沙坪壩中大門外	中央大學專用
五〇	益中廠	五二五〇伏至二二〇伏	沙坪壩	交通部巴縣電報局

重庆电力股份有限公司一九三七年度报告书（一九三七年） 0219-2-4

31

五〇	益中廠	五二五〇伏至三八〇/二二〇伏	彈子石	彈子石正街一帶
三〇	益中廠	同右	玄壇廟	玄壇廟一帶
五（相乘）	益中廠	同右	鴨兒凼	精益中學
一〇〇（相乘）	益中廠	同右	黃桷埡	黃桷埡一帶

B，綫路設備：

項目：	廿五年度全年統計：	本年新增統計：	合計設備總數：
一，木桿	三六一四根	九三五根	四五四九根
二，鐵塔	八座	（無）	八座
三，過江綫	一·三四公里	（無）	一·三四公里
四，十四開維綫路	（無）	三·九〇公里	三·九〇公里
五，十四開維變壓器（K·V·A·）	（無）	九·四七五（六具）	九·四七五（六具）
六，五二五〇伏綫路	四〇·一六公里	五·五八公里	四五·七四公里
七，五二五〇伏變壓器（K·V·A·）	二五五五（九具）	七六五（一五具）	三三二〇（二四具）
八，低壓綫路	八五·六九公里①	二〇·四五公里②	一〇六·一四公里③

「附註」：①內單相三一·一三六里；二相二·一六公里；三相五二·四〇公里。
②內單相一七·三三公里；三相三·一二公里。
③內單相四八·四六公里；二相二·一六公里；三相五五·五二公里。

C，發電所之擴充：

㈠設備大概　本公司新增鍋爐兩座，仍係英國拔柏葛鍋爐公司出品，式樣與原有設備之鍋爐相同。所異者爲橫汽鼓及雙爐排，並增設壓風機，熱水排，防滓水箱，吹灰器，饋水調節器，及管理表板等，全部設備極爲完善，每座鍋爐受熱面積爲八八五〇平方呎；過熱器受熱面積爲五三〇〇平方呎；爐排面積爲二五二平方呎。汽壓仍爲每平方吋二六五磅，汽溫改爲華氏七百五十度，每座最大蒸發量爲每小時五五五〇〇磅。

汽輪發電機兩座，每座容量爲四千五百瓩，亦係英國茂偉廠製造。式樣與原有汽輪發電機同，惟增加蒸溜設備及封汽饋水預溫汽等。發電及饋電板亦仍係櫃式，惟表類及保護設備，均較舊電盤爲多，應有盡有。

循環水冷却設備，因噴水池面積過寬，改採煙囪式冷却水塔，全部用木建築，計長二百呎，寬四十呎，高七十五呎，分爲兩部，由英國卜雷米廠設計，並供給鐵料，由華西公司供給木料並負責建築。每部每小時可冷却三十萬加侖之熱水由八十八度減至七十五度；即每部可冷却四千五百瓩汽輪發電機一座所需之最大循環水。

重庆电力股份有限公司一九三七年度报告书（一九三七年） 0219-2-4

33

發電機電壓仍爲五千二百五十伏，惟在廠內安設四千五百開維愛及二千二百開維愛最高變壓器各一具，將電壓昇至十四開維，用以輸送至磁器口及南岸，以上爲擴充發電設備之大概情形也。

㈡擴充工程經過　二十五年春，經董事會議決增設四千五百延透平機兩座後，四月即與拔柏葛鍋鑪公司，及安利洋行簽訂購買鍋鑪及電機合同。廢即積極進行設計，八月設計完成，與華西興業公司簽訂安裝材料及土木工程合同。先開闢廠內未平山地，作建水塔地位，因收買毗連民房交涉甚久，乃於次年正月方完全拆除，新廠建築，始克動工。

又因華西公司所訂建築材料之未能如期運到，新廠遲至十月間始具規模，鍋鑪及機器各一座，原定於二十五年底運到者，因是年冬川江水位低落，雖於十一月間由滬西運，祇能囤於宜昌，至二十六年六月起始絡續運渝。

全部安裝工程由本公司工務科自行負責，其時鍋鑪底基，煙囱，水池，等工程，凡能先動工者，均已先後完成。七月開始安裝第一座鍋爐，費時約兩月，經水壓試驗後開始砌磚，十一月底告竣，十二月半烘竣待用。

汽輪發電機之底座鐵件，最先到宜昌，而最後到達重慶；運抵時已在八月終。底脚工程費時一月，十月中第一部機器動工安裝，十二月中完竣。其時電壁及其他設備，亦均安裝完畢，因華西承辦之水塔，受戰事影響，木料未能全部運渝，臨時在本省添配，致未完工，新機遂不能試車發電。當延至二十七年一月方可發電矣。

第三座鍋鑪已於十一月間動工，第二座之機器底脚亦於第一座同時做好，如繼續進行安裝，廿七年二月間當可完竣，現以戰事關係，奉董事會命暫緩進行，上係新發電所工程經過之大概。

三，給電

項目	二十五年度全年統計	二十六年度全年統計
A 電燈用戶：	（共計）一〇·三九二戶	（共計）一二·三五三戶
甲，本市區	九·六五一戶	一一·二五五戶
乙，江北區	六〇八戶	七二九戶
丙，南岸區	一三三戶	三六九戶
B 電熱用戶：	（共計）三七戶	（共計）七四戶
甲，本市區	三七戶	七一戶
乙，江北區	（無）	一戶
丙，南岸區	（無）	二戶
C 電力用戶：	（共計）九六戶	（共計）一三〇戶

重庆电力股份有限公司一九三七年度报告书（一九三七年） 0219-2-4

35

甲，本市區……八九戶……一二〇戶

乙，江北區……二戶……二戶

丙，南岸區……五戶……八戶

D，路燈：（二十五年度全年統計）一，三八八盞（二十六年度全年統計）一，三九〇盞

四，售電

A，二十五，二十六，兩年度全年售電總電度數：

二十五年度 四，八九八，三七四·三三度　二十六年度 六，七八四，〇七一·〇九度

B，二十五，二十六，兩年度各項電費總收入國幣數：

二十五年度 八七〇，〇一八·五九元　二十六年度 一，〇六一，四七六·四〇元

C，二十五，二十六，兩年度每一電度平均售價：

二十五年度 項目：	均價：	二十六年度 項目：	均價：
電燈	〇·二五强	電燈	〇·二五弱
電力	〇·〇七强	電力	〇·〇六强
電熱	〇·〇九弱	電熱	〇·〇八强

路燈	○·○四强	路燈	○·○三强
每一電度	○·一八弱	每一電度	○·一六弱

D，二十五，二十六，兩年度查獲竊電次數：

二十五年度 項目	次數：	二十六年度 次數：
一，處理竊電案	六四件	五三件
二，隨時剪除強用電流案	二九五件	三七三件

五，資產負債

A，資產部份：

項目：	二十五年度金額：	二十六年度金額：
一，固定資產	二，五九一，三三一·四九元	二，八一二，五四八·○九元
二，流動資產	五四六，二一五·七九元	六四一，二六四·七○元
三，雜項資產	五五四，四三五·六九元	二，五八六，八○九·八六元
合計	三，六九一，九八二·九七元	六，○四○，六二二·六五元

B，負債部份：

重庆电力股份有限公司一九三七年度报告书（一九三七年）　0219-2-4

37

項　　目：	二十五年度金額：	二十六年度金額：
一，資本及公積	二，五〇三，三八九・八四元	二，五四二，〇四九・四八元
二，長期負債	四〇〇，〇〇〇・〇〇元	三〇〇，〇〇〇・〇〇元
三，短期負債	二一一，四〇〇・九五元	二，七五八，二二二・九四元
四，雜項負債	一六〇，〇八七・一九元	三〇六，一九六・〇一元
五，盈　餘	四一七，一〇四・九九元	四〇四，一五四・二二元
合　　計	三，六九一，九八二・九七元	六，〇四〇，六二二・六五元

六，損益計算

A，收入部份：

項　　目：	二十五年度金額：	二十六年度金額：
一，電費收入	八七〇，〇一八・五九元	一，〇六一，四七六・四〇元
二，業務手續收入	一三，一八六・九〇元	一二，一〇三・〇〇元
三，其他雜項收入	二二，九八三・七四元	三一，二九〇・七二元
合　　計	九〇六，一八九・二三元	一，一〇四，八七〇・一二元

B，支出部份：

38

項目：	二十五年度金額：	二十六年度金額：
一，發電費用	二〇六，〇九〇・七四元	三〇〇，五九六・四〇元
二，供電費用	九九，五七三・七八元	八二，五四六・八四元
三，營業費用	三七，七五六・〇三元	六四，九八八・九五元
四，管理費用	一七六，一七二・二六元	二六〇，七一六・四六元
合計	五一九，五九二・八一元	七〇八，八五〇・六五元

七，盈餘

A，盈餘金額：（廿五年度金額）四一七，一〇四・九九元（廿六年度金額）四〇四，一五四・二二元

	廿五年度	廿六年度
一，前期滾存盈餘	三〇，五〇八・五七元	八，一三四・七五元
二，本期盈餘	三八六，五九六・四二元	三九六，四九五・四七元

B，淨餘金額：（廿五年度金額）二二二，四七五・〇五元（廿六年度金額）一六八，四九五・六〇元

	廿五年度	廿六年度
一，紅息	一五八，七二一・五四元	一一七，〇二一・八七元
二，職員獎金	四四，四九五・〇一元	三二，一四二・九一元
三，特別酬金	一一，一二三・七五元	（無）
四，本期盈餘滾存	八，一三四・七五元	五，〇七四・一二元

重庆电力股份有限公司一九三七年度报告书（一九三七年） 0219-2-4

五，所得稅 （無） 一四，二五六・七〇元

八，擴充營業區域

本公司營業區域照二十五年度之擴充計劃：一，重慶區可達化龍橋，而截至本年底止，已到達沙坪壩。二，江北區可達相國寺，截至本年底止，有達仁和鎮，貓兒石之趨勢。三，南岸區可達龍門浩，截至本年底止，已達王家沱，鴨兒氹；又橫展至清水溪，文峯塔。預計二十七年度內供電綫路將伸長至：——

㈠ 新市區： 沿嘉陵江，可伸展至磁器口；沿揚子江可伸展至浮圖關以上之新橋地方。

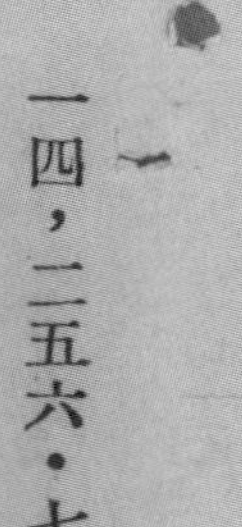

㈡ 江北區： 沿相國寺北上，如有特別供電需要，可以展至觀音岩，貓兒石等處；沿揚子江下游可由青草壩，頭塘，寸灘，以至唐家沱。

㈢ 南岸區：沿揚子江下游，可達大佛寺；橫展可至黃桷埡。

41

圖表

重庆电力股份有限公司一九三七年度报告书（一九三七年） 0219-2-4

42

A.二十六年度發電最高負荷比較圖

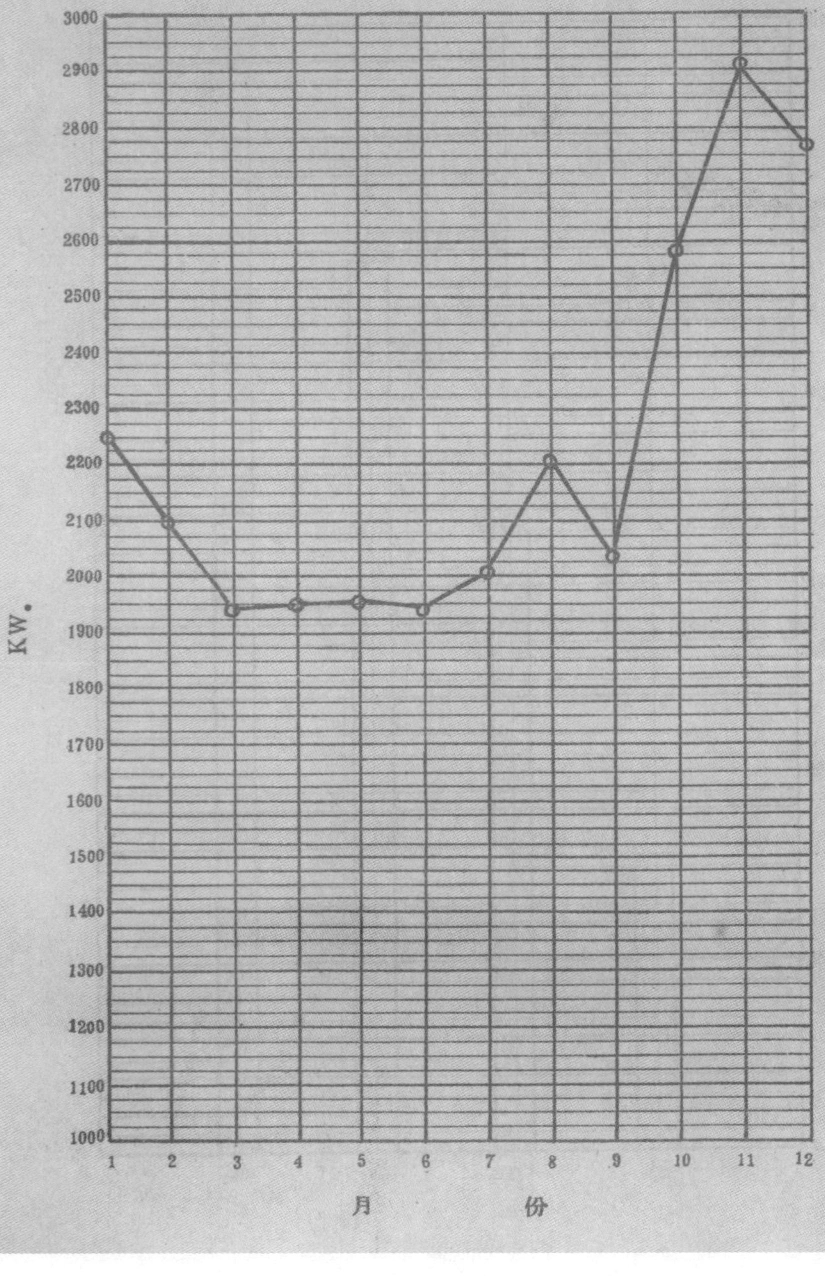

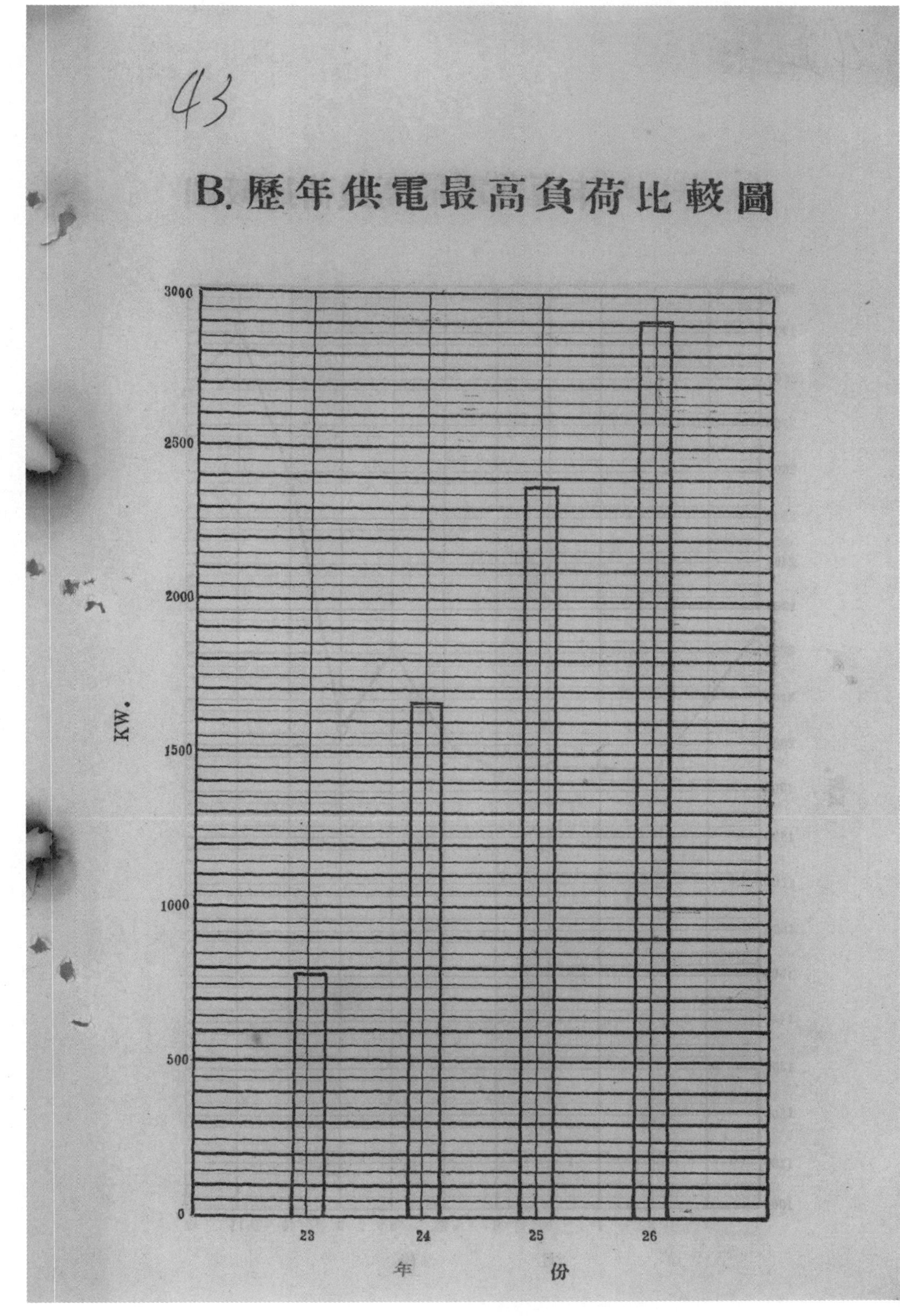
43
B.歷年供電最高負荷比較圖
3000
2500
2000
1500
1000
500
0
KW.
23
24
25
26
年 份

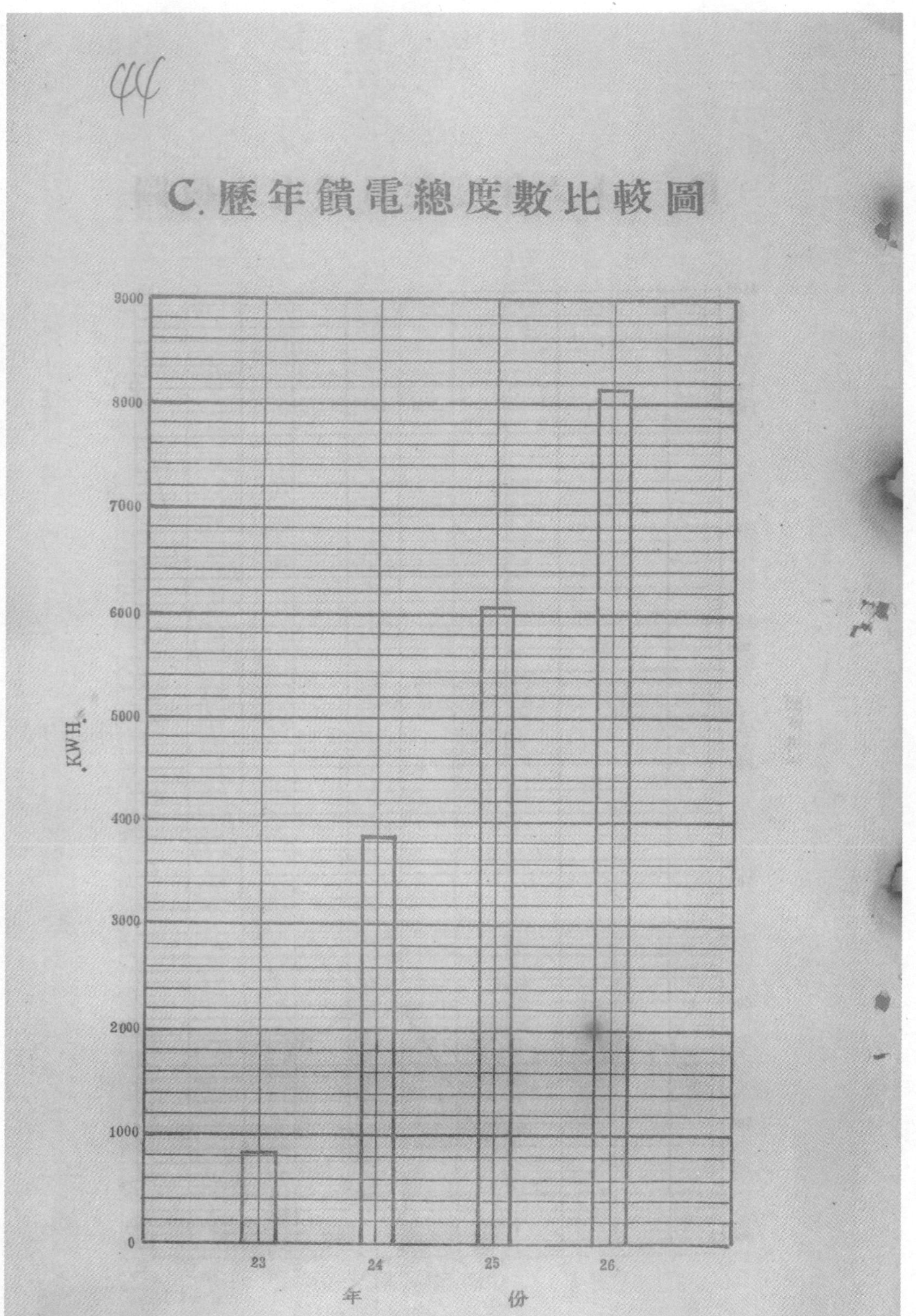

重庆电力股份有限公司一九三七年度报告书（一九三七年） 0219-2-4

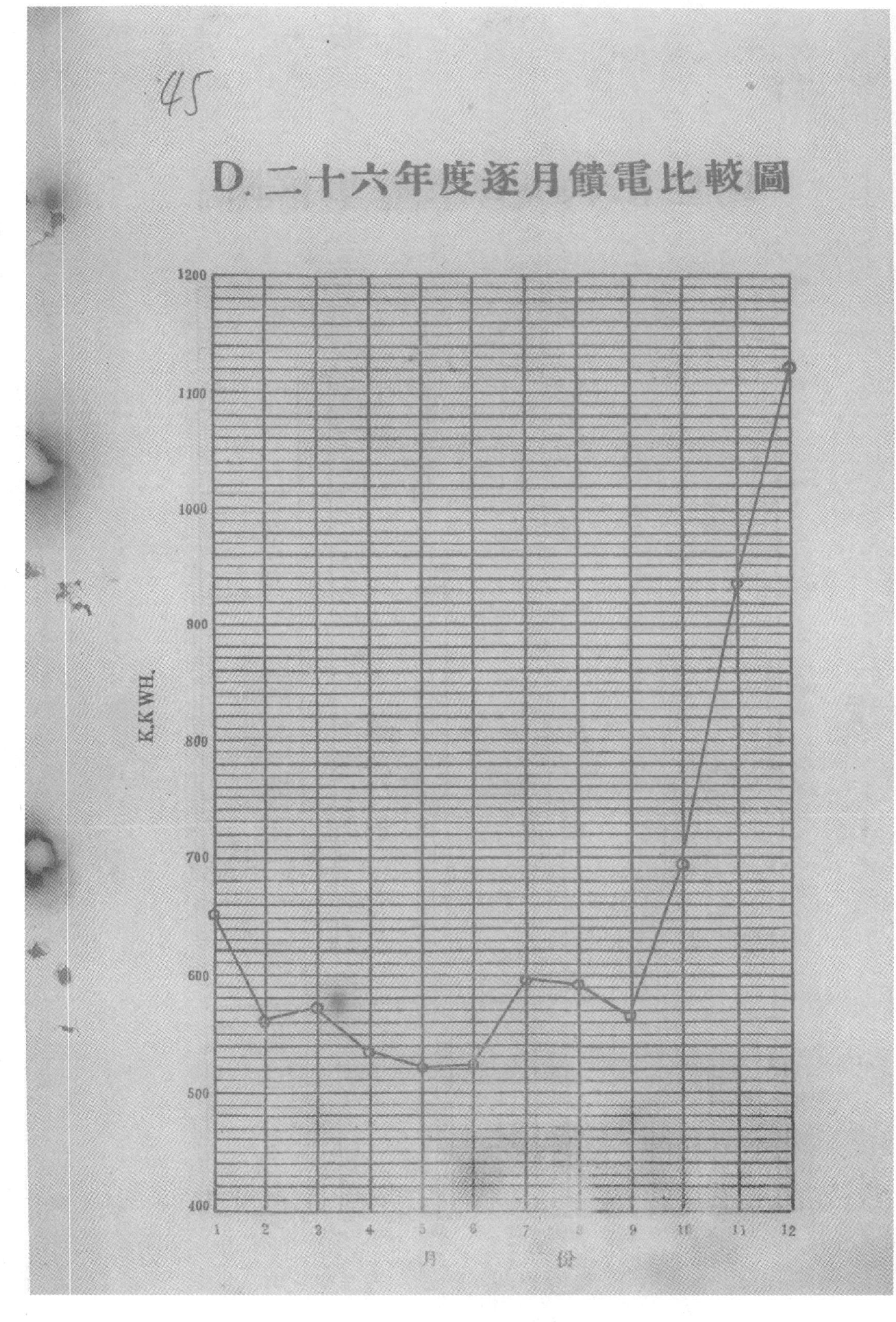
45
D. 二十六年度逐月饋電比較圖
K.K WH.
1200
1100
1000
900
800
700
600
500
400
1 2 3 4 5 6 7 8 9 10 11 12
月 份

重庆电力股份有限公司一九三七年度报告书（一九三七年） 0219-2-4

46

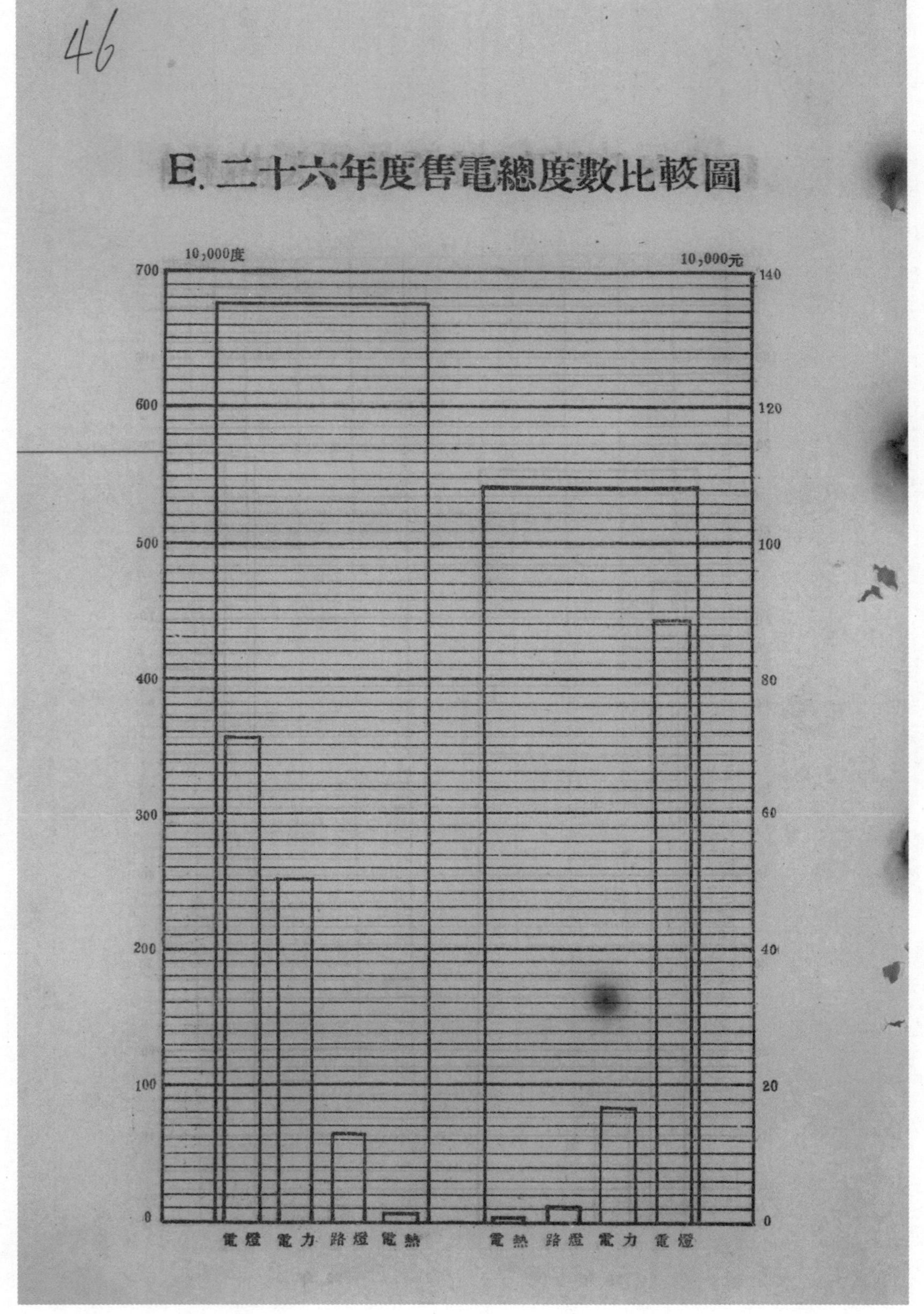

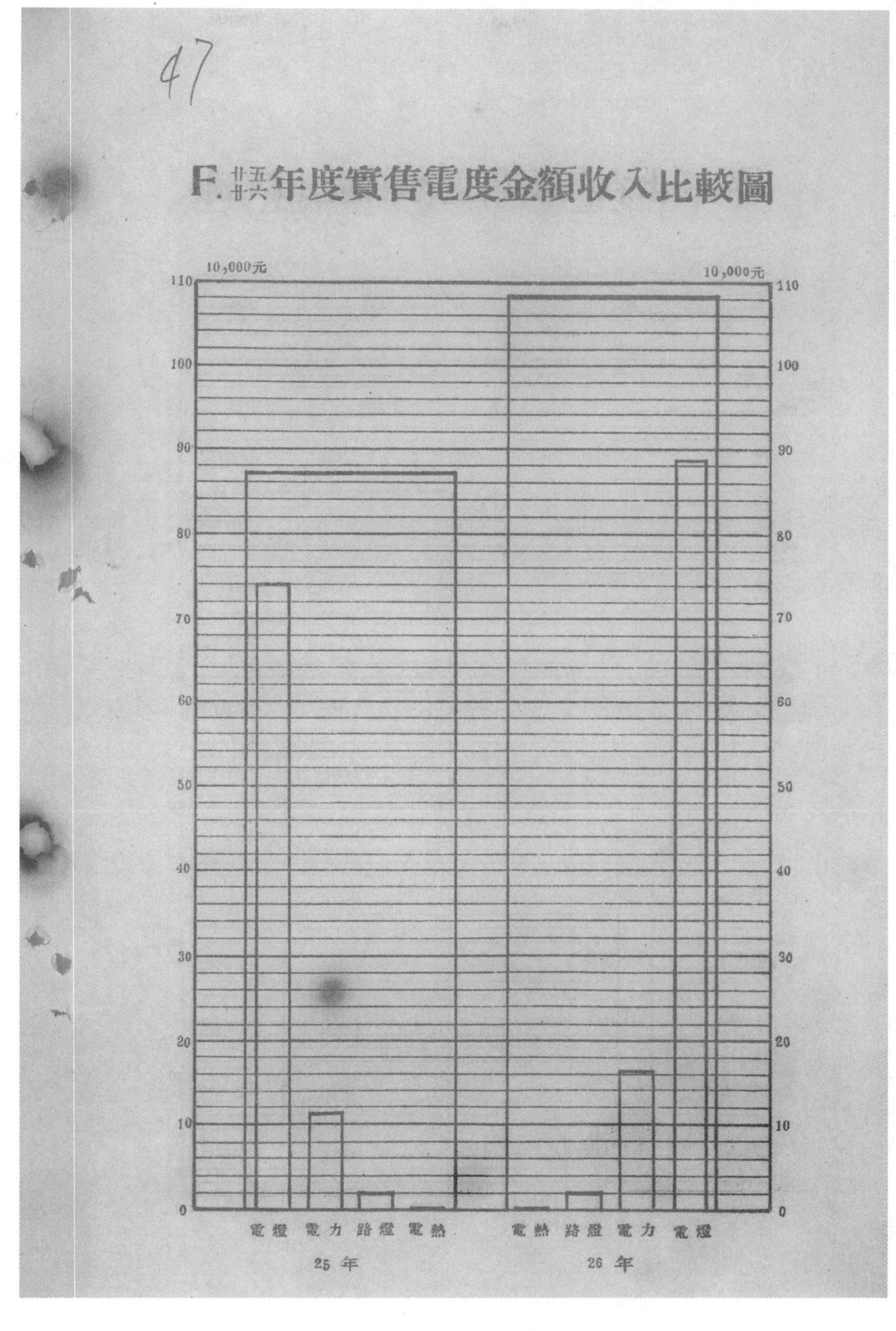
47
F. 廿五廿六年度實售電度金額收入比較圖
10,000元
10,000元
110
100
90
80
70
60
50
40
30
20
10
0
電燈 電力 路燈 電熱
25 年
電熱 路燈 電力 電燈
26 年

48

G. 廿六年度電燈用戶逐月增減比較表

區別 戶數 月別	重慶市	江北	南岸	合計
一月份	9855	632	154	10641
二月份	10064	649	172	10885
三月份	10225	649	197	11071
四月份	10426	657	217	11300
五月份	10890	663	236	11489
六月份	10727	673	259	11659
七月份	10772	676	275	11723
八月份	10869	692	326	11887
九月份	10862	705	335	11902
十月份	10967	712	353	12032
十一月份	11026	723	370	12119
十二月份	11256	729	369	12354

H. 二十六年度電力用戶逐月增減比較表

區別＼月別	一月份	二月份	三月份	四月份	五月份	六月份	七月份	八月份	九月份	十月份	十一月份	十二月份
重慶市	92	96	95	98	99	106	113	115	113	118	121	120
南岸	5	7	7	8	8	8	8	8	8	8	6	8
江北	3	3	3	3	3	3	3	2	2	2	2	2
合計	100	106	105	109	110	117	124	125	123	128	129	130

重庆电力股份有限公司一九三七年度报告书（一九三七年） 0219-2-4

重庆电力股份有限公司一九三七年度报告书（一九三七年） 0219-2-4

I. 二十六年度電熱用戶逐月增減比較表

區別 \ 月別	一月份	二月份	三月份	四月份	五月份	六月份	七月份	八月份	九月份	十月份	十一月份	十二月份
重慶市	42	46	48	50	49	50	54	54	55	59	64	71
南岸		1	1	1	1	1	1	2	2	2	2	2
江北	1	1	1	1	1	1	1	1	1	1	1	1
合計	43	48	50	52	51	52	56	57	58	62	67	74

50

重庆电力股份有限公司一九三七年度报告书（一九三七年） 0219-2-4

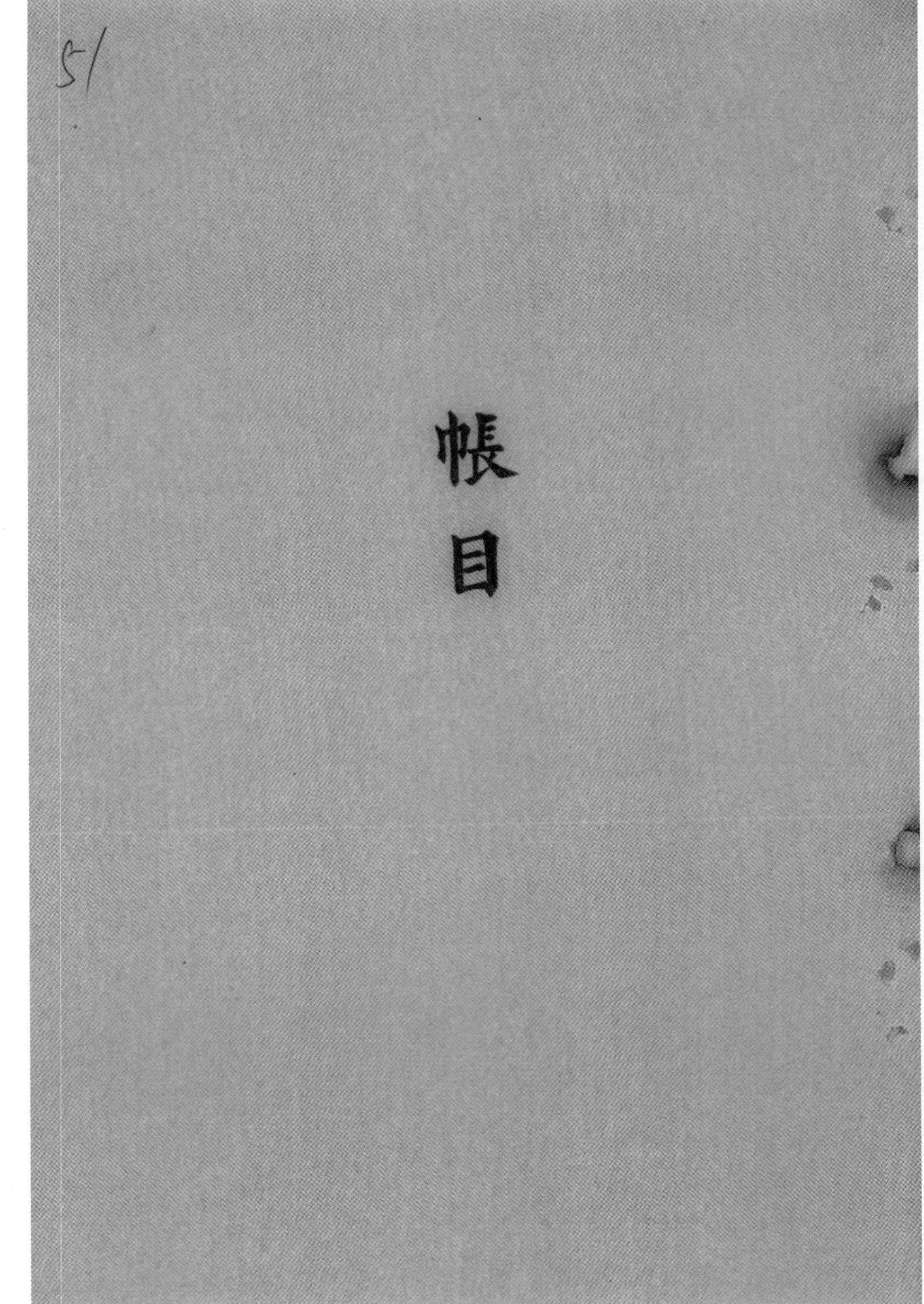
51

帳目

Ⓐ 重慶電力股份有限公司

資產負債表

中華民國二十六年十二月三十一日止

資產之部

科目	金額	合計
固定資產：		
發電資產	1,435,642.92	
輸電配電資產	876,690.85	
用電資產	362,607.76	
業務資產	47,606.56	
其他固定資產	90,000.00	2,812,548.09
流動資產：		
現金	4,850.46	
銀行存款	27,957.60	
應收票據	33,983.30	
應收帳款	89,114.55	
存出款	206,000.00	
材料	169,358.79	
有價證券	110,000.00	641,264.70
雜項資產：		
開辦費	10,145.06	
存出保證金	8,920.00	
暫付款項	300,027.89	
應計欠項	900.54	
預付款項	19,767.14	
合同訂購新機	1,760,166.68	
合同訂購材料	481,882.55	
投資企業	5,000.00	2,586,809.86
		6,040,622.65

負債之部

科目	金額	合計
資本及公積：		
資本總額	2,500,000.00	
法定公積	42,049.38	2,542,049.48
長期負債：		
長期借入款	30,000.00	30,000.00
短期負債：		
應付票據	227,946.31	
短期借入款	1,690,000.00	
存入保證金	222,668.00	
應付紅利	.10	
應付職工酬勞	3,147.54	
應付合同款項	614,460.99	2,758,222.94
雜項負債：		
折舊準備	254,654.96	
呆帳準備	5,217.81	
暫收款項	21,082.86	
應計存款	25,240.38	306,196.01
盈餘：		
前期滾存盈餘	8,134.75	
本期盈餘	396,019.47	404,154.22
		6,400,622.65

(B) 重慶電力股份有限公司

損益計算書

中華民國二十六年十二月三十一日止

損失之部

科目	金額	合計
經常開支：		
發電費用	300,596.40	
供電費用	82,548.84	
營業費用	64,988.95	
管理費用	240,867.05	689,001.24
特項開支：		
特價損失	19,849.41	19,849.41
盈餘：		
本期盈餘	396,019.47	396,019.47
		1,104,870.12

利益之部

科目	金額	合計
電費收入：		
電燈收入	865,430.32	
電力收入	159,707.23	
電熱收入	4,268.58	
路燈收入	20,007.60	
自用電度收入	11,586.90	
補繳電費收入	475.77	1,061,476.40
營業收入：		
業務手續收入	12,103.00	12,103.00
雜項收入：		
利息收入	12,295.40	
房地租金收入	1,536.00	
售貨利益	68.93	
補助費收入	2,462.78	
物材料盤盈	1,531.88	
其他雜項收入	13,395.73	31,290.72
		1,104,870.12

(F.) 重慶電力股份有限公司

民國二十六年度
第二屆決算

盈餘分配案

中華民國二十六年度

第廿六次董事會議決
第二屆股東會通過

科目	細數	總數	科目	細數	總數
公積：		39,601.95	**盈餘：**		396,019.47
提存法定公積金	39,601.95		本年度盈餘	396,019.47	
所得稅：		14,256.70	**前期滾存盈餘：**		8,134.75
撥付所得稅照盈餘千分之四十	14,256.70		前屆派餘紅利	8,134.75	
股息：		196,056.67			
股東官息照年利八厘	196,056.67				
紅息：		117,021.87			
撥付股東紅利年利四厘	98,028.33				
提董監酬勞淨餘百分之八	11,688.33				
提發起人酬勞淨餘百分之五	7,305.21				
職員獎金：		32,142.91			
提獎職員淨餘百分之廿二	32,142.91				
滾存：		5,074.12			
本期派餘紅利	5,074.12				
	404,154.22	404,154.22		404,154.22	404,154.22

重庆电力股份有限公司一九三七年度报告书（一九三七年）　0219–2–4

59

正則會計事務所謝霖會計師證明書

正則會計事務所

重慶　電話：一〇一一號

上海　南京　漢口　揚州　杭州　蕪湖　南昌　長沙　衡陽　常德

湘潭　沙市　廣州　鎮江　成都　青島　濟南　開封　天津　太原

證明書

重慶電力股份有限公司民國二十六年十二月三十一日止決算各表經本會計師查核無訛特此證明

會計師謝霖

民國二十七年一月二十一日

民國　年　月　日　字第　號第　頁

各地有線無線電報掛號均掛四六八九『謝』字

重慶電力股份有限公司董事，監察，暨總經協理，科長題名錄：——

董事長：潘仲三

常務董事：康心如　胡仲實

董事：陳懷先　石體元　劉航琛　周見三　周季悔　徐廣遲　甯芷邨
何說岩　吳受彤　盧作孚

監察：郭文欽　甘典夔　胡汝航　傅友周　何恩容　尹國墉

總經理：劉航琛

協理：石體元

科長：袁玉麟　朱小佛　劉杰　程本臧

重庆市工务局关于鉴核重庆电力股份有限公司改进计划给重庆电力股份有限公司的指令（一九四〇年一月十八日） 0219-2-191

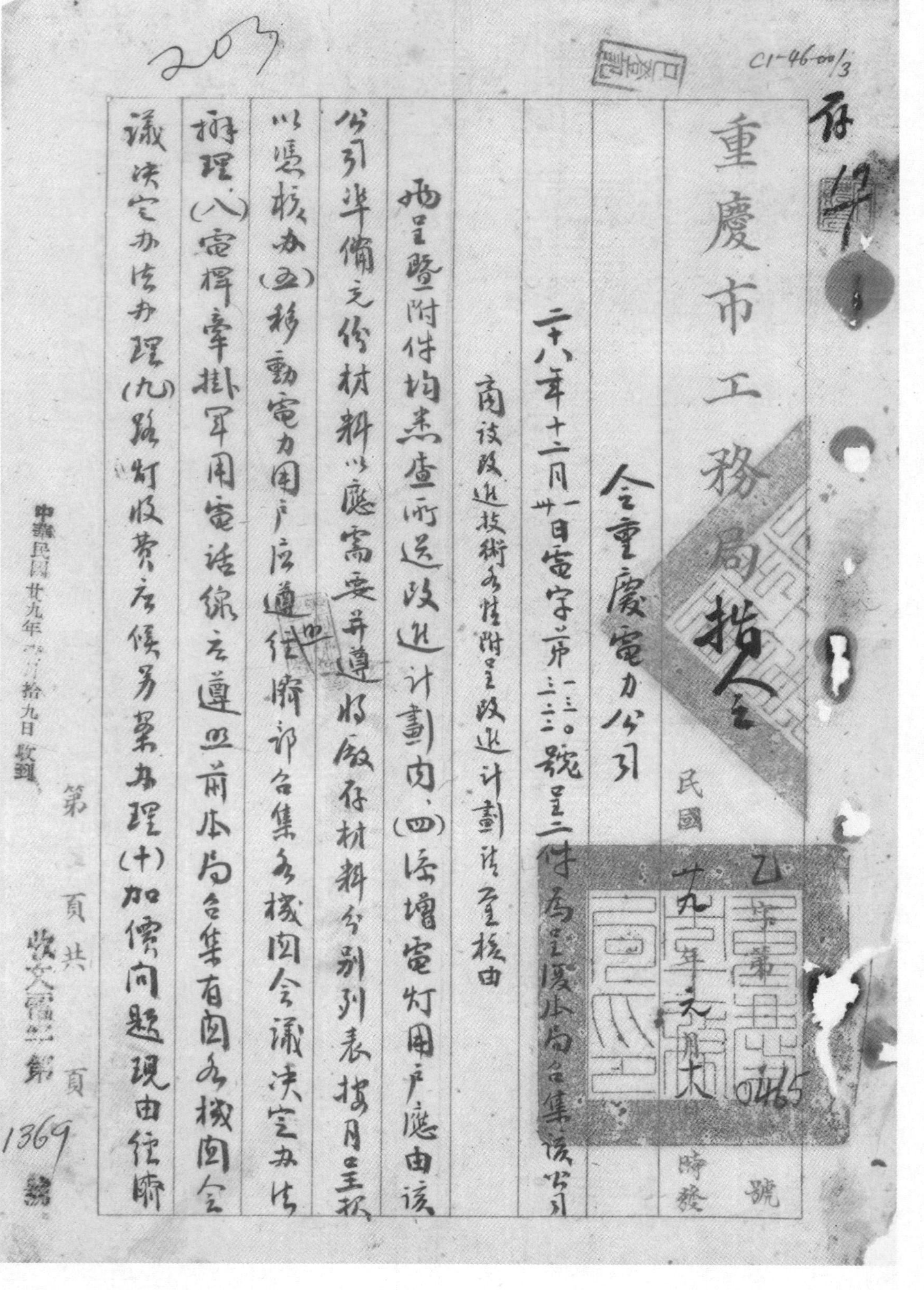
203

C1-46-00/3

存

重慶市工務局指令

民國二十九年一月十八時發 乙字第0465號

令重慶電力公司

二十八年十二月廿一日電字第一一三二〇號呈二件為呈復本局召集該公司商討改進技術各性附呈改進計劃請鑒核由

呈暨附件均悉。所送改進計劃內：(四)添增電灯用户應由該公司準備之材料以應需要，並遵將所存材料分別列表，按月呈報，以憑核辦；(五)移動電力用户應遵經濟部召集各機關會議決定辦法辦理；(八)電桿牽掛軍用電話線應遵照前本局召集有關各機關會議決定辦法辦理；(九)路灯收费應候另案辦理；(十)加價問題現由經濟

中華民國廿九年一月拾九日收到

收文人字第1369號

第　頁共　頁

重庆市工务局关于鉴核重庆电力股份有限公司改进计划给重庆电力股份有限公司的指令（一九四〇年一月十八日） 0219-2-191

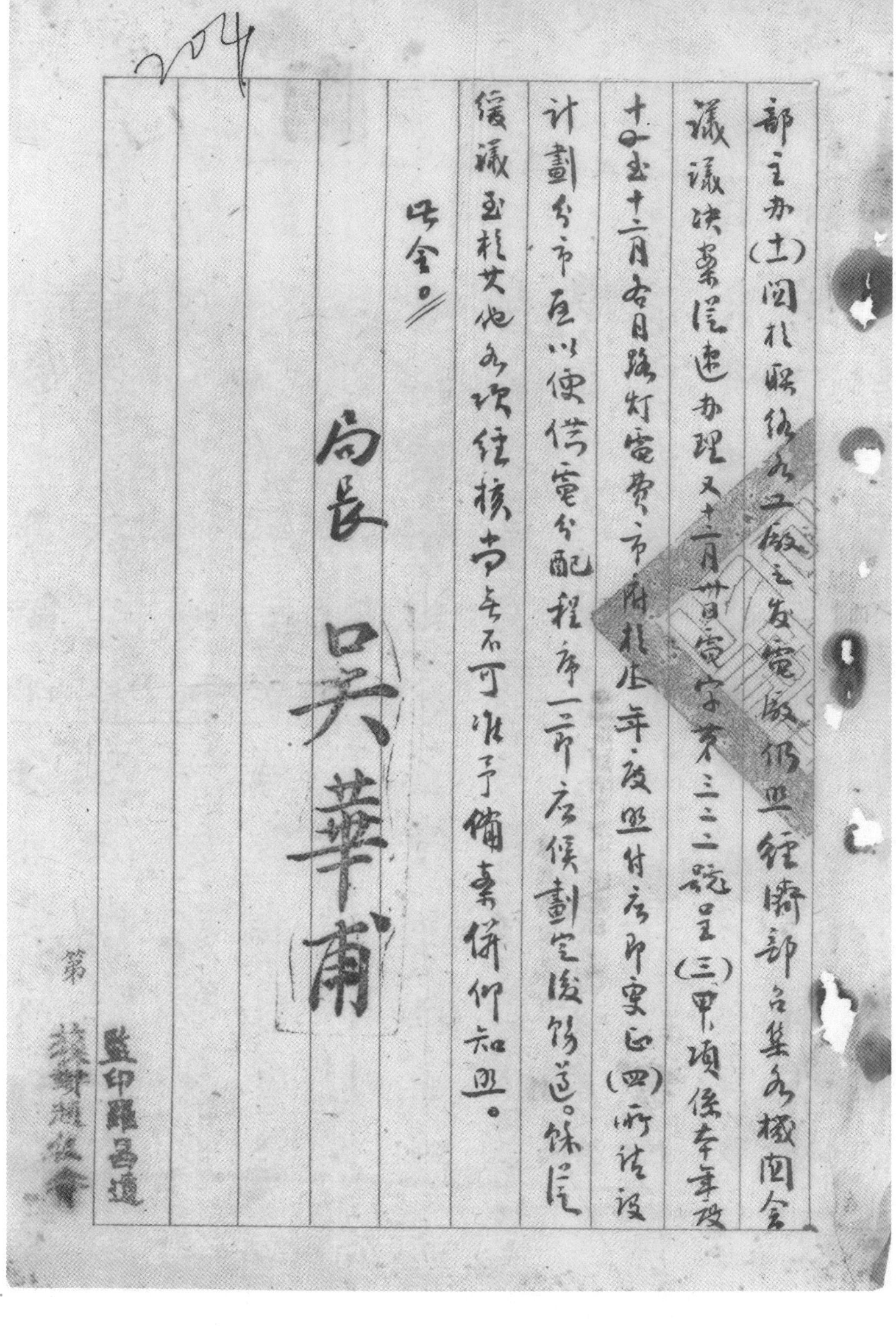

部主办(十)關於所屬工廠之發電廠仍照經濟部召集各機關會議議決案從速辦理又十二月廿日電字第三二號呈(三)甲項係本年度十七至十二月份路燈電費市府於本年度照付應即來區(四)所請設計劃分市區以便供電分配程序一節應候劃定後飭遵。餘從緩議至於其他各項經核尚無不可准予備案。仰知照。

此令。

局長 吳華甫

監印 羅昌遠

第

校對 [illegible]

重庆电力股份有限公司一九四一年度业务状况（一九四一年）　0219-2-105

三十年度業務狀況　業務科報告

本年業務雖因敵機轟炸及電力不足全年營業狀況在員工努力工作之下尚能維持現狀計其大要如下

（甲）用户　本年度末用户實數計電燈九千五百四十四户電力五百一十一户電熱六十一户共計用户總數為一萬零一百一十六户比較二十九年度末用户實數增三十八户（本年度因敵機轟炸損失户數計五月份七十九户六月份一千二百一十二户七月份三百六十一户八月份一千零四十四户共計二千六百九十六户）

（乙）售電　本年度售電度數照抄見電度統計售出電燈六百零二萬六千一百六十四度（25.8%）電力一千六百一十六萬零九百九十三度（69.5%）電熱（大

部係工業用）一百零八萬四千四百四十二度（46%）總計全年售出電度為二千三百二十七萬一千五百九十九度與二十九年度比較減少一千零二十五萬七千八百零八度（查三十年始將票據股製票表報傳票加以調整並與會計科商同將改票銷票各項於應收電費項下轉賬以前各年統係列入有效數字內故實售電度數字不確亦即本年度售電數字減少之故）查本年度兩廠發電總度數為三千四百四十一萬八千七百五十三度兩廠自用電度為一百零三萬零零五十八度約當發電度數3%售電約當發電度數67%損失電度計為30%是項損失電度為線路消耗及盜電強用電流等之總和

（丙）電費收入：本年度電費收入計電燈正收六百九十四萬一千四百三十七元一角二分

重庆电力股份有限公司一九四一年度业务状况（一九四一年） 0219-2-105

82

補收三十二萬七千六百四十二元九角三分合計七百二十六萬九千零八十九元零五分（內路灯一萬二千八百九十元八角）電力正收八百五十一萬二千零五十四元二角九分補收一百零二萬零四百二十一元零一分合計九百五十三萬二千四百七十五元三角電熱正收五十九萬三千五百七十三元六角六分補收六萬八千八百九十二元八角二分合計六十六萬二千四百六十六元四角八分總計燈力熱電費收入為一千七百四十六萬四千零二十一元八角三分自七月份起適遵部令售電每度附加卸還杭炉費五分專款撥存計本年度內共應撥還五十三萬七千七百零八元零七分兩相品除本年度電費收入實為一千六百九十二萬六千三百一十三元七角六分比較二十九年度增加約290%

（丁）電費經收情形　本年改變收費辦法集中管理案據逐日核實收繳其經收情形如次

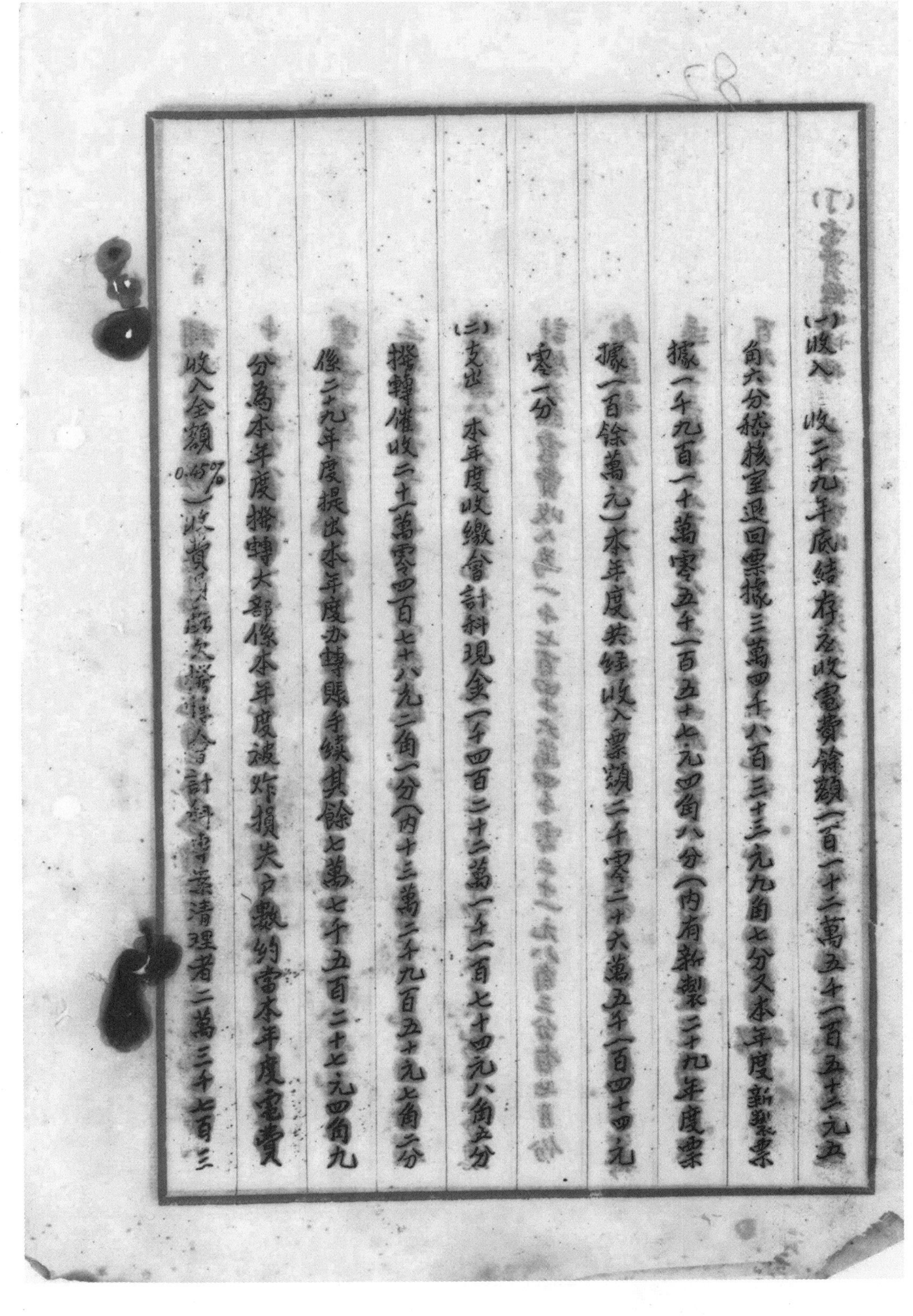

（丁）[illegible]

（一）收入　收二十九年底結存應收電費餘額一百一十二萬五千一百五十三元五角六分，總核室退回票據三萬四千八百三十三元九角七分，又本年度新製票據一千九百一十萬零五千一百五十七元四角八分（內有新製二十九年度票據一百餘萬元）。本年度共銷收入票額二千零二十六萬五千一百四十四元零一分

（二）支出　本年度收繳會計科現金一千四百二十二萬一千一百七十四元八角五分，撥轉催收二十一萬零四百七十八元二角一分（內十三萬二千九百五十九元七角二分係二十九年度提出本年度辦轉賬手續，其餘七萬七千五百二十七元四角九分為本年度撥轉，大部係本年度被炸損失戶數，約當本年度電費收入全額0.45%），收費[illegible]撥轉入會計科專案清理者二萬三千七百三

83

十八元四角八分註銷票據一百八十五萬五千七百三十九元八角年底結餘移轉三十一年度經收者三百九十五萬四千零二十一元六角七分本年度共經繳付票款二千零二十六萬五千一百四十四元零一分

又查本年度開製票為一百四十七萬七千六百六十四元五角四分與銷票之差額計少三十七萬八千零六十六元二角四分於兩項全年度應收電費一千六百九十二萬六千三百一十三元七角六分內扣除則三十年度電費收入實為一千六百五十四萬八千二百四十七元五角二分（內中党政軍机關洽收困难者或全不繳付者總計約二十萬元左右）以本年度收繳現金與本年度電費收入比較差額為二百三十二萬七千零七十二元六角七分按現在每月電費收入適為一月收入有奇相當於十二月份新製出票

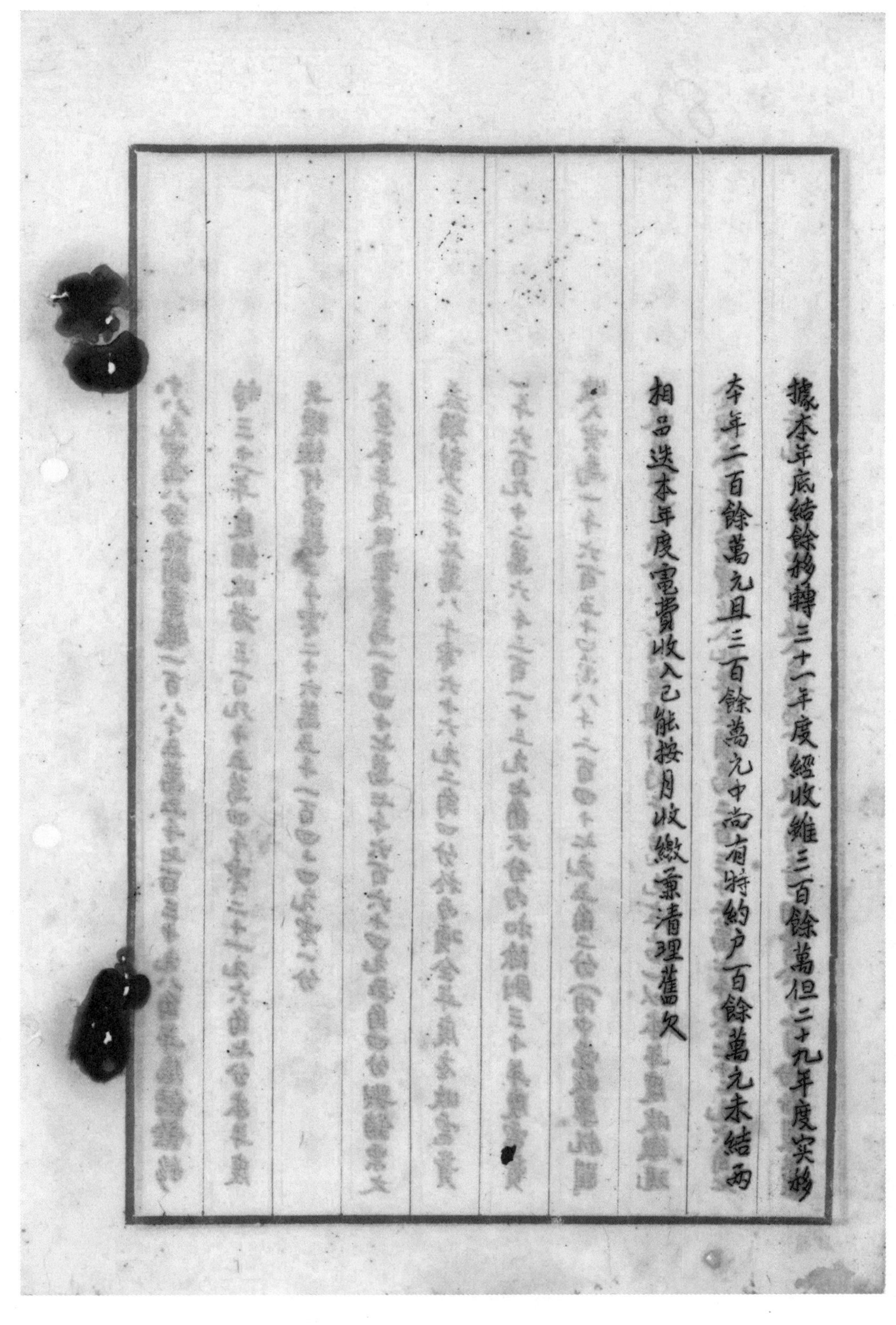

據本年底結餘移轉三十一年度經收雖三百餘萬但二十九年度实移本年二百餘萬元且三百餘萬元中尚有特約户百餘萬元未結兩相品迭本年度電費收入已能按月收繳兼清理舊欠

重庆电力股份有限公司一九四一年度业务状况（一九四一年）　0219-2-105

84

甲　財務報告

二十九年度公司資產總值為一千四百八十餘萬元至三十年度結賬全部資產總額就賬面價值已達二千九百八十餘萬元約為去年資產總額之二倍各項資產中以雜項資產為最多較上年增加一千萬元計鵝公岩分廠工程已設部份支出三百八十餘萬本公司第一煤廠預借煤款九十餘萬元香港仰光材料運繳費一百五十餘萬元增訂電料燃煤火磚油類等約二百餘萬元投資川康興業公司華安煤礦公司及公司第一煤廠等一百六十餘萬元至流動資產項內積存應收電費一項達三百九十餘萬元再歷年訂購各項材料已於去年陸續收到大部約較上年增加八十餘萬元各項固定資產除輸電配電資產外尚無顯著之變動公司綫路設備雖遭多次

重庆电力股份有限公司一九四一年度业务状况（一九四一年） 0219-2-105

之轟炸毀損經迅速之修補添置仍較上年增加九十餘萬元此公司資產增加之大概

關於負債方面亦有鉅額之增加借入款項則有四行之材料抵押借款一百萬元購料借款二百萬保證金收入一百七十餘萬元暫收款項尚未轉賬者有中央信託局兵險賠款一百萬元政府補助遷建工程款六百萬元此外尚有未付各商行煤料款二百餘萬元除向各行短期借款減少一百零四萬元外共計尚較去年增加一千三百餘萬元前述資產之增加實多係此項負債之運用也

以上為本公司經濟情形之概略

惟根據上面所述得知公司資產之增加係仗政府補助及挪借外債至營業

重庆电力股份有限公司一九四一年度业务状况（一九四一年）　0219-2-105

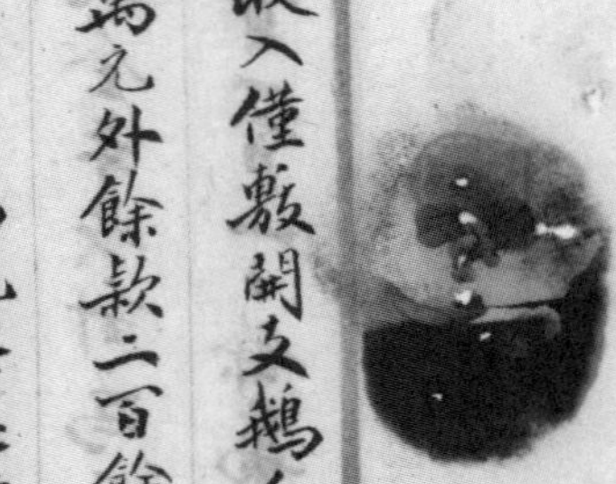

收入僅敷開支鵝公岩工程補助費六百萬元除已支出已竣工部份三百八十餘萬元外餘款二百餘萬元均已移用先後向四行借款除已還本息外結欠本息約六百萬元此急待歸還之六百餘萬元即變賣存防存英機爐能告解決可望得二萬數千鎊未收新股約三百六十餘萬能招募足額尚不足抵償有待設法籌付也

乙、收支報告

本年度全年收益爲一千九百三十九萬餘元約爲去年收益總數之三倍內計電費收入一千七百零九萬餘元約佔總收益百分之八八·一〇營業收入四萬餘元約佔總收益百分之〇·二雜項收入二百二十五萬餘元約佔總收益百分之一一·七電費收入中以電力居第一位計九百三十餘萬元電燈七百

十餘萬元電熱六十餘萬元其他路燈補繳電費及日用電度收入約四萬餘元至雜項收入當以各項補助費收入為最大計被炸補助費一百三十餘萬元桿綫補助費六十餘萬元其他如利息收入租金收入及材料盤盈等共約二十餘萬元至開支方面全年共計支出一千七百九十五萬餘元約去年支出總數之二倍半內中除戰時之特殊開支如增加防空設備補助職工被炸損失修整被炸辦公房屋等費三十三萬餘元外以燃煤消耗最大每月耗用達四千餘噸全年共計消耗八百十餘萬元約佔總開支百分之四十五次為薪工津貼以一般物價指數不斷上漲職工生活津貼月有增加全年共計為三百十餘萬元約佔總開支百分之一七此外計遂地兵險保費一百三十餘萬元四聯總處及川康川鹽各行借款利息一百餘萬元向

重庆电力股份有限公司一九四一年度业务状况（一九四一年） 0219-2-105

86

龍章造紙公司貸電費用五十餘萬資產折舊四十餘萬元耗用物料及其他事務費用約三百餘萬元收支相抵計獲純益一百四十四萬零一百零二元二角三分

重庆电力股份有限公司一九四二年统计年报（一九四二年）　0219-2-51

重庆电力股份有限公司一九四二年统计年报（一九四二年）　0219-2-51

52

統計年報

目次

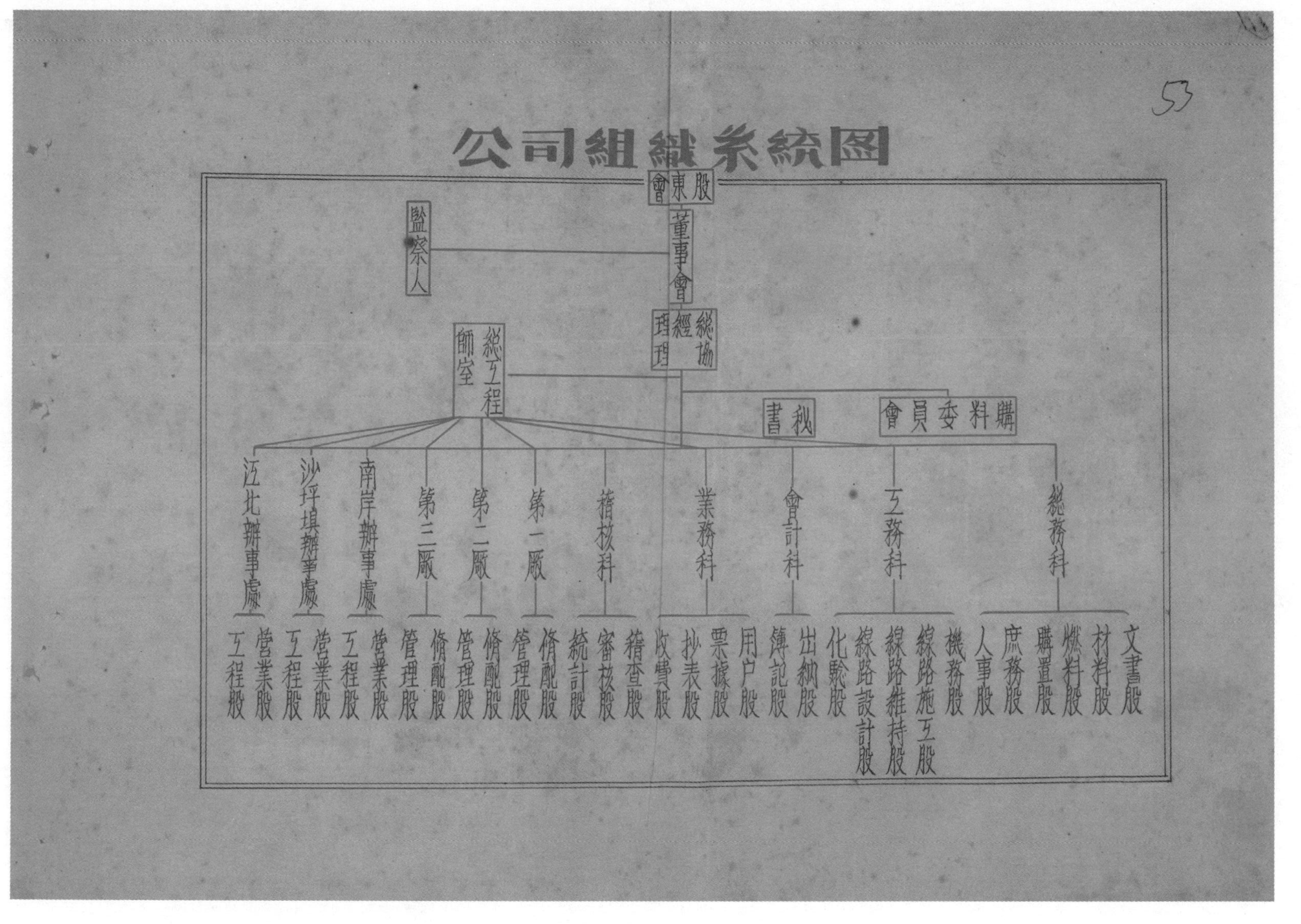

重庆电力股份有限公司一九四二年统计年报（一九四二年） 0219-2-51

重庆电力股份有限公司一九四二年统计年报（一九四二年） 0219-2-51

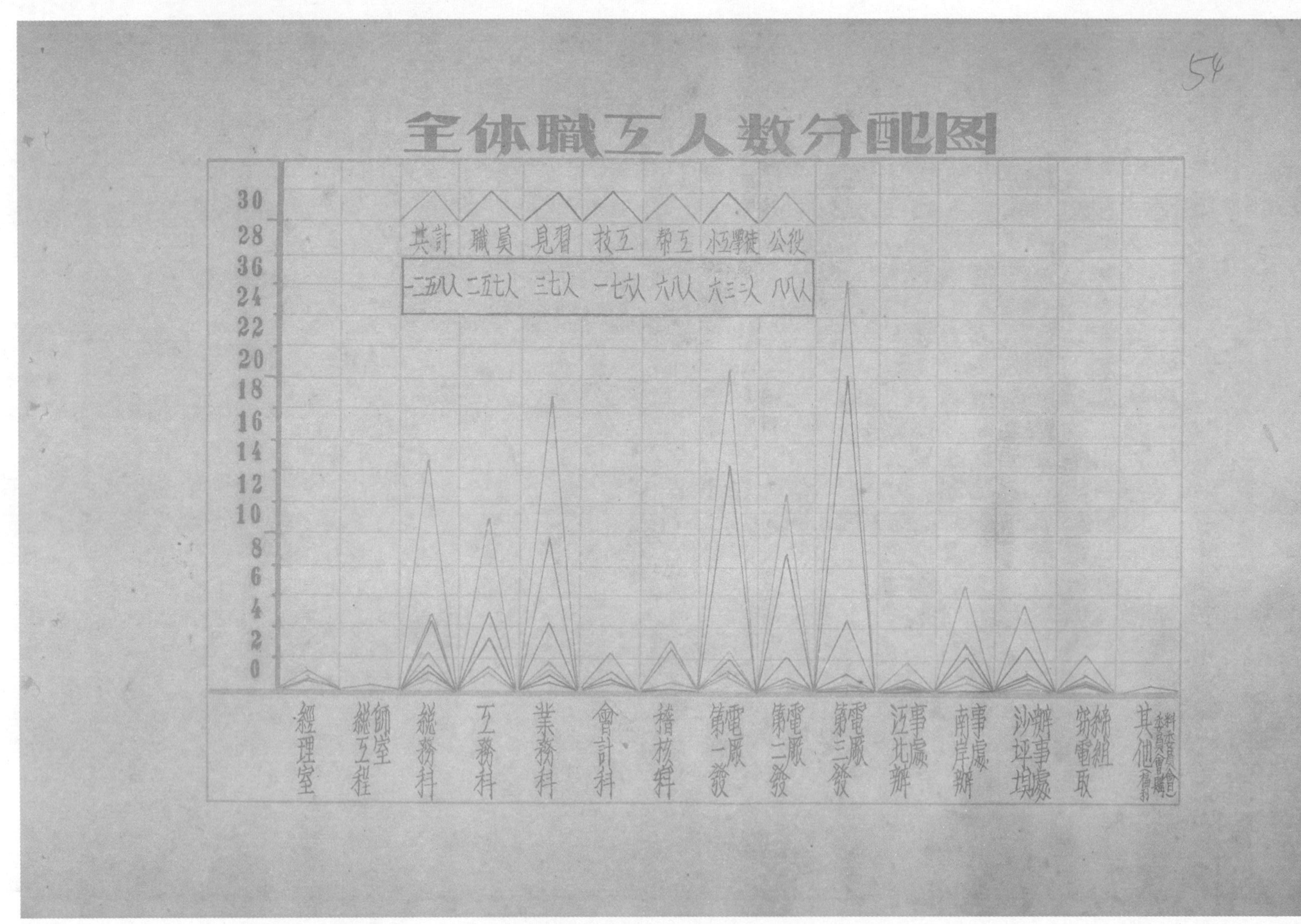

資產負債分類比較圖

流動資產
雜項資產
固定資產
短期負債
雜項負債
長期負債
資本及公債

金額（百萬元）

110
100
90
80
70
60
50
40
30
20
10
0

一月 二月 三月 四月 五月 六月 七月 八月 九月 十月 十一月 十二月

重庆电力股份有限公司一九四二年统计年报（一九四二年） 0219-2-51

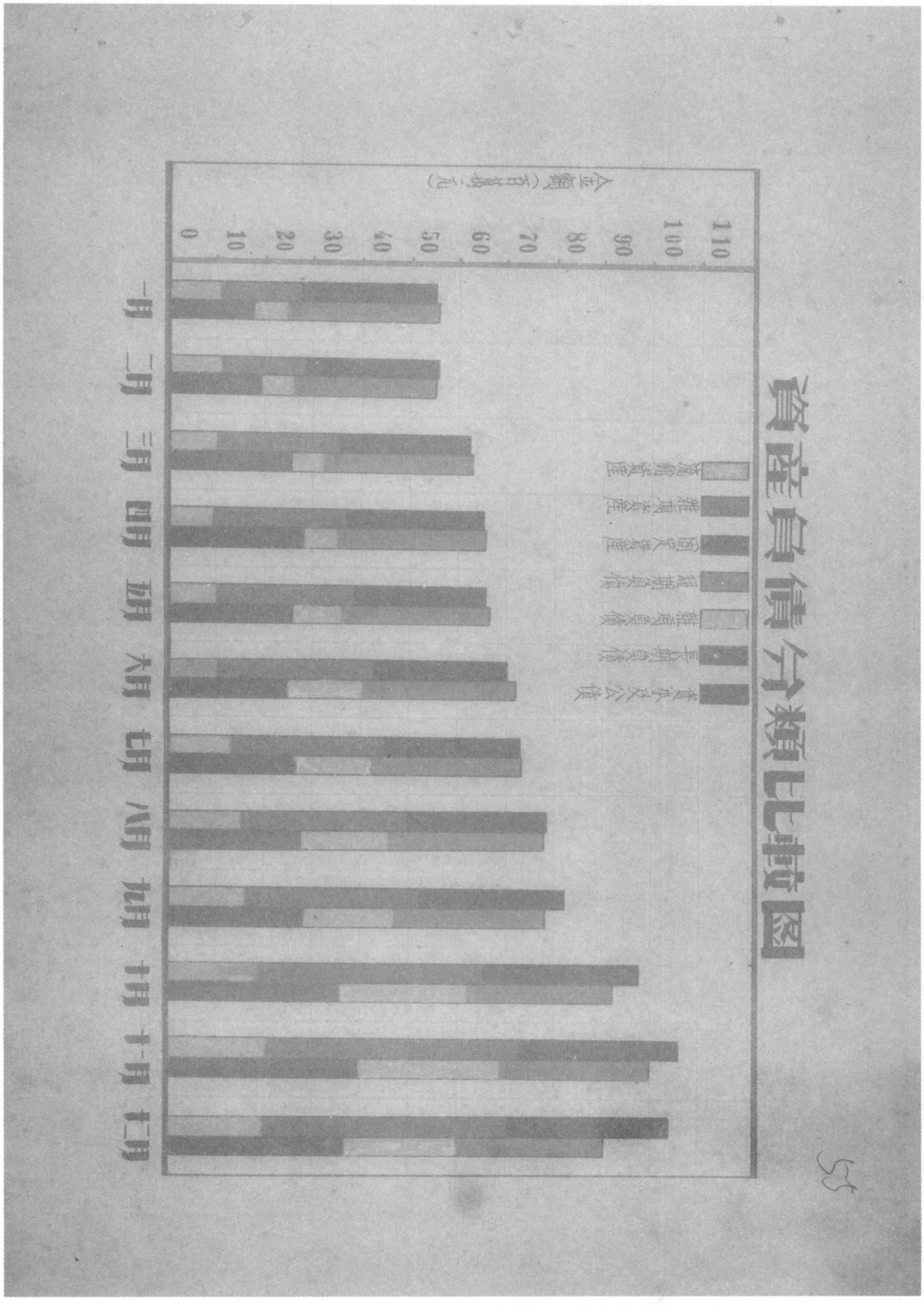

重庆电力股份有限公司一九四二年统计年报（一九四二年） 0219-2-51

56

資產分類比較表

類別＼月份	一月	二月	三月	四月	五月	六月	七月	八月	九月	十月	十一月	十二月
固定資產	2722522133	2725832348	2741738539	2769351 73	2774122802	2781165893	2820378926	2924738829	300385231[illegible]	3251596804	3284449004	3357073322
發電資產	1805855560	1805904460	1804605552	1807853020	1806616229	1806615087	1806615087	1806702087	1809022084	1817569072	1820946203	1763829186
輸電配電資產	783009755	785287943	796075172	816903185	821991466	820832022	820521126	823139299	841966565	868986719	880842864	905090158
用電資產	95486061	95204388	101639774	104023327	101843675	112317013	150695792	115101522	203483238	218733310	225120535	232056326
業務資產	38170757	38435157	39418041	40556541	40666411	41101741	42945921	148995921	149389421	153391613	16462322	203236922
其他固定資產										192915130	192916130	252860730
流動資產	1093728236	1131390482	1051164766	930360618	1041603225	1041311914	1322791653	1536511491	1617798075	1836039126	2063919536	1934870141
現金	1472109	12654522	8718336	178529	721850	1322337	200995	633165	2802990	6152210	1144789	770140
銀行存款	24182451	47792912	26351561	4529115	28162515	2126997	7892586	7483676	51283890	84301550	13935371	39986425
借出款					3900000	3900000	3900000	3900000	3900000	15000000	15000000	15000000
應收帳款	409286047	547578532	497443320	440226380	544747677	560598531	675515878	799969912	904890156	1011351970	1156051953	1091848230
	3900000	3900000	3900000	3900000								
有價證券						2000000	2000000	2000000	2000000	19433750	5943375 0	5943375 0
材料	154927629	144874516	141361519	108136594	240686133	247876999	409895274	431764838	428931039	475509536	94960723	727831599
其他流動資產												
未繳股款	499560000	374590000	373390000	373390000	223390000	223390000	223390000	223390000	223390000	223390000	223390000	
雜項資產	167615761	1713779314	2174394981	2761049764	28122331	3238257490	3191335174	3372565219	3598511600	4676935423	5257333995	5075982155
戰時防護費	12304316	15237251	15430431	16647481	17007481	17007481	17007481	17007481	17007481	17055049	17055049	17055049
存出保證金	1528899	1528899	1323399	1794899	2412399	12442899	12442899	12442899	12442899	13442899	18132899	18132899
暫付款項	641880641	726842168	1098663115	1176397749	1290139601	1889897004	1875064108	1996437105	2133724257	2173573475	2442350955	2200379565
應付款項	17106054	17358621	17103251	16321684	1676163	16173227	16173227	16173227	16173227	15886453	15486453	15929289
預付款項	403965340	407730849	466253046	594289998	549635903	507302558	470472659	542453199	561573771	833545787	695725115	515519348
提存基金	44001813	1813	792102	792102	792102	792102	792102	792102	792102	792102	792102	792102
催收款項	20546160	18230160	16500915	16834210	15545899	5591359	15521575	15397926	15131553	15131553	14922827	1794453
投資企業	160500000	160500000	160500000	160500000	160500000	220500000	220500000	220500000	253500000	250500000	250500000	420500000
合同訂購材料	280880922	272915637	693371326	684032025	565366161	465111231	453919397	458021654	497679674	1213417479	1507528979	1658755070
合同訂購新機	93439616	93439616	93439616	93439616	93439616	93439615	93439615	93439616	93439616	93439616	93439616	97043876
其他雜項資產												

57

負債分類比較表

類別 \ 月份	一月	二月	三月	四月	五月	六月	七月	八月	九月	十月	十一月	十二月
資本及公積	3074678472	3074678472	3074678472	3074678472	3074678472	3074678472	3074678472	3074678472	3074678472	3074678472	3074678472	3074678472
資本總額	3000000000	3000000000	3000000000	3000000000	3000000000	3000000000	3000000000	3000000000	3000000000	3000000000	3000000000	3000000000
法定公積	27624009	27624009	27624009	27624009	27624009	27624009	27624009	27624009	27624009	27624009	27624009	27624009
特別公積	21132623	21132623	21132623	21132623	21132623	21132623	21132623	21132623	21132623	21132623	21132623	21132623
特別準備	25921840	25921840	25921840	25921840	25921840	25921840	25921840	25921840	25921840	25921840	25921840	37921840
長期負債	[illegible]	684400778	679734111	679734111	1033333333	1583333333	1583333333	1816666666	1816666666	2598191916	2598191916	2753897214
長期借入款	[illegible]	684400778	679734111	679734111	1033333333	1583333333	1583333333	1816666666	1816666666	2598101916	2598101916	2753097214
公司債	674527833											
短期負債	261500000	622338143	843411136	830808456	875334000	775331975	725107510	743080395	699715432	1055880062	1181415932	1161784783
短期借入款	261500000	181500000	195000000	211000000	260000000	103000000	102000000	99500000	67000000	45000000	34000000	32000000
應付票據		8000000	20000000									
銀行透支										333823783	377986194	356802404
存入保證金	262157750	284226750	319207250	341516400	357450400	375544400	387587400	397325900	411389700	422401900	434215904	450136900
應付帳款						270000	1842175	1174090	14303875	10572766	29450575	28729960
應付股利	45921600	44561600	43201600	15668900	9950260	7750760	2602760	2554120	2554120	2554120	2554120	2554120
應付紅利	45	45	45	45	45	45	45	45	45	45	45	45
應付職工酬勞	8378411	8378411	985	98541	98541	98541	98541	98541	98541	98541	98541	98541
職工儲金												
應付合同款項	96570027	95671337	265933200	26252864	217834754	288667979	230976589	231861289	294369749	281928907	302610257	291412773
其他短期負債												
雜項負債	1093790261	1270533750	1744580013	2001192668	1757251928	1783626827	1953905870	2074663000	2198999367	2576218275	2871508398	2593911905
折舊準備	169685162	169685162	169685162	169685162	169685162	169685162	169685162	169685162	169685162	169685162	169685162	169685162
呆帳準備	20136154	20136154	20136154	20136154	20136154	20136154	20136154	20136154	33554775	20136154	20136154	21930607
電表損壞準備	12000000	12000000	12000000	12000000	12000000	12000000	12000000	12000000	12000000	12000000	12000000	12000000
暫收款項	631533271	812964296	1259799092	1511230940	1121318140	1275660861	1360270217	1430686434	1593200063	1785257790	2004283647	1842670732
應付存項	241505835	238824762	267757918	273151722	414490543	286547170	372223731	422741337	384761827	569926009	646190010	553830864
材料溢價準備	[illegible]				5794540	5794540	5794540	5794540	5794540	5794540	5794540	5794540
催收款項準備	19929839	16927132	15201687	14988687	13822389	13802940	13746066	13619417		13418621	13159885	

重庆电力股份有限公司一九四二年统计年报（一九四二年） 0219-2-51

重庆电力股份有限公司一九四二年统计年报（一九四二年） 0219-2-51

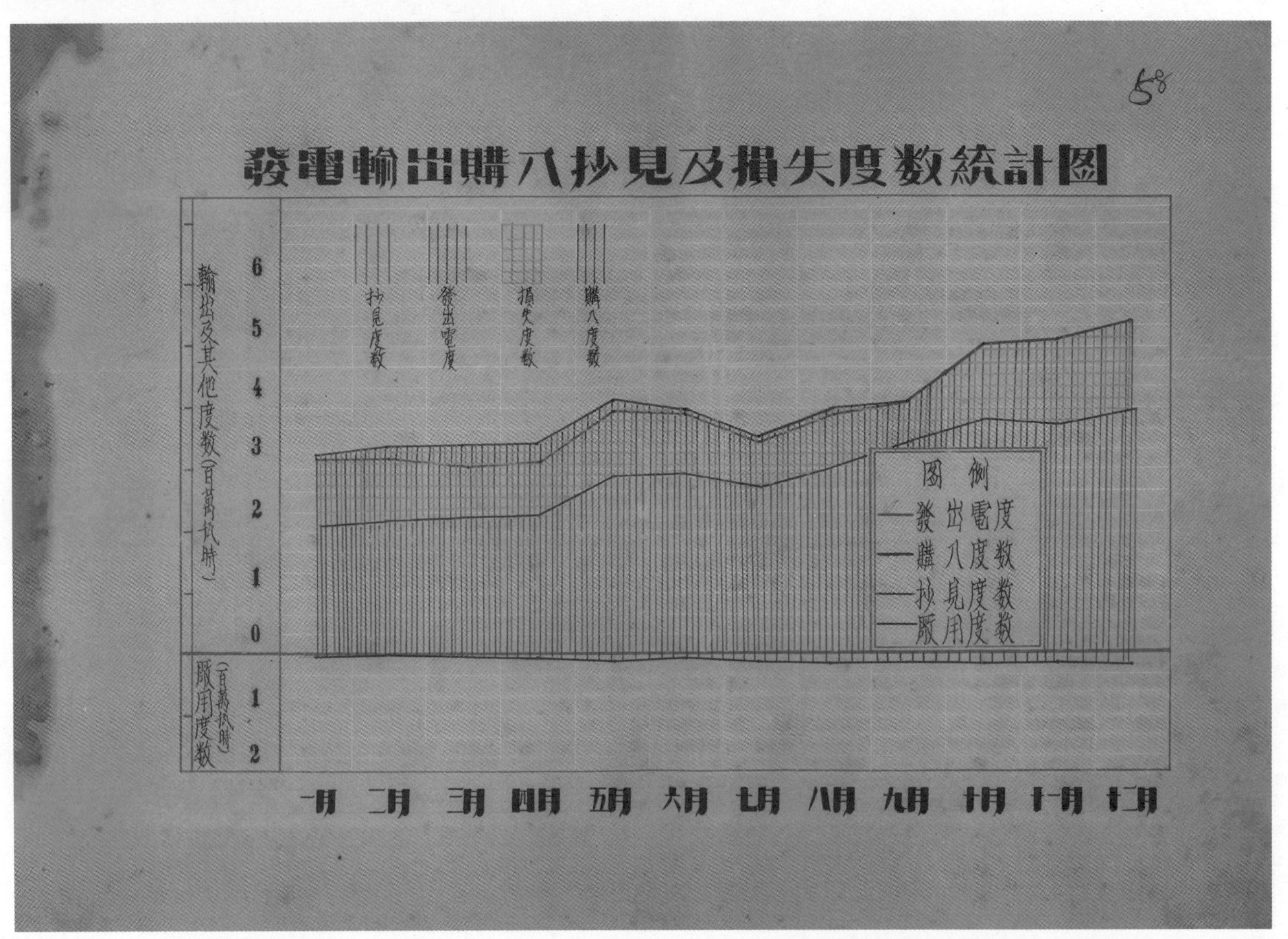

59

發電輸出購入抄見及損失度数統計表

月份	發電度数 KWH	厰用度数 KWH	輸出度数 KWH	購入度数 KWH	抄見度数 KWH	損失度数 KWH	損失因数 KWH
全年總計	48,859,187	1,206,993	47,652,194	1,031,373	35,856,856	12,826,981	26.3
一月	3,202,688	61,199	3,141,489	59,840	2,169,499	1,031,830	32.2
二月	3,290,517	59,512	3,231,005	86,627	2,771,722	545,910	16.5
三月	3,128,060	61,957	3,066,103	286,327	2,462,623	889,807	26.5
四月	3,236,438	96,180	3,140,258	218,834	2,477,593	881,499	26.2
五月	4,055,464	104,655	3,950,809	201,514	2,821,840	1,330,483	32.0
六月	3,894,922	92,173	3,802,749	125,270	2,857,522	1,070,497	27.3
七月	3,613,294	115,043	3,498,251	29,030	2,685,055	842,226	23.9
八月	4,070,085	127,761	3,942,324	23,931	2,890,626	1,075,629	27.1
九月	4,279,981	107,529	4,172,452		3,315,555	856,897	20.5
十月	5,233,036	120,477	5,112,559		3,631,125	1,481,434	29.0
十一月	5,306,555	126,601	5,179,954		3,737,020	1,442,934	27.9
十二月	5,548,147	133,906	5,414,241		4,036,406	1,377,835	25.4

重庆电力股份有限公司一九四二年统计年报（一九四二年） 0219-2-51

重庆电力股份有限公司一九四二年统计年报（一九四二年） 0219-2-51

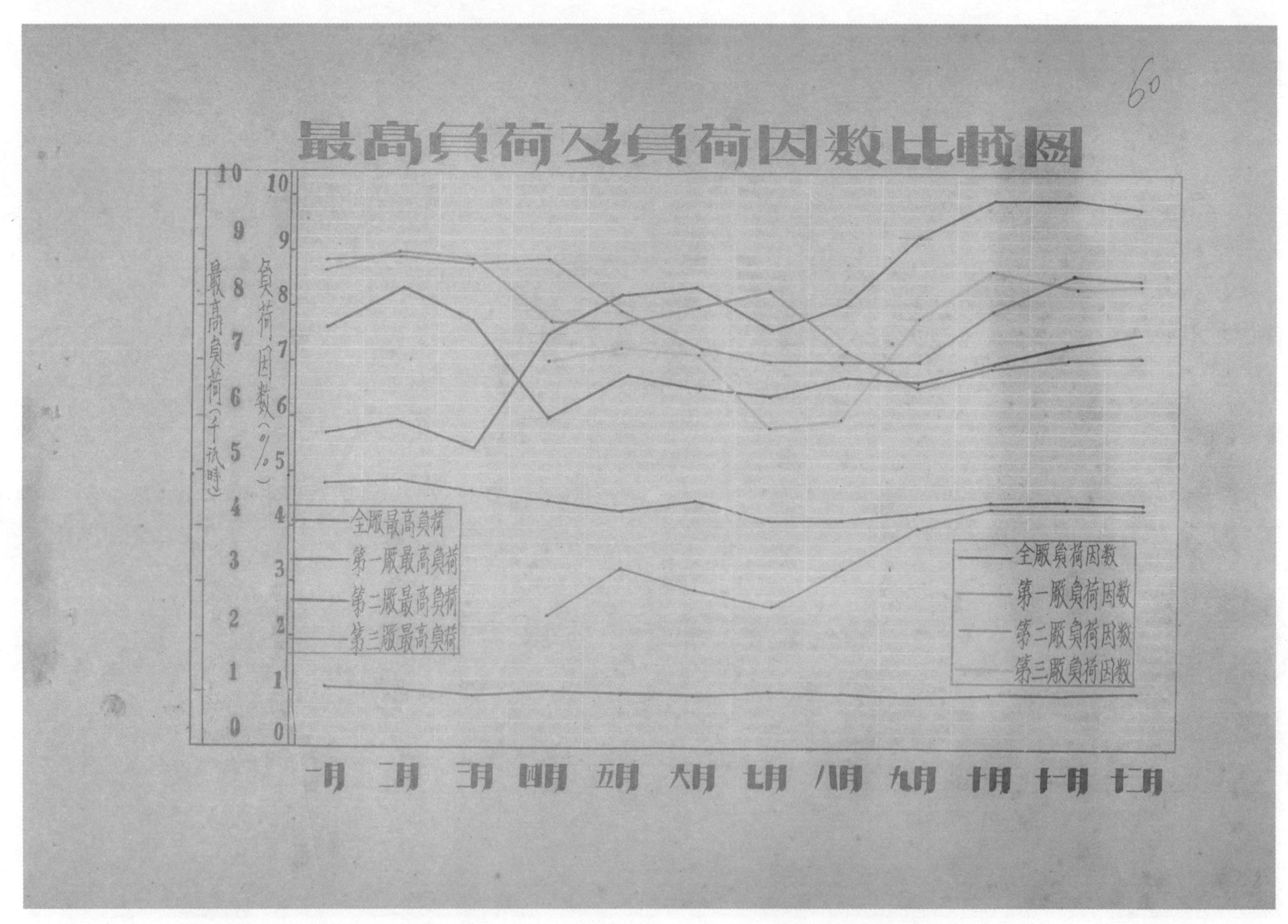

重庆电力股份有限公司一九四二年统计年报（一九四二年） 0219-2-51

61

最高負荷及負荷因数比較表

	總計		第一發電廠		第二發電廠		第三發電廠	
	最高負荷(瓩)	負荷因数(%)	最高負荷(瓩)	負荷因数(%)	最高負荷(瓩)	負荷因数(%)	最高負荷(瓩)	負荷因数(%)
全年	9,910	57,43	4,850	66,13	1,060	67,04	4,500	50,94
一月	5,680	75,79	4,750	86,60	1,060	88,70		
二月	5,880	83,28	4,850	89,80	1,040	89,20		
三月	5,420	72,57	4,600	88,70	910	88,00		
四月	7,530	59,70	4,500	77,30	900	89,70	2,300	70,00
五月	8,130	62,05	4,450	76,70	900	79,40	3,250	73,00
六月	8,310	65,10	4,500	80,20	930	73,40	2,950	73,00
七月	7,540	64,40	4,100	83,80	950	70,00	2,650	59,00
八月	8,080	67,71	4,100	73,20	900	72,00	3,250	60,90
九月	9,320	66,77	4,350	65,31	940	72,60	4,150	78,00
十月	9,910	70,98	4,500	70,20	960	79,40	4,450	85,50
十一月	9,910	74,37	4,500	72,00	960	86,60	4,500	83,80
十二月	9,850	75,71	4,550	73,50	1,030	85,60	4,500	83,90

重庆电力股份有限公司一九四二年统计年报（一九四二年） 0219-2-51

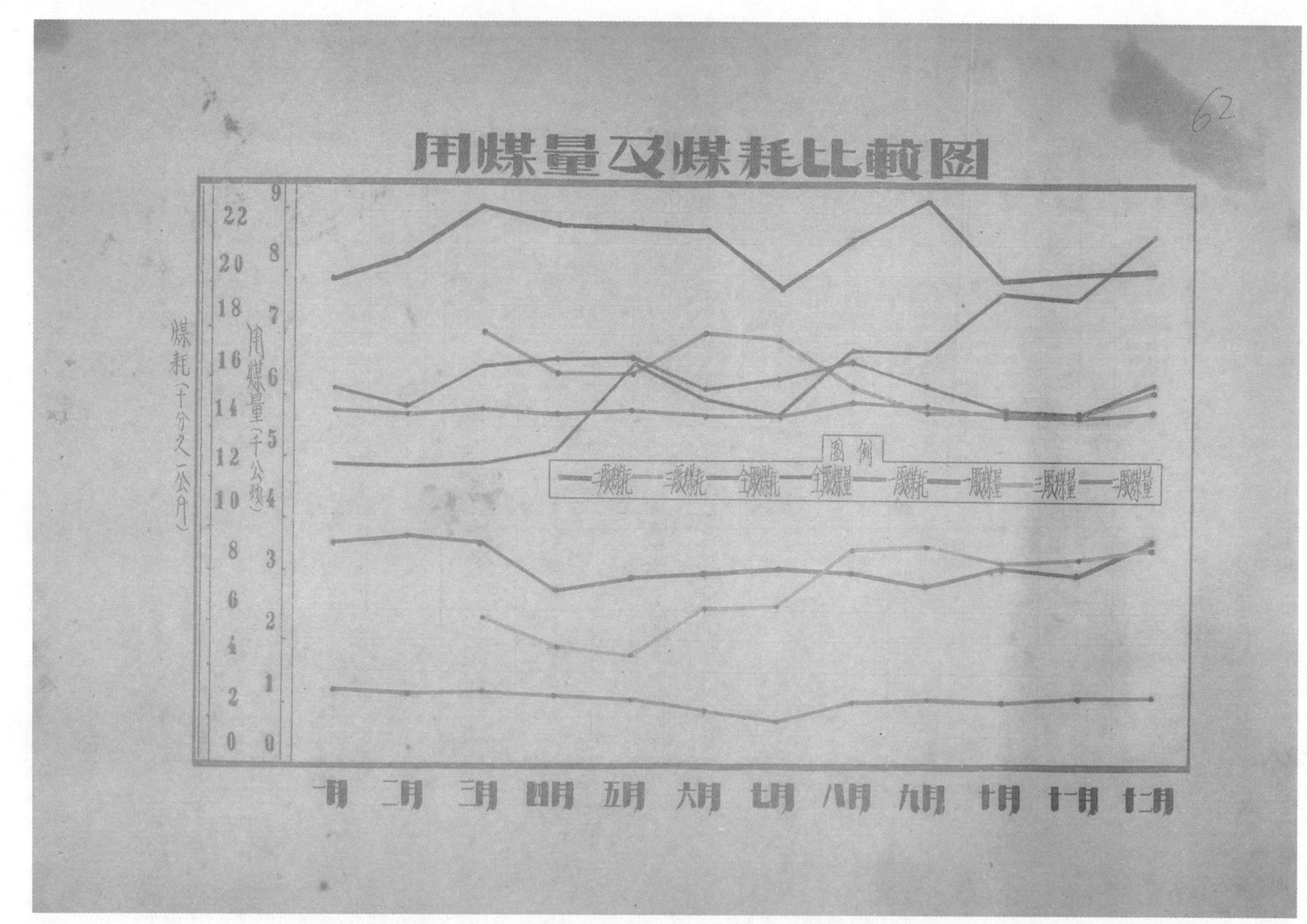

用煤数量及其價值統計表

	總計		第一發電廠		第二發電廠		第三發電廠	
	用煤總量（公噸）	用煤總值（元）	用煤總量（公噸）	用煤總值（元）	用煤總量（公噸）	用煤總值（元）	用煤總量（公噸）	用煤總值（元）
全年	76215.919	20592649.50	39748.195	8373981.45	13268.166	3271190.16	23199.560	8947478.19
一月	4932.065	715140.72	3650.390	529306.55	1281.615	185834.17		
二月	4868.738	705866.99	3718.980	539152.10	1149.758	166714.89		
三月	4928.648	727291.90	3684.880	534307.60	1243.768	192984.30		
四月	5183.224	978102.56	2886.180	418495.00	1202.914	217968.01	1094.130	341638.45
五月	6531.387	1591466.98	3078.010	646382.10	1036.257	187769.76	2417.120	757313.12
六月	6003.465	1642725.83	3186.610	768641.70	889.855	218904.33	1927.000	655179.80
七月	5795.470	1468787.49	3254.710	813677.50	781.510	213352.23	1760.250	441758.15
八月	6864.026	2067073.37	3195.670	798917.50	1030.816	296883.64	2637.710	971272.23
九月	6841.569	2208479.86	2997.380	749380.00	1128.459	325758.78	2685.730	1133340.08
十月	7801.419	2493726.47	3318.260	829565.00	1054.949	323436.54	3428.210	1340724.63
十一月	7728.152	2797155.18	3094.243	825435.00	1205.569	460507.77	3478.340	1511222.41
十二月	8716.616	3195825.06	3682.880	920720.00	1262.666	481075.74	3771.070	1795029.32

重庆电力股份有限公司一九四二年统计年报（一九四二年） 0219-2-51

重庆电力股份有限公司一九四二年统计年报（一九四二年） 0219-2-51

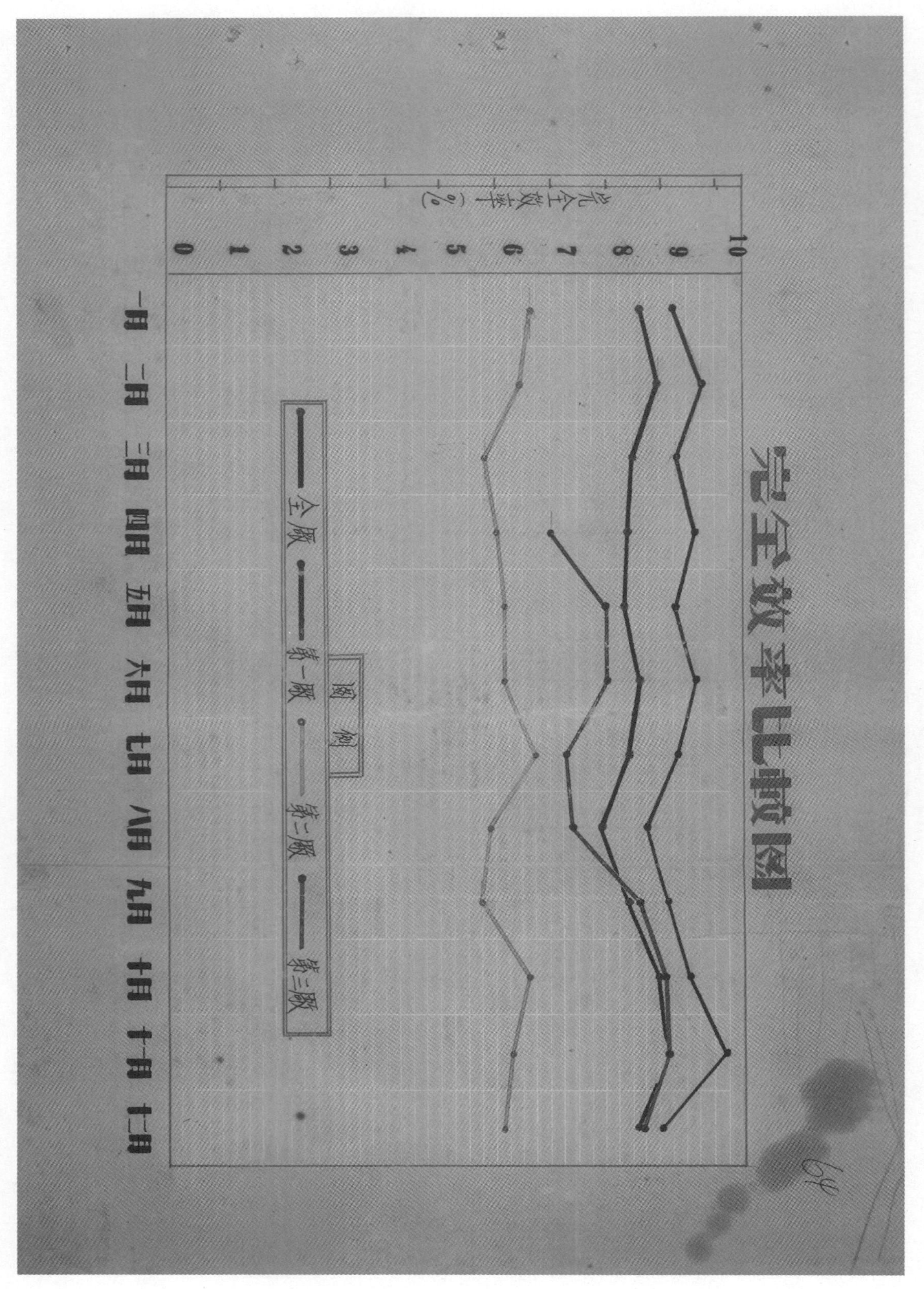

65

煤耗及完全效率比較表

	總計			第一發電廠			第二發電廠			第三發電廠		
	煤耗（公斤/瓩時）	煤耗合值（分）	完全效率（%）	煤耗（公斤/瓩時）	煤耗合值（分）	完全效率（%）	煤耗（公斤/瓩時）	煤耗合值（分）	完全效率（%）	煤耗（公斤/瓩時）	煤耗合值（分）	完全效率（%）
全年	1.56	42.15	8.46	1.41	29.81	9.36	2.13	52.55	6.20	1.60	61.54	8.25
一月	1.54	22.33	8.57	143	2034	9.23	199	2880	6.63			
二月	1.48	21.48	8.92	136	1949	9.71	208	3020	6.35			
三月	1.58	23.27	8.35	143	1969	9.23	229	3560	5.76			
四月	1.60	30.22	8.25	137	1982	9.63	2 1	4013	5.98	188	5875	7.02
五月	1.61	39.24	8.20	145	3854	9.10	215	3896	6.13	166	5200	7.95
六月	1.54	42.18	8.57	137	3305	9.63	215	5294	6.14	167	5679	7.90
七月	1.60	40.65	8.25	144	3611	9.17	198	5430	6.67	182	4568	7.25
八月	1.69	50.79	8.81	156	3757	8.80	219	6307	6.03	179	6593	[illegible].37
九月	1.59	51.60	8.30	147	3663	8.98	238	6644	5.74	154	6499	8.57
十月	1.49	47.65	8.86	139	3458	9.49	200	6124	6.69	148	57[illegible]0	8.91
十一月	1.47	52.71	8.93	138	3530	10.07	210	8019	6.29	147	6365	8.98
十二月	1.52	57.61	8.41	148	3702	8.92	214	8115	6.17	153	7261	8.63

重庆电力股份有限公司一九四二年统计年报（一九四二年） 0219-2-51

重庆电力股份有限公司一九四二年统计年报（一九四二年）　0219-2-51

66

鍋炉及發電機工作時間統計表

	鍋炉工作時間表(小時)			發電機工作時間(小時)		
	第一厰	第二厰	第三厰(註一)	第一厰	第二厰	第三厰(註二)
全年	8,322:14	8,520:08		8,293:50	8,192:59	5,713:35
一月	670:30	730:00		659:30	728:50	
二月	672:00	658:00		672:00	658:30	
三月	678:00	722:20		675:52	721:06	
四月	654:35	711:		648:2[illegible]	707:23	308:10
五月	657:45	725:11		651:38	724:07	709:54
六月	720:00	660:20		720:00	655:51	647:27
七月	678:05	682:04		676:20	668:51	611:10
八月	744:00	738:55		744:00	737:33	721:10
九月	677:27	720:00		677:25	719:13	615:55
十月	744:00	725:28		743:40	725:03	702:20
十一月	702:10	720:00		702:00	720:00	687:04
十二月	723:42	726:50		722:40	726:50	709:55

註一：記錄不全 無從統計　　註二：第三厰自四月十五日起發電

67

發電記錄摘要比較表

	發電度数（瓩時）	廠用度数（瓩時）	最高負荷（瓩）	負荷因数（瓩）	用煤数量（公噸）瓩時	煤耗（公斤）	完全效率（%）
全年	48859187	1206993	9910	59·43	76215·919	1·56	8·46
一月	3,202,688	61,199	5,680	75·79	4,932·005	1·54	8·57
二月	3,290,517	59,512	5,880	83·38	4868·738	1·48	8·92
三月	3,128,060	61,957	5,420	77·57	4,928·648	1·58	8·35
四月	3,236,438	96,180	7,530	59·70	5,183·224	1·60	8·25
五月	4,055,464	104,655	8,130	67·05	6,531·387	1·61	8·20
六月	3,894,922	92,173	8,310	65·10	6,003·465	1·54	8·57
七月	3,613,294	115,043	7,540	64·40	5796·470	1·60	8·25
八月	4,070,085	127,761	8,080	67·71	6864·226	1·69	7·81
九月	4,279,981	107,529	9,320	66·77	6,811·569	1·59	8·30
十月	5,233,036	120,477	9,910	70·98	7,801·419	1·49	8·86
十一月	5,306,555	126601	9,910	74·37	7778·152	1·47	8·98
十二月	5,548,147	133,906	9850	75·71	8716·616	1·57	8·41

重庆电力股份有限公司一九四二年统计年报（一九四二年） 0219-2-51

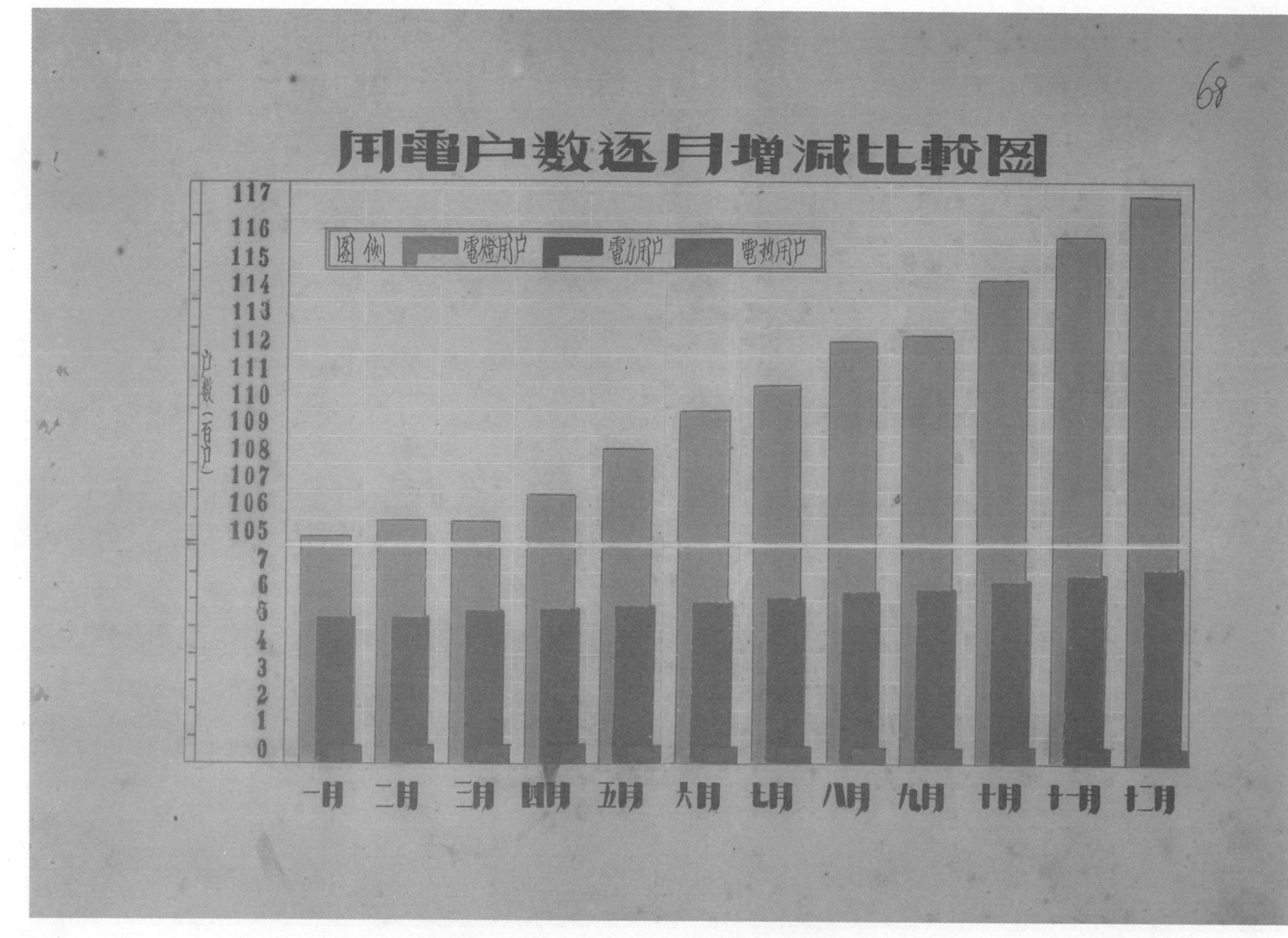

69

用户增减比較表

	總計				城區				江北				南岸				沙坪壩			
	共計	電燈	電力	電热	共計	電燈	電力	電热	共計	電燈	電力	電热	共計	電燈	電力	電热	共計	電燈	電力	電热
一月	11150	10547	536	67	6843	6561	228	54	1281	1215	66		2373	2216	150	7	653	555	92	6
二月	11202	10595	540	67	6371	6599	228	54	1288	1219	69		2387	2237	150	7	659	559	94	6
三月	11214	10588	558	68	6851	6564	233	54	1287	1218	69		2415	2247	162	6	661	559	94	8
四月	11317	10682	567	68	6928	6635	239	54	1287	1216	71		2431	2262	163	6	671	569	94	8
五月	11491	10580	575	66	7072	6774	246	52	1301	1229	72		2447	2279	162	6	671	568	95	8
六月	11626	10966	594	66	7153	6845	256	52	1308	1235	73		2480	2306	168	6	685	590	97	8
七月	11756	11081	609	66	7221	6910	259	52	1327	1249	78		2514	2336	172	6	694	586	110	8
八月	11964	11271	629	64	7395	7074	271	50	1341	1258	83		2527	2345	176	6	701	594	99	8
九月	11990	11289	637	64	7395	7074	271	50	1343	1259	84		2549	2362	180	6	704	594	102	8
十月	12178	11458	656	64	7531	7206	275	50	1353	1267	86		2575	2381	188	6	719	604	107	8
十一月	12373	11629	680	64	7675	7332	293	50	1367	1278	89		2590	2395	189	6	741	624	109	8
十二月	12538	11784	694	63	7778	7431	298	49	1369	1278	91		2633	2431	196	6	759	641	109	8

重庆电力股份有限公司一九四二年统计年报（一九四二年） 0219-2-51

重庆电力股份有限公司一九四二年统计年报（一九四二年） 0219-2-51

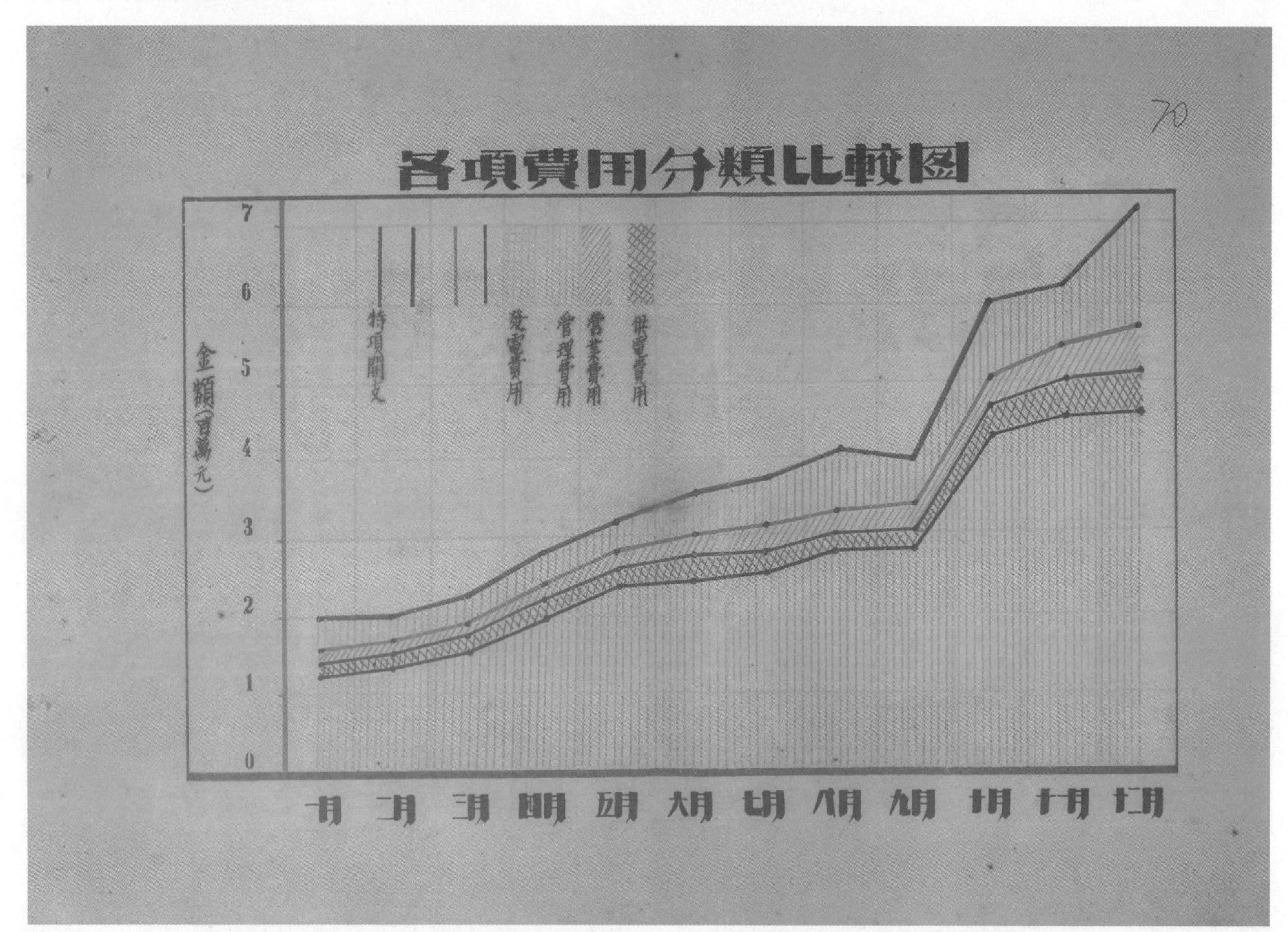

各項費用比較表

類別 \ 月份	總計	一月	二月	三月	四月	五月	六月	七月	八月	九月	十月	十一月	十二月
總計	4743400604	196090379	208578162	234210068	283427752	323723113	355903139	378496629	409130525	390219465	605400009	633818407	724412956
經常開支	4722701811	193134639	203363212	233836268	282743952	323007313	349233516	377369529	408284145	389949065	604584409	633758407	723447365
發電費用	3259360562	130377265	135225768	150994878	191464005	238743763	238469201	254545055	284840234	284845670	428524068	459117121	462213984
供電費用	374223911	14784473	19804532	21743897	27451099	23416981	34621252	37198848	27329210	28432519	40158922	54312536	45059792
營業費用	339884679	16981779	15586258	19593510	20490846	21033544	24455570	27379601	26844974	31519635	39648094	41846302	54504566
管理費用	749242659	30981122	32716654	41501073	43338002	39813585	51687493	59336025	69769677	45151241	96253325	79482419	161669014
特項開支	20698793	2958740	5214950	373800	683800	715800	6669623	1127100	846380	270400	815600	60000	965600
戰時損失	20698793	2958740	5214950	373800	683800	715800	6669623	1127100	846380	270400	815600	60000	965600

重庆电力股份有限公司一九四二年统计年报（一九四二年） 0219-2-51

重庆电力股份有限公司一九四二年统计年报（一九四二年） 0219-2-51

卅一年度經常開支分類比較表

72

類別＼月份	總計	一月	二月	三月	四月	五月	六月	七月	八月	九月	十月	十一月	十二月
總計	47227118	193134639	20336212	233836268	282743952	323097313	349233516	372369529	408284145	389945065	604584109	633758402	223442356
薪金	105073949	6248506	5841310	6061892	7051468	10726790	6710677	6698951	8307490	7365284	7228539	22645135	9795150
工資	115966883	6168251	5723871	6108883	13835853	8475399	8891412	10604171	10229118	9931137	10877030	12695771	12131244
生活津貼	789237618	32763353	28773145	39159729	42530171	38627213	49782311	73751971	62970915	65628664	11721350	11691190	12187281
燃料消耗	241710995	99926151	92336126	104241263	138793275	185671277	267111062	188034578	225591339	235251179	329468382	347577017	353125197
潤滑油消耗	42070020	60912	74230	16693	167155	1795418	7766545	8839816	7962614	835702	6488519	6318532	1205924
物料消耗	241256488	5244229	9487182	6270283	5256547	8922994	25709212	18265216	15789079	18920573	30926850	42376892	54388327
工具消耗	6307673	73310	14615	22852	135851	268300	30100	1910620	394978	488316	1205373	703387	1059411
化驗藥物													
修繕費	6896472	870825	1961602	210200	58450		829660	36000	1073850	448000	119200	94000	370000
房地租	3728250	320750	245000	35000	320000	40000	1127000		1146000	26000	396500		32300
車旅運費	93161941	2333330	3227462	4016298	698512	5034690	7119540	10059700	9293390	14717630	12710470	7325960	11858810
廣告費	8541510	52000	116000	150000	581310	120000	274000	82000	319000	96000	172000	42000	656200
財務律務費	1660450	10000	20000	235000	150000	40000	70000	19000		30000	710450	30000	360000
文具印刷費	22624988	597519	6768253	3380697	8379277	3464860	8405551	5116170	5020056	4325760	8569566	7943439	8723791
郵電費	1176307	42700	28876	32531	261525	47790	157365	161729	55730	43400	222127	76649	72843
自用電費	2406565	67327	7802	38305	231064	26792	11030	593130	293565	447085	327710	332915	4600
醫藥費	37257366	1037980	1316150	150600	2504773	1811690	3217586	3945300	5075250	2742350	9386680	3131800	435200
茶水薪炭	11609449	674762	396754	792060	830540	562161	943715	1490396	887382	514960	1656725	1173765	1746849
服裝	6249150						1382100	264100			112000		4460650
雜支	17290792	424890	707784	910790	1553797	375500	943093	1413730	855070	1214355	2508500	1328310	5028940
獎勵撫恤	34341150	858650	2808821	704920	90000	668260	2992310	5166570	3530999	4784320	3733730	2189200	6993370
保險費	6206034	2100371	373242	373242	373242	373242	373242	373242	373242	373242	373242	373242	373243
匯兌虧損													
材料盤損	6117168								270000				61204683
呆帳	1826083												1826083
稅捐	20148115	8296866	5279637	9657573	7670139	11336616	11710192	14123487	24431507	16765317	29012226	30753625	32611394
債款利息	183108690	12233359	10184736	19861393	15436005	18014726	16353121	17842132	19472745	6895959	18975598	21266101	16251423
折舊							~~16353121~~						
其他費用	223189732	20732638	22146615	31165017	28233800	26638613	27290616	17387218	1949950	1357774	11636552	19393834	6734061
書報	379700		37400	30200							312200		

卅一年度發電費用分類比較表

類別＼月份	總計	一月	二月	三月	四月	五月	六月	七月	八月	九月	十月	十一月	十二月
總計	3239334092	130377265	135225768	150994878	191464005	238713263	238469201	254545055	281840284	284845670	428497568	439117122	462213984
薪金	15055240	835690	681000	1022600	831600	1589600	981750	1337000	1341000	1333000	1333000	1945500	1823500
工資	66632302	2938600	2748096	3084084	7016107	4433276	4224496	5957877	5589499	5535578	6517768	6686440	6900571
生活津貼	329496247	9890623	8699470	11805804	13015679	13613024	17949854	29530943	26114742	27744913	49679004	58861385	53480806
燃料消耗	2447109595	90926431	92336486	111217263	138793175	185674479	167114062	180034572	225591335	235251178	329468382	347577017	353125197
潤滑油消耗	42079070	609412	74740	14693	167155	179518	776545	883981	7662614	835702	6488519	6218532	1205924
物料消耗	105040985	2285719	2475286	1621292	2179690	3178499	8952652	4956498	8830396	8727009	15324845	14441696	32067403
工具消耗	4229003	21066	14455	6527	297181		1900	1163195	394978	188346	1055373	516237	559745
化驗藥物													
修繕費	677790	224120	124200		29070				20400				280000
房地租	152000								36000		84000		32000
車旅運費	12285445	79435	123870	196970	520760	780760	847080	1265820	906210	1922250	3569790	926790	1145410
廣告費													
財務雜費													
文具印刷費	10059869	125071	307970	300208	410230	254430	347400	516310	519700	669440	1652160	1071250	759100
郵電費	166570	11490			53520		21200	37200	2080		32120	3000	
自用電費													
医藥費	556700	556700											
茶水薪炭	1798892	350400		54360		288446	42916	50496	309700		340995		270779
服裝													
雜支	4434388	90120	79520	159070	255068	81200	248770	257440	337690	225630	696050	267470	1406060
獎勵撫恤	16197520	640730	744120	36960		625460	1572360	337852	2411430	1500330	1464510	1293470	2529630
保險費													
匯兌虧損													
呆帳													
材料盤損													
稅捐	2018358	52000	80000									200000	1686358
債款利息													
折舊	215856988												
其他費用	215856988	20739638	26736645	31465047	27894770	26428673	25271616	17193358	4472550	912294	10786452	19008334	4941501
書報	4600										4600		

重庆电力股份有限公司一九四二年统计年报（一九四二年） 0219-2-51

重庆电力股份有限公司一九四二年统计年报（一九四二年）　0219-2-51

供電費用分類比較圖

類別＼月份	總計	一月	二月	三月	四月	五月	六月	七月	八月	九月	十月	十一月	十二月
總計	374250411	14784473	19804532	21743807	27451099	23416921	34521252	37108848	27424210	28443250	40185422	54312536	45059792
薪金	15713158	1247730	1149495	1202300	1547379	2036200	1371651	1090200	1083200	1035690	1011043	1609300	1328500
工資	43131523	2113968	2542804	2332138	5826160	3385544	3478676	3718428	3630458	3536654	3425258	4781754	4469621
生活津貼	199894213	8315849	9021999	11973671	12928964	9763010	12536674	18620571	15064995	15481165	27447885	30795415	28744715
燃料消耗													
潤滑油消耗													
物料消耗	50423585	1791146	2976264	2374391	2408817	4913566	11468338	6092294	683797	1334040	1480266	12589996	2310470
工具消耗	2078670	52244	160	6325	138670	268800	28200	747425			150000	187150	499696
化驗藥物													
修繕費	2617140		496900	52200	173880		797160		815000	98000		94000	90000
房地租	708750	107750	5000		80000	40000	70000	1	150000	76000	180000		
車旅運費	45158977	998285	1974410	2899450	3454322	2693280	3562980	5468420	4941020	5206530	4649180	3415200	5925900
廣告費													
財務律務費													
文具印刷費	3760695	70173	374535	559306	342225	164570	225640	215950	200000	454160	183050	620286	350800
郵電費	387010	15980	8080		118280	2980	72160	46340	16040	28680	23000	15050	49500
自用電費													
医藥費	60000	30000	30000										
茶水薪炭	2229732	144840	130920	202766	247022	67181	286218	178300	100090	194910	194450	198235	285200
服裝													
雜支	1614973	93868	88775	130230	164880	39990	117625	34370	184330	253545	224130	39010	274240
獎勵酬恤	5469600	6416	999770	25480		37800	380730	921800	456280	678520	1011160	57340	3465630
保險費													
匯兌虧損													
材料盤損													
呆帳													
税捐	142610	48510		9000	20500	4000	6000		4000	17000	6000	24000	3600
債款利息													
折舊													
其他費用	847675						219800	4750		27625	200000	385500	
書報	12100		5600	6500									

74

75

卅一年度營業費用分類比較表

類別＼月份	總計	一月	二月	三月	四月	五月	六月	七月	八月	九月	十月	十一月	十二月
總計	339884679	16981779	15586258	19593510	20490846	21033544	21455570	27379601	26844974	31519635	39648094	41846302	54504566
薪金	17665040	1108200	1027265	1052000	1281566	2470800	1329300	1304600	1124875	1407934	1129900	2077650	1751250
工資	1434910	582310	69000	69000	101700	55800	62100	39600	79200	79200	79200	118800	99000
生活津貼	103759063	7125109	4325818	5779318	6455280	5889078	7214758	8738494	7800100	8026833	14660125	13642300	14101850
燃料消耗													
潤滑油消耗													
物料消耗	1175188	206918	289270	407740	15600		210560			15000	17600		12500
工具消耗													
化驗藥物													
修繕費	792555	260155	380400	10000						130000	12000		
房地租	700000								660000		40000		
車旅運費	17265428	600680	1055500	737808	1658880	751460	1131210	1742420	1583090	2231540	2201030	1287970	2280940
廣告費	4152200	52000	116000	150000	114000		214000	82000	170000	96000	122000	22000	3014200
財務律務費													
文具印刷費	20420195	338727	2878536	1385891	3702150	637690	2116140	2165680	1357280	788800	1161238	2312413	1575650
郵電費	76120	3410			14010		4200	18120	13640		22740		
自用電費													
醫藥費	220490	44280		124600		51600							
茶水薪炭	3304560	96200	156200	326160	396200		390100	185000	15700	75000	472800	420000	630000
服裝													
雜支	1617248	159698	231550	185520	155230	120000	97450	56600	38300	25300	122550	126500	298050
營業耐物	6550097	128920	472800	245400			615300		62930	2318790	454670		2251280
保險費													
匯兌虧損													
材料盤損													
呆帳													
稅捐	160104127	6275172	4583919	9111973	6595830	11054116	10855752	12861487	13303559	16281263	18852541	21838669	28489846
債款利息													
折舊													
其他費用	639375						214800	185600	195000	43975			
書報	8100			8100									

重庆电力股份有限公司一九四二年统计年报（一九四二年） 0219-2-51

76

卅一年度管理費用分類比較表

類別 \ 月份	總計	一月	二月	三月	四月	五月	六月	七月	八月	九月	十月	十一月	十二月
總計	749288659	30991122	32746654	41504073	4333[illegible]	39[illegible]	51657493	53336025	69269677	45151240	96253325	78[illegible]	16166901[illegible]
薪金	56610511	3586916	1986[illegible]	1794902	3390923	4630180	3027976	2967152	4459325	3588657	3344896	1701218	4891900
工資	9768[illegible]	543316	364061	615598	891386	600779	1125840	888266	929991	779785	854814	1108780	1065052
生活津貼	165178095	7231802	6225838	9608936	10130248	9362103	12084658	16841963	13901078	14375753	25426016	13365190	2554549[illegible]
燃料消耗													
潤滑油消耗													
物料消耗	84616726	960141	3446362	1866860	652540	830929	5076662	7216427	62748864	8814526	14104139	15345308	1997954
工具消耗													
化驗藥物													
修繕費	2808992	386550	963192	148800	377280		31500	36900	233450	220000	407100		
房地租	2167500	213050	240000	35000	21000		1657000		300000		82500		
車旅運費	18452391	674930	573321	1081950	1351250	806190	1578270	1613040	1863070	2387340	2320470	1696000	2506560
廣告費	4389310				467310	110000	60000		140000		50000	20000	2542000
財務律師費	1660450	10000	20000	250000	100000	40000	70000	10000		30000	740450	30000	360000
文具印刷費	38384229	63578	3207221	3135292	3924672	2408170	2589788	2248230	2943076	2413360	5573148	3839490	6838241
郵電費	552667	11020	20876	32531	75715	14810	59805	63069	24010	14720	144267	58599	32385
自用電費	2406565	67317	7802	38305	254064	26792	11030	505430	293595	447085	327710	332915	4600
醫藥費	371[illegible]186	107000	1316150	26000	2504770	1761000	3217586	3194500	5075250	1742350	9386680	3231800	4357100
茶水薪炭	4367065	80622	1097746	208774	187318	206934	224581	986600	320592	175050	648180	557530	560840
服裝	6219150						1382100	264400	[illegible]		112000		4160650
雜支	9951491	81206	307859	495980	978029	124310	479250	1065820	294750	705869	1465770	895540	305600
獎勵卹恤	6223940	14810	592431	397080	90000	5000	423920	866250	600359	286690	803390	758390	1375900
保險費	6206034	2100371	373242	373242	373242	373242	373242	373242	373242	373242	37322[illegible]	373242	322241
匯兌虧損													
材料盤損	61471683								270000				61204683
呆帳	1826083												1826083
捐稅	39216060	1831134	565718	536600	1053800	278500	878245	1264000	11123948	407080	20153685	8691006	2431290
債款利息	183188696	12233859	10484736	19861393	15456005	18014726	16353124	18842137	19472245	13959359	18976598	11266490	16251423
折舊													
其他費用	6145794	13000	410000		839030	210000	1584[illegible]		282400	363880	650500		1798560
電報	354900		31800	15600							307500		

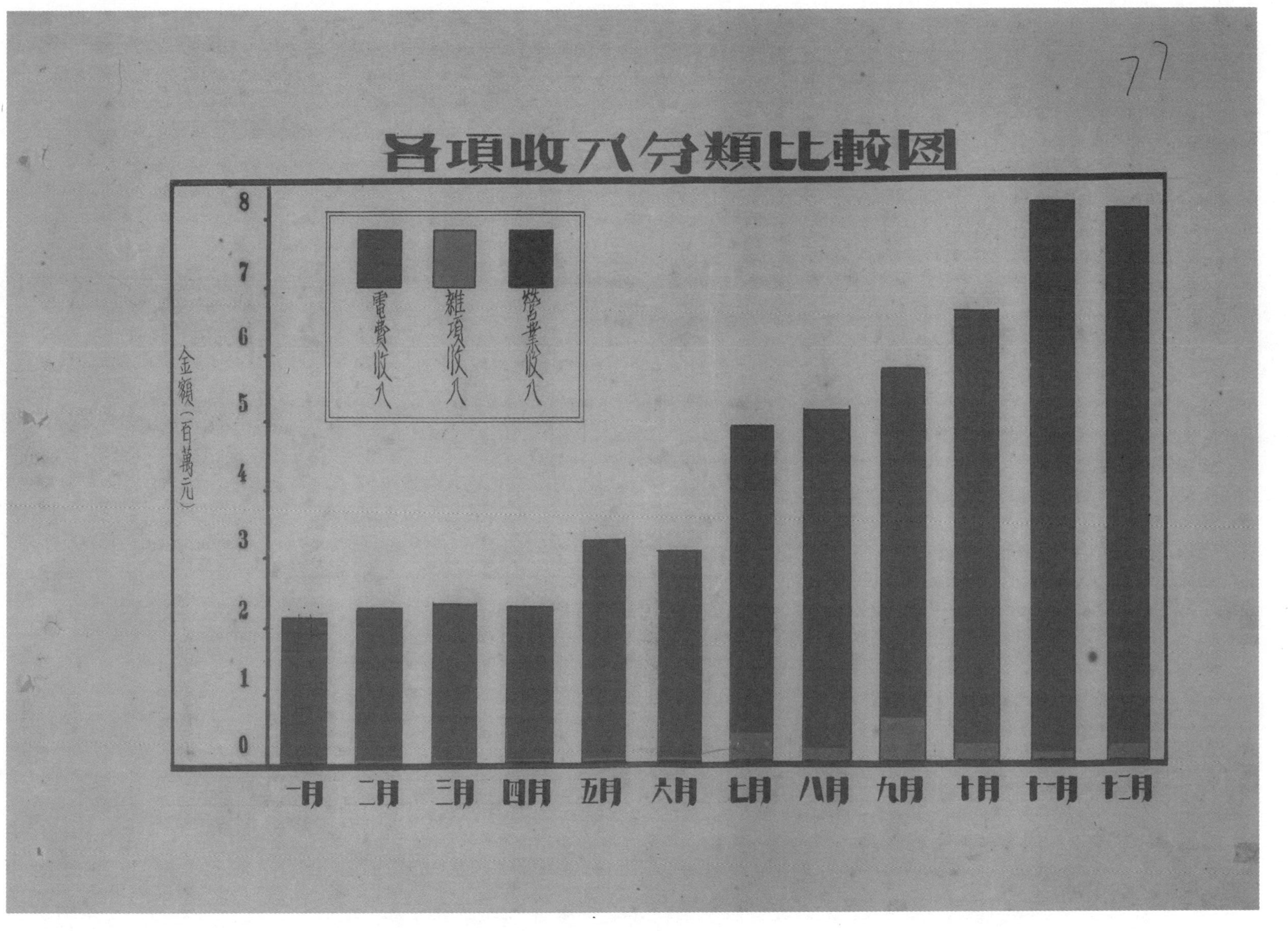

重庆电力股份有限公司一九四二年统计年报（一九四二年） 0219-2-51

重庆电力股份有限公司一九四二年统计年报（一九四二年）　0219-2-51

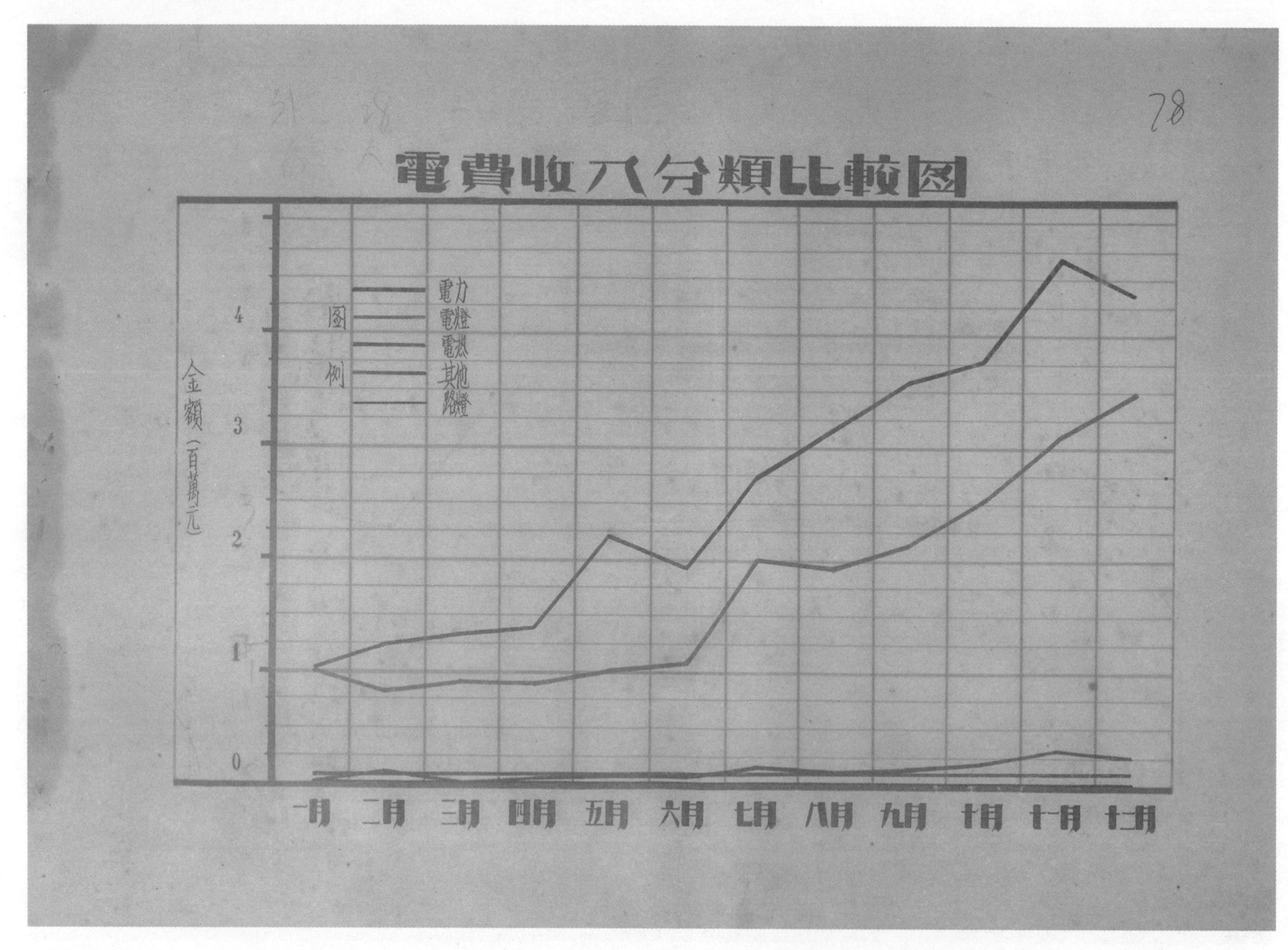

79

各項收入分類比較表

類別＼月份	總計	一月	二月	三月	四月	五月	六月	七月	八月	九月	十月	十一月	十二月
總計	5630793438	214626712	222618671	242839477	232901955	336797901	312754436	531713557	536473919	645590158	684954689	835849988	835151914
電費收入	5434491822	210260997	220510836	235222032	231241939	332190645	389439290	492354351	518314582	587081945	663843484	82251230	810716585
電燈收入	2198736638	100616752	82185329	96954394	83094730	102956125	111783713	199114685	185403839	216177236	258797575	316899859	349826387
電力收入	3170818776	106909512	124608859	134268291	138183495	222987823	191419002	277111573	319445834	358857392	384864182	476977787	435157610
電熱收入	147867776	1911993	13056465	2573494	4106365	5583127	5708543	15561496	12771094	13165927	19636817	28083900	25346587
路燈收入	1141920	95160	95160	95160	95160	95160	95160	95160	95160	95160	95160	95160	95160
補繳電度收入	4933298	630193	527231	861982	667703	578465	314668	258420	387200	210480	231840	238708	42000
自用電度收入	1782612	67327	7802	163851	89562	89945	88199	213050	188900	175280	233910	225956	248840
營業收入	12233890	1376500	784000	1004500	1043500	1257000	1155000	887500	816000	1068500	897000	961500	987000
業務手續收入	11341000	1376500	784000	1004500	1043500	1257000	1155000	887500	816000	1068500		961500	987000
機件租金收入													
其他業務收入													
雜項收入	134964416	2339275	1323785	5803895	616516	3352056	2160144	38471673	17342432	56549706	28244205	12468200	23446329
利息收入	1845222			790289				1054933					
房地租金收入	2123964	501034	225980									1396950	
進貨折扣收入	520000					520000							
售貨利益	4418314	709428	164304	2680869		449900			190723	221740	5250		6000
補助費收入	144709176	460785	323190	167530	258940	2038900	2135695	16196619	17825068	56113170	18063455	8762259	23143579
匯兌收入													
物材料盤存	12674641			2032134	144576			7116922			960000	21870000	2340009
其他雜項收入	17773099	2160825	910311	133073	213000	351356	24449	14103199	126649	214796	1215590		62741

重庆电力股份有限公司一九四二年统计年报（一九四二年） 0219-2-51

重庆电力股份有限公司一九四二年统计年报（一九四二年） 0219-2-51

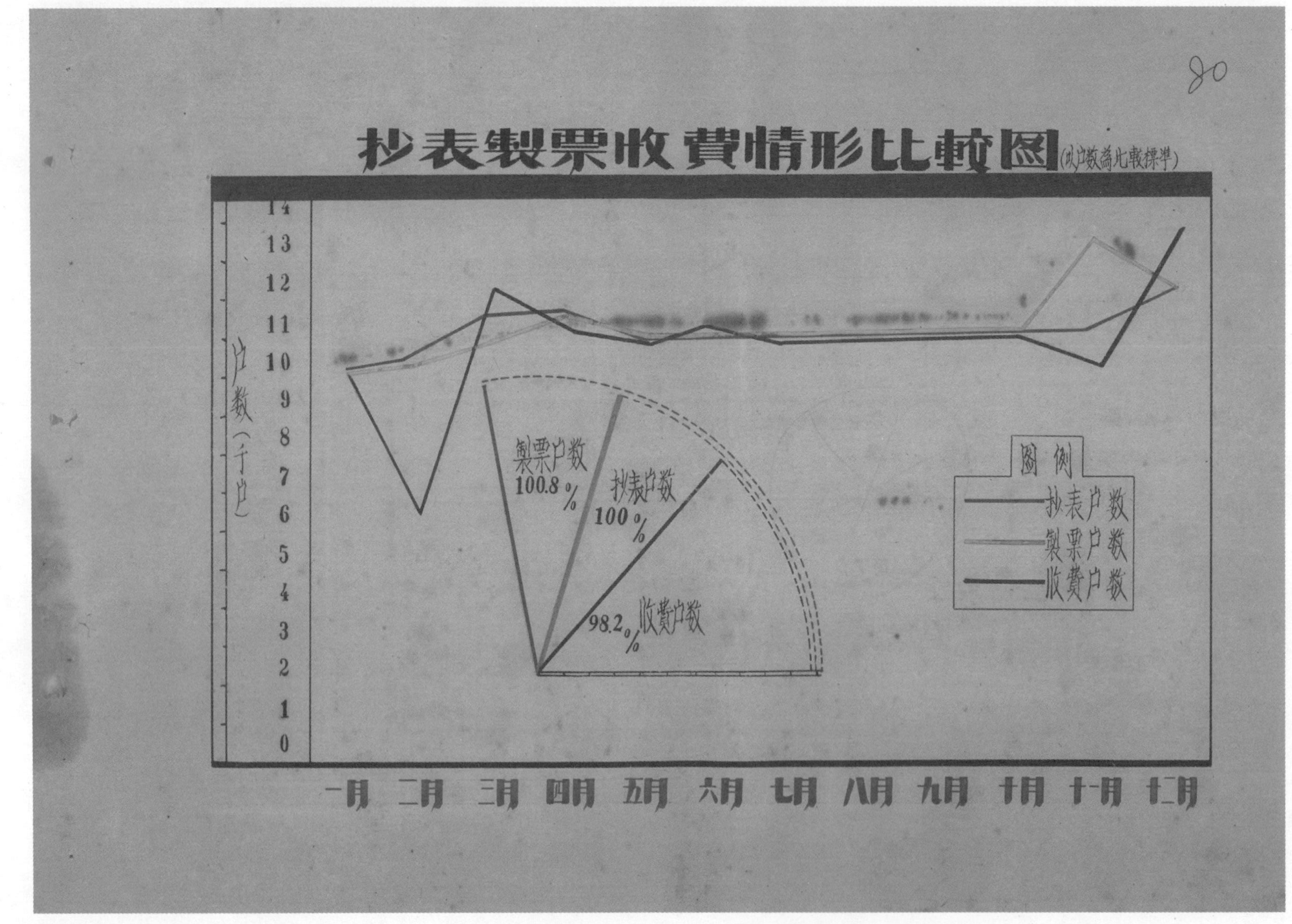

抄表製票收費情形比較表

	抄表	製票			收費	
	户(張)数	户(張)数	度(瓩時)数	金(元)額	户(張)数	金(元)額
全年	136170	137310	31355520.34	59326718.97	136155	5250577.97 (52,606,577.97)
一月	10299	10,112	2,122,938.16	2,148,476.24	9,979	2,003,632.09
二月	10,495	10,447	2,766,509.05	2,796,958.07	7,766	1,462,632.69
三月	11,399	10,922	2,678,977.64	2,566,790.87	13,173	2,928,835.90
四月	11,640	10,912	2,097,295.61	2,193,930.79	11,570	2,969,994.35
五月	10,941	11,737	2,804,642.03	3,636,907.1[illegible]	11,348	2,792,774.32
六月	11,143	11,129	2,844,588.89	3,629,987.53	11,377	3,470,771.66
七月	11,136	11,294	2,680,959.79	5,424,407.08	11,126	4,268,103.06
八月	11,435	11,495	2,704,732.36	5,647,698.60	11,827	4,411,831.11
九月	11,620	11,561	3,308,328.25	6,460,410.18	11,460	5,411,209.76
十月	11,619	11,795	3,619,380.12	7,336,380.21	11,443	6,261,696.11
十一月	11,986	13,629	2,697,959.71	8,649,020.89	10,919	7,257,152.69
十二月	12,357	12,277	4,030,944.64	9,078,963.87	14,436	9,469,256.37

81

重庆电力股份有限公司一九四二年统计年报（一九四二年） 0219-2-51

重庆电力股份有限公司一九四二年统计年报（一九四二年） 0219-2-51

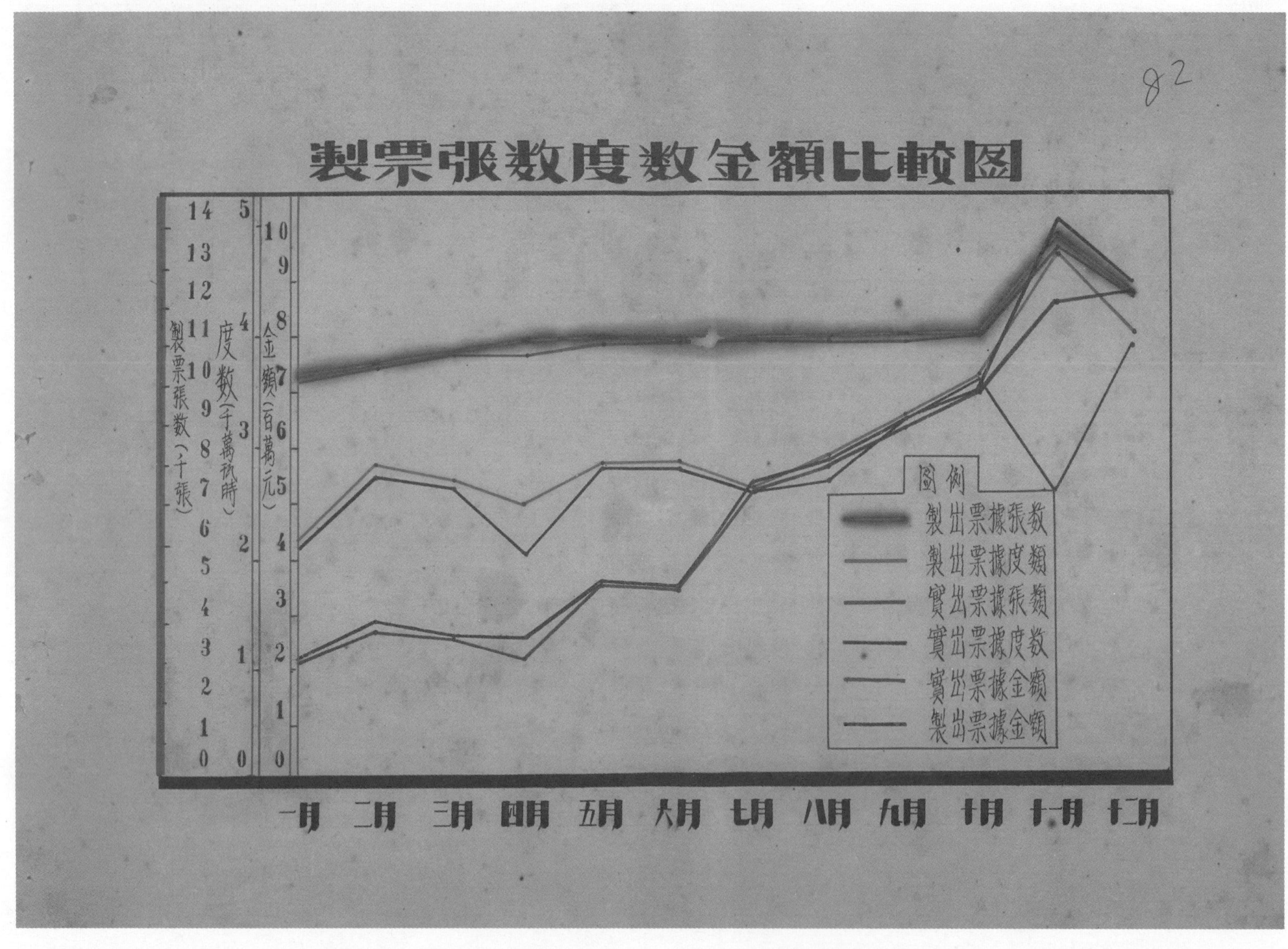

83

製票情形統計表

	製出票據			註銷票據			實出票據		
	户數(張)	度數(瓩時)	金額(元)	户數(張)	度數(瓩時)	金額(元)	户數(張)	度數(瓩時)	金額(元)
全年	138481	3742559989	62083311328	1171	30730763	27583431	137310	3713552024	5932671897
一月	10252	219972793	223307054	140	7688973	278459430	10112	212283816	214847624
二月	10586	281539877	286010117	139	24938572	6314310	10447	276650895	279695807
三月	10931	270447956	259760245	59	2530192	3082158	10922	267897764	256678087
四月	11167	255496936	252338963	255	45762375	36955888	10912	209729362	215383675
五月	11835	285213129	370578767	98	4748926	36888049	11737	280464323	363690718
六月	11226	286399261	365999009	98	2448322	63000306	11129	284455889	362998663
七月	11322	268783321	543468869	28	2697763	1028141	11294	268485578	542449708
八月	11593	292730335	581295196	98	22257099	16525336	11465	270043236	564769860
九月	11598	332114895	649013239	37	1283070	2972221	11561	330832825	646041018
十月	11811	394429487	736965986	16	2594475	3327965	11795	361835012	733638021
十一月	13741	430178735	104598391	112	210422864	183696532	13629	269755871	864901859
十二月	12369	404703764	891175432	92	1619300	3589095	12277	403084494	387586357

重庆电力股份有限公司一九四二年统计年报（一九四二年） 0219-2-51

重庆电力股份有限公司一九四二年统计年报（一九四二年） 0219-2-51

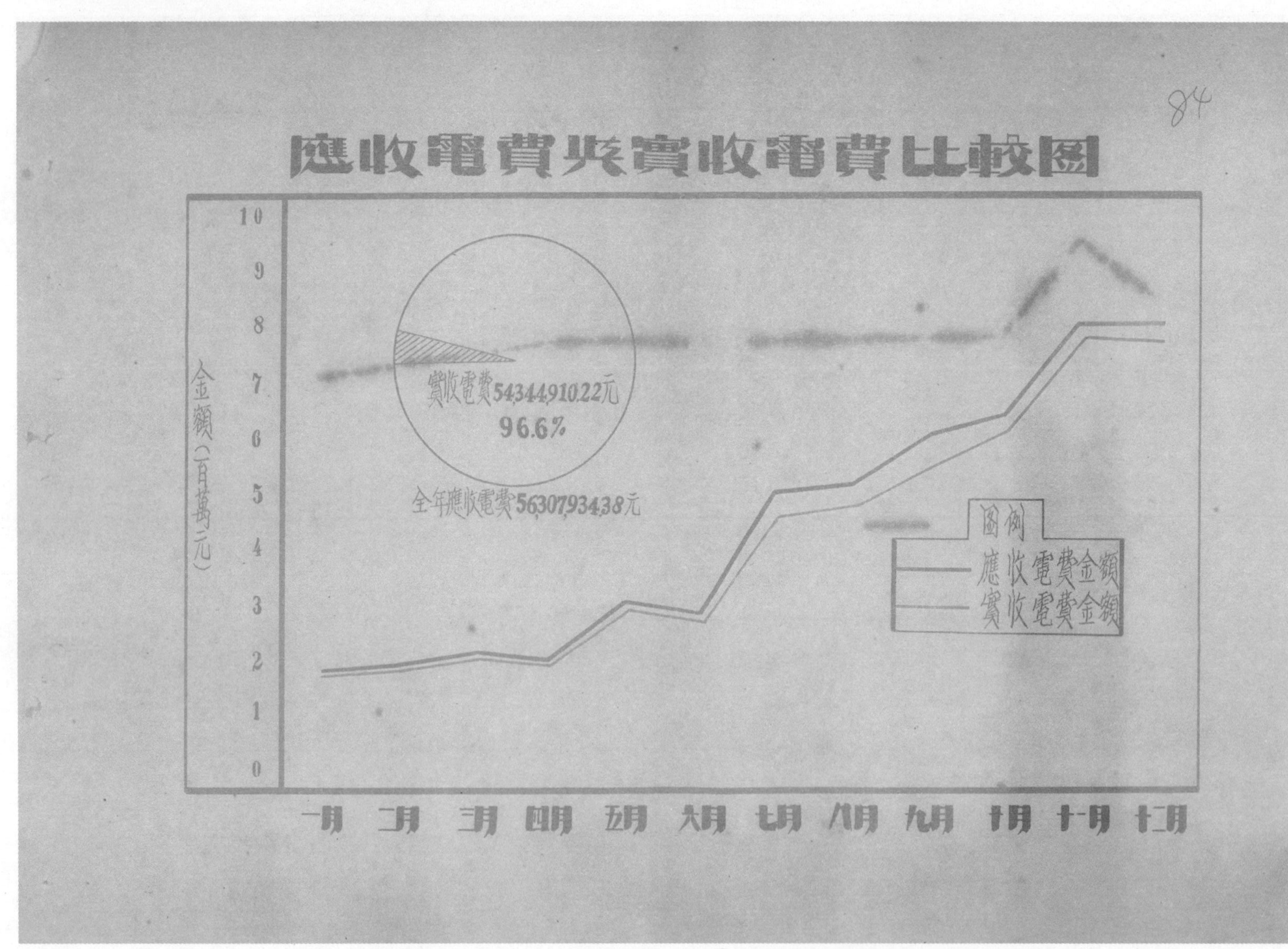

88

收費情形統計表

	應收	電費	實收	電費
	户(張)數	金(元)額	户(張)數	金(元)額
全年	138,184	62,319,735.42	136,098	52,604,577.97
一月	7,251	710,796.79	9,978	1,993,632.08
二月	8,110	2,095,978.13	7,766	1,662,632.68
三月	13,950	3,236,474.26	13,173	1,925,535.80
四月	11,227	2,519,783.80	11,570	2,869,984.35
五月	10,947	2,603,919.81	11,345	2,792,274.32
六月	11,180	3,903,222.94	11,577	3,478,771.66
七月	13,350	4,754,546.19	11,126	4,268,103.06
八月	11,111	5,448,805.65	11,427	4,421,831.11
九月	10,939	5,791,584.49	11,660	5,411,209.74
十月	11,852	6,921,332.30	11,143	5,261,696.11
十一月	11,761	9,152,646.71	10,815	7,257,182.69
十二月	16,826	15,281,545.15	14,436	9,169,254.37

重庆电力股份有限公司一九四二年统计年报（一九四二年） 0219-2-51

重庆电力股份有限公司一九四二年统计年报（一九四二年） 0219-2-51

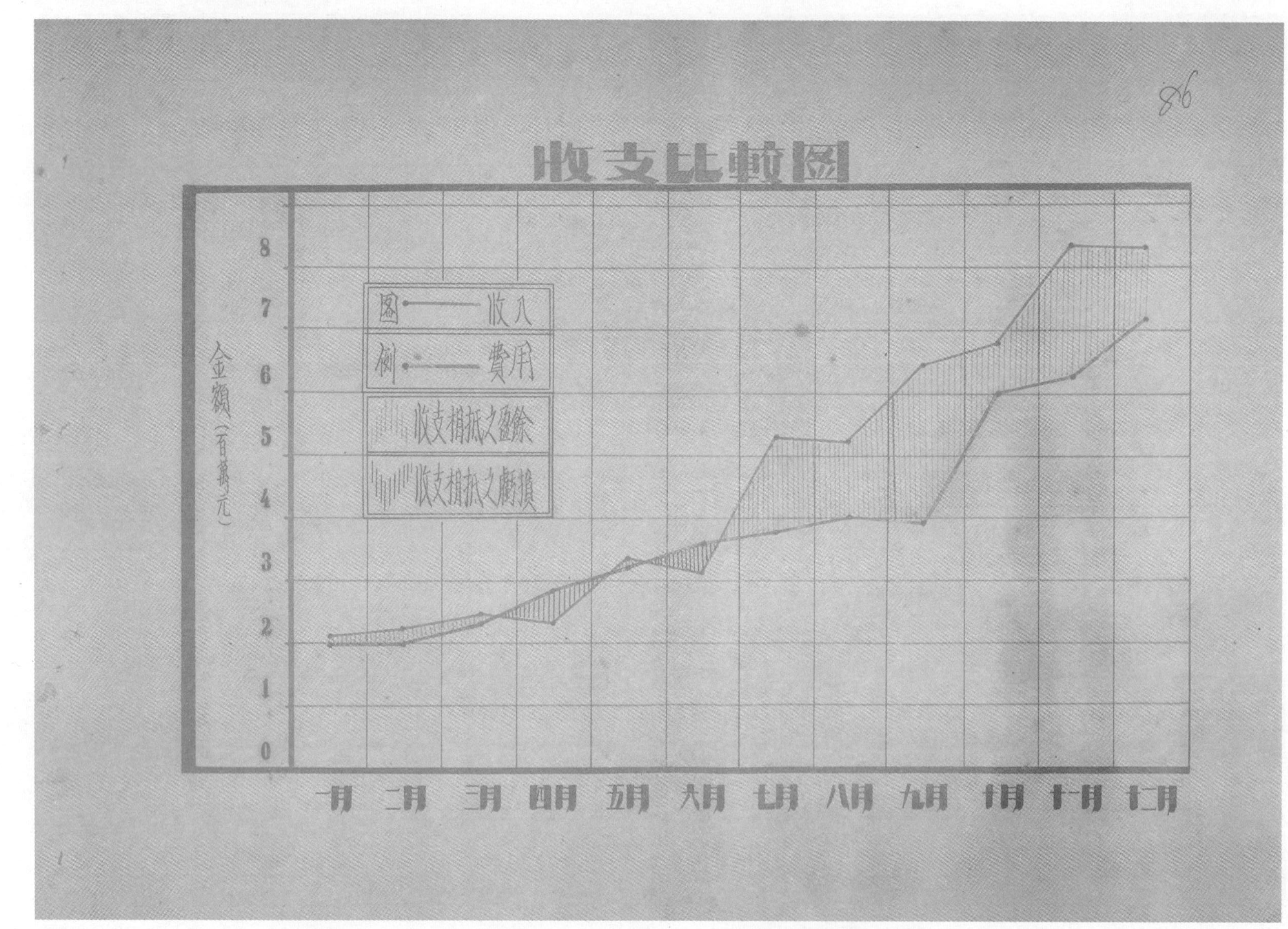

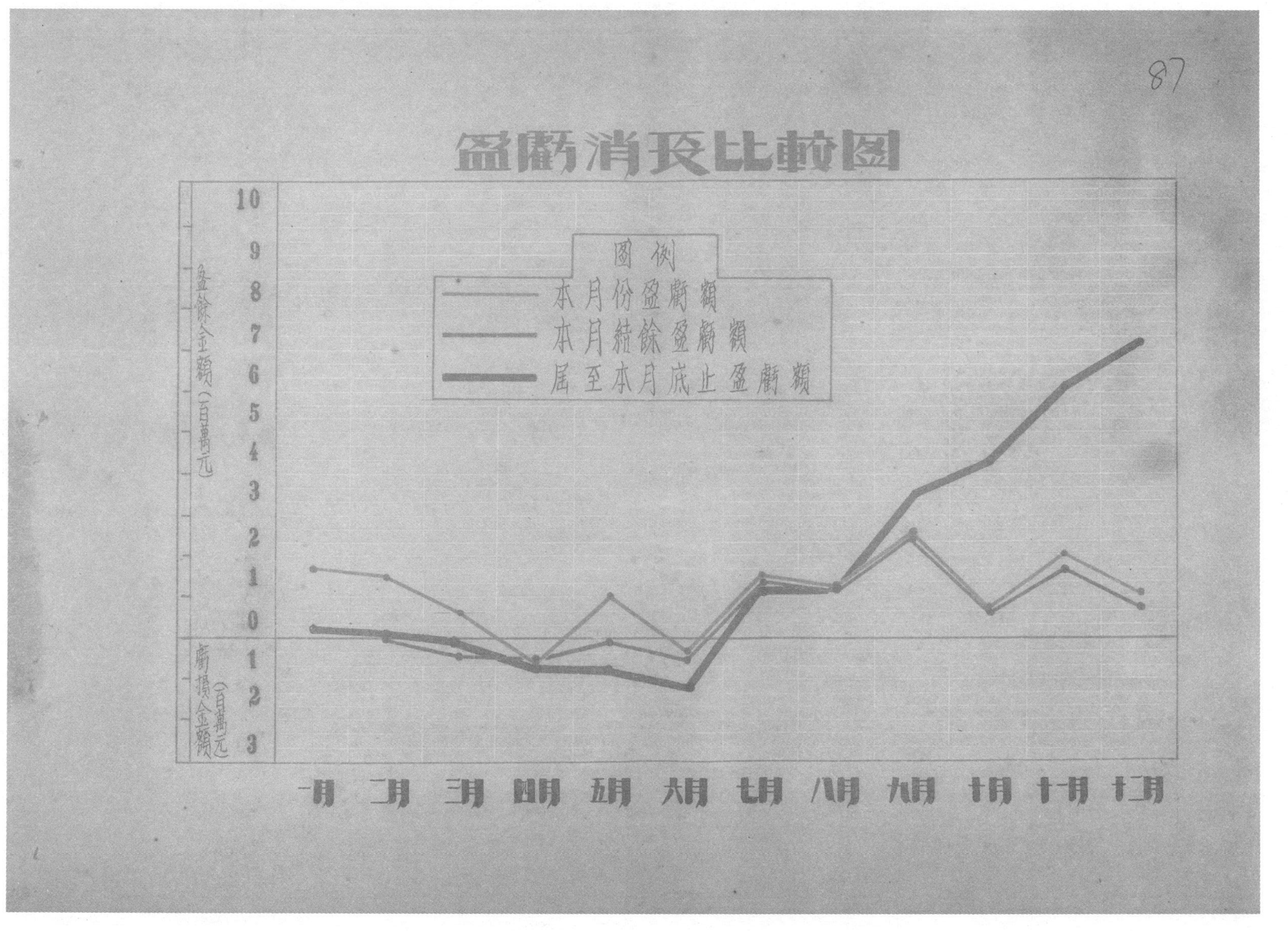

盈虧消長比較圖
圖例
本月份盈虧額
本月結餘盈虧額
屆至本月底止盈虧額
盈餘金額（百萬元）
虧損金額（百萬元）
10
9
8
7
6
5
4
3
2
1
0
1
2
3
一月
二月
三月
四月
五月
六月
七月
八月
九月
十月
十一月
十二月

重庆电力股份有限公司一九四二年统计年报（一九四二年） 0219-2-51

88

盈虧消長比較表

	本月盈虧	本月結餘盈虧	屆至本月底止盈虧
一月	179363.33		38969.19
二月	110804.59	429.69	38539.50
三月	78204.39	62630.19	24190.69
四月	505257.97	606344.28	670434.97
五月	130747.88	10338.43	680773.40
六月	431687.05	572573.36	1253346.76
七月	1532169.28	1391082.97	137736.21
八月	1273426.94	1124273.28	1262009.41
九月	2552806.86	2403655.12	3665664.53
十月	795846.80	646695.06	4312359.59
十一月	2020216.01	1871064.27	6183423.86
十二月	1107389.53	926439.35	7106733.48

材料收存購入發出退回實用及結存價值比較表

	上月結存		購入		發出		退回		實用*		本月結存	
	金額(元)	%	金額(元)	%	金額(元)	%	金額	%	金額(元)	%	金額(元)	%
總計			29,084,759.02	100.00	28,562,090.33	100.00	2,954,889.36	100.00	25,607,200.97	100.00		
一月	2,016,309.54		802,882.30	2.76	1,091,326.82	3.82	23,452.01	0.79	1,067,874.81	4.17	1,751,347.03	
二月	1,751,347.03		972,660.35	3.35	990,489.44	3.47	6,805.48	0.23	983,683.96	3.84	1,740,323.42	
三月	1,740,323.42		1,182,088.26	4.07	1,257,489.47	4.40	98,578.45	3.34	1,158,911.02	4.53	1,763,500.66	
四月	1,763,500.66		2,190,047.06	7.54	1,735,265.20	6.08	122,037.52	4.13	1,613,227.68	6.30	2,339,820.04	
五月	2,339,820.04		2,204,707.42	7.59	2,111,084.49	7.39	156,679.17	5.30	1,954,405.32	7.63	2,590,122.14	
六月	2,590,122.14		2,144,016.95	7.38	2,240,191.75	7.84	55,991.87	1.90	2,184,199.88	8.53	2,549,939.21	
七月	2,549,939.21		2,805,111.40	9.64	2,910,497.61	10.19	1,651,700.74	55.99	1,258,796.87	4.92	4,096,253.74	
八月	4,096,253.74		2,931,610.57	10.09	3,133,169.37	10.97	415,574.64	14.06	2,717,594.73	10.61	4,310,299.58	
九月	4,310,269.58		2,832,250.24	9.75	2,989,447.33	10.47	138,093.80	4.67	2,851,353.53	11.13	4,291,166.29	
十月	4,291,166.29		4,518,218.44	15.55	4,134,122.49	14.47	71,460.32	2.42	4,062,662.17	15.87	4,746,717.56	
十一月	4,769,712.56		4,870,792.31	16.77	4,264,722.54	14.93	113,481.85	3.84	4,151,240.69	16.21	5,466,296.18	
十二月	4,769,514.64		1,593,423.72	5.49	1,703,778.82	5.97	101,003.51	3.42	1,602,775.31	6.26	4,760,163.05	

* 係發出材料價值減去退回材料價值之計算額

89

重庆电力股份有限公司一九四二年统计年报（一九四二年） 0219-2-51

重庆电力股份有限公司一九四二年统计年报（一九四二年）　0219-2-51

90

值班經常出勤臨時出勤各種津貼比較表

	總計（元）		值班津貼（元）		經常出勤津貼（元）		臨時出勤津貼（元）	
共計	1,339,131	40	279,842	38	172,302	02	586,986	50
一月	39,617	60	10,491	20	8,724	70	20,401	70
二月	53,723	78	14,676	68	11,124	50	27,922	60
三月	55,972	30	11,422	70	11,803	30	32,746	40
四月	60,237	62	14,106	80	10,569	52	35,561	30
五月	64,005	70	17,067	70	10,950	00	35,988	00
六月	60,078	10	16,017	40	11,056	00	33,004	70
七月	112,391	60	29,389	40	18,559	00	64,443	20
八月	96,267	20	31,023	00	18,550	00	46,694	20
九月	134,306	40	35,581	50	17,946	00	80,778	90
十月	108,068	60	32,850	00	17,626	60	57,592	00
十一月	118,736	30	33,896	80	18,539	00	66,300	50
十二月	135,736	20	33,319	70	16,853	50	85,553	00

91

成本計算表

發電度数 48,859,187 瓩時		費用總額 4,743,410,604 元	
售電度数 48,683,567 瓩時		收入總額 5,630,793,431 元	
抄見度数 35,856,856 瓩時		盈　　餘 887,382,827 元	
每發電一度　成本 0.971 元	實收入 1.152	電費收入 1.112 元	
每售電一度　成本 0.974 元	實收入 1.157	電費收入 1.116 元	
每抄見度数　成本 1.323 元	實收入 1.570	電費收入 1.516 元	

全年抄見度数…………35,856,856 瓩時

實際平均售價每度…………1.516 元

每度成本…………1.323 元

特項費用成本	其他費用成本	債款利息平均	事務費用成本	税損平均	材料消耗費用成本	燃料費用成本	薪工費用成本
〇·〇〇六八元(0.5%)	〇·〇九二三元(7.0%)	〇·〇五二元(3.9%)	〇·〇七三元(5.5%)	〇·〇五六元(4.2%)	〇·〇八二元(6.1%)	〇·六八二元(51.5%)	〇·二八二元(21.3%)

重庆电力股份有限公司一九四二年统计年报（一九四二年）　0219-2-51

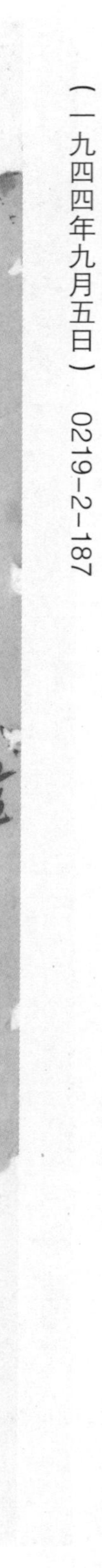

重庆电力股份有限公司给重庆市政府、经济部、国家总动员会议为拟具战后各厂计划呈请鉴核并肯准予借款买汇订购机器的代电

（一九四四年九月五日）　0219-2-187

送達機關：市政府　经济部　总动员会议

事由：为拟具战后各厂计划呈请鉴核并肯准予借款买汇订购机器由

文別：代电

民國三十三年

重庆市市长贺、经济部部长翁、国家总动员会议秘书长钧鉴：窃司之一万一千瓩发电设备原系集中一厂，经先后奉令疏散分成三厂，发电方面之开支及管理方面之困难因而增加，战后自宜集中发电以减低成本而利管理。惟是机器之装在山洞者既已成为永久保

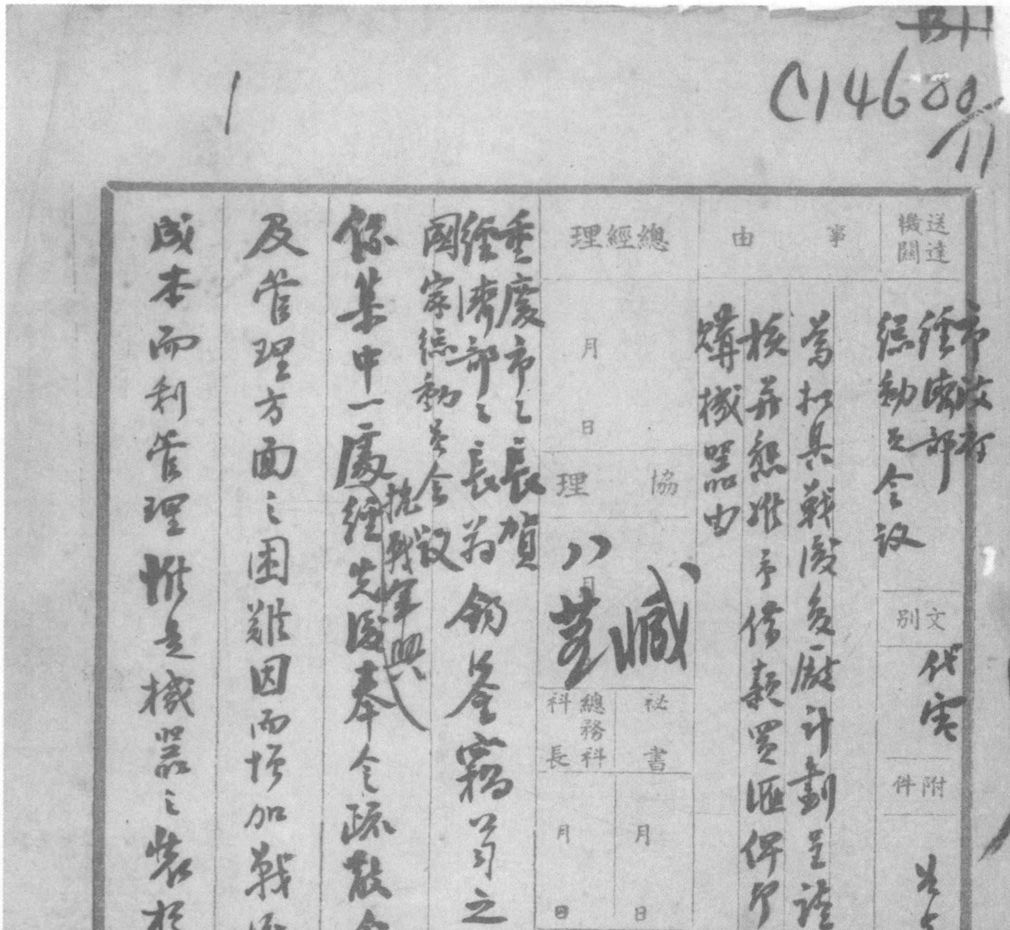

重庆电力股份有限公司给重庆市政府、经济部、国家总动员会议为拟具战后各厂计划呈请鉴核并肯准予借款买汇订购机器的代电（一九四四年九月五日） 0219-2-187

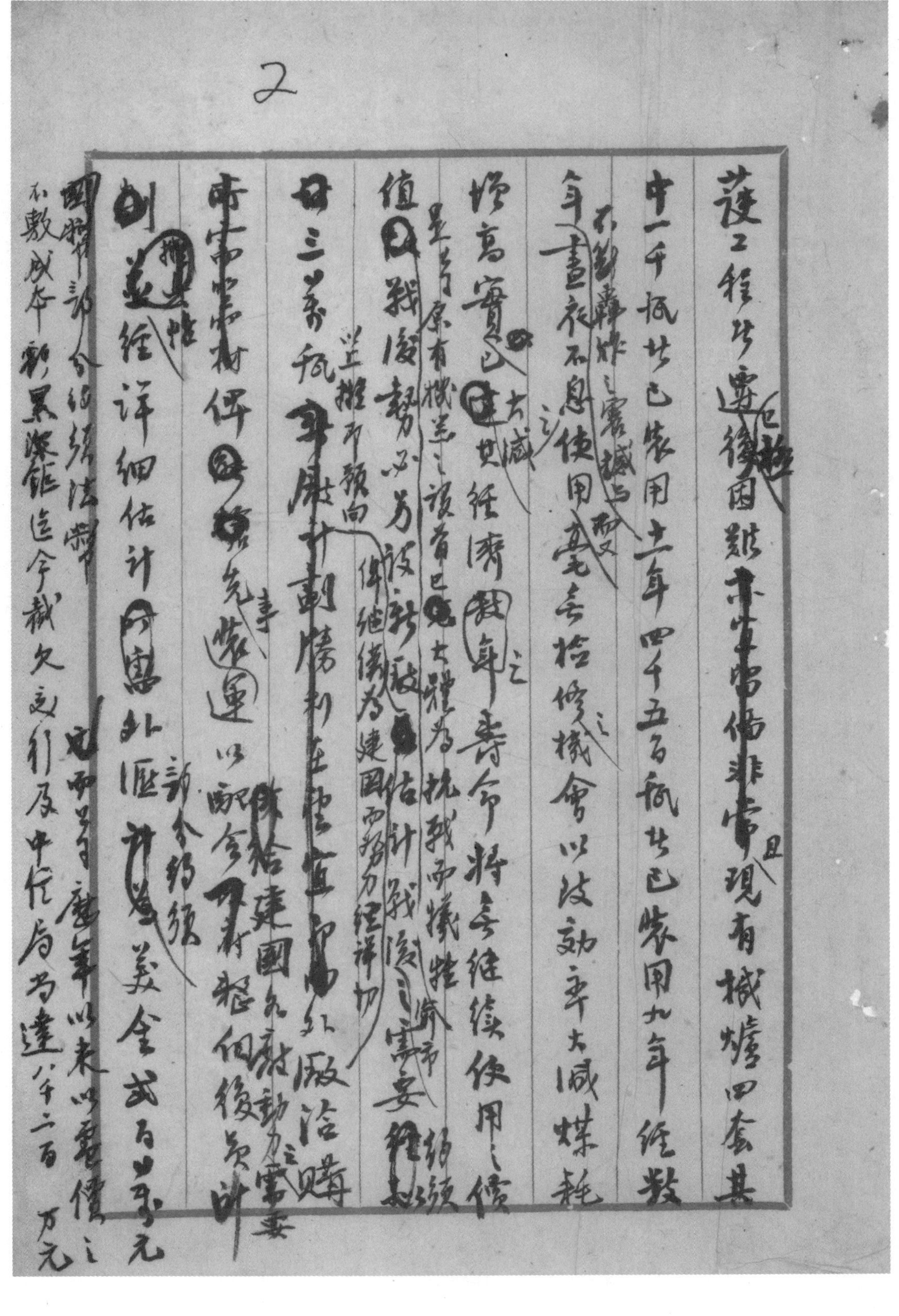

聯府保證金存款準備金等又達　元
委實無力舉行此必須即辦之工作國用浩繁
亦不敢於此時增加國庫之負擔再四思維謹
擬辦法二項陳乞　鑒核
（一）擬請轉呈行政院令由主管機關俯賜利
用租借法案代為洽借一萬瓩之機器三套
之一切條件由主管政府洽示無不遵從
（二）擬請轉呈行政院令由四聯總處准予照貸
撥借款四千萬元五年為期月息一分四厘
當然擔保并准即將此項借款由承貸銀

重庆电力股份有限公司给重庆市政府、经济部、国家总动员会议为拟具战后各厂计划呈请鉴核并肯准予借款买汇订购机器的代电（一九四四年九月五日）　0219-2-187

重庆电力股份有限公司给重庆市政府、经济部、国家总动员会议为拟具战后各厂计划呈请鉴核并肯准予借款买汇订购机器的代电（一九四四年九月五日）　0219-2-187

外依照法價以結外匯存儲俟[illegible]時洽購機件
之廠名數額通知匯予匯付
至鎬地建廠及在國內所製器材等之數額容
由公司另再自籌　除分呈經濟部國家總動員會議外
市政府國家總動員會議
經濟部市政府
謹捡具戰後復廠計劃懇乞
俯鑒　公司歷年以來不無貢獻原有機件已為抗
戰而犧牲亟須急速另購以期銜接而利公用
登賜照准示遵不勝屏營待命之至重慶電
力公司臨時維持委員會叩（　）印

重庆电力股份有限公司给重庆市政府、经济部、国家总动员会议为拟具战后各厂计划呈请鉴核并肯准予借款买汇订购机器的代电
（一九四四年九月五日） 0219-2-187

5

送達機關	
事由	
總經理	月 日
協理	月 日
總務科科長	月 日
秘書	月 日
文書股股長	月 日
擬稿	月 日
卷號	
收文電字第 號	
發文電字第 號	

重庆市市长贺、经济部部长翁、国家总动员会议钧鉴：窃公司之一万一千瓩发电设备原系集中一处，经先后奉令疏散分成三厂，发电方面之开支及管理方面之困难因而增加，战后仍宜集中发电，以减轻成本而利管理。但机器之装于山洞内者

6

或已築有永久保護工程者遷移困难不宜留备非常
現有機炉四座其中一号機共已發用十二年四千五百
瓩共已發用九年經數年晝夜不息使用毫無檢
修機会效率大减煤耗增高實已達其經濟壽命
將無繼續使用之價值故戰後势必另設新廠以茲
估计戰後之需要經拟定三萬瓩新廠计劃勝利在
望宜即向外廠洽購所需器材俾能搶先運装以
配合政府整個復員计劃所需外匯約美金貳百

重庆电力股份有限公司给重庆市政府、经济部、国家总动员会议为拟具战后各厂计划呈请鉴核并肯准予借款买汇订购机器的代电
（一九四四年九月五日） 0219-2-187

重庆电力股份有限公司给重庆市政府、经济部、国家总动员会议为拟具战后各厂计划呈请鉴核并肯准予借款买汇订购机器的代电（一九四四年九月五日） 0219-2-187

万元拟恳钧部财部准照法价如数核给以利进行
再购地建厂及在国内配制之器材因物价波动现时
无法准确预算三万瓩新厂所需全部经费其中三
分之二强（即重置一万一千瓩之价值）应请自折旧准
备截至现在止之折旧每月仅约廿万元截至现在止
已提之折旧准备仅　　元不足重置一百
瓩如不予救济公司必至破产之地步只恳钧准
准予提高折旧　　倍至少似不敷重置亦稍可

重庆电力股份有限公司给重庆市政府、经济部、国家总动员会议为拟具战后各厂计划呈请鉴核并肯准予借款买汇订购机器的代电（一九四四年九月五日） 0219-2-187

8

彌補伏乞鈞會公司對於抗建不無貢獻頻年損失
相當重大並希政府維扶工業之至意鑒賜照准
不勝銘叩敬候示遵重慶電力公司

重庆电力股份有限公司给重庆市政府、经济部、国家总动员会议为拟具战后各厂计划呈请鉴核并肯准予借款买汇订购机器的代电（一九四四年九月五日） 0219-2-187

重慶電力公司關於戰後本市電力供應之擬議

一、本市目前電力供應情形及戰後五年內電力需要之估計

目前公司各廠最高負荷

第一廠 五，〇〇〇瓩

第二廠 一，二〇〇瓩

第三廠 四，五〇〇瓩

五十廠借電 一，二〇〇瓩

中央紙廠借電 三〇〇瓩

共計一二，二〇〇瓩

現等用公司電力之用户

重庆电力股份有限公司给重庆市政府、经济部、国家总动员会议为拟具战后各厂计划呈请鉴核并肯准予借款买汇订购机器的代电

（一九四四年九月五日） 0219-2-187

裕華紗廠	六〇〇瓩
中國興業公司	六〇〇瓩
國際電台交通大學等	一〇〇瓩
第一兵工廠	二〇〇瓩
資渝鍊鋼廠	四〇〇瓩
資委會火磚廠	一〇〇瓩
經濟部已核准尚未接用者	五〇〇瓩
共計二、五〇〇瓩	
自有發電設備之用户	實際需用電力
裕華紗廠	一、〇〇〇瓩

10

裕豐紗廠	一、二〇〇瓩
中央造紙廠	六〇〇瓩
軍政部紡綫廠	六〇〇瓩
廿四兵工廠	一、五〇〇瓩
五十兵工廠	五〇〇瓩

共計為四〇〇〇瓩

以上三項共計二〇、一〇〇瓩

重庆电力股份有限公司给重庆市政府、经济部、国家总动员会议为拟具战后各厂计划呈请鉴核并肯准予借款买汇订购机器的代电（一九四四年九月五日） 0219-2-187

重庆电力股份有限公司给重庆市政府、经济部、国家总动员会议为拟具战后各厂计划呈请鉴核并肯准予借款买汇订购机器的代电
（一九四四年九月五日） 0219-2-187

11

二、公司現刻應有之準備及擬設新廠容量及機炉座數
根據第一項所列數字公司現刻負荷為一二、二〇〇瓩加上急須等用公司電力之用户則共為一四、七〇〇瓩抗戰以後公司新廠成立設備完善器材充裕發電成本亦為較微斷電情事不復存在并能維持正常電壓俾用户方便工作各自有動力之廠家均以機器陳舊效率欠佳且故障叢生勢必改用公司電力故公司辦理新發電廠時似應計及此項用電廠商而新廠最低限度須能經常供給一六、一〇〇瓩
抗戰結束後之一二年內民生疲敝購買能力薄弱規模較小之工廠或許無法生存然此項小型工廠數目甚多而所需電力有限故目

前估計不過三,〇〇〇瓩其他較大之廠或直接隸屬於政府或由政府投資當不至遷移或關閉兼以現時多數電力用户因公司電力已超過機器負載容量在最高負荷時多半全部或一部份停止使用一俟戰事結束此項限制應予取消彼時公司最高電力當不至如何減少至若電燈用電因政府遷移勢不若目前之多然彼時門燈招牌燈當不至再事禁止其所需電量或能與減少用户所需電量相若過此四五年後民生原氣逐漸恢復大小市販有充足之電力而政府對於内地廠商又能與以維持以保障使其出品能與舶來品競爭市場則新興事業當將應運而生所需電量當更增加矣

重庆电力股份有限公司给重庆市政府、经济部、国家总动员会议为拟具战后各厂计划呈请鉴核并肯准予借款买汇订购机器的代电（一九四四年九月五日） 0219-2-187

重庆电力股份有限公司给重庆市政府、经济部、国家总动员会议为拟具战后各厂计划呈请鉴核并肯准予借款买汇订购机器的代电（一九四四年九月五日） 0219-2-187

12

选购機炉容量及數量之意見

現時公司機炉散置於大溪溝彈子石鵝公岩三廠管理既不方便費用又極浩繁抗戰以後勢必併成一廠而拆迁安裝需時至少二年在此期内經常有一機炉不能使用本市電力更感不足故必須添購新機炉并俟此新機炉装好使用後方能陸續拆迁目前本市共需電力已達二〇，一〇〇瓩而公司機炉總量僅二一，〇〇〇瓩即使將來仍須全部留用亦必添購一〇，〇〇〇機炉兩座以一座為備用方可應付裕如故公司新廠容量最低限度須在二〇，〇〇〇瓩以上鍋炉三〇，〇〇〇瓩以上當以機炉數量及每具容量為斷爰擬具計劃四種并比較其優劣於右：

甲、新購一〇，〇〇〇瓩透平發電機三部，六，〇〇〇鍋炉六部，將現有機炉全部出售

乙、保留現有四，五〇〇瓩機炉兩部，新購等容量透平四部，鍋炉六部

丙、新購二〇，〇〇〇瓩透平發電機二部，一〇，〇〇〇瓩鍋炉五部，將現有鍋炉全部出售

丁、保留現有四，五〇〇瓩兩部，新購一〇，〇〇〇瓩二部，六，五〇〇鍋炉四部，丙項費用較大，丁項與甲項類似，其保留現有之四，五〇〇瓩舊透平機二部，何若出售後另購一〇，〇〇〇瓩新透平機一部，故丙丁兩項均不取，以考慮者僅就甲乙兩項比較論列於后

A、查公司現有之4500KW透平發電機兩部，因其設計不合於當

重庆电力股份有限公司给重庆市政府、经济部、国家总动员会议为拟具战后各厂计划呈请鉴核并肯准予借款买汇订购机器的代电（一九四四年九月五日） 0219–2–187

13

處夏季實在情形故每年暑天該機至多只能發出3600KW.電力
鍋排較短須增加長度方適合於本地煤質且該機炉使用已及
七年在此抗戰期内因環境困難停電脩理為時甚暫無法澈
底整理并為求迅速發電起見使用方法自不能照平時候拜
理鍋炉壽命因以減短并在戰事結束後此項機炉仍須繼續
使用二年以上新廠方可完成使用已滿十年之機炉在公司辦理
新廠時似以全部出售為宜

B.該機容量較小兼使用已久煤耗太大在發電度較多時因每度
電煤耗太大而每日所耗燃煤總量至為可觀如將來新廠採用一〇，
〇〇〇瓩機炉每日發電二三六，〇〇〇度（每廿四時平均以一〇〇〇〇KW

重庆电力股份有限公司给重庆市政府、经济部、国家总动员会议为拟具战后各厂计划呈请鉴核并肯准予借款买汇订购机器的代电

（一九四四年九月五日） 0219-2-187

註）每度煤耗為一·八磅而4500KW機炉煤耗為二·二磅（現時為三·三
磅因煤質特壞機炉亦不整理）則每日多費煤亦八噸
C.現有4500KW透平發電機及鍋炉之電压汽压均不合該府規
定且亦較低如添購新機炉時仍沿用舊電压及汽压則不惟效
率低煤耗大且將來範圍愈大更正益感困難設新機炉採
用較高之汽压電压而仍留用現有機炉則在同一廠內機炉規
範不同彼此無法調用處理困難設備費用亦較多
D.採用甲項辦法較乙項辦法僅多購一三,○○○瓩透平機及
○○○瓩鍋炉然可出售四,五○○瓩機炉各兩部故實際添購
者不過三,○○○瓩透平同時可少購4500KVA 5250/13200變压器兩具並

重庆电力股份有限公司给重庆市政府、经济部、国家总动员会议为拟具战后各厂计划呈请鉴核并肯准予借款买汇订购机器的代电（一九四四年九月五日） 0219–2–187

14

新添之8000KW透平發電機4部電壓必須提高而舊有者必須用
昇高變壓器以資提高俾得彼此併車供電似此則採用甲項
辦法所需款項恐與乙項辦法相差無幾故宜以採購10,000
瓩透平發電機三部六〇〇〇瓩鍋爐六部為宜

三、新廠機爐規範簡略說明

A、鍋爐六部

汽壓為四〇〇磅每平方吋
汽溫為華氏八二五度
容量為每小時須能繼續供給七万三千磅蒸汽（進水溫度皆
定為華氏二五〇度）

重庆电力股份有限公司给重庆市政府、经济部、国家总动员会议为拟具战后各厂计划呈请鉴核并肯准予借款买汇订购机器的代电（一九四四年九月五日） 0219-2-187

每炉有備送風引風空氣加熱等設備務使一炉或一附屬

設備發生故障不致影響其餘鍋炉

燃煤機用粉煤運煤出灰均以使用機器為原則

B. 鍋炉進水泵四部一部動力為蒸汽透平及馬達兩用式三部

為馬達每部每小時須能供給二五二,〇〇〇磅水量於上述鍋

炉（水溫暫定為華氏二六〇度）

C. 透平三部直接推動發電機不用減速齒輪

容量每部一〇,〇〇〇瓩

汽压每平方吋三八〇磅

汽溫華氏八〇〇度

重庆电力股份有限公司给重庆市政府、经济部、国家总动员会议为拟具战后各厂计划呈请鉴核并肯准予借款买汇订购机器的代电（一九四四年九月五日） 0219-2-187

15

速度每秒三，〇〇〇轉
凝結器压循環水温華氏九〇度及負荷八，〇〇〇瓩時須能維持
二十七吋以上之真空（以氣压表二九·五吋真空為標準
D. 發电機三部
容量每部一〇，〇〇〇瓩
氣压一三，二〇〇伏
三相
电力因数〇·八
週波五〇
E. 配电設備以適合於發电機數量容量及備电线路為準

重庆电力股份有限公司给重庆市政府、经济部、国家总动员会议为拟具战后各厂计划呈请鉴核并肯准予借款买汇订购机器的代电（一九四四年九月五日） 0219-2-187

F. 此外如冷水塔冷水池及沿水所需之沉澱池濾水池清水池河边起水泵等须俟大計决定後再為详细規劃

重庆电力股份有限公司给重庆市政府、经济部、国家总动员会议为拟具战后各厂计划呈请鉴核并肯准予借款买汇订购机器的代电（一九四四年九月五日） 0219-2-187

16

四、廠址之選擇

鵝公岩及彈子石兩廠地勢甚狹無法擴充而大溪溝地位僅可容納四五〇〇瓩透平發電機三座而現存之一機爐因有防空保護設備使用起重設備較為困難一鍋爐地位之下置有防空洞現時出灰辦法無法改良而河邊灰渣巍然山立非另覓較遠之地即無法傾倒故大溪溝不合宜於建造大規模之新發廠新廠所在地須沿嘉陵江右岸磁器口附近為宜因距煤場及距沙磁工業區甚近而距城內商業區亦不甚遠交通之輸電線路設施及維持均較便易

重庆电力股份有限公司给重庆市政府、经济部、国家总动员会议为拟具战后各厂计划呈请鉴核并肯准予借款买汇订购机器的代电

（一九四四年九月五日） 0219-2-187

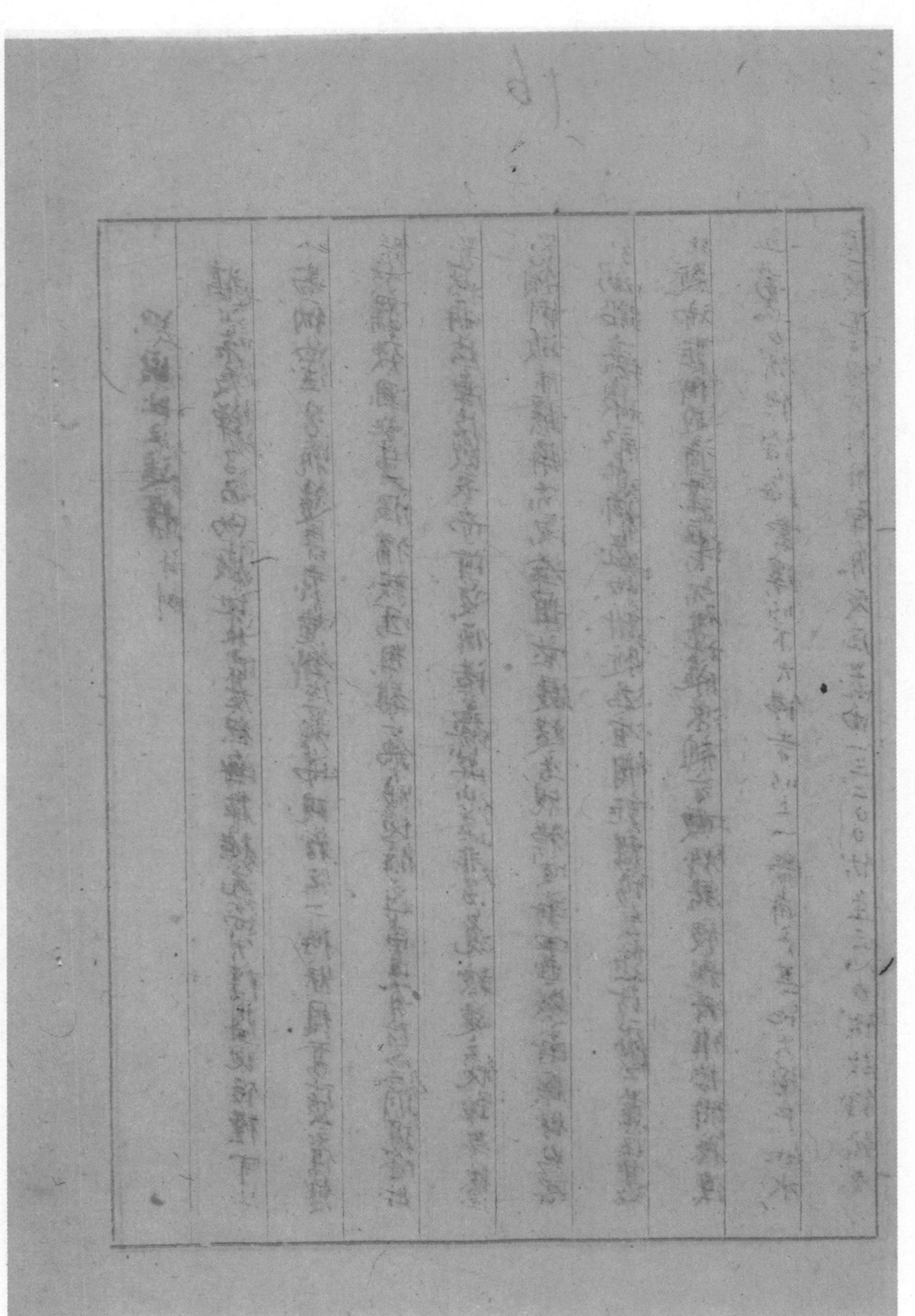

重庆电力股份有限公司给重庆市政府、经济部、国家总动员会议为拟具战后各厂计划呈请鉴核并肯准予借款买汇订购机器的代电（一九四四年九月五日） 0219-2-187

17

五、供電綫路計劃

如設廠於猫兒口附近，進城及至南岸綫路均利用發電機電壓（一三，二〇〇伏）即須使用昇高變壓器。進城綫路一沿馬路（即現有綫路）而至大溪溝，一沿江北河岸而至大溪溝，利用現有之4500KVA.變壓器將電壓降低至五，二五〇伏送至城內，但此則公司原有綫路及變壓器均可利用，僅將大溪溝發電廠改為一分電站。電至南岸綫路亦分兩路，一路利用現有瓷子背過江綫而至彈子石第二廠，一路沿江北至江北嘴過江而至彈子石，利用沿有之2250KVA.變壓器將電壓降低至五，二五〇伏供給海棠溪以下大佛寺以上一帶用戶，其他大用戶如水泥廠等仍可利用原有變壓器由一三，二〇〇伏至三八〇伏，故綫路更

改至為有限公過原有線路之較細者須換粗線盤換下之細線仍可
移用至沿往李家沱大興場五十兵工廠等處電力將在銅元局及龍
門浩兩處負荷昇高為三三,000伏至該處降低為一三,二00伏故該處變
壓器仍可使用至竹林區一帶用戶即直接由廠內以一三,二00伏供給
以後如有新線路或添置新設備實在必要時則改用六,六00伏逐
漸縮小或最後取消五,二五0伏供電區域以適合於政府規定為原則
設將來若經濟充裕所有高壓線路木桿將易以水泥電桿或鐵塔
最低限度沿馬路及城區之電桿必須採用水泥電桿以期減少損耗
並美觀耐用也

重庆电力股份有限公司给重庆市政府、经济部、国家总动员会议为拟具战后各厂计划呈请鉴核并肯准予借款买汇订购机器的代电（一九四四年九月五日） 0219-2-187

重庆电力股份有限公司给重庆市政府、经济部、国家总动员会议为拟具战后各厂计划呈请鉴核并肯准予借款买汇订购机器的代电（一九四四年九月五日） 0219-2-187

六、費用估計

甲、透平發電機三部

每部價四五,〇〇〇磅 共計一三五,〇〇〇磅

乙、鍋炉六部

每部價二五,〇〇〇磅 共計一五〇,〇〇〇磅

丙、附属设備（打水機起重機磨煤機運煤機等）一五,〇〇〇磅

丁、配電设備 六,〇〇〇磅

戊、线路設備

A、高压電銅线磁瓶角铁避電器等 五〇,〇〇〇磅

B、洋灰桿木桿等 一〇〇,〇〇〇,〇〇〇元

重庆电力股份有限公司给重庆市政府、经济部、国家总动员会议为拟具战后各厂计划呈请鉴核并肯准予借款买汇订购机器的代电（一九四四年九月五日） 0219-2-187

己、厂地（约六千方丈）厂房（钢骨水泥柱砖墙）

办公室宿舍等（三〇〇〇〇〇〇〇元

庚、起水沿水土木工程（起水站沉淀池滤水池等）肆〇〇〇，〇〇〇元

辛、冷凝设备（水塔水池）伍〇，〇〇〇，〇〇〇元

壬、运煤出灰 二〇，〇〇〇，〇〇〇元

癸、其他杂项如工具材料等 一〇〇，〇〇〇，〇〇〇元

关税运费保险等约30%计八九，〇〇〇磅（[illegible]）

共四四五，〇〇〇磅 折合国币[illegible]〇〇，〇〇〇元

又国币四四〇，〇〇〇，〇〇〇元

共合国币[illegible]六〇〇，〇〇〇，〇〇〇元

重庆市公用局关于检发重庆电力股份有限公司新电厂之计划书的训令、代电（一九四六年六月） 0219-2-187

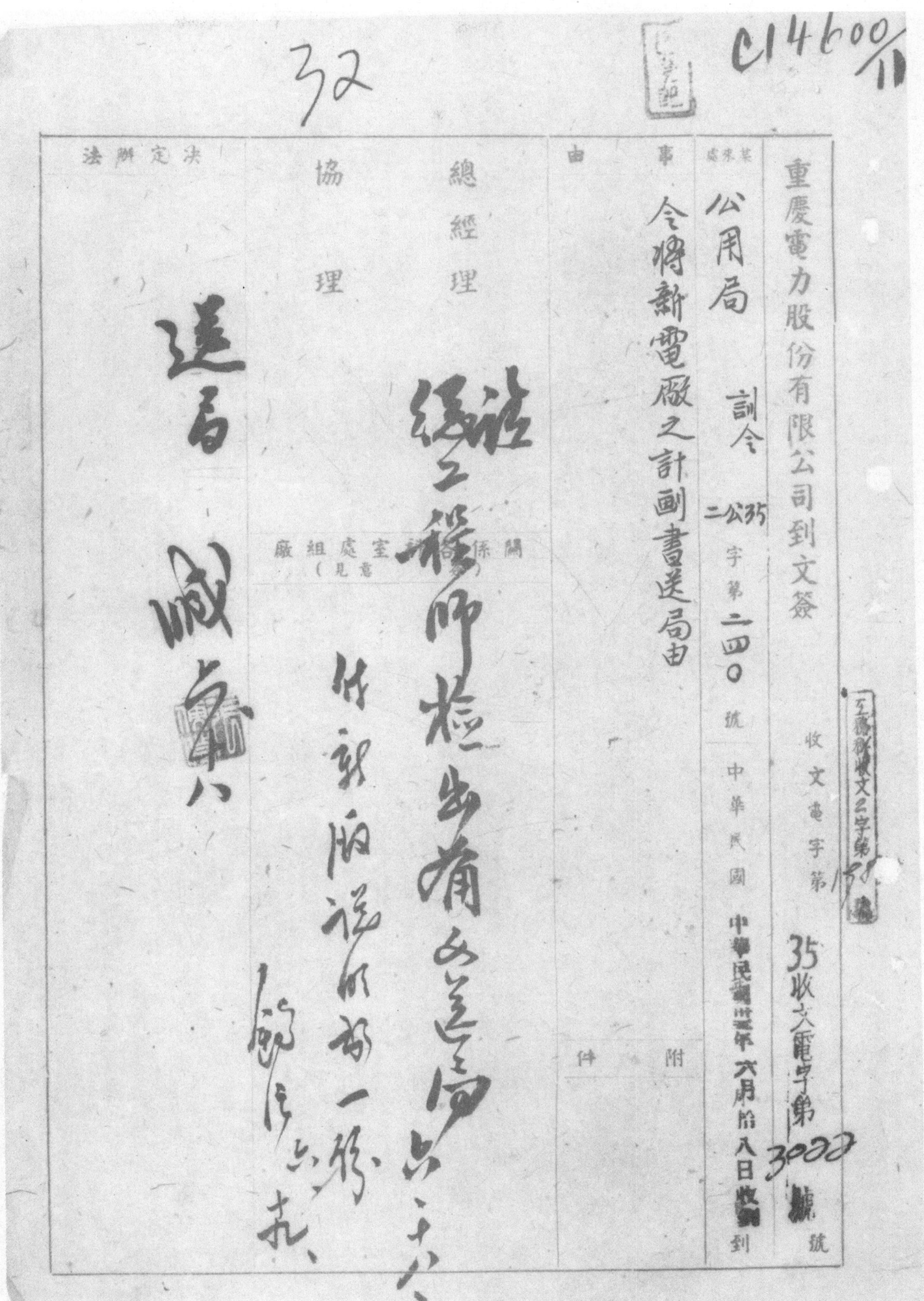
重慶電力股份有限公司到文簽

收文電字第　號

來文機關：公用局　訓令　二公35字第二四〇號　中華民國　年　月　日

事由：令將新電廠之計劃書送局由

附件

中華民國卅五年六月廿八日收到

總經理

協理

關係部分室處組廠（意見）

決定辦法

重庆市公用局关于检发重庆电力股份有限公司新电厂之计划书的训令、代电（一九四六年六月）　0219-2-187

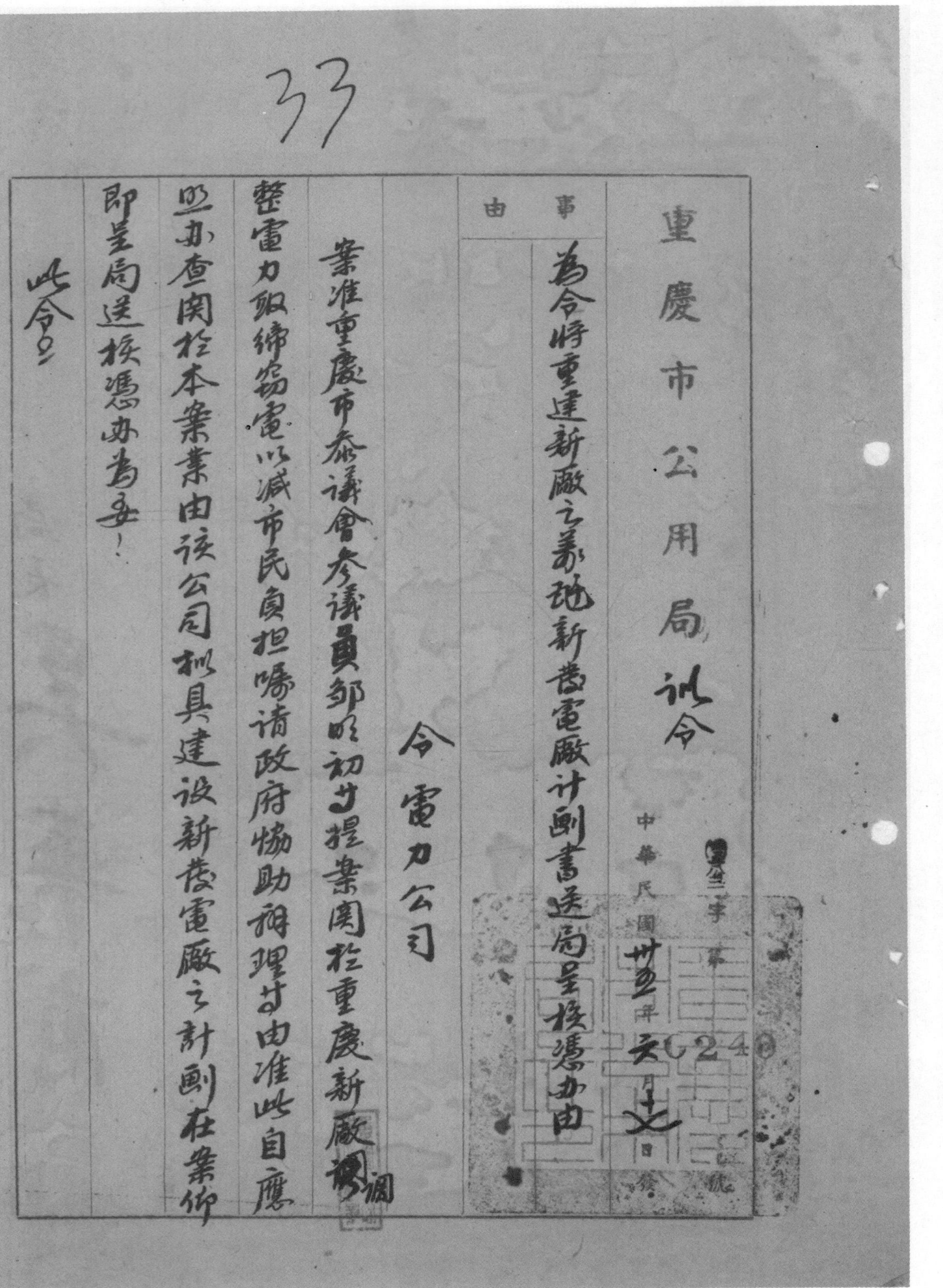

33

重慶市公用局訓令

事由：為令將重建新廠之籌建新發電廠計劃書送局呈核憑辦由

公字第　號

中華民國卅五年六月十七日發

6240

令電力公司

案准重慶市參議會參議員鄒明初等提案關於重慶新廠調整電力取締竊電以減市民負担囑請政府協助辦理等由准此自應照辦查關於本案業由該公司擬具建設新發電廠之計劃在案仰即呈局送核憑辦為要！

此令！

重庆市公用局关于检发重庆电力股份有限公司新电厂之计划书的训令、代电（一九四六年六月） 0219-2-187

局長 吳華甫

監印 陸長騆

校 實

重庆市公用局关于检发重庆电力股份有限公司新电厂之计划书的训令、代电（一九四六年六月）　0219-2-187

34

送達機關	公用局
事由	為遵令檢呈新廠計劃書請鑒察由
文別	代電
附件	
總經理	
協理	
主任秘書	
總務科科長	
文書股股長	
擬稿	
會章	
抄送	
繕校	六月廿日
用印	月　日
封發	月　日
歸檔	月　日
中華民國卅五年六月廿四日發出	
發文電字第	1001號
收文電字第	號
卷號	

重慶市公用局鈞鑒：案奉本年六月十二日（卅五）公二字第〇二四〇號訓令，飭將擴充新廠之計劃書擬具送局核辦等因，自應遵辦。謹將該項計劃書賫呈一份，敬祈鑒核。重慶電力公司叩（哿）。附計劃書一份

整理重慶市電力方案

一、增加供電力量

公司發電量祇一萬一千瓩，購電三千瓩，供給力量共祇一萬四千瓩，而需要在二萬瓩以上，不敷甚鉅，致日間電壓不足，晚間須輪流停電，且本公司之機爐經抗戰八年來晝夜不息之過份使用，已損壞不堪，隨時有發生嚴重故障之可能。勝利後即着手進行擴充，無如既無折舊準備，又無法增加資本，祇有請求政府貸款以事擴充。去年承政府兩次核准貸款一四四億元，照申請時之匯價，原值一百三十萬美元，公司即向外廠訂購一萬瓩發電設備一套，價美金一百萬元，並訂購綫路器材約美金二十五萬元。乃待借款通過及外匯核准，因匯價飛漲，該一四四億元僅購美金五十餘萬元（附核准已結、待結外匯表各一份），而定一萬瓩發電設備僅付定金約三十萬美元，按照合約規定，在簽約後六個月應付第二期貸款美金二十萬元，早已逾期，僅付美金九千餘元，所定綫路器材未付貨款亦尚有二萬餘美元。目前急待結付者約美金二十萬元，以三十二萬四千元匯價計算，需國幣六百五十億元，已電呈鈞府轉呈行政院請求准予照借，尚未奉核示。現外廠訂貨業準備擱架，賬約付款勢必影響交貨日期，重慶電荒如此嚴重，不容延悞，請為催促。所定發電設備照約可於明秋運到，新廠房即開始設計建築，以爭取時間，俟預算完成後再呈請轉呈政院准予貸款興建。新機爐之最末期貸款美金五十萬元，經輸出入管理委員會核定須明年方能結匯（附通知照片），現匯價不時調整，屆時所需國幣數字更鉅，擬請代向輸管會請求准予提前結匯。

增加一萬瓩發電設備後，雖供給情形大可改進，但未見能完全解決本市之電力問題，且新機爐尚須二年方能運來，緩不濟急，請代求政府撥借日本賠償物資或美國剩餘物資中之發電設備。

二、縮小供電區域

公司為適應戰時需要，故將供電區域擴展至廣漠偏僻遠處，如山洞、新開市、山清水溪等區域，已無重要用戶，綫路過長，損失甚大，稽查困難，偷電甚多。在[illegible]嚴重之情形下，亟應暫時縮小供電區域，以減少損耗而免影響重要工業用戶。公司曾擬具計劃呈請行[illegible]核示，迄今尚未奉[illegible]，請予協助縮小供電區域計劃[illegible]。

三、取締竊電

本公司每月發電[illegible]度數僅三百七[illegible]萬度，偷漏竟達一百[illegible]之三十五以上，本公司[illegible]不[illegible]隨時[illegible]隨[illegible]不但[illegible]用戶祇有[illegible]為公司之致命傷害[illegible]者團[illegible]多[illegible]不[illegible]竊[illegible]辦法，使有所顧忌而不敢竊用，謹陳辦法，請賜示行。

重庆电力股份有限公司整理重庆市电力方案及请求重庆市市长杨森协助各项（一九四八年五月二十五日）　0219-2-270

重庆电力股份有限公司整理重庆市电力方案及请求重庆市市长杨森协助各项（一九四八年五月二十五日） 0219-2-270

33

無購電款積欠甚鉅高利貸款已逾百億如政府不予協助勢將無法維持上月曾請求四聯貸款二百八十億四聯重慶分處議減為百億尚未奉總處核示即准亦不足敷請轉電四聯增加透支金額至六百億元

十、提高電價

因政府核定基数太低本公司之電價尚不及上海電力公司之電價較上海其他三公司及首都戚墅堰杭州等廠之電價更低得多致與工本不敷經常支出政府或以為重慶之煤價及人事比京滬等處為低故核定基数依其實本公司之設備遠不及上海電力公司煤耗高得多每發一度電之燃料實用量不低于上海電力公司之十八萬瓩發電設備集中於一廠上端出度均因設置而本公司之一萬一千瓩發電設備則分為三廠一切均靠人力故每發一度電之人工費用亦不能低於上海電力公司每度電所攤之業務費用則十八萬瓩之廠與僅一萬一千瓩之廠應無差別同今一萬一千瓩之廠電價低於十八萬瓩廠之電價似欠公允請設法而與閘北華商等廠相等之電價以資維持（附各地電價表）

總之電價不能過低電荒問題亟須解決現在參人願再投資公用事業自身力量無法完成新廠無法改善僅係事闗國計民生之電廠政府不能置之不顧不作價收贖改為國營即宜令公司以經濟上之扶助有償付能力始能有所作為公司素以服務為目的上開各項均為改進供應非為自身計也本公司資産雄厚足供償欵担保如仗鈞座之力能准請辦電補救電費及提高電價則電荒貸款雖鉅分期逐年付息電無問題也

重庆电力股份有限公司关于请查收一九四八年六月电气事业月报表致工商部电业司的代电（一九四八年九月十三日） 0219-2-260

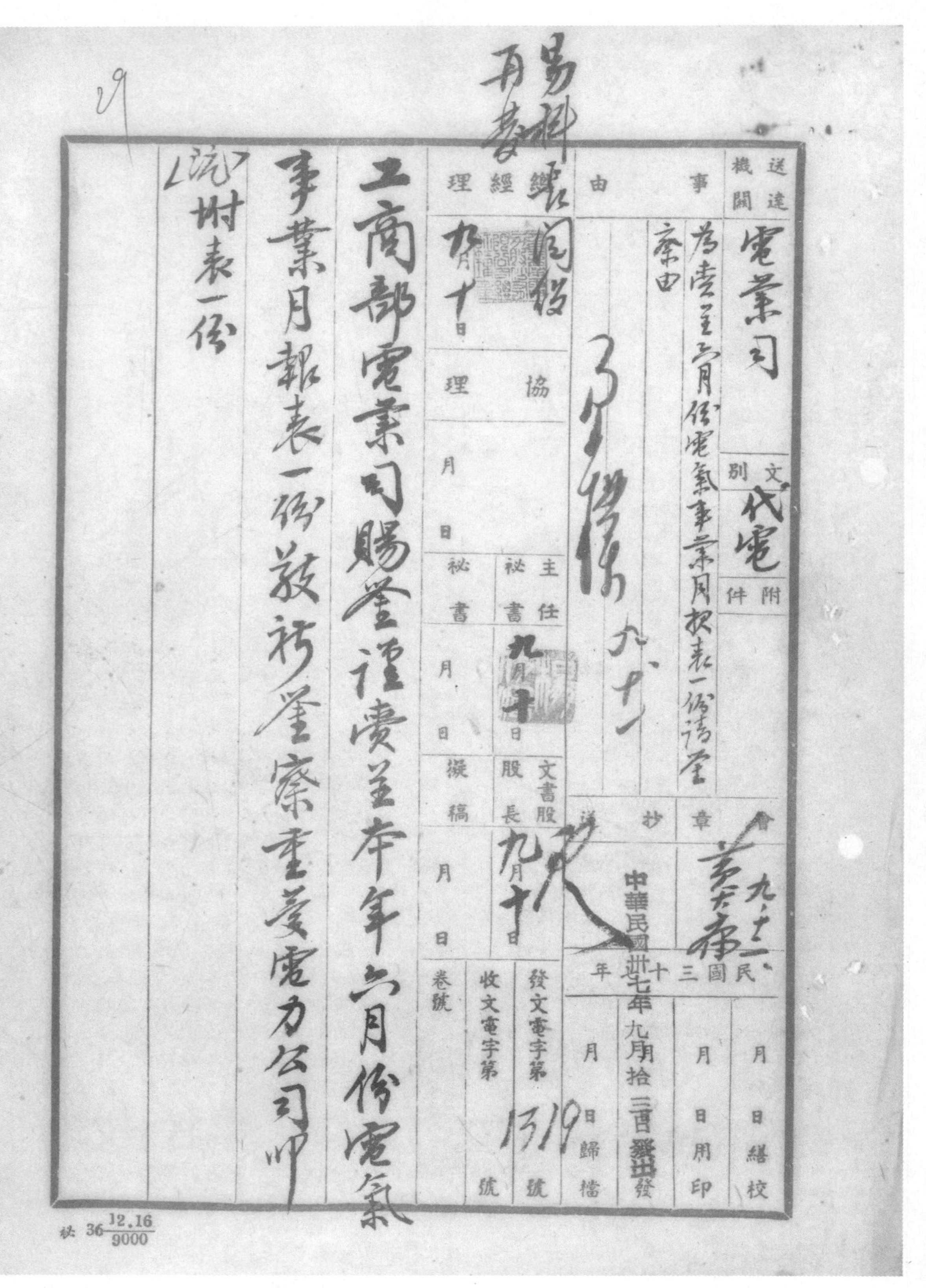

送達機關：電業司

文別：代電

附件

事由：為賫呈六月份電氣事業月報表一份請鑒察由

會章

抄送

中華民國卅七年九月拾三日發

經理

協理

主任秘書

秘書

文書股股長

擬稿

發文電字第1319號

收文電字第　號

卷號

校繕　用印　歸檔

工商部電業司賜鑒：謹賫呈本年六月份電氣事業月報表一份，敬祈鑒察。重慶電力公司叩（沁）

附表一份

重庆电力股份有限公司关于请查收一九四八年六月电气事业月报表致工商部电业司的代电（一九四八年九月十三日） 0219-2-260

30

重慶電力股份有限公司到文簽

收文電字第 37收文電字第3958號

某來處：會計科 字第 號

中華民國 中華民國卅七年九月九日 收到

事由：六月份電氣月報式份

附件

總經理

協理

關係各科室處組廠簽（意見）

決定辦法

西邑電業司 九、九

重庆电力股份有限公司关于请查收一九四八年六月电气事业月报表致工商部电业司的代电（一九四八年九月十三日）

0219-2-260

31

本月份報告於下月二十日以前寄出

于此邊略塗漿糊摺封付郵

重慶電力公司

（電氣事業人名稱）

民國 37 年 6 月份電氣事業月報

項目		說明	數量
1	發電容量	本月底所有發電機發電容量之和	11000 瓩
2	最高負荷	本月份全廠最高之負荷	10440 瓩
3	發電機發出度數	本月份所有發電機發出度數之和	1,224,988 度
4	廠用度數	本月份發電廠廠用度數	137,610 度
5	△售電度數	本月份所有發電機發出度數之和減去發電廠廠用度數（3）－（4）	1,087,378 度
6	燃料消耗量	本月份消耗燃料之公噸數（1000公斤）＝一公噸	869.170 公噸
7	燃料存儲量	本月底餘存燃料之公噸數	6047.512 公噸
8	燃料費	本月份發電用之燃料購運費	36,058,257,400.00
9	薪工費	本月份薪金・工資・津貼・伙食等	27,891,157,140.78
10	折舊費	本月份房屋建築及各項設備之折舊	6,224,117,854.[illegible]
11	費用總數	本月份支出總數（應包括一切費用）	113,903,884,417.34
12	應收總數	本月份應收入電費及一切雜項收入等之和	141,291,286,207.68

項目			戶/盞數（戶）		抄見/估計度數（度）		應收電費（元）
表燈	普通用戶	13	17441	23	1406442	33	18,078,740,801.62
	優待用戶	14		24		34	
★包燈	普通用戶	15	盞	25		35	
	優待用戶	16	盞	26		36	
電力	普通用戶	17	774	27	2062630	37	81,107,392,682.—
	合同用戶	18		28		38	
電熱	普通用戶	19	24	29	22977	39	874,198,824.—
	合同用戶	20		30		40	
★路燈		21	盞	31		41	
共計		22	18243	32	3481869	42	

附註：
1. 抄見3481869 [illegible] 824179 [illegible] 3481869－824179＝2657690 [illegible] 實際抄見度數
2. [illegible] 265,158 [illegible]
3. 路燈 28080 [illegible]
4. [illegible] 861.[illegible] [illegible] 861.[illegible] [illegible] 7757.10 [illegible]

經理或廠長　　民國＿＿年＿＿月＿＿日填

備註：
★包燈及路燈應填盞數及估計度數，表燈及電力電熱應填抄見度數
△如有躉售或躉購電流應於（5）欄內分別註明

重庆电力股份有限公司关于请查收一九四八年七月电气事业月报表致工商部电业司的代电（一九四八年九月二十日）　0219-2-260

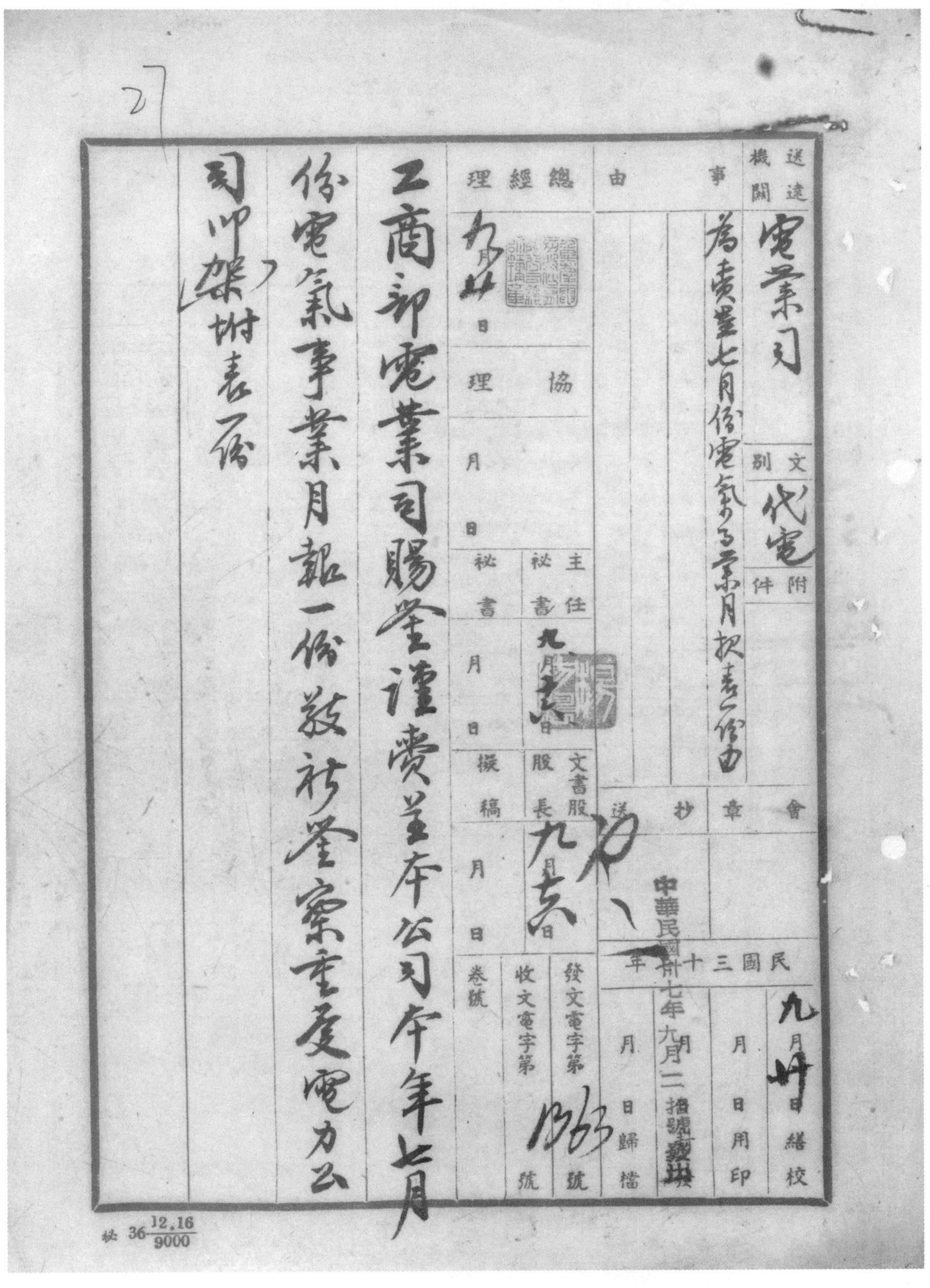

送达机关：电业司
事由：为贵呈七月份电气事业月报表一份由
文别：代电
附件
总经理　九月廿日
协理　月　日
主任秘书　九月　日
秘书　月　日
文书股股长　九月　日
拟稿　九月　日
会章　抄送
民国三十　年
中华民国卅七年九月二　日　缮校　用印　归档
发文电字第　号
收文电字第　号
卷号
工商部电业司赐鉴：谨赍呈本公司本年七月份电气事业月报一份，敬祈鉴察。重庆电力公司卯（三）架（一）卅（六）表（附）
秘 36 12,16 / 9000

重庆电力股份有限公司关于请查收一九四八年七月电气事业月报表致工商部电业司的代电（一九四八年九月二十日） 0219-2-260

28

本月份報告於下月二十日以前寄出
于此邊略塗漿糊摺封付郵

重慶電力公司
（電氣事業人名稱）

民國 37 年 7 月份電氣事業月報

	項目	說明	數量
1	發電容量	本月底所有發電機發電容量之和	11000 瓩
2	最高負荷	本月份全廠最高之負荷	10190 瓩
3	發電機發出度數	本月份所有發電機發出度數之和	1,223,896 度
4	廠用度數	本月份發電廠廠用度數	131,829 度
5	△發電度數	本月份所有發電機發出度數之和減去發電廠廠用度數 (3)－(4)	1,092,067 度
6	燃料消耗量	本月份消耗燃料之公噸數(1000公斤)＝一公噸	8,928 公噸
7	燃料存儲量	本月底餘存燃料之公噸數	4,204 公噸
8	燃料費	本月份發電用之燃料購運費	268,309,216,287 元
9	薪工費	本月份薪金·工資·津貼·伙食等	[illegible] 元
10	折舊費	本月份房屋建築及各頂設備之折舊	[illegible] 元
11	費用總數	本月份支出總數(應包括一切費用)	[illegible] 元
12	應收總數	本月份應收入電費及一切雜頂收入等之和	[illegible] 元

項目			戶數(戶)／盞		抄見／估計 度數(度)		應收電費(元)
表燈	普通用戶	13	18080	23	1,528,149	33	185,284,462,000
	優待用戶	14		24		34	
★包燈	普通用戶	15	盞	25		35	
	優待用戶	16	盞	26		36	
電力	普通用戶	17	780	27	2,125,291	37	278,413,121,000
	合同用戶	18		28		38	
電熱	普通用戶	19	23	29	24,878	39	2,890,011,000
	合用戶	20		30		40	
★路燈		21	盞	31		41	
共計		22	18883	32	2,679,318	42	

附註：
1. [illegible] 2679318 [illegible] 702834 [illegible] 2679318－702834 ＝2776484 [illegible]
2. [illegible] 248,045.48
3. [illegible] 28080
4. [illegible] 8928 [illegible] 892.8 [illegible]
[illegible] 8055.20 [illegible]
5. [illegible] 一二三 [illegible]
6. 七月 [illegible] 增加

經理或廠長 [illegible]　民國＿＿年＿＿月＿＿日填

備註
★包燈及路燈應填盞數及估計度數表燈及電力電熱應填抄見度數
△如有躉售或躉購電流應於（5）欄內分別註明

重庆电力股份有限公司一九四八年八月电气事业月报（一九四八年） 0219-2-306-76

76

本月份報告於下月二十日以前寄出
于此邊略塗漿糊摺封付郵

重慶電力公司
（電氣事業人名稱）

民國 37 年 8 月份電氣事業月報

	項目	説明	數量
1	發電容量	本月底所有發電機發電容量之和	11000 瓩
2	最高負荷	本月份全廠最高之負荷	10240 瓩
3	發電機發出度數	本月份所有發電機發出度數之和	4,646,438 度
4	廠用度數	本月份發電廠廠用度數	115,783 度
5	△發電度數	本月份所有發電機發出度數之和減去發電廠廠用度數（3）－（4）	4,530,655 度
6	燃料消耗量	本月份消耗燃料之公噸數（1000公斤）二一公噸	7577 公噸
7	燃料存儲量	本月底餘存燃料之公噸數	6320 公噸
8	燃料費	本月份發電用之燃料購運費	27,162,098,690.— 元
9	薪工費	本月份薪金・工資・津貼・伙食等	16,321,046,175.— 元
10	折舊費	本月份房屋建築及各項設備之折舊	5,994,912,182.— 元
11	費用總數	本月份支出總數（應包括一切費用）	110,248,804,021.— 元
12	應收總數	本月份應收入電費及一切雜項收入等之和	746,036,438,180.— 元

項目			戶盞數（戶）		抄見估計度數（度）		應收電費（元）
表燈	普通用戶	13	18260	23	1310250	33	246,646,407,200.—
	優待用戶	14		24		34	
★包燈	普通用戶	15	盞	25		35	
	優待用戶	16	盞	26		36	
電力	普通用戶	17	785	27	1,782,808	37	385,065,070,880.—
	合同用戶	18		28		38	
電熱	普通用戶	19	33	29	20430	39	41,019,134,800.—
	合用戶	20		30		40	
★路燈		21	盞	31		41	
共計		22	19078	32	3,123,488	42	746,036,433,880.—

附註：
1. 抄見3,123,488度 [illegible] 538,606度 [illegible] 3123488－538606＝2,584,882度 [illegible]
2. [illegible] 141,688 [illegible]
3. 路燈 28080度
4. 用煤7577吨 [illegible] 7577吨 [illegible] 681.5吨 [illegible]
5. [illegible] 6. 本月 [illegible] 費用 [illegible] 有增加

經理或廠長 [stamp]　民國＿＿年＿＿月＿＿日填

備註
★包燈及路燈應填盞數及估計度數表燈及電力電熱應填抄見度數
△如有躉售或躉購電流應於（5）欄內分別註明

重庆电力股份有限公司一九四八年度业务状况（一九四八年） 0219-2-118

重慶電力公司三十七年度業務狀況

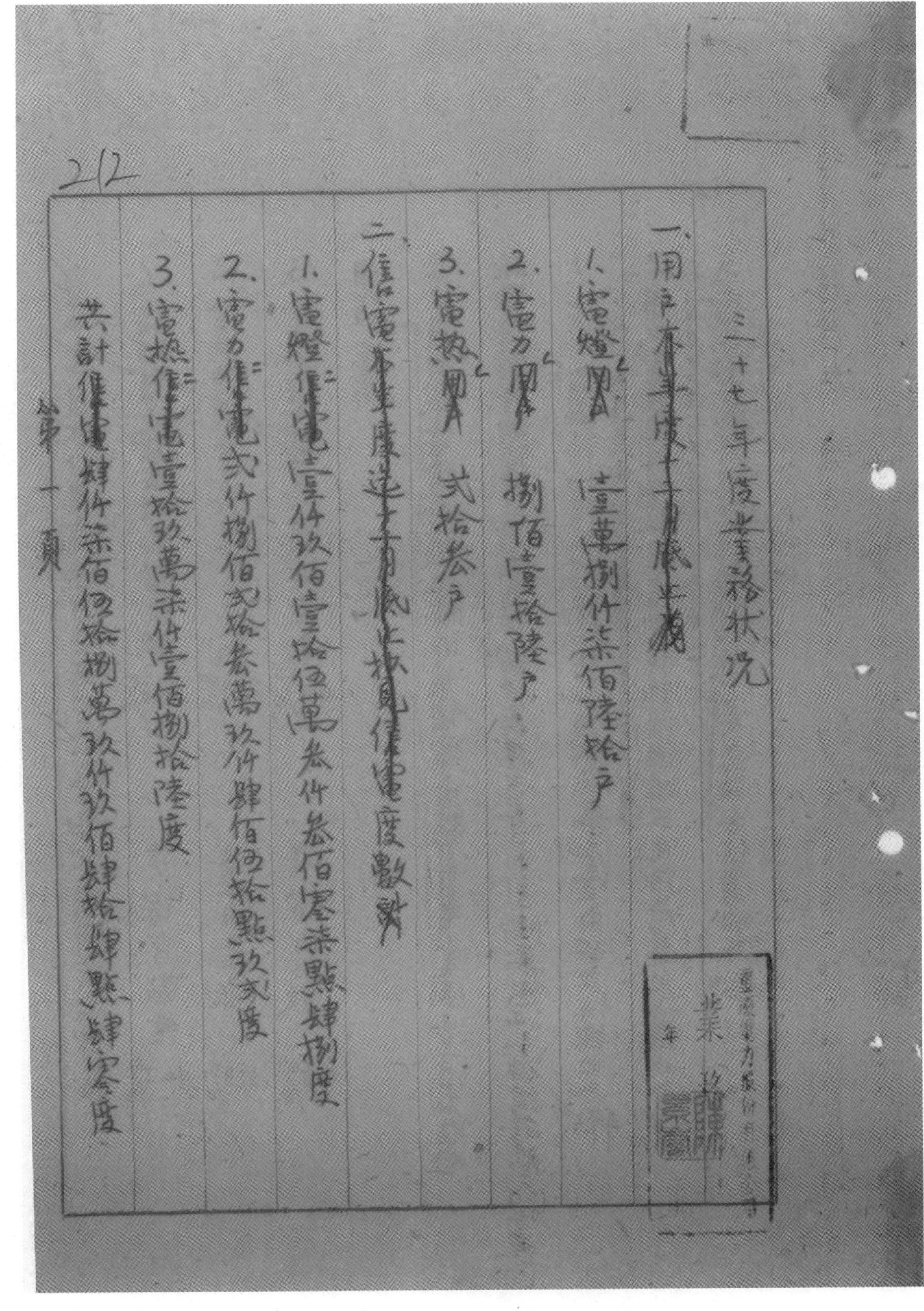

212

三十七年度業務狀況

一、用戶本年度十二月底止數

1、電燈用戶 壹萬捌仟柒佰陸拾戶

2、電力用戶 捌佰壹拾陸戶

3、電熱用戶 貳拾叁戶

二、售電本年度迄十二月底止核見售電度數

1、電燈售電 壹仟玖佰壹拾伍萬叁仟叁佰零柒點肆捌度

2、電力售電 貳仟捌佰貳拾叁萬玖仟肆佰伍拾點玖貳度

3、電熱售電 壹萬柒仟壹佰捌拾陸度

共計售電 肆仟柒佰伍拾捌萬玖仟玖佰肆拾肆點肆零度

第一頁

重慶電力股份有限公司 業務 年

重庆电力股份有限公司一九四八年度业务状况（一九四八年）　0219-2-118

213

本年度共計發電柒仟柒佰叁拾叁萬零柒佰柒拾肆度

1、電灯售電等於發電度數 24.6%　售電度數 40.2%

2、電力售電等於發電度數 36.3%　售電度數 59.3%

3、電熱售電等於發電度數 0.2%　售電度數 0.5%

三、應收電費

本年度應收電費金額依據抄見售電度數計金圓壹仟叁佰伍拾伍萬肆仟捌佰陸拾壹圓正（外副拆表押費金圓壹萬叁仟肆佰伍拾玖元伍角正）

1、電灯金圓陸佰陸拾玖萬零叁佰貳拾叁元壹角貳分佔總收入 49.3%（外加拆表押費金圓[illegible]）

2、電力金圓陸佰捌拾叁萬叁仟玖佰伍拾貳元伍角叁分佔總收入 50.4%（外拆表押費[illegible]）

3、電熱金圓叁萬零伍佰捌拾伍元叁角伍分佔總收入 0.3%

214

加上年度應收未收電費金圓捌仟貳佰玖拾貳元柒角玖分總計

本年度應收電費金圓壹仟叁佰伍拾陸萬叁仟壹佰伍拾叁元柒角玖分

四、預收煤費

本年照十二月份實用電度商用電力預收煤費一月計叁佰貳拾萬零

零佰伍拾叁度點柒分金圓叁佰伍拾壹萬玖仟貳佰陸拾玖元四角

七分（機關、學校及自來水公司免收）

五、核退誤收電費

本年度辦理誤收電費金額計金圓柒佰零叁元壹角貳分

六、本年度收費股經辦收費情形如左：

1.接收上年度應收未收電費餘額金圓捌仟貳佰玖拾貳元柒角玖分

第二頁

重庆电力股份有限公司一九四八年度业务状况（一九四八年）　0219-2-118

及本年度各種新裝電費收據金圓壹仟柒佰零柒萬肆仟柒壹佰壹拾壹元玖角捌分）共計金圓壹仟柒佰零捌萬貳仟肆佰零肆元柒角柒分

2、收進各種往收電費計金圓陸佰萬零零肆佰玖拾壹元玖角一分佔應收電費總額35.1%

3、歷年重複誤製等新舊電費收據計註銷金圓貳萬捌仟壹佰零貳元玖角佔應收電費0.2%

4、本年度應收電費金額及上年度移來應收未收金額總計除收繳款及註銷者外實存應收未收電費計金圓壹仟壹佰零

216

伍萬叁仟捌佰零玖元玖角肆分，佔應收電費 64.3%

應收未收電費包括下列各項

1. 自來水公司金圓叁拾玖萬捌仟捌佰壹拾陸元陸角

2. 特别用户（機関法團等）金圓伍仟弍佰伍拾伍元肆角

3. 剪火撤表金圓弍萬弍仟柒佰柒拾伍元陸角柒分

4. 整理電據（無法催收准備撥作呆帳者）金圓壹仟零弍拾叁元陸角壹分

5. 準備銷改電據金圓柒萬弍仟弍佰弍拾弍元捌角肆分

6. 合約用户十二月底抄表未能在本年度收進者金圓弍佰柒拾陸萬玖仟伍佰叁拾弍元零柒分

[illegible]

第三頁

217

六、十二月底製出預收煤費票據未能即時收進計金圓叁佰伍拾壹萬玖仟貳佰陸拾玖元肆角柒分

除上開各項數字陸佰柒拾捌萬捌仟捌佰玖拾伍元陸角陸分外應收未收金額為肆佰貳拾陸萬肆仟玖佰壹拾肆元貳角捌分查十二月份電費票據金額為柒佰柒拾玖萬伍仟壹佰零伍元伍角捌分實際庫存尚不足一月之電費

七、因本公司收重置設備費經收情形

重置設備費係上年度（三十六年度）應收未收餘額移來計金圓貳佰貳拾玖元陸角壹分本年度收繳金圓貳佰零叁元柒角捌分尚存金圓貳拾伍元捌角叁分

重庆电力股份有限公司建设新厂计划书　0219-2-180

重庆电力股份有限公司建设新厂计划书　0219-2-180

2

竊公司創辦於民國二十二年最初有一〇〇〇瓩發電設備三套嗣於民國二十五年增加四五〇〇瓩發電設備二套復於民國二十八年再添購四五〇〇瓩發電設備一套共有一六五〇〇瓩之發電力量而最後所添置之四五〇〇瓩機爐被敵在海防劫奪原有一〇〇〇瓩發電設備三套又為軍政部以三十萬元徵購一套迄今遂祇有二〇〇〇瓩之發電力量不但不足供應重慶之需要且經九年來晝夜不息之過量使用已損壞不堪非澈底整修隨時有不能繼續使用之危險後果將不堪設想故添置新機新爐之事實刻不容緩茲將需要情形計劃大概經費預算籌資方法及進行程序畧敘於后

(一)需要

目前供給市用電之電力除本公司發電者外並購用兵工廠餘電轉供供給力量計有

本公司第一廠	四五〇〇瓩
本公司第二廠	二〇〇〇瓩
本公司第三廠	四五〇〇瓩
五十兵工廠餘電	一三〇〇瓩
廿四兵工廠餘電	一五〇〇瓩

共計一三八〇〇瓩

和平後大小工廠停工者不少故負荷暫見減輕現在白天及下半夜已敷供給上半夜仍感不够除市郊仍須輪流停電外各處電壓均不過大約尚差三〇〇〇餘瓩即須有一七〇〇〇瓩之發電力量方敷供應惟市區内未供電之區域尚多紛紛要求光明城區電灯亦日見增加如儘量供給電灯負荷至少可增加二〇〇〇瓩成渝鐵路兩江大橋等工程開工後當有不少工廠可以復工增加二三千瓩之電力負荷亦極可能需要量立可增至二萬二千瓩再目前電力自給之工廠計有

裕豐紗廠	一二〇〇瓩
裕華紗廠	一〇〇〇瓩
軍政部紡織廠	六〇〇瓩
中央造紙廠	六〇〇瓩
廿四兵工廠	一五〇〇瓩
五十兵工廠	五〇〇瓩
二十兵工廠	五〇〇瓩
李家渡工業區	七〇〇瓩
共計	六六〇〇瓩

惟所有發電設備均極陳舊效率甚低發電成本甚高如市電供應

重庆电力股份有限公司建设新厂计划书 0219-2-180

將來必有一部份改用本公司之電故即不計新工廠之產生與舊工廠之擴充需要量可能達二五〇〇〇瓩加上備用力量以免機爐發生故障時之停電起見至少須有能供應三〇〇〇〇瓩左右之設備方能繼續不斷供給

（二）計劃。擴充計劃有下列二途

1.完全建設三萬瓩新廠俟新廠完成後現有發電設備即拆卸出賣

2.添購一八〇〇〇瓩機爐俟新機新爐裝竣後現有設備澈底整修俾能繼續使用數年本市可有二七〇〇〇瓩之供給力量

第一計劃經研究之結果決定用每單位為一〇〇〇〇瓩之發電機及鍋炉拟置直接式發電機三部及鍋炉四座可供給三〇〇〇〇瓩之最高負荷並有一替換鍋炉以免因須修理而停電上煤出灰均用機器用每平方吋六百鎊之高汽壓及（三八〇〇伏）之標準電壓廠址須重選（附詳細規範書）

第二計劃現有設備既仍須留用則新機新炉之式樣宜與現有者相同汽壓電壓亦應仍採二七五鎊及五二五〇伏以利裝置與使用即每單位之大小擬仍用四五〇〇瓩現有九〇〇〇瓩（彈子石廠之一〇〇〇瓩兩部容量較小擬予出售）應添置四五〇〇瓩發電機四部及鍋炉五座可供給二七〇〇〇瓩之最高負荷大溪溝廠可勉強使用惟發電設備宜集中在一廠以減低成本而利管理新機新炉裝竣後擬將鵝公岩廠之設備應即遷回大溪溝舊

有設備並須徹底整修俾能繼續使用
以上兩個計劃均能達到解決本市電力問題之目的但從管理方面與經
濟方面而言第一個計劃遠較第二個計劃為優優點如下
1、三部機器之管理較六部機器之管理為方便管理人工亦少管理費
用低
2、汽壓高煤耗省發電成本低
3、可改用標準電壓符合中央所訂法規
4、以後電機可改用直接式減少故障機會
5、廠房較小建築費用較低
總言之如採用第一計劃則將來管理方便發電成本較低但投資較
鉅而時間較久在目前籌資困難子金過高及電荒嚴重情形下
第二計劃自有其可取之處

（三）預算

第一計劃、瑞士白朗拔代利廠之正式報價一〇〇〇〇瓩發電機三部連電壁
不連鍋炉及起重機出廠總價約美金一四三萬元上海交貨價約美金一
八三萬元美國西屋廠之非正式報價一〇〇〇〇瓩機炉三套連附屬設備（冷水
起水起煤等設備不在內）之出廠總價約美金三六三萬元如用瑞士發電

重庆电力股份有限公司建设新厂计划书 0219-2-180

機三部及美國鍋炉四座之三〇〇〇〇瓩之全部器材上海交貨連關稅在內約需美金五八四萬元照三三五〇滙價折合國幣一九五億加封渝運費建築費及安裝費完成第一計劃估計須二四二億美國器材價格尚比歐洲為高因美國廠家尚未報價故以美國價作根據用英國鍋炉鍋爐部份預算或可減低百分之十即約十億元（附預算表及報價書）

第二計劃二四五〇〇瓩電機之價值戰前上海交貨價每部約英金一五〇〇〇鎊鍋炉價相仿本年二月安利洋行報價發電機每部出廠價為英金三〇三四〇鎊鍋炉為三一七〇〇鎊據云因工資提高最近價格須相當增加新機之凝結器擬改大假定再加百分之二十並加百分之三十之運費保險每部上海交貨價約英金四七五〇〇鎊約合美金一九〇萬元鍋炉加煤灰設備估計每座上海交貨價為美金二二萬元全用英國器材四五〇〇發電機四部與鍋炉五座連附屬設備之上海交貨價連關稅在內約美金二八〇萬元折合國幣七九億加封渝運費建築費安裝費及爐機炉之折舊費完成第二計劃估計須一三三億元（附預算表及報價書）

（四）籌資

發電廠之各種設備之平均壽命約二十年本公司之大部份資產已經過十三年之使用四五〇〇瓩發電設備係二十六年購置亦已十年且經過修

使用與頻遭轟炸壽命縮短應已有重置原有設備之百分之七十以上之折舊準備無如政府為平抑電價不准改變折舊方法仍須照購入時所付國幣折舊致準備欵等於零新計劃中之超過原有設備之擴充部份自應由公司自籌經費但重置部份之經費即折舊不足之數理應由政府補助或仍取之於用戶去年估計重置原有發電設備及供用設備之平均須美金一七〇萬元（根據最近英廠報價應約美金二八〇萬元）當時滙價為二〇二〇元故請求政府補助三十四億或令由國家銀行低利貸欵以附加電費償還並請求酌加電價提高折舊俾原有設備之運輸建築安裝等費得有準備前案業經行政院核准照貸但現在不但國外器材價格上漲且滙價變動三十四億僅合美金百萬元相差甚遠而現行電燈價僅及戰前之一千倍電力約二千倍無法多提折舊以作安裝建築費用如採用第一計劃即折舊不足之數能予全部補償公司尚須自籌百億以上現在核准借欵祇三十四億籌措更為困難且向國外定購器材須一年半以上方能交貨一般合同外廠均須保留交貨時調整價格之權利屆時之價格如何滙價如何國內之工價物價如何均無法逆料無法預算照目前辦理公用事業之困難情形無合法利潤之保障恐投資者均將裹足不前是第一計劃似無實現之可能第二計劃雖有同樣困難但所需經費突少一半擴充部

5

發機一五〇〇瓩應由公司自籌之經費不多，公司一日未解除此急不容緩之事，自當盡力以赴之，尚希社會人士予以同情與合作，暫時似須增加用戶負担，但亦可云係補收以往電費之不足，且將來發電成本因而減低，可減輕市民將來之負担，新計劃愈早完成，市民之負担亦愈輕也（附三十四億還本付息表）

（五）程序

目前國外廠家多忙於本國之戰後復興，故交貨甚慢，美廠須簽約後二十個月起方能開始陸續起運，故第二計劃之四部機器與五座鍋炉即同時定購亦不能同時交貨，故擬先訂四五〇〇瓩機炉三套及所需之附屬設備尚須發電機一部及鍋炉二座，或須定購較大機炉不妨緩半年或一年再決定，訂購三套總價約美金一五〇萬元，貸款三十四億已足付定金，不足之數及運輸建築安裝等費儘可在一年半內分期籌付，機炉定妥後即開始建築外廠，圖樣到後即動手做機炉底脚，俾運抵重慶後即可安裝，以省時間，如能在年內定妥器材，三十七年年底可開始陸續運抵上海，笨重部份應趕在三十八年洪水期間全部運抵重慶裝置，一部機器之時間約需一個半月，一座鍋炉之時間約需四個月，加工趕裝三套機炉可能在八個月至十個月之內裝竣，則三十九年春可全部完成，届時本公司有二四五〇〇之供應量，加備三廠餘電

重庆电力股份有限公司建设新厂计划书 0219-2-180

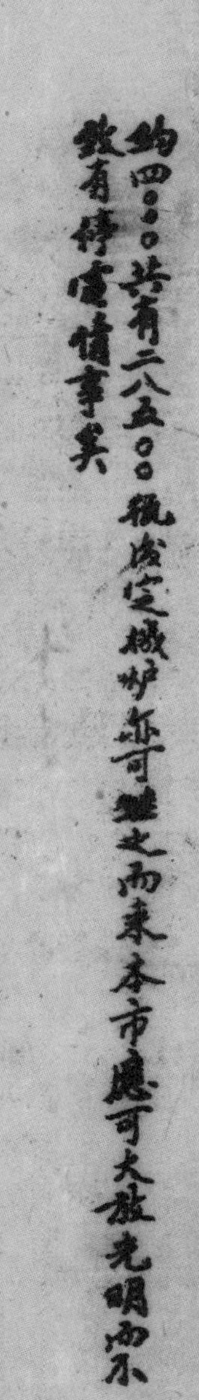

约四〇〇共有二八五〇〇瓩设定机炉亦可继之而来本市应可大放光明而不致有停电情事矣

重庆电力股份有限公司建设新厂计划书 0219-2-180

6

重慶電力公司第一計劃經費預算表

摘要	數量	美金	國幣	附註
10000瓩透平發電机及附屬設備	3	1,080,000		瑞士白朗拔代利廠報價
10000透平机之河边起水及循環水泵	3	240,000		
電壓控制設備及廠用変压器		49,000		
發電部份設備由瑞士至上海用費		411,000		
10000瓩蒸汽鍋炉	4	2,600,000	19,500,000,000	根據西屋報價估計
起煤起重設備		300,000		估計
鍋炉部份由美国至上海運費保險		580,000		以出廠價之20%估計
關税		530,000		以上海交貨總價之10%計算
全部器材自上海至重慶運費			1,200,000,000	以2000吨每吨六十萬估計
新廠建築費			2,000,000,000	照目前工價料價估計
安装費			1,500,000,000	〃
總計		5,840,000	24,200,000,000	

重慶電力公司第二計劃經費預算表　三十五年十月造

摘要	數量	美金	國幣	附註
4500瓩透平發電機	4	760,000.		上海交貨
4500瓩蒸汽鍋炉	5	1,100,000.		〃
增加電壁控制設備		40,000.		〃
起煤起水冷水設備		400,000.	9,380,000,000.	〃
現有鍋炉整修配件		250,000.		〃
關稅		255,000		10%
全部器材自上海至重慶運費			840,000,000.	以1400噸每噸六十萬估計
建築費			1,500,000,000.	照目前工價料價估計
安裝用器材及工資			1,000,000,000	〃
舊機炉拆裝費用			600,000,000.	〃
總計		共2,800,000.	13,320,000,000.	

重庆电力股份有限公司建设新厂计划书　0219-2-180

重庆电力股份有限公司建设新厂计划书 0219-2-180

8

重慶電力公司借款卅四億元每月每度附加七十元還本付息表

月份	加收總額	應付利息	還本	結
1	280,000,000	136,000,000	144,000,000	3256,000,000
2	〃	130,000,000	150,000,000	3106,000,000
3	〃	124,000,000	156,000,000	2950,000,000
4	〃	118,000,000	162,000,000	2788,000,000
5	〃	111,000,000	169,000,000	2619,000,000
6	〃	105,000,000	175,000,000	2444,000,000
7	〃	98,000,000	182,000,000	2262,000,000
8	〃	90,000,000	190,000,000	2072,000,000
9	〃	83,000,000	197,000,000	1875,000,000
10	〃	75,000,000	205,000,000	1670,000,000
11	〃	67,000,000	213,000,000	1457,000,000
12	〃	58,000,000	222,000,000	1235,000,000
13	〃	49,000,000	231,000,000	1004,000,000
14	〃	40,000,000	241,000,000	764,000,000
15	〃	[illegible]0,000,000	250,000,000	514,000,000
16	〃	21,000,000	259,000,000	255,000,000
17	〃	10,000,000	270,000,000	

附註 百萬以下數字省去

47

重慶電力公司損失說明

本公司之損失可分為(一)賬上虧損(二)战時損失(三)折舊不足等三類。

(一)賬上虧損

電氣事業人之電價向受政府管制抗战後政府為免刺激物價極力予抑電價常低至不敷成本故自廿四年正式成立公司以來至廿七年以前每年均略有盈餘廿八年以後有四年均虧折附歷年盈虧表截至卅四年淨虧一二·六六七·〇八六元。

(二)戰時損失

本公司之戰時損失可分為轟炸損失及運輸損失自廿八年至卅一年之間敵機大事空襲重慶本公司之發電廠為目標之一幸中彈多次均未命中故發電部份損失尚微惟供電用電設備遍佈市區每次空襲無不損失慘重均呈報政府有案本公司於廿八年向英國訂購四五〇〇瓩發電設備一套運抵海防而海防淪陷被日寇劫奪全部損失又公司尚有一〇〇〇瓩發電設備一(座)被軍政部征用兼造具本公司之战時損失資產簡表照現在國外國內價值計損失美金九四四九二一·五〇元及國幣六五四二七九二二〇·〇〇〇元以三·三五〇折合美金一元共計損失

重庆电力股份有限公司建设新厂计划书 0219-2-180

三八億餘元。

(三)折舊不足

發電廠各種設備之壽命約二十年本公司於廿三年開始發電大部份資產已經過十三年之使用四、五〇〇瓩發電設備係廿六年裝置亦已十年發電設備因八年來之晝夜不息之過重工作已損壞不堪壽命將盡供用設備經幾年之轟炸亦破壞甚多大部份須棄舊換新換言之平均已過百分之七十以上之壽命應有重置原有設備之百分之七十以上之折舊準備本公司之全部資產(附簡表)分別以目前國外國內價格估計共值美金二、九〇九、八八七元及國幣四、七二九、三四七、〇六〇元總計為國幣一四四億餘元百分之七十以上之折舊準備應為百億元無如政府為平抑電價不准改變折舊方法仍照戰前所付國幣提存準備致截至卅四年底止所提折舊準備僅一六、七八九、二三二元二角三分幾等於零是以本公司之虧損以折舊不足約百億元為最大。

10

重慶電力股份有限公司歷年盈虧表

時期	盈餘	虧損	備攷
民國廿四年	33,898.40		資本總額二百五十萬元
民國廿五年	386,596.42		
民國廿六年	396,019.47		
民國廿七年	505,784.40		
民國廿八年		68,259.99	資本總額五百萬元
民國廿九年		1,184,240.44	
民國三十年	1,440,102.23		
民國卅一年	5,902,327.08		資本總額三千萬元
民國卅二年	6,360,999.11		
民國卅三年		16,648,482.69	
民國卅四年		8,791,830.71	
合計	15,025,727.11	26,292,813.83	

(二)

重庆电力股份有限公司建设新厂计划书　0219–2–180

重慶電力股份有限公司歷年折舊表

時期	分計	累計
民國廿五年	129,492.52	129,492.52
民國廿六年	125,162.44	254,654.96
民國廿七年	264,573.15	519,228.09
民國廿八年	336,770.31	855,988.42
民國廿九年	362,348.84	1,227,164.33
民國三十年	478,504.36	1,696,851.62
民國卅一年	2,534,132.75	4,230,984.37
民國卅二年	2,973,248.37	7,204,232.74
民國卅三年	3,449,381.12	10,654,063.86
民國卅四年	6,135,168.37	16,789,232.23
合計	¥16,789,232.23	¥16,789,232.23

（二）

重慶電力股份有限公司戰時損失資產簡表

名称	单位	數量	单價(美幣)	单價(國幣)	共價美幣	共價國幣	重量(噸)	申渝運費	總價國幣
發電設備	KV	5500	120.00		660000.00	2,211,000,000.00	500	300,000,000.00	2,511,000,000.00
单相電表1.5—10A	只	4252	15.00		57,876.00	193,884,600.00	4	2,400,000.00	196,284,600.00
单相電表10A以上	、	171	25.00		4275.00	14,321,250.00	0.3	180,000.00	14,501,250.00
三相電表	、	1256	50.00		62,800.00	210,380,000.00	3.4	2,040,000.00	212,420,000.00
風雨綫	噸	32	1,500.00		48,000.00	160,800,000.00	32	19,200,000.00	180,000,000.00
裸銅线	、	28	1000.00		28,000.00	93,800,000.00	28	16,800,000.00	110,600,000.00
鉛皮线	呎	96475	.06		5,788.50	19,391,475.00	3.5	2,100,000.00	21,491,475.00
膠皮綫	、	333564	.04		12,942.50	43,357,375.00	6	3,600,000.00	46,957,375.00
14KV磁瓶	只	2822	5.00		14,110.00	47,268,500.00	12	7,200,000.00	54,468,500.00
5KV磁瓶	、	593	3.50		1,375.50	4,607,925.00	0.7	420,000.00	5,027,925.00
避電器	。	48	300.00		14,400.00	48,240,000.00	0.6	360,000.00	48,600,000.00
鋼綫	呎	51180	.30		15,354.00	51,435,900.00	1.7	1,020,000.00	52,455,900.00
分電站設備					20,000.00	67,000,000.00	10	6,000,000.00	73,000,000.00
低壓磁瓶	只	3289		1,600.00		5,262,400.00			5,262,400.00
透平油	加侖	65		11,000.00		715,000.00			715,000.00
方棚油	、	8956		13,000.00		116,428,000.00			116,428,000.00
直脚磁瓶	只	4377		2,400.00		10,504,800.00			10,504,800.00
彎脚磁瓶	、	2457		2,400.00		5,896,800.00		292,954,220.00	5,896,800.00
羊角保險	、	3774		1,200.00		4,528,800.00			4,528,800.00
角鉄	根	1464		29,240.00		42,807,360.00			42,807,360.00
扁鉄	.	2781		1,760.00		4,894,560.00			4,894,560.00
横担	、	49		16,500.00		808,500.00			808,500.00
木桿	、	1226		58,000.00		71,108,000.00			71,108,000.00
較場口分電站						50,000,000.00			50,000,000.00
合計					944,921.50	3,458,441,245.00		361,320,000.00	3,819,761,245.00

重庆电力股份有限公司建设新厂计划书　0219-2-180

重庆电力股份有限公司建设新厂计划书 0219-2-180

12

重慶電力股份有限公司資產簡表

資產名稱	單位	數量	單價美金	單价國幣	共價(美金)	共價(國幣)	重量(噸)	申渝運費	總值(國幣)
發電設備	KW	11,000	120.00		1,320,000.00	4,422,000,000.00	800	480,000,000.00	4,902,000,000.00
變壓器	KVA	48,170	16.00		770,720.00	2,581,912,000.00	437	2,622,000,000.00	5,203,912,000.00
裸銅綫	噸	213	1,000.00		213,000.00	713,550,000.00	213	127,800,000.00	841,350,000.00
風雨綫	〃	106	1,500.00		159,000.00	532,650,000.00	106	63,600,000.00	596,250,000.00
14KV針式磁瓶	只	5,568	2.00		11,136.00	37,305,600.00	10	6,000,000.00	43,305,600.00
14KV吊式磁瓶	〃	740	5.00		3,700.00	12,395,000.00	3	1,800,000.00	14,195,000.00
5KV針式磁瓶	〃	8,436	.80		6,748.80	22,608,480.00	9½	5,700,000.00	28,308,480.00
5KV吊式磁瓶	〃	1,054	3.50		3,689.00	12,358,150.00	2	1,200,000.00	13,558,150.00
避雷器	〃	96	300.00		28,800.00	96,480,000.00	1	600,000.00	97,080,000.00
單相表(1½A-10A)	〃	13,425	13.00		174,525.00	584,658,750.00	11	6,900,000.00	591,258,750.00
單相表10A以上	〃	875	25.00		21,875.00	73,281,250.00	1½	900,000.00	74,181,250.00
三相表	〃	757	50.00		37,850.00	126,797,500.00	2	1,200,000.00	127,997,500.00
表用變流器	〃	834	36.00		30,024.00	100,580,400.00	3½	2,100,000.00	102,680,400.00
鉛皮綫	圈	592	30.00		17,760.00	59,496,000.00	10½	6,300,000.00	65,796,000.00
膠皮綫	〃	5,313	20.00		106,260.00	355,971,000.00	49	29,400,000.00	385,371,000.00
表用變壓器	只	12	400.00		4,800.00	16,080,000.00	2	120,000.00	16,200,000.00
木桿	根	7,691		58,000.00		446,078,000.00			446,078,000.00
低壓針式磁瓶	只	21,100		1,600.00		33,760,000.00			33,760,000.00
鐵塔	座	6		5,600,000.00		33,600,000.00	24		33,600,000.00
直脚磁瓶	只	26,875		2,400.00		64,500,000.00	18	1,376,027,060.00	64,500,000.00
彎脚磁瓶	〃	19,889		2,400.00		47,733,600.00	15		47,733,600.00
羊角保險	〃	17,162		1,200.00		20,594,400.00	5		20,594,400.00
鐵盒保險	〃	36		14,000.00		504,000.00			504,000.00
表箱	〃	16,875		1,500.00		25,362,500.00			25,362,500.00
扁鐵	噸	2,781		1,700.00		3,894,560.00	2		3,894,560.00
廠房						700,000,000.00			700,000,000.00
總計					2,909,897.80	11,122,151,190.00		3,355,320,000.00	14,477,471,190.00

重庆电力股份有限公司建设新厂计划书　0219-2-180

17

重慶電力股份有限公司損失總表

損失類別	美金		國幣		共計（國幣）	
賬上虧損			11.667.086	00	11.667.086	00
戰時損失	944.921	50	654.274.220	00	3.819.761.245	00
折舊不足	2.036.920		3.310.447.840	00	10.134.229.843	00
總　計	2.981.841.	50	3.976.389.156	00	13.965.658.174	00

總計虧損國幣139億餘元係以目前國內國外器材價格申渝運費及美滙牌價3,350元計算，如國內國外材料價格申渝運費及外滙牌價有變動時損失數字應隨之調整。

重庆电力股份有限公司建设新厂计划书 0219-2-180

重慶電力公司歷年發付股紅息數額表

年度	發付		共計	備考
	股息	紅息		
民國廿五年度	八厘	七厘	一分五厘	
民國廿六年度	八厘	四厘	一分二厘	
民國廿七年度	八厘	六厘	一分四厘	
民國廿八年度	0	0	0	本年度虧損無紅息、
民國廿九年度	八厘	0	八厘	本年度虧損由卅年度盈餘項下撥付。
民國三十年度	八厘	0	八厘	
民國卅一年度	八厘	0	八厘	
民國卅二年度	八厘	二厘	一分	
民國卅三年度	八厘	0	八厘	本年度虧損由股東大會決議借支股息八厘
民國卅四年度	八厘	0	八厘	〃 〃 〃

14

公用事業價格比較表

名稱	單位	二十六年價(元)格		三十五年價(元)格		倍數
市區公共汽車	票	0	09	400	00	4444
自來水	公噸	0	35	1,400	00	4000
輪渡	票	0	06	180	00	3000
電力	度	0	11	249	20	2265
電灯	〃	0	28	249	20	925

物價与電價比較表

名　　称	單位	二十六年價（元）格	三十五年價　格	倍數
方棚油	加侖	0.50	12,000.00	24,000
#16膠皮線	圈	5.00	20,000.00	6667
1-10安倍電表	個	10.00	60,000	6,000
烟　　煤	挑	0.80	4,200.00	5250
電　　力	度	0.11	249.20	2265
中熟米	市斗	1.31	2,800.00	2129
電　　燈	度	0.28	259.20	925

重庆电力股份有限公司办理重庆市水电整理方案经过及提请注意事项 0219-2-270

F00078

重慶電力公司办理重慶市水電整理方案經過及提请注意事項

查本公司在本年五月下旬奉以重慶市政府令發本市水電整理座談會紀錄飭即遵办等因查原方案共計四款十三項就中与本公司有關者十四項分別办理一月以来有已办理者有已進行者有遭遇困难者谨分列整理工程業務会計等諸部門并分別項目加具說明以供參閱其有未盡事項當陸續列報時值認因本公司肩於責任之重大各項生產端

重庆电力股份有限公司办理重庆市水电整理方案经过及提请注意事项　0219-2-270

於電力發動所有一切措施均以建設為前提
俾集
朗察是幸
(甲)經理部門
(一)關於人事緊縮之導者
本公司在抗戰以前各部發電機爐全置大溪溝廠房因管理方便雇用職員工人自少於現時迨抗戰軍興國府西遷本市驟形重要本公司僅有機爐四座又為後方軍工生產之最大發電力量避免為敵機轟炸作全部之犧牲關係至鉅故及時

2

四千五百瓩锅炉一座、鹅公岩将一千瓩锅炉二座迁至南岸弹子石均新设厂房安装，因设备管理技术之关系，人工材料倍於当时，加之廿八九卅等年被轰炸频繁，抢修工作因轰炸而增加，员工亦因抢修而加多，当时电流之未中断，生产之未停顿，实由全体职工深明大义，奋不顾身所致。现在抗战胜利，又於平时状态，自应减少员工，以节财力，惟默察时局仍多杌陧，生活又复激涨，摇撼不宁，各方面因裁减酿成事态者，公司有鉴於此，故不惜忍痛，抱全力，裁一人即为社

重庆电力股份有限公司办理重庆市水电整理方案经过及提请注意事项　0219-2-270

為盡其工之藏大使同趣增進

會，減少一分動盪，非以去、裁、減員之可以減少員（完成神聖使命，更非所以激勵將來）損也，因種種舉措當能為各方所詮許。本年整理方案乙款一三兩項，請本公司將現有員工人數裁減五分之一，實屬消耗，并應職府整理依限三個月以內辦竣。查兩項規定實有相互為用之密切關係，實整理之核心，症結工作將數倍於往日，人員亦將大為增加，殆無倚事，如以一項裁減之人，挹注於三項應加之員，不但收駕輕就熟之效，且可減少社會上之動盪，一舉實為兩得。年會之決，已呈明市府，待着手進行，此即本公司對員工之緊備辦法也。

(二)办理优待学校用电经过

整理方案丁款一二两项规定优待学校用电关于一项详细计算用电数量本公司已拟具办法「照每安培计算每安培每月用电在十度以内者依丁款二项规定照普通电价三分之一付费每安培超过十度以外者超过电度照实际电价付费」办法此乃本公司已尽最大牺牲业已报请工务局核夺办理关于二项优待付费办法本公司已自本年一月份实施时向洋三分之一由各学校付现三分之一由本公司优待外

重庆电力股份有限公司办理重庆市水电整理方案经过及提请注意事项　0219-2-270

重庆电力股份有限公司办理重庆市水电整理方案经过及提请注意事项　0219-2-270

出售三分之一原案规定请中央补助本公司已具呈市政府请于每月、经准由公司按月列表实费请市府先行照数拨付，再由市府转请中央拨还归垫，借省时间而资维系。迭经呈恳，迄未奉复，上项记帐电费已（元五百余万元）达三亿余元之多，本公司负债云钜，应付之款如煤价、薪金、购电费用均属刻不容缓，所请长久记帐，应请代为催促，以资维持。

（原方案甲项第九条，嘱本公司应照市政府补贴数字如数记帐，迄今未奉但彼文未奉补贴，且未能领之实宜[illegible]）

又本公司购置兵工署各兵工厂电流，转供市用，购电中亦有百分之十转供机关学校使用，上项优待办法自应适用于购电兵工厂，经已电请市府之

重庆电力股份有限公司办理重庆市水电整理方案经过及提请注意事项 0219-2-270

機关学校用户应收三分之一燈費数字

1. 300,000.00 × 507.90 ÷ 3 = 50,790,000.00
2. 300,000.00 × 507.90 ÷ 3 = 50,790,000.00
3. 300,000.00 × 587.90 ÷ 3 = 58,790,000.00
4. 300,000.00 × 719.90 ÷ 3 = 71,990,000.00
5. 300,000.00 × 719.90 ÷ 3 = 71,990,000.00

共計 $304,350,000.00

送呈

董秘書辛甫

重慶電力股份有限公司 業務科

重庆电力股份有限公司办理重庆市水电整理方案经过及提请注意事项　0219-2-270

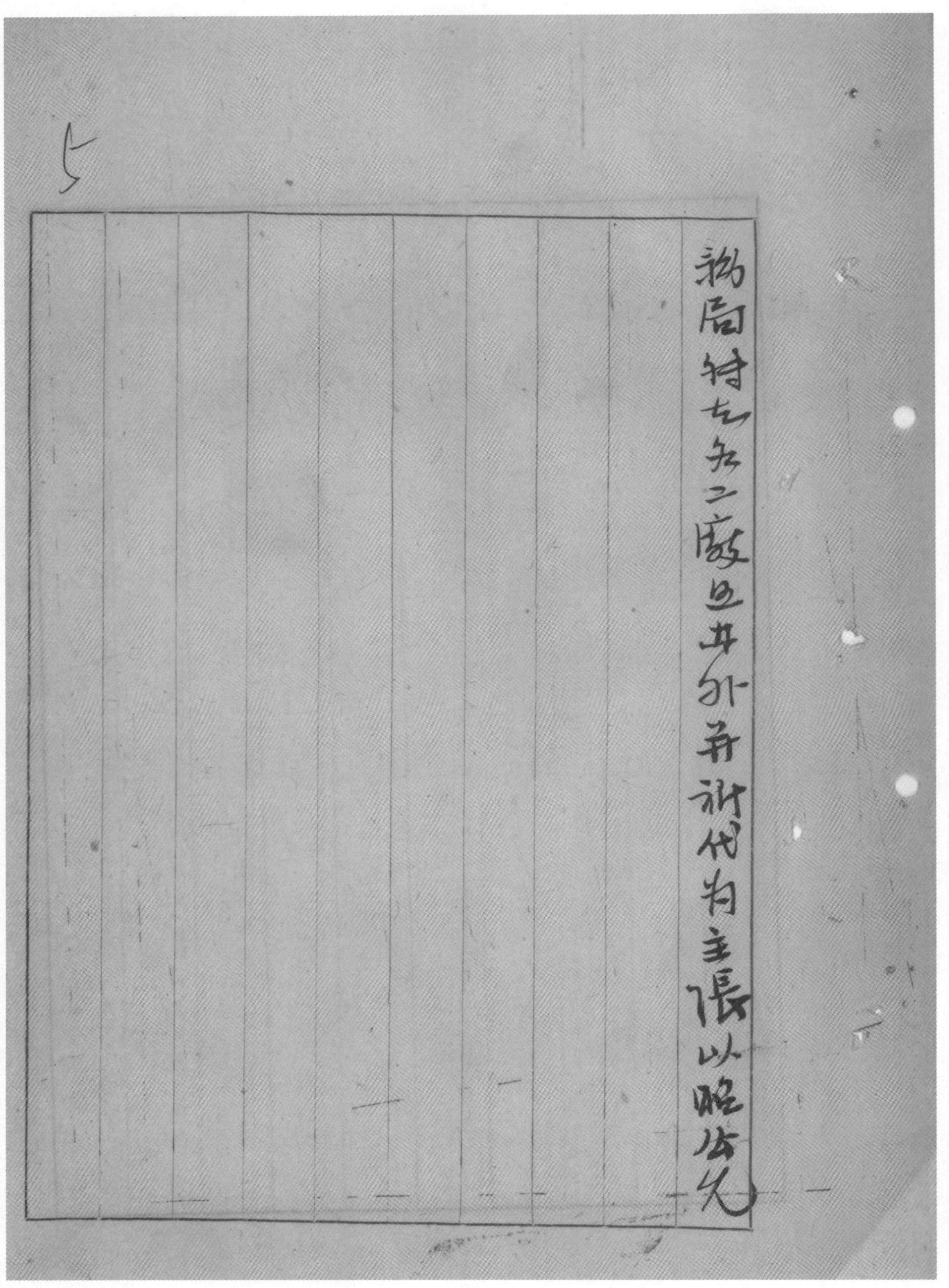

5

钧局特屯各二厂迳丹外并请代为主張以昭公允

6

（　）电价说明

本公司一秉为国家为市民服务之精神不惜牺牲抗战时出力时与将来亦继续保存责任甚大非有高度之人力物力不足以因应事机当惟自抗战以来物价激涨本公司所需器材之价格无不多倍当时折旧摊销不敷往往以应付其一时免停顿消耗因之加大损失随同增多而本公司之电价则受政府之不公平管制致使入不敷支月月举债维持迄至目今负债达　　亿元以本市各公用事业政府

重庆电力股份有限公司办理重庆市水电整理方案经过及提请注意事项　0219-2-270

斟酌供様而论，目前均在万亿以上，而本公司之电价则为战前之卅千九百二十倍，公司最主要之燃煤项目则又据各煤矿公司迭告，上月增加一倍以外，且公司本月开支又增十倍以外，电价如再不予调整，以资收入，以全部估付利息煤款亦将不敷，势必入于停顿，事实所趋，并非危言耸听，事虽重大，不能不预为提明，提请注意也。亦并将电价与其他公用事业价格作一比较列表（附表〇），以辨本公司员工待遇除薪俸外一切均属自理经之，其他公司供给员工食宿与年终各种奖金

重庆电力股份有限公司办理重庆市水电整理方案经过及提请注意事项　0219-2-270

仁息者谁与比较且自宜急于筹实施改员工薪俸即

年调整自生活指数解冻以后物价之上涨数倍于改

封之动态亦增加四倍以半年前之薪给而敷目前

之生活其势不能可以想见本公司员工迭请调整

薪工亦属事理所至揆瞻生活势所谁能坚驳事

实需之请注意者也

重庆电力股份有限公司办理重庆市水电整理方案经过及提请注意事项　0219-2-270

F000I8/X

8

戊　窃电部门

（一）窃电损失

本公司电流因供给全市照明及生产动力使用，以发电量仅只一万一千瓩，连同购买电流不足之量一万六千瓩，而实际需要已超过上数。为顾及军工生产及重要用户，遂受工务局之管制，允装用户均须核准始得安装者。通用户因报装困难，予加之物价日高，窃电之风遂日以滋长。以五月份而论，本公司发出电度（及编余度数）为（64,808,039），抄见度数为（38,971,500），自用电度为1,308,883，实际被窃电流为

560
579.9
80.0
719.9元

（五）设以当月份之电价每度（七百九十五元七角）大洋五十元

依阀整价五百七十九元九角而计共损失电价国币

（五十六亿零四千二百九十九万零七百零五元三角）七亿七千五百五十三万三千五百八十七元七角为数实

大此种窃电不但为本公司之损失抑亦社会上

之损失也

（二）窃电种类

窃户为避免查觉其窃电系技巧的分数种

①无表用电　在接户线或街灯线上私自

钩接后利用窃电转售他人有[illegible]在向晚时钩

接白昼不易发现者有在白昼窃亦不避者

③有表窃电 在电表以外另接大线直达室内灯线窃取电流 使用时临时取下 殊为不易发觉 在表面上为有表之户 当用户实际乃属窃电

子、或将电表大门封印毁坏拆验进出线接头使表逆转减少电数 丑、或将电表电流线接进电压线圈之电流线将接头铜件髹胶或割断漏电使电表不计大量窃用电流 寅、在进火线与出火线之间两端搭以铜丝使部份电流不经过电表而窃取电流 以及其他利用换线及电流工程上之技术窃电者种类甚多

④以电力线接用电灯 以电灯线接在电力表

重庆电力股份有限公司办理重庆市水电整理方案经过及提请注意事项 0219-2-270

線路上用電換取低壓電費

⑤盜用電流　為強有力之户無限制在線路上

接用電流並經營覺雖有軍警在場亦無法取締實

（三）取締辦法

由公司組織用電核查組專負核查竊電之責并

在公司所屬各廠各辦事處設立分組　1、臨時核

查　2、經常核查　核查時由公司派出之技術員工

會同憲警偕同人員持憑核查證件逕行往核查

1、臨時核查　經人密告竊電者本公司經接

到密告立派人員前往核查

重庆电力股份有限公司办理重庆市水电整理方案经过及提请注意事项　0219-2-270

10

3.經常核查　由各值憲警員工分別逐段逐日逐段詳細普查

（四）遭遇困難

本市竊電已成風氣雖有經常核查之值但以法律關係核查時人員過多容易走漏消息竊戶聞風即自動取締在核查人員走後又復竊用如故又兼強有力者強取電流即憲警在場亦不接受取締因而發生阻毆打傷本公司員工者已有多起本公司受竊電之損失之大已如一段所述應請有有效之協助減少公私損失為幸

（五）今后办法

窃取电流者不为有效制裁不但使已有用户遭受黑暗而本公司亦将因营业损失太大而没有法维持今后决拟扩大用电检查组织以负窃电减少、或已全无就中增加人员一项尤为紧备人事中所决定就私部门应紧备者拟注於扩大用电检查部门以收驾轻就熟之效至办法如左

子、联合宪警自治人员扩大用电检查组织

重庆电力股份有限公司办理重庆市水电整理方案经过及提请注意事项 0219-2-270

11

丑、划全市为十八区域，分区组织检查小组

寅、分区分组肃清区内窃户

以上数项由本公司令派对窃电取缔之加紧

办法其他细节正研讨条陈为禀

匡正是幸

12

每月被窃电量：

约1126328度（上数根据四月份输出电度5092525减去自用电度（22887及3943310而得）

窃电种类：

1.无表窃电、2.有表窃电、3.技术窃电、4.以电力线接用电灯 5.隐窃用流

取缔办法：

由公司组织检查单位定名为各厂用电检查组再由各厂各办及处各组份组专门查验用电工作并于每日

重庆电力股份有限公司办理重庆市水电整理方案经过及提请注意事项　0219-2-270

13

由技術員率同工人及軍警沿街巷檢查并另憑密報赴
裡檢查如查獲確實可根據其電內電氣設備逕一登記
然後照其竊電量之每盞每日六小時計算自查明之日
起回推一年照現行電價通知補償電費

取締上之困難

如遇軍警機關竊用電流根本無法取締即使能進其門
得與其主管接洽每表面接受陽奉陰違待檢查員離去
後仍接用如故直有不服檢查毆打檢查員工者尤無法應
付之

緣因竊電成風無之於查明後又無法律上之制裁故

重慶電力股份有限公司便箋

重庆电力股份有限公司办理重庆市水电整理方案经过及提请注意事项　0219-2-270

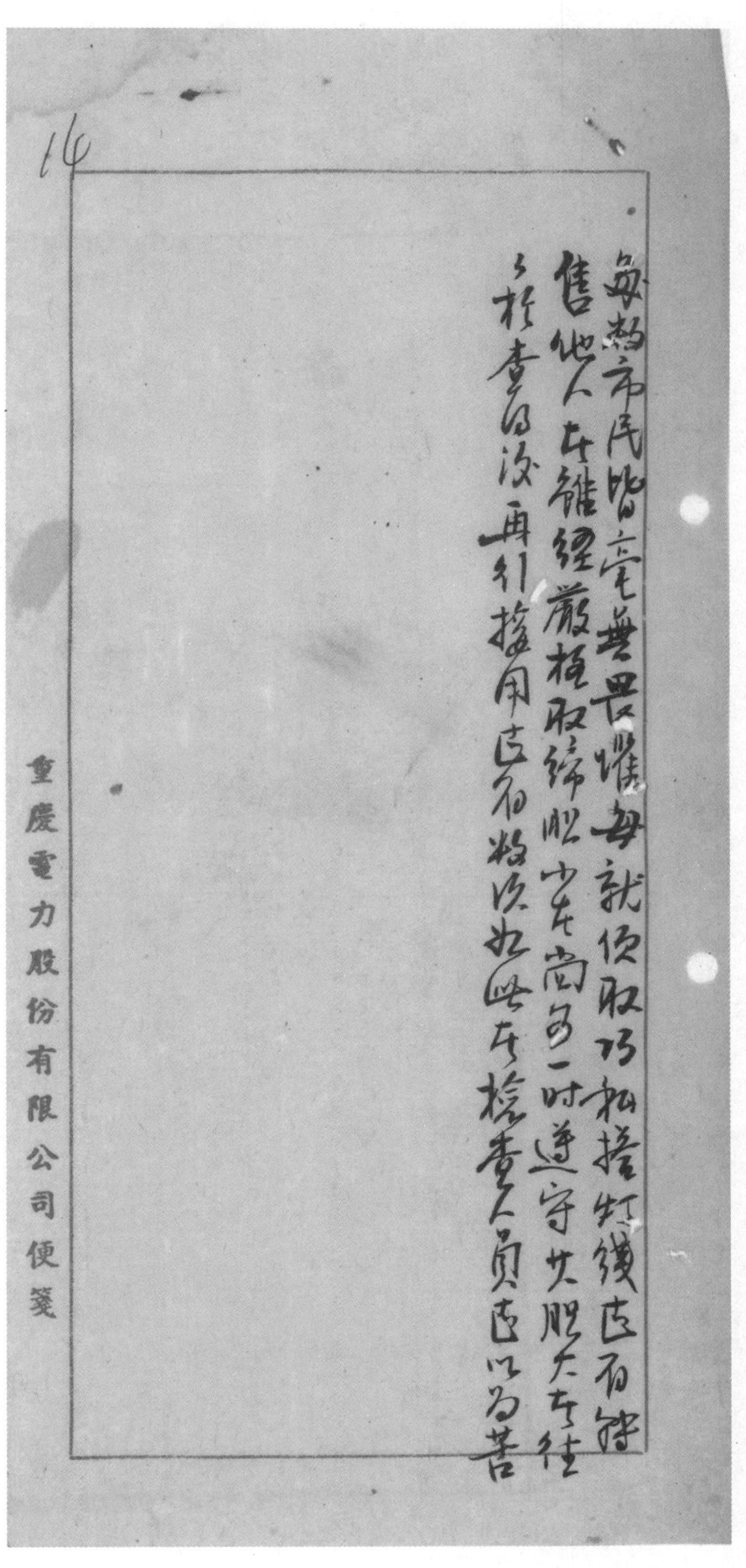
16

每数市民皆毫無畏懼每就便取巧私接燈綫店面舖
售他人本能經嚴格取締照完尚多一時遵守其胆大者往
之稽查自後再行接用店面將該如此不檢查人員在以為若

重慶電力股份有限公司便箋

重庆电力股份有限公司办理重庆市水电整理方案经过及提请注意事项　0219-2-270

15

會計部门

(一)收支情況

公司電價因受管制收入難成固定而需用之燃煤五金器材不問其價格如何必購置所需均屬又復減少致使收支失去平衡每月不敷之短約計九億餘元中間除追收欠外完全舉債以度物價波動不已日增今後者有增無已截至本年六月負債達三十三億四千餘萬元之多(參看附表。)全向國家銀行同地方銀行息借而來此種困難情為去目前者屬無法

改善

（二）弥补办法

公司负债之钜已如上段所述，举债维持经常，饮鸩止渴，原非得已，救术更生，实非增加收入，减轻负债不可。开拓收入来源，应从电价入手，目前电价之廉已如（电价问题）一节所述，应将不公允之官制，详细核计所需之燃煤、五金、电气材料、薪工、杂帐、折旧等之实际开支，成本予以合理调整，使收支平衡，不能挽救崩溃。其次应请四联总处

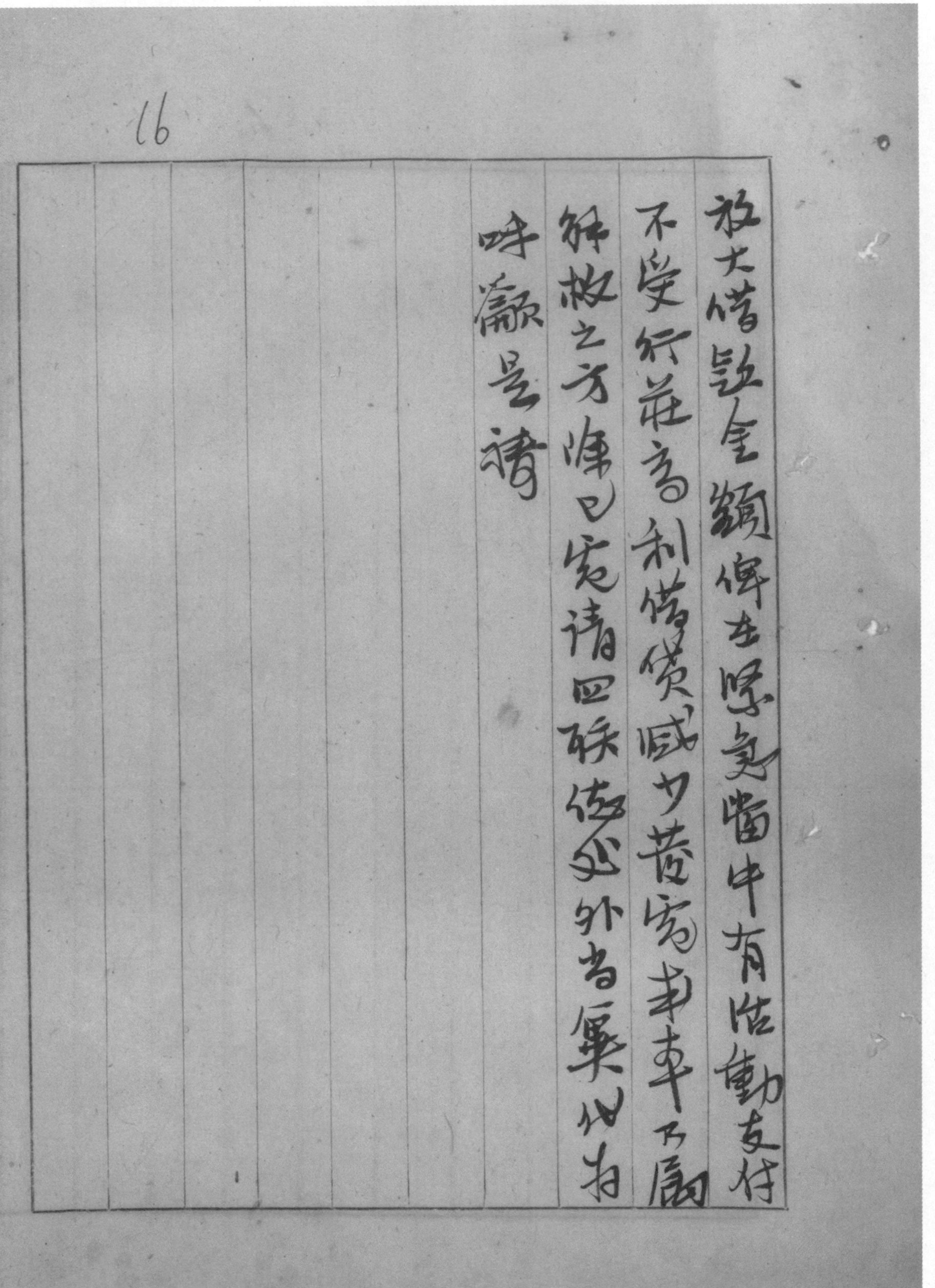
16

放大借款金額俾在緊急當中有活動支付不受行莊高利借貸威脅營業來年下屆解救之方除已函請四聯總處外尚懇代為呼籲呈請

重庆电力股份有限公司办理重庆市水电整理方案经过及提请注意事项　0219-2-270

17

收取電費之困難種種

此一節係不啻為本公司經濟之大動脈

本公司收取電費由業務科收費股直接辦理其任務對內負經費之總收入對外經常向用戶收取電費因此工作艱鉅蓋以公司目前經濟困難如收費不足額則無以維繫公司經常支付若加強催收則易引起用戶之反感抗戰軍興首都還渝機關眾多工廠林立收費區域遼濶而發電成本增高故電費數字亦因龐大內外勤工作人員為應付經常工作每至辦事繁劇時間即星期假亦不獲休息黽勉將事勝利復員國府還都各種用電戶移

重庆电力股份有限公司办理重庆市水电整理方案经过及提请注意事项　0219-2-270

查經審議水電整理方案甲款收費一元化一案本公司已經本年五月份起實行

表遅燈事件加多清算其前後用户電費工作愈繁難事不勝其難茲就最近辦理情形試畧言之俾明真象

(1)甲户區域收費地區遼闊遠達兩江南北每月經常派員按户收費以人力有限最多只能走到兩次

(2)一般用户已成習慣大都必須收費員走到第二次始行付款甚則非到剪火催收不能付費因此拖延收費時間

(3)煤價調整電費係照歷月到廠煤價核收故每月核收數字均有變動收費員向用户收費

18

總理方案甲款六項規定電費應在月前收清以拖欠電費已成習慣縱有嚴厲制裁亦不能一一付諸實事公司所求無此法律必須社會道德提高始克生效

時責難備至解說尤費唇舌

(4) 一般用户多不依照公司營業章程辦理過户手續因此許多住户與實際用户名稱先後常不相符以致收費時糾紛迭起電費收取尤感困難

(5) 行政院核定收取之重置發電設備費雖經市參議會審議解決照收但仍有藉口曾接到區民代表通知不能付費等語藉口推緩其積欠電費之原因

(6) 因受工業協會抗議不付重置發電設備費

六、生产经营

张玠关于商讨路灯有关事项上重庆电力股份有限公司的呈（一九三九年十二月十八日）　0219-2-191

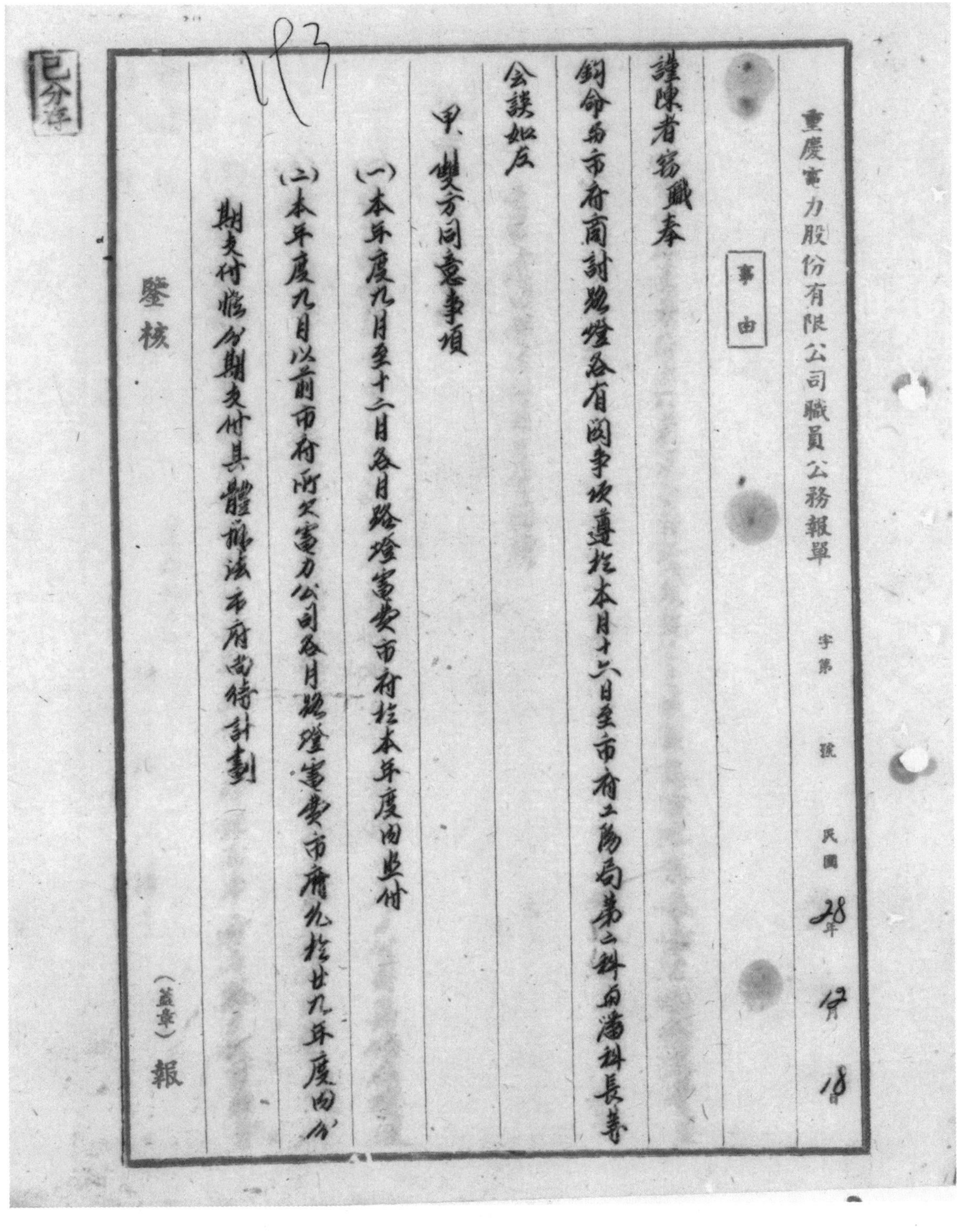

重慶電力股份有限公司職員公務報單　字第　號　民國28年12月18日

事由

謹陳者竊職奉

鈞命為市府商討路燈各有關事項遵於本月十六日至市府工務局第二科面洽科長善

公議如左

甲、雙方同意事項

（一）本年度九月至十二月各月路燈電費市府於本年度內照付

（二）本年度九月以前市府所欠電力公司各月路燈電費市府允於廿九年度內分期支付臨分期支付具體辦法市府尚待計劃

鑒核

（蓋章）報

张玠关于商讨路灯有关事项上重庆电力股份有限公司的呈（一九三九年十二月十八日） 0219-2-191

重慶電力股份有限公司職員公務報單

字第　　號　　民國 28 12 18

事由

(三)雙方派負責人員於最近會同清理現在已裝設路燈盞數及每燈容量並分別由市府核定應否裝不應安裝者由電力公司剪線撤燈其私人自請安裝者由電力公司自行處理

乙、尚待商討事項

(一)路燈桿線架設費用問題市府堅持本月五日動議由電力公司照條件架設

(二)儲奇門海棠溪兩碼頭路燈桿線根據一項原則市府要求最近急速架設

(三)市府計劃廿九年度增設各路燈所在架設之桿線歸市府與電力公司雙方

鑒核

（蓋章）報

张玠关于商讨路灯有关事项上重庆电力股份有限公司的呈（一九三九年十二月十八日） 0219-2-191

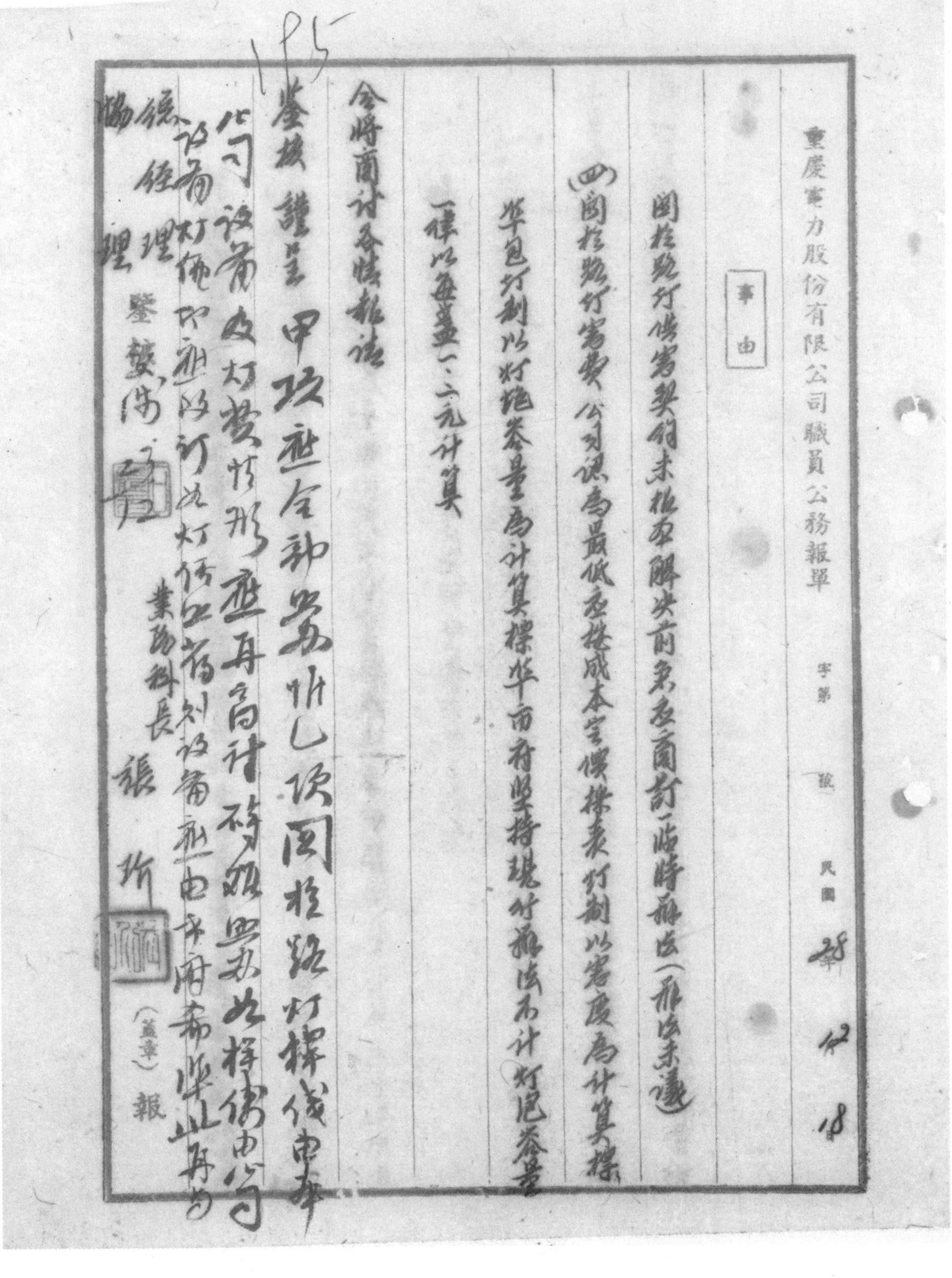

重慶電力股份有限公司職員公務報單

字第　號　民國28年12月18日

事由

關於路燈供電契約未經雙方解決前先予商討一臨時辦法（辦法未議）

（四）關於路燈電費　公司認為最低應按成本收價　按表燈制以電度為計算標準　包燈制以燈泡瓦量為計算標準　而市府堅持現行辦法不計燈泡瓦量　一律以每盞一、六元計算

今將商討各情報請

鑒核　謹呈　甲項應全部無效　乙項關於路燈桿線由本公司設備及燈費情形應再商討　務須要如何措置由公司設備燈桿所應收訂設燈位之新增設備應由市府籌措此再為

總經理

協理　鑒　傅[illegible]

業務科長　張玠（蓋章）報

张玠关于商讨重庆市用电事宜上重庆电力股份有限公司的呈（一九三九年十二月十八日） 0219-2-191

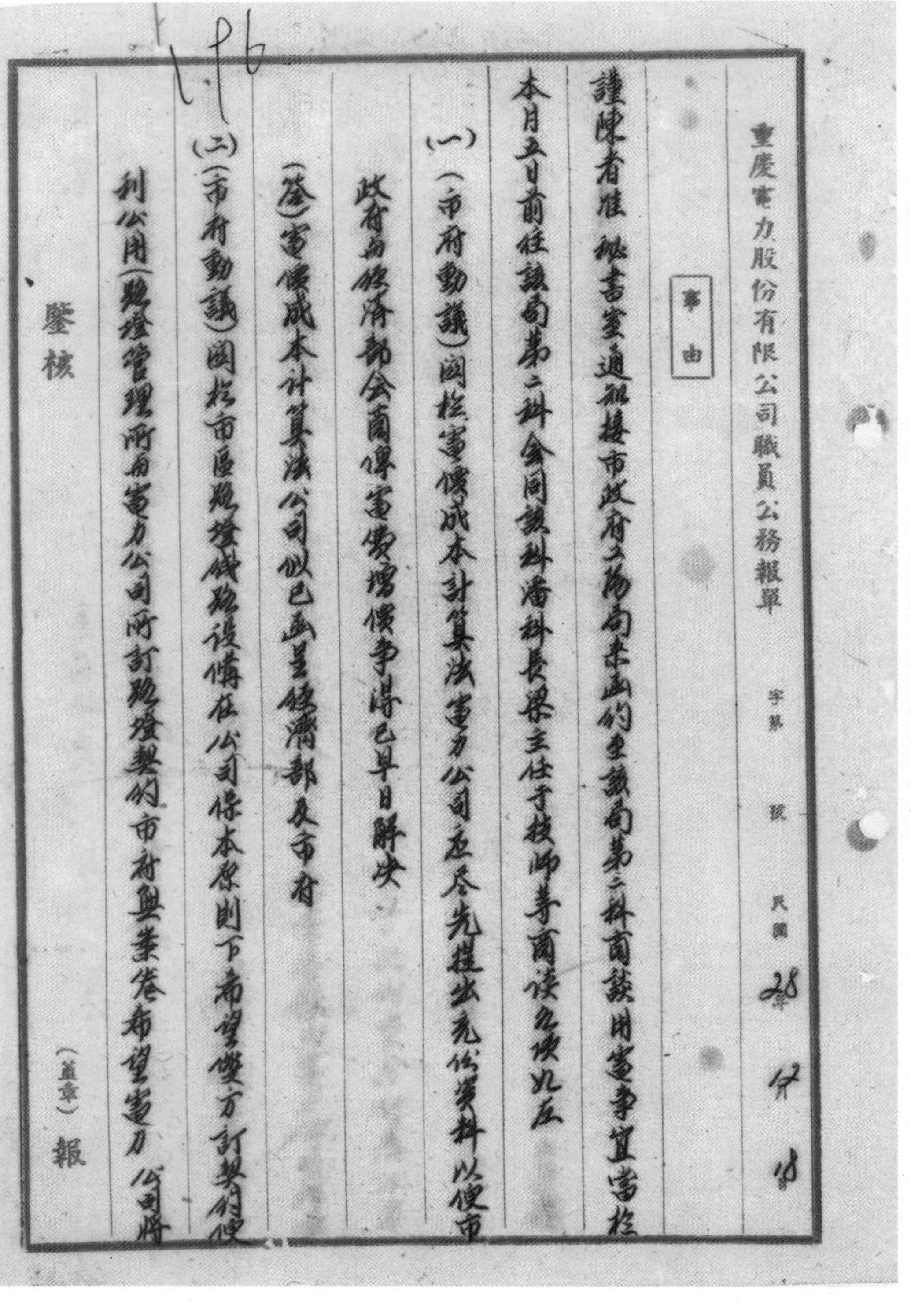

重慶電力股份有限公司職員公務報單　字第　號　民國28年12月18日

事由

謹陳者准　秘書室通知接市政府工務局來函約至該局第二科商談用電事宜當於本月五日前往該局第二科會同該科潘科長梁主任于技師等商談各項如左

（一）（市府動議）關於電價成本計算法電力公司應尽先提出充份資料以便市政府向經濟部会商準電費增價事得早日解决

（答）電價成本計算法公司似已函呈經濟部及市府

（二）（市府動議）關於市區路燈線路設備在公司係本原則下希望雙方訂契約使利公用（路燈管理所與電力公司所訂路燈契約市府無案卷希望電力公司將

鑒核

（蓋章）報

张玠关于商讨重庆市用电事宜上重庆电力股份有限公司的呈（一九三九年十二月十八日）　0219-2-191

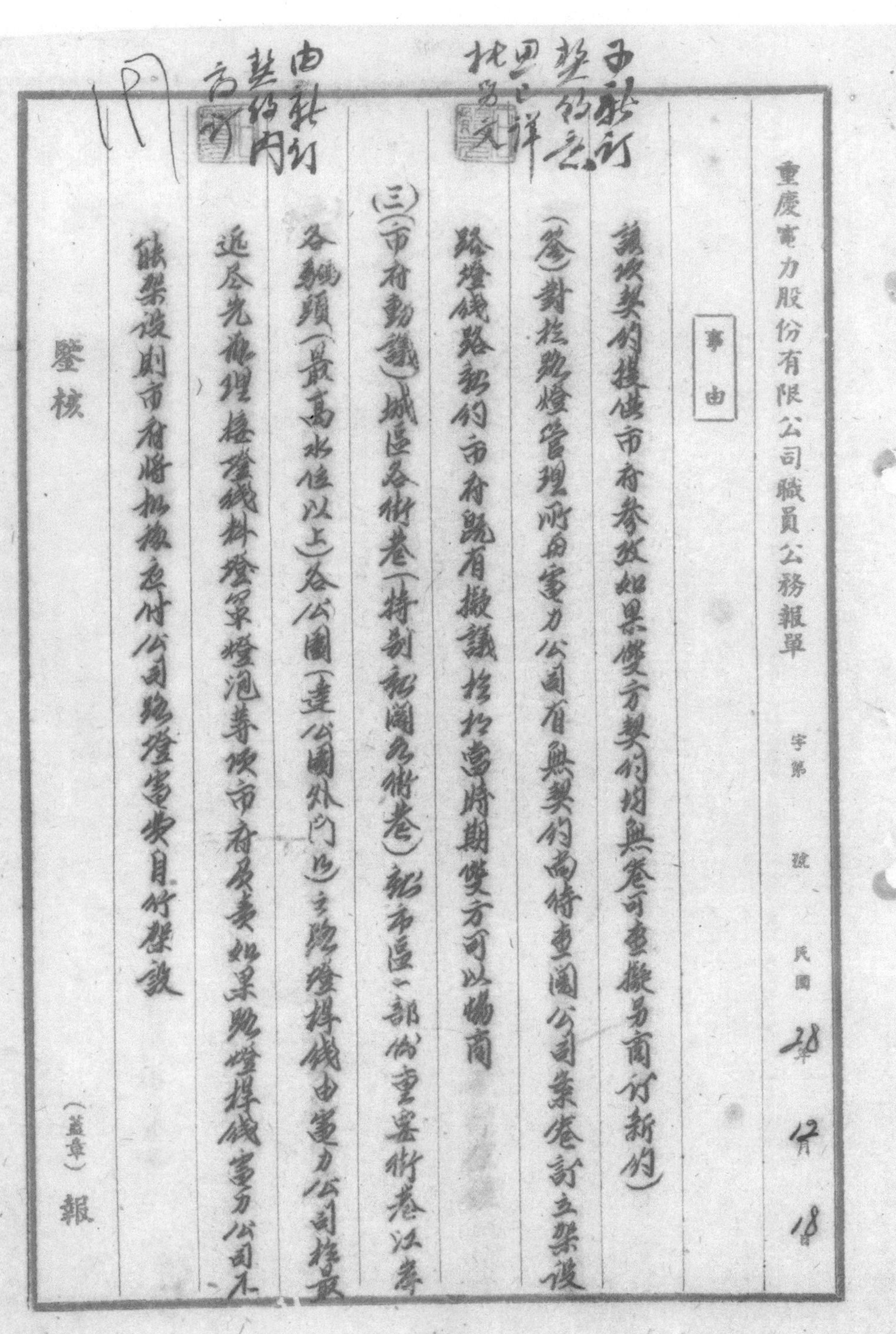

重慶電力股份有限公司職員公務報單　字第　號　民國28年12月18日

事由

該項契約提供市府參攷如果雙方契約期與(卷可查)擬另商訂新約)

(叁)對於路燈管理所由電力公司有無契約尚待查閱公司案卷訂立架設路燈線路契約市府既有撤議於於當時期雙方可以協商

(三)(市府動議)城區各街巷(特別繁鬧之街巷)於市區一部份重要街巷江岸各碼頭(最高水位以上)各公園(連公園外門口)之路燈桿線由電力公司擔負近來先行經理接燈線材燈罩燈泡等項市府負責如果路燈桿線電力公司不能架設則市府將拟按應付公司路燈電費自行架設

予擬訂契約意見四已詳林另文

由科訂契約內容

閱

鑒核

(蓋章)報

张玠关于商讨重庆市用电事宜上重庆电力股份有限公司的呈（一九三九年十二月十八日） 0219-2-191

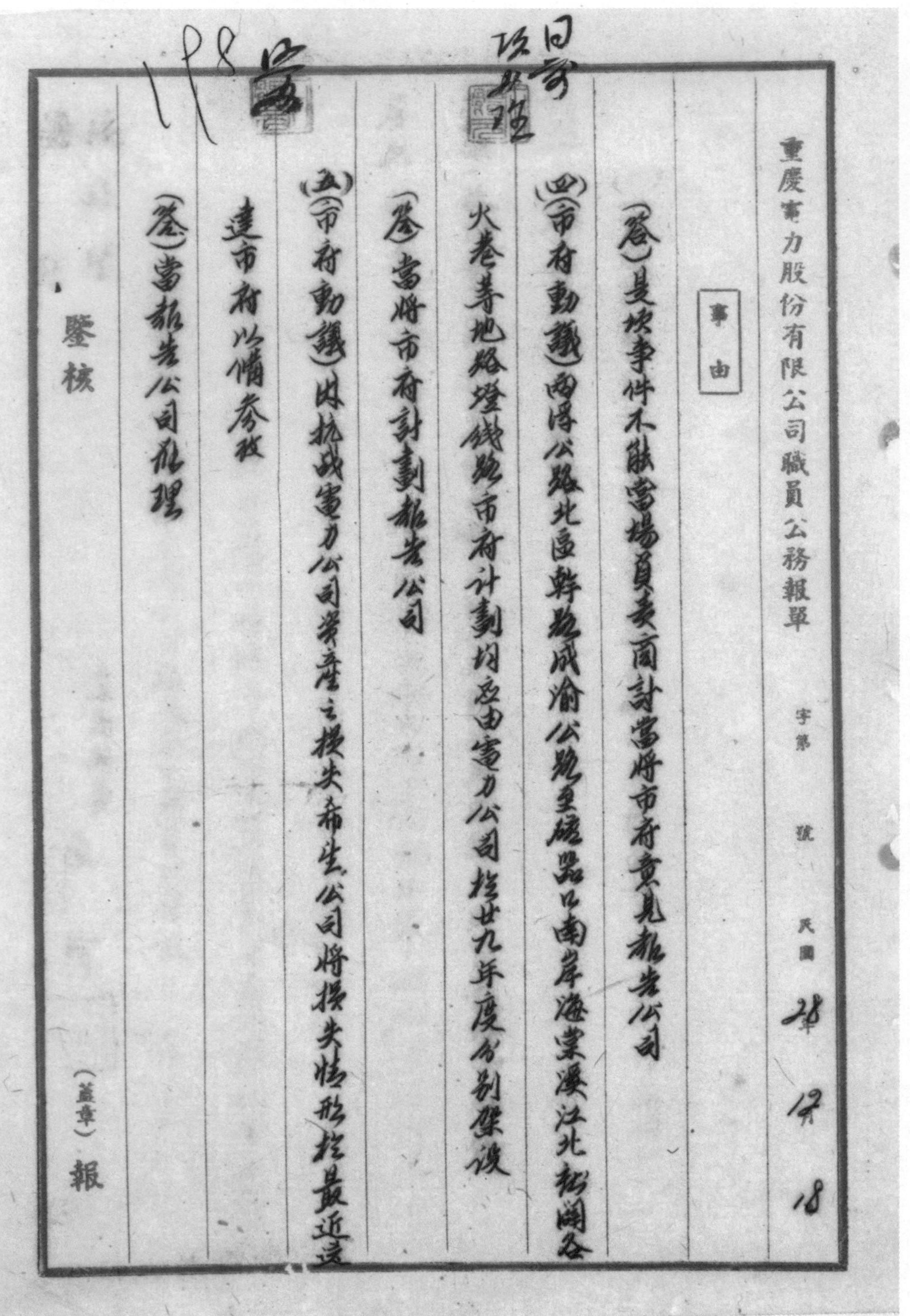

重庆电力股份有限公司职员公务报单

字第　号　民国28年12月18日

事由

（签）是项事件不能当场负责商讨当将市府意见报告公司

（四）（市府动议）西浮公路北区干路成渝公路至磁器口南岸海棠溪江北新开各火巷等地路灯线路市府计划均应由电力公司于廿九年度分别架设

（签）当将市府计划报告公司

（五）（市府动议）因抗战电力公司资产之损失希望公司将损失情形于最近送达市府以备参考

（签）当报告公司办理

鉴核

（盖章）报

张玠关于商讨重庆市用电事宜上重庆电力股份有限公司的呈（一九三九年十二月十八日） 0219-2-191

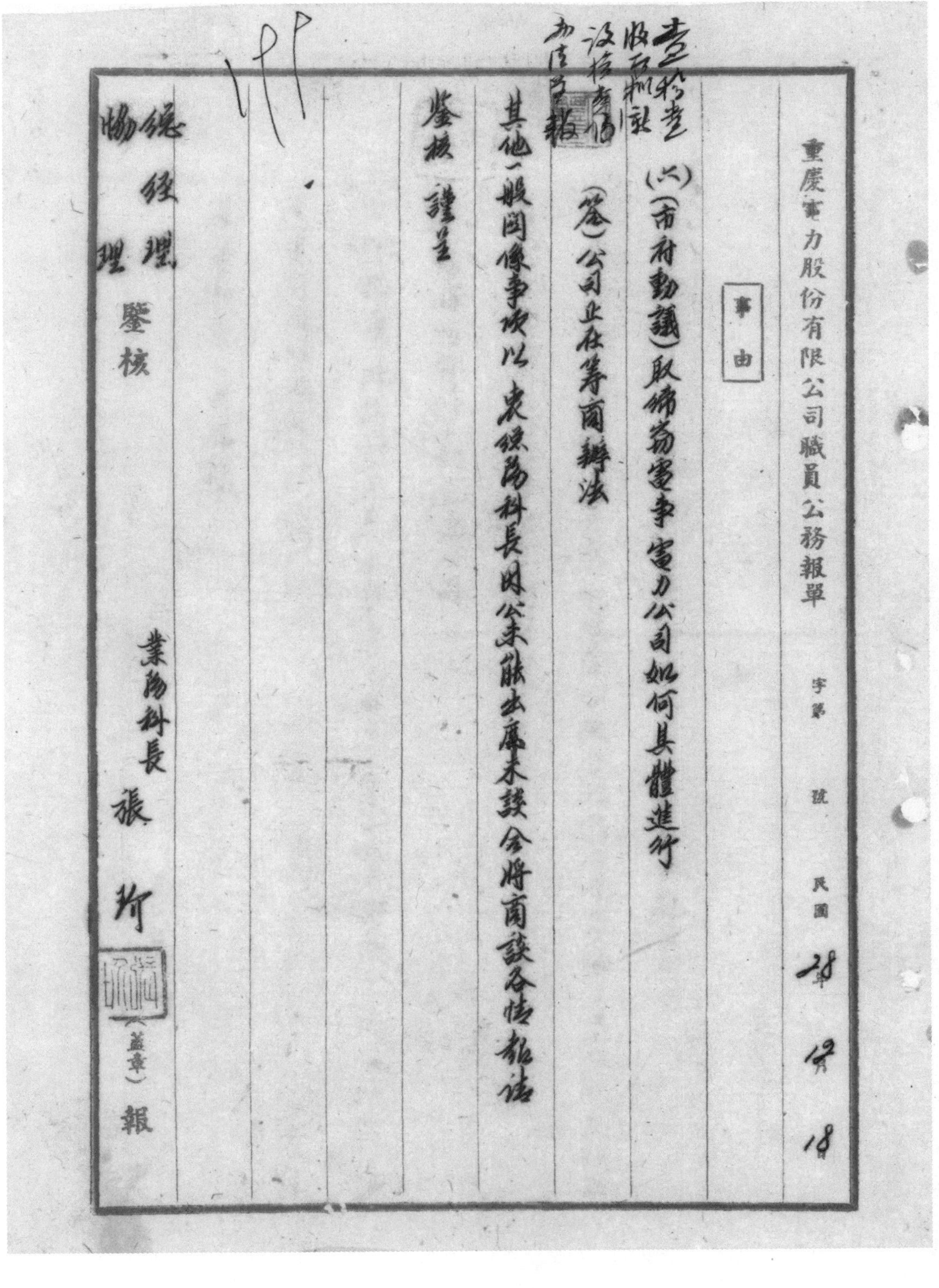

重慶電力股份有限公司職員公務報單

字第 號 民國28年12月18日

事由

(六)(市府動議)取締節電事電力公司如何具體進行

(答)公司正在籌商辦法

其他一般關係事項以業務科長因公未能出席未談 今將商談各情報請

鑒核 謹呈

總經理

協理 鑒核

業務科長 張玠（蓋章）報

张玠与市政府商谈电气营业及取缔事宜上重庆电力股份有限公司的呈（一九三九年十二月二十二日） 0219-2-191

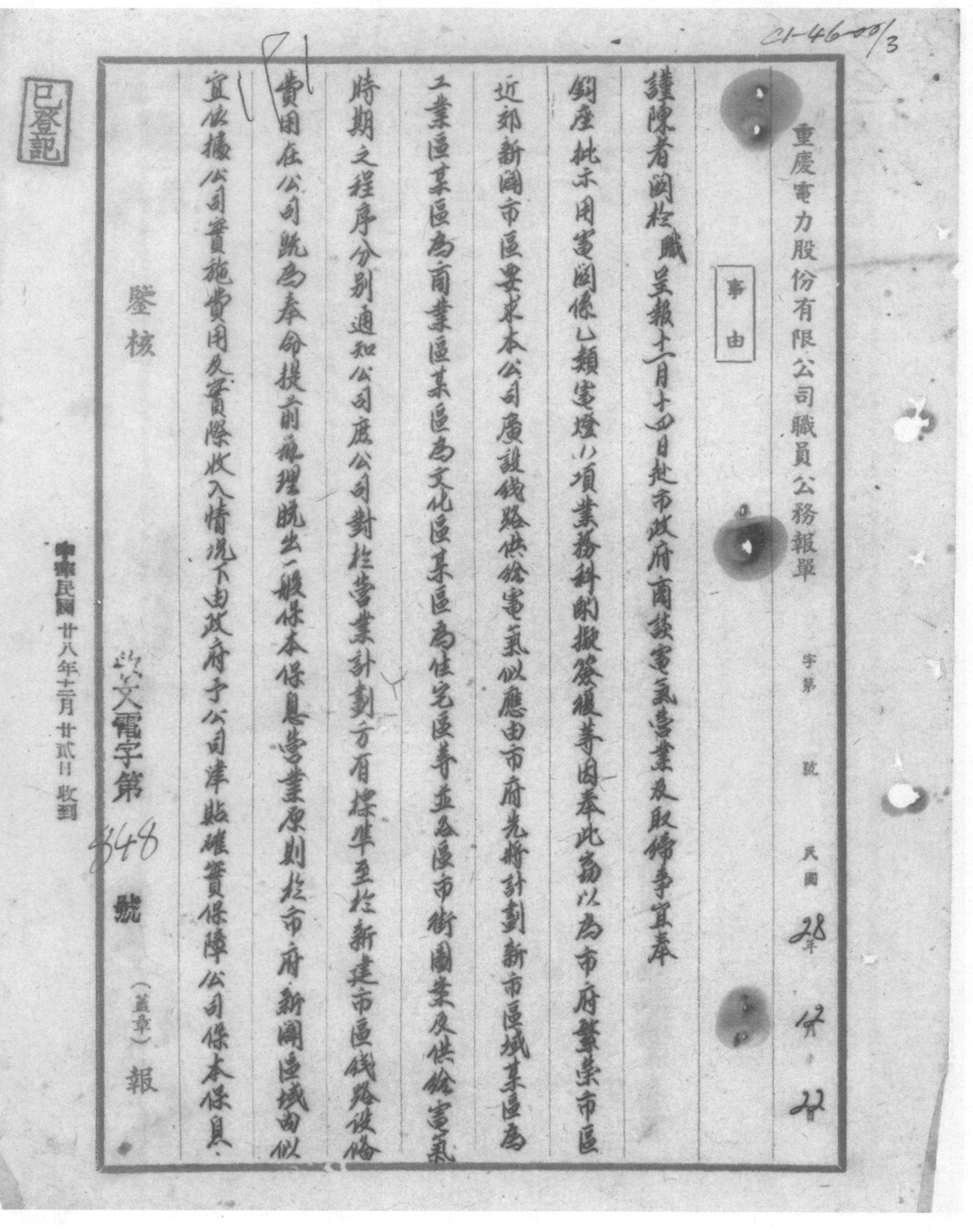

01-46-00/3

重慶電力股份有限公司職員公務報單

字第　號　民國28年12月22日

事由

謹陳者關於職呈報十二月十四日赴市政府商談電氣營業及取締事宜奉
鈞座批示用電關係乙類電燈一項業務科酌擬簽覆等因奉此竊以為市府繁榮市區
近郊新闢市區要求本公司廣設綫路供給電氣似應由市府先將計劃新市區域某區為
工業區某區為商業區某區為文化區某區為住宅區等並各區市街圖案及供給電氣
時期之程序分別通知公司庶公司對於營業計劃方有標準至於新建市區綫路設備
費用在公司既為奉命提前辦理既出一般保本保息營業原則於市府新闢區域內似
宜依據公司實施費用及實際收入情況下由政府予公司津貼確實保障公司保本保息

鑒核

（蓋章）報

张玠与市政府商谈电气营业及取缔事宜上重庆电力股份有限公司的呈（一九三九年十二月二十二日） 0219-2-191

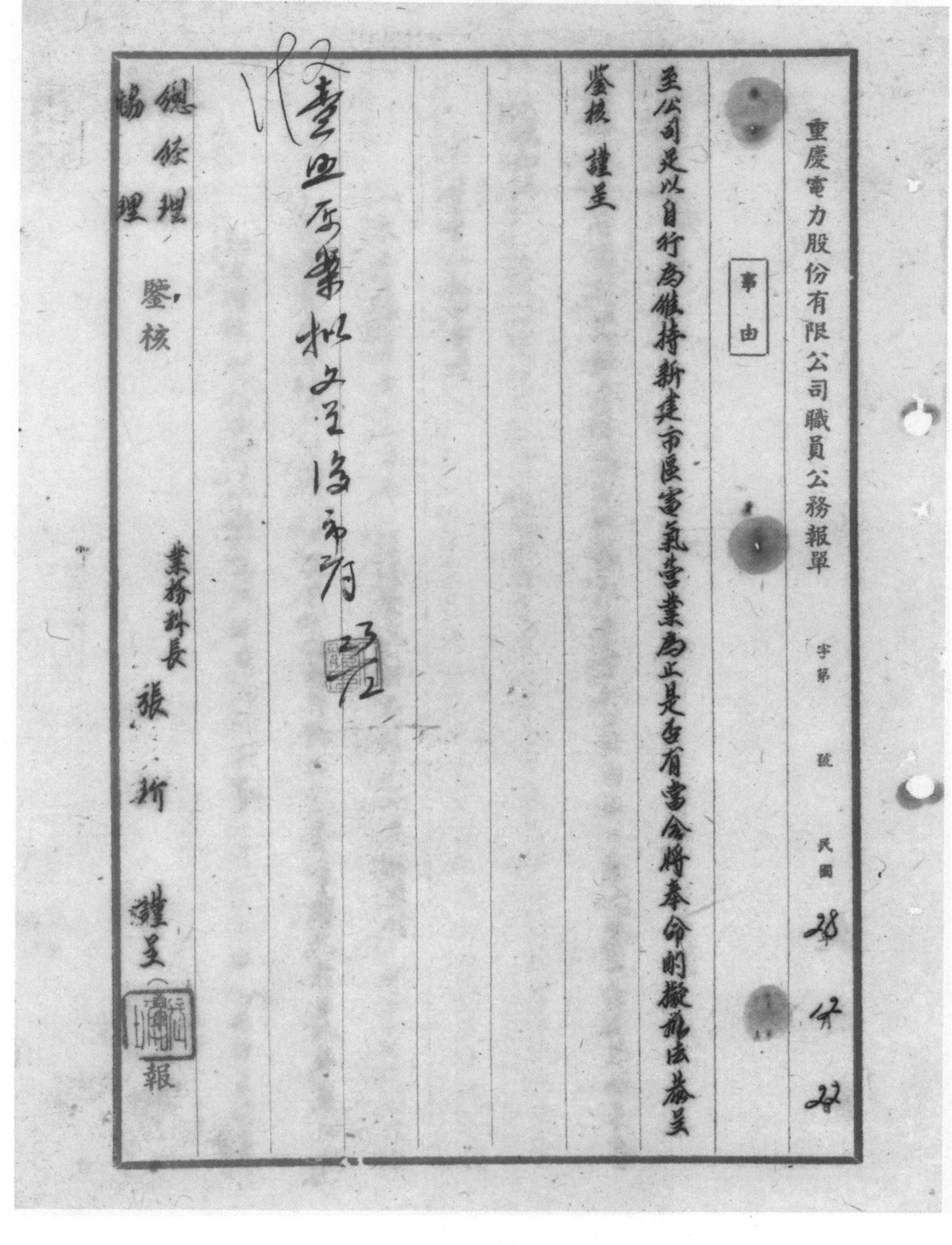

重慶電力股份有限公司職員公務報單

字第　　號　民國28年12月22日

事由

至公司是以自行為維持新建市區電氣營業為止是否有當合將奉命剛擬辦法恭呈

鑒核　謹呈

總經理

協理　鑒核

業務科長　張玠　謹呈（章）報

照壹四五案擬文呈復市府　23/12

经济部关于再发取缔强用电流布告给重庆电力股份有限公司的批（一九四二年一月十九日） 0219-2-310

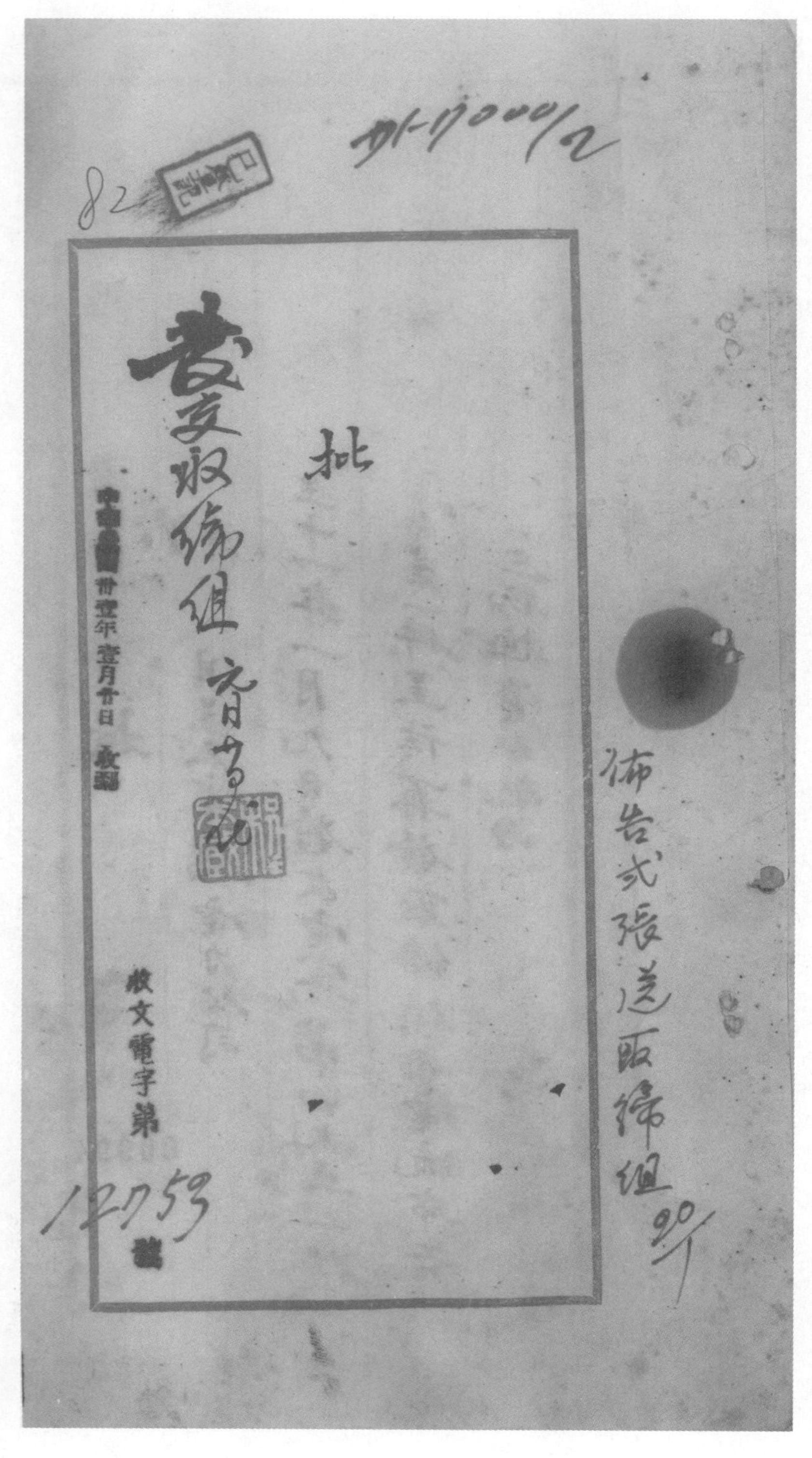

批

卅壹年壹月廿日 收到

收文電字第127593號

经济部关于再发取缔强用电流布告给重庆电力股份有限公司的批（一九四二年一月十九日） 0219-2-310

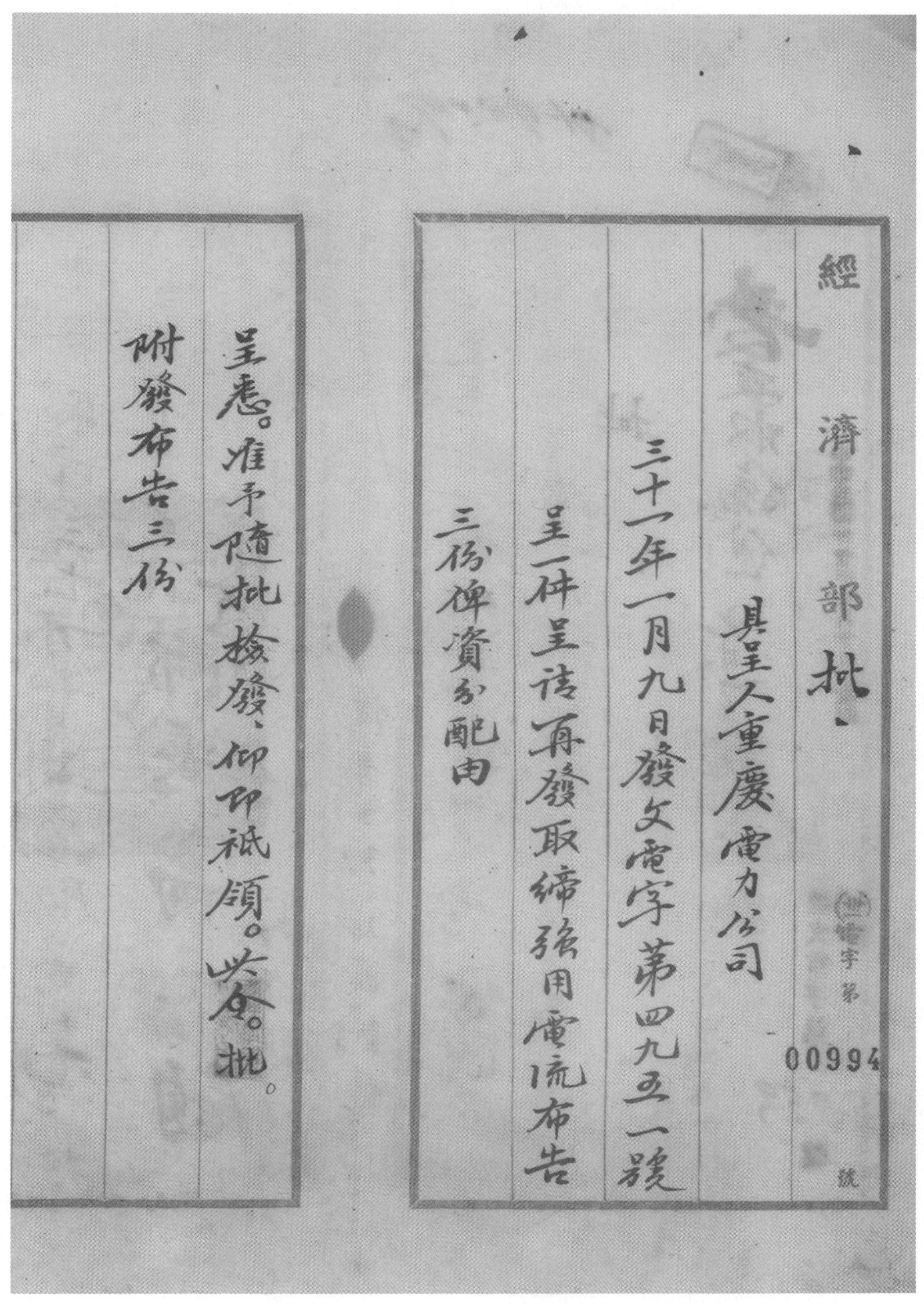

經濟部批 （卅）電字第00994號

具呈人重慶電力公司

三十一年一月九日發文電字第四九五一號

呈一件呈請再發取締强用電流布告三份俾資分配由

呈悉。准予隨批檢發，仰即祗領。此令。批。

附發布告三份

经济部关于再发取缔强用电流布告给重庆电力股份有限公司的批（一九四二年一月十九日） 0219-2-310

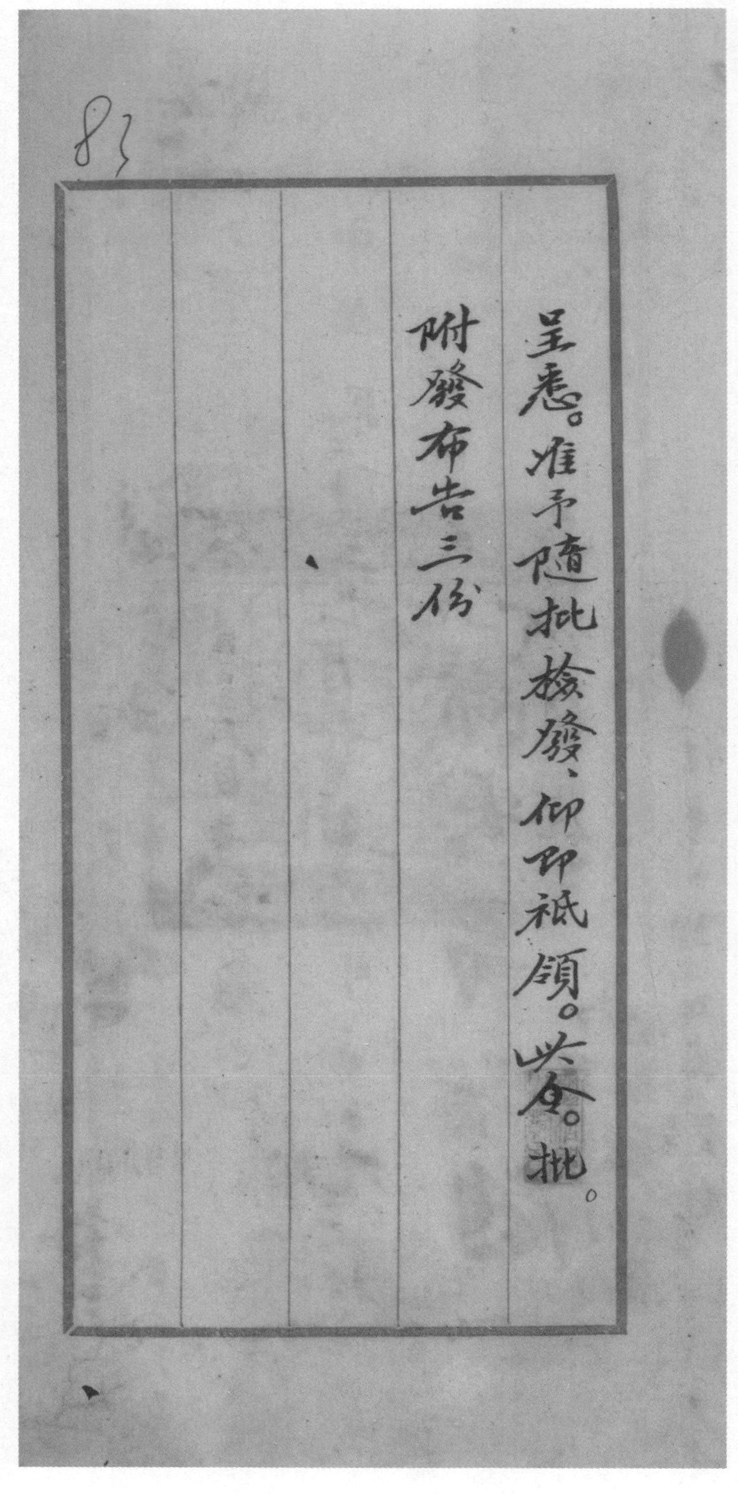

83

呈悉。准予随批检发，仰即祇领。此令。批。

附发布告三份

经济部关于再发取缔强用电流布告给重庆电力股份有限公司的批（一九四二年一月十九日） 0219-2-310

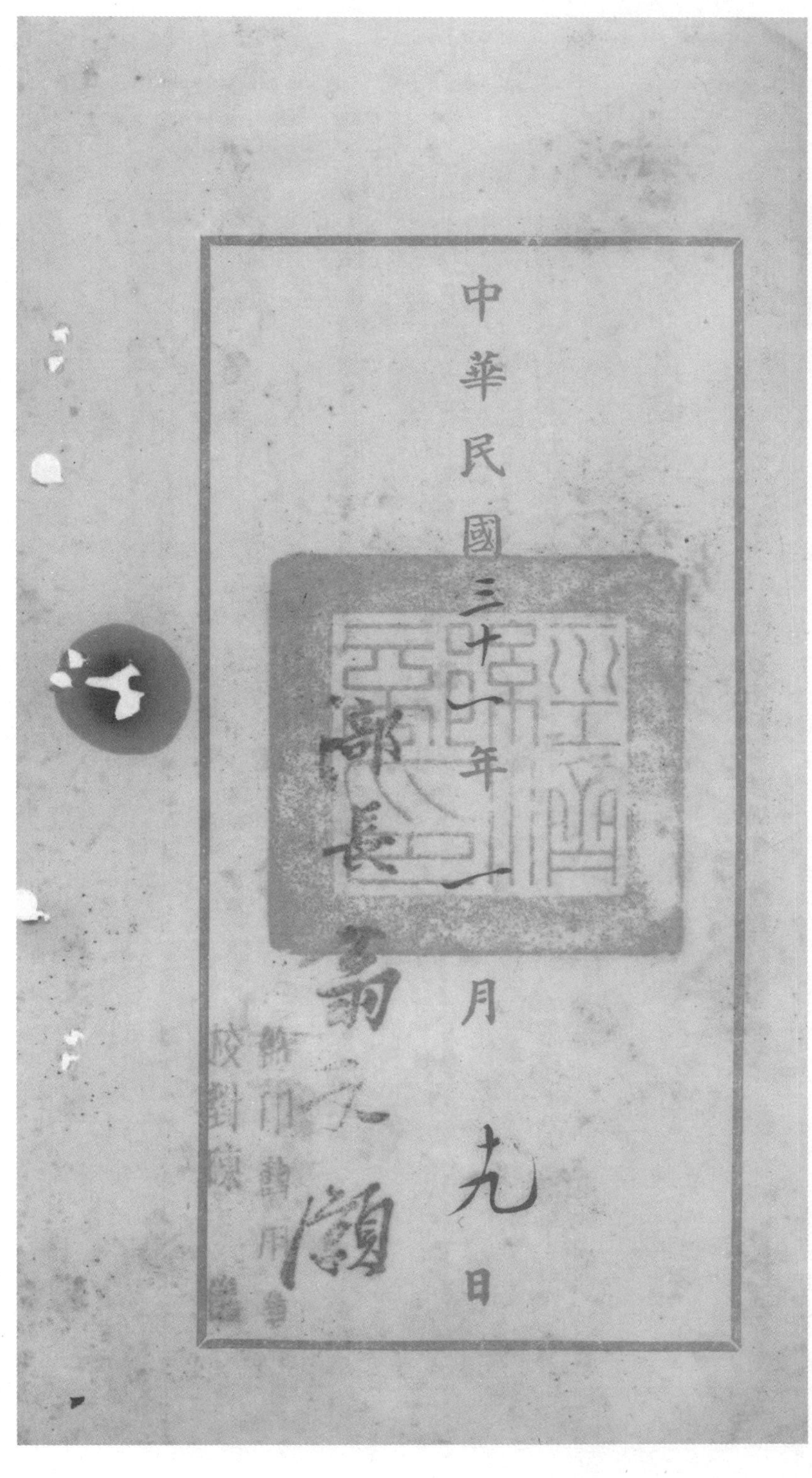

中華民國三十一年一月九日

部長 翁文灝

重庆电力股份有限公司煤量收发存卸报告表（一九四三年九月九日） 0219-2-245

5

一、煤量 燃管處核給本公司炉煤按月均在一萬零四百吨左右三廠每月耗用平均約八千五百吨如核准數量充足尚可有餘但寶源公司各月均須少交千三四百吨電八以運輸受天府支配每月亦須短交五六百吨故實際每月到達各廠煤觔總量恒在八千噸上下故各廠存煤均不充足各礦对於轉江三廠均不甚顧故三廠存煤更少常有斷煤之危險

二、煤質 煤質甚壞已詳管理困难欵内

重庆电力股份有限公司煤量收发存卸报告表（一九四三年九月九日） 0219-2-245

6

重慶電力股份有限公司煤量收發存卸報告表

民國 32 年 9 月 9 日星期 4

第 1 廠 282 號

煤別	煤				棧			
	昨日結存噸數		今日收入噸數		今日耗用噸數		今日結存噸數	
寶源	546	979	36	120	42	467	540	632
天府	1,637	447	127	020	45	734	1,718	733
電一	534	043			7	866	526	177
撥煤	34	066					34	066
合計	2752	535	163	140	96	067	2,819	608

煤別	河										邊	
	昨日結存			今日起卸			今日到儎			今日結存		
	船支	噸	數	船支	噸	數	船支	噸	數	船支	噸	數
寶源					36	120		36	120			
天府	12	698	000	4	230	460	1	75	460	9	543	000
電一	1	50	000							1	50	000
嘉陵	1	25	000							1	25	000
合計	14	773	000	4	266	580	1	111	580	11	618	000

附記	本日天府撥駁二隻(計99吨)至二廠備用

附註：一，此表每日由各廠燃料管理員填寫四份一份送總務科長呈經理室轉燃料管理處一份送工務科一份送燃料股一份存查

二，此表應於翌日上午送達經理室

總協理　　　　總務科長　　　　燃料管理員

7

重慶電力股份有限公司煤量收發存卸報告表

民國 32年 9月 9日星期4

第2廠 267 號

煤別	煤						棧	
	昨日結存噸數		今日收入噸數		今日耗用噸數		今日結存噸數	
電一	362	000					362	000
天府	478	991			26	080	452	911
寶源	85	000	53	820	13	820	125	000
合計	925	991	53	820	39	900	939	911

煤別	河								邊			
	昨日結存			今日起卸			今日到儎			今日結存		
	船支	噸	數	船支	噸	數	船支	噸	數	船支	噸	數
寶源	1	57	000	1	57	000						
天府	1	72	000				4	204	000	5	276	000
合計	2	129	000	1	57	000	4	204	000	5	276	000
附記												

附註：一，此表每日由各廠燃料管理員填寫四份一份送總務科長呈經理室轉燃料管理處一份送工務科一份送燃料股一份存查

二，此表應於翌日上午送達經理室

總協理　　總務科長　　燃料管理員

重庆电力股份有限公司煤量收发存卸报告表（一九四三年九月九日）　0219-2-245

重庆电力股份有限公司煤量收发存卸报告表（一九四三年九月九日）　0219-2-245

重慶電力股份有限公司煤量收發存卸報告表

民國 32 年 9 月 9 日星期 4

第 3 廠 329 號

煤別	煤棧			
	昨日結存噸數	今日收入噸數	今日耗用噸數	今日結存噸數
寶源	81 156	110 438	56 688	134 906
天府	229 814	110 938	68 313	272 439
寶一	49 938			49 938
合計	360 908	221 376	125 001	457 283

煤別	河邊							
	昨日結存		今日起卸		今日到儎		今日結存	
	船支	噸數	船支	噸數	船支	噸數	船支	噸數
寶源	2	125 000	2	125 000	2	145 000	2	145 000
天府	3	194 000	2	118 000			1	76 000
合計	5	319 000	4	243 000	2	145 000	3	221 000

附記	

附註：一、此表每日由各廠燃料管理員填寫四份一份送總務科長呈經理室轉燃料管理處一份送工務科一份送燃料股一份存查
二、此表應於翌日上午送達經理室

總協理　　總務科長　　燃料管理員

重庆电力股份有限公司第一、二、三发电厂每千瓦时燃煤数量统计表（一九四三年） 0219-2-151

重慶電力公司第一二三發電廠每瓩時燃煤數量統計表　民國卅二年度

	平均每千瓩小時燃煤數量（公斤）	最高每千瓩時燃煤數量（公斤）	最低每瓩時燃煤數量（公斤）	備註
一月	1.56	1.69	1.40	
二月	1.61	2.00	1.60	
三月	1.61	1.79	1.44	
四月	1.61	1.75	1.53	
五月	1.69	1.96	1.47	
六月	1.62	1.91	1.55	
七月一日至十八日	1.90	2.16	1.42	
七月十九日至卅一日	1.38	1.71	1.58	
八月	1.69	2.10	1.45	
九月一日至十九日	1.50	1.96	1.41	
九月廿日至卅日	1.51	1.65	1.45	
十月	1.53	1.62	1.42	
十一月	1.49	1.88	1.43	
十二月	1.40	1.57	1.33	
備註		以日計示	以日計示	

重庆电力股份有限公司第一、二、三发电厂每千瓦时燃煤数量统计表（一九四三年） 0219-2-151

重慶電力公司第一二三發電廠每瓩時燃煤數量統計表 民國卅二年度

	[illegible]每瓩時燃煤數量（公斤）	[illegible]每瓩時燃煤數量（公斤）	[illegible]每瓩時燃煤數量（公斤）	備註
一月	2.44	3.39	2.13	
二月	2.60	3.06	2.04	
三月	2.26	2.76	1.96	
四月	2.56	3.41	2.08	
五月	2.34	2.91	2.13	
六月	2.63	3.27	0.75	
七月一日至十八日	3.21	3.94	2.53	
七月十九日至卅一日	2.50	3.07	2.27	
八月	2.33	2.88	0.41	
九月一日至十九日	2.24	2.30	2.00	
九月廿日至卅日	2.35	2.40	2.10	
十月	2.43	2.91	1.99	
十一月	2.62	3.22	2.14	
十二月	2.40	3.06	1.96	
備註		以日計算	以日計算	

重庆电力股份有限公司第一、二、三发电厂每千瓦时燃煤数量统计表（一九四三年） 0219-2-151

重慶電力公司第三發電廠每瓩時燃煤數量統計表 民國卅二年度

	平均每瓩時燃煤數量（公斤）	最高每瓩時燃煤數量（公斤）	最低每瓩時燃煤數量（公斤）	備註
一月	1.77	2.08	0.56	
二月	1.52	1.75	1.33	
三月	1.51	2.20	1.31	
四月	1.50	2.04	1.40	
五月	1.58	2.10	1.42	
六月	1.55	1.86	1.30	
七月一日至十八日	1.59	1.69	1.44	
七月十九日至卅一日	1.72	2.08	1.50	
八月	1.63	2.14	1.26	
九月一日至廿九日	1.56	1.94	1.17	
九月卅日至卅日	1.63	2.12	1.47	
十月	1.56	1.86	1.44	
十一月	1.44	1.50	1.34	
十二月	1.44	2.87	1.30	
備註		以日計算	以日計算	

重庆电力股份有限公司第一、二、三发电厂每千瓦时燃煤数量统计表（一九四三年） 0219-2-151

重慶電力公司第一二三發電廠每瓩時燃煤數量統計表 民国卅二年度

	平均每千瓦時燃煤數量（公斤）	最高每千瓦時燃煤數量（公斤）	最低每千瓦時燃煤數量（公斤）	備註
一月	1.56	1.69	1.40	
二月	1.61	2.00	1.40	
三月	1.61	1.79	1.44	
四月	1.61	1.75	1.53	
五月	1.69	1.90	1.47	
六月	1.62	1.71	1.55	
七月一日至十八日	1.90	2.16	1.42	
七月十九日至卅一日	1.38	1.71	1.58	
八月	1.69	2.10	1.45	
九月一日至十九日	1.50	1.96	1.41	
九月廿日至卅日	1.51	1.65	1.45	
十月	1.53	1.62	1.42	
十一月	1.49	1.88	1.43	
十二月	1.40	1.57	1.33	
備註		以日計示	以日計示	

重庆电力股份有限公司第一、二、三发电厂每千瓦时燃煤数量统计表（一九四三年） 0219-2-151

重庆电力公司第二发电厂每瓩时燃煤数量统计表　民国卅二年度

	平均每千瓦时燃煤数量（公斤）	最高每千瓦时燃煤数量（公斤）	最低每千瓦时燃煤数量（公斤）	备注
一月	2.44	3.39	2.13	
二月	2.60	3.06	2.04	
三月	2.26	2.76	1.96	
四月	2.56	3.41	2.08	
五月	2.34	2.91	2.13	
六月	2.63	3.27	0.75	
七月一日至十八日	3.21	3.94	2.53	
七月十九日至卅一日	2.52	3.07	2.27	
八月	2.33	2.88	0.41	
九月一日至十九日	2.24	2.30	2.00	
九月廿日至卅日	2.35	2.40	2.10	
十月	2.43	2.91	1.99	
十一月	2.62	3.22	2.14	
十二月	2.40	3.06	1.96	
备注		以日計示	以日計示	

重庆电力股份有限公司第一、二、三发电厂每千瓦时燃煤数量统计表（一九四三年）　0219-2-151

重庆电力公司第三发电厂每瓩时燃煤数量统计表　民国卅二年度

	平均每瓩时燃煤数量（公斤）	最高每瓩时燃煤数量（公斤）	最低每瓩时燃煤数量（公斤）	备注
一月	1.77	2.08	0.56	
二月	1.52	1.75	1.33	
三月	1.51	2.20	1.31	
四月	1.58	3.06	1.40	
五月	1.58	[illegible]	1.42	
六月	1.55	1.86	1.30	
七月一日至十八日	1.59	1.69	1.44	
七月十九日至卅一日	1.72	2.08	1.50	
八月	1.63	2.14	1.26	
九月一日至十九日	1.56	1.94	1.17	
九月廿日至卅日	1.63	2.12	1.47	
十月	1.56	1.86	1.44	
十一月	1.44	1.50	1.34	
十二月	1.44	2.87	1.32	
备注		以日计标	以日计标	

重庆电力股份有限公司关于检送重庆电力股份有限公司第二厂和第三厂发电月报、周报及电力价格表致经济部的代电（一九四四年十二月三十日） 0219-2-198

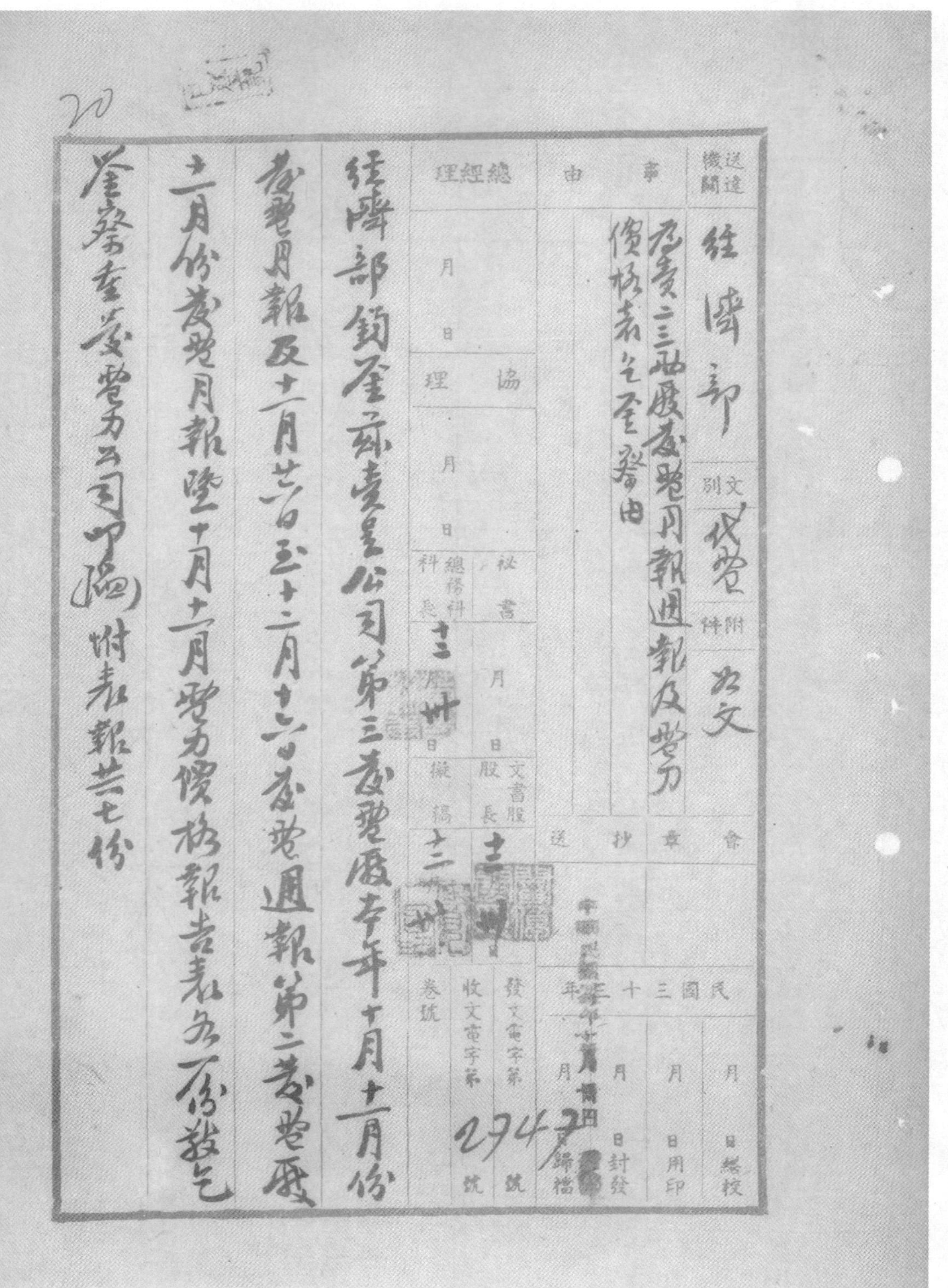

送達機關	经济部
事由	为赍二三两厂发电月报周报及电力价格表乞鉴察由
文別	代电
附件	如文

经济部钧鉴：兹呈赍本公司第三发电厂本年十月十一月份发电月报及十一月廿日至十二月十六日发电周报、第二发电厂十一月份发电月报暨十月十一月电力价格报告表各一份，敬乞鉴察。重庆电力公司叩（渝）附表报共七份

民国三十三年十二月卅日

重庆电力股份有限公司关于检送重庆电力股份有限公司第二厂和第三厂发电月报、周报及电力价格表致经济部的代电

（一九四四年十二月三十日）　0219-2-198

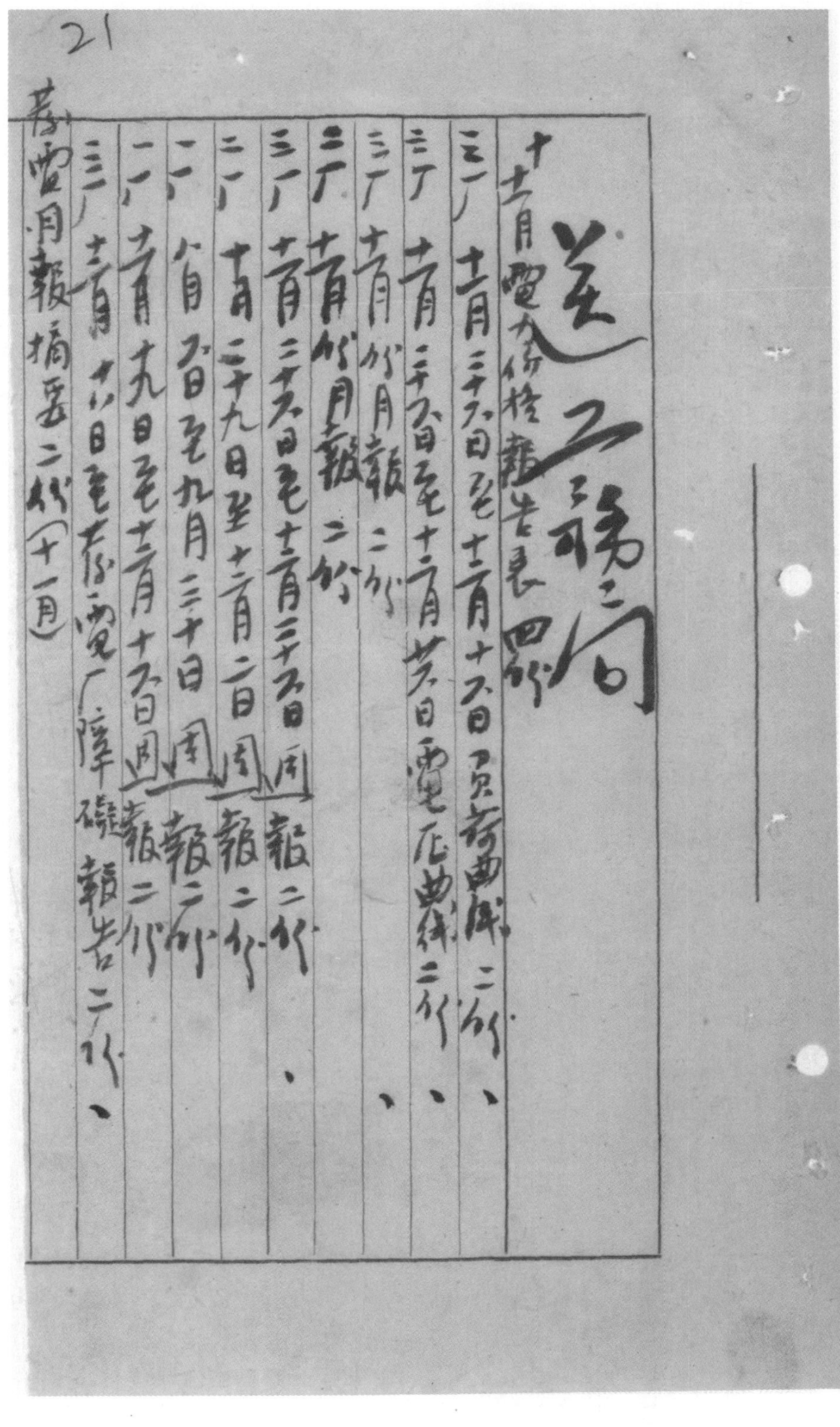

21

送二稿公司

十一月電力價格報告表四份

三厂十一月二十六日至十二月十六日負荷曲線二份、

三厂十一月二十六日至十二月廿五日電壓曲線二份、

三厂十一月份月報二份、

二厂十一月份月報二份、

三厂十一月二十六日至十二月二十五日周報二份、

二厂十一月二十九日至十二月二日周報二份

二厂八月廿六日至九月三十日週報二份

二厂十一月九日至十二月十五日週報二份

三厂十二月十八日至蒸汽電厂障礙報告二份、

蒸汽月報摘要二份（十一月）

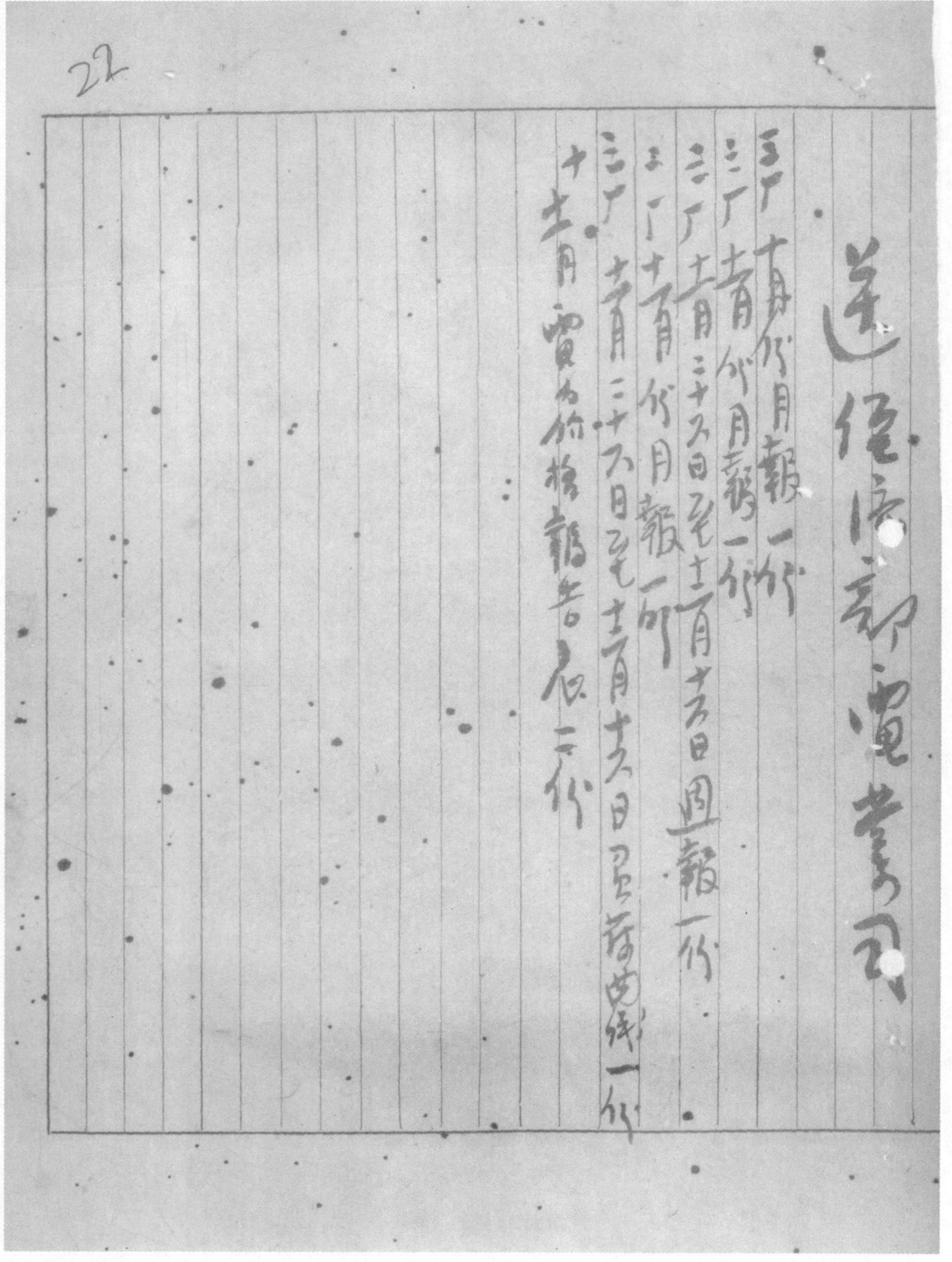

22

送經濟部電業司

三厂十一月份月報一份

二厂十一月份月報一份

二厂十一月二十六日至十二月十二日週報一份

三厂十一月份月報一份

二厂十一月二十六日至十二月十六日負荷曲綫一份

十一月電力價格報告表二份

重庆电力股份有限公司关于检送重庆电力股份有限公司第二厂和第三厂发电月报、周报及电力价格表致经济部的代电（一九四四年十二月三十日） 0219-2-198

重庆电力股份有限公司关于检送一九四四年发电、购电输出抄见及损度数统计表致战时生产局、经济部、重庆市工务局的代电（一九四五年一月三十一日）

0219-2-198

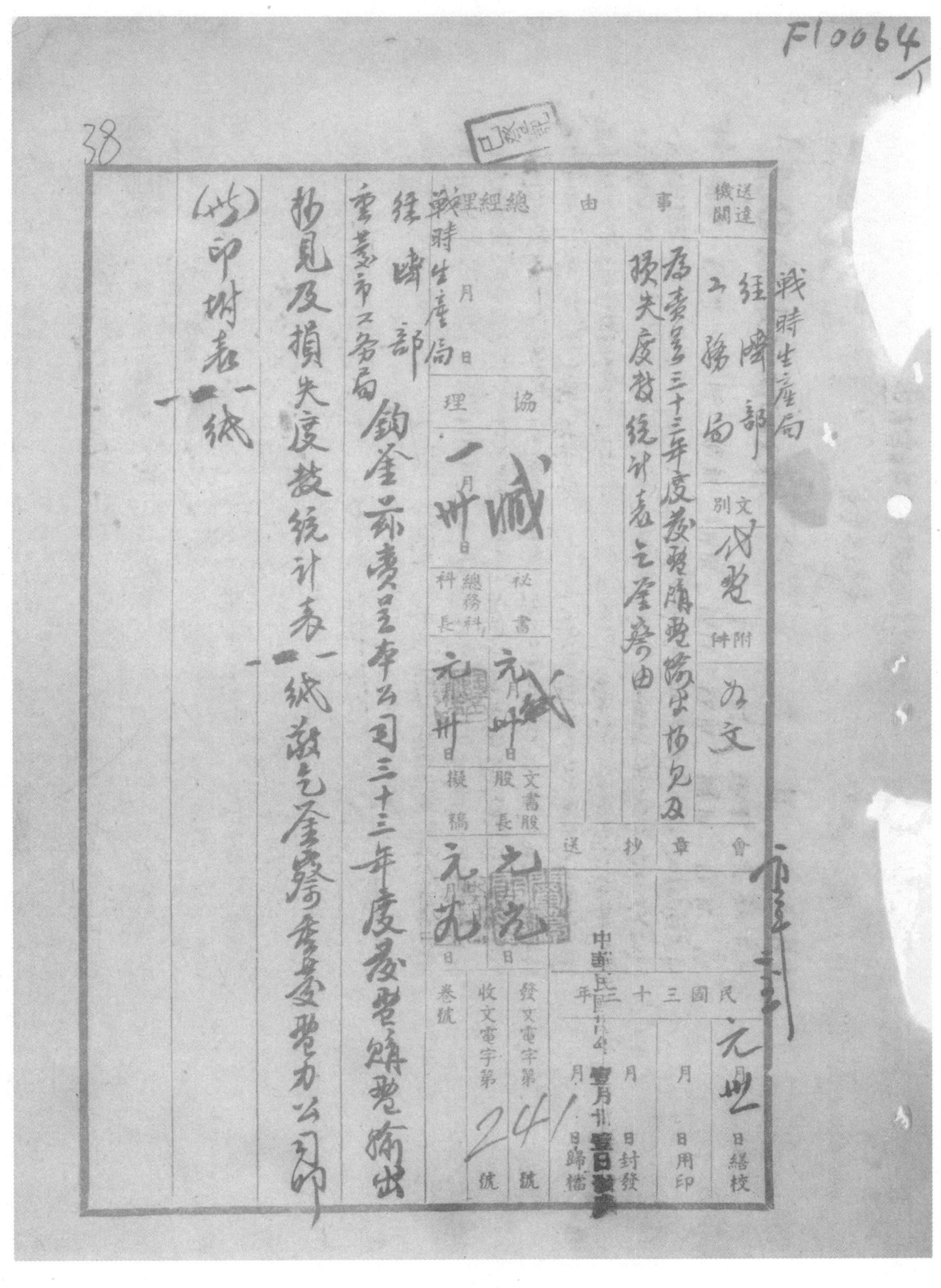

F10064

38

送達機關：戰時生產局 經濟部 工務局

文別：代電

附件：如文

事由：為賫送三十三年度發電購電輸出抄見及損失度數統計表乞鑒察由

總經理　月　日

協理　一月卅日

總務科科長　元月卅日

秘書　元月卅日

文書股股長　元月廿九日

擬稿　元月廿九日

會章抄送

中華民國三十四年元月卅日繕校

月　日用印

月　日封發

月　日歸檔

發文電字第241號

收文電字第　號

卷號

戰時生產局、經濟部、重慶市工務局鈞鑒：茲賫呈本公司三十三年度發電購電輸出抄見及損失度數統計表一紙，敬乞鑒察。重慶電力公司印

（附）印附表一紙

摘存

發電購電輸出抄見及損失度數統計表

民國卅三年度

月份	發電度數 KW hr	輸電度數 KW hr	購入度數 KW hr	輸出總度數 KW hr	抄見度數 力 KW hr	熱 KV hr	灯 KV hr	總計 KW hr	損失度數 KW hr	損失百數 %
一月	5,877,745	5,732,818	454,418.00	6,187,236	2,540,834.88	181,414.40	1,456,905.32	4,179,154.60	2,008,081.40	32.46
二月	4,986,357	4,863,651	453,692.00	5,317,343	2,178,494.68	164,888.90	1,409,454.66	3,752,838.24	1,564,504.76	29.43
三月	5,715,693	5,573,978	547,414.00	6,121,392	2,191,363.57	184,918.15	1,425,702.83	3,801,984.55	2,319,407.45	37.89
四月	5,166,577	5,035,703	510,399.60	5,546,102.6	2,324,704.49	130,075.80	1,266,166.10	3,720,946.37	1,825,156.23	32.91
五月	5,528,590	5,388,026	572,939.40	5,960,965.4	2,913,124.07	216,047.57	1,171,684.09	4,300,856.03	1,660,109.37	27.85
六月	5,245,406	5,141,622	582,574.60	5,724,196.6	2,540,699.37	207,218.10	1,250,409.32	3,998,326.79	1,725,869.81	30.15
七月	4,971,922	4,846,985	508,332.20	5,355,317.2	2,647,415.23	110,472.00	1,162,248.93	3,920,136.16	1,435,181.04	26.80
八月	5,451,814	5,354,681	446,478.00	5,801,159	2,672,400.87	345,941.10	1,152,243.38	4,170,585.35	1,630,573.65	28.11
九月	5,561,257	5,441,644	338,404.60	5,780,048.6	2,540,653.39	164,995.50	1,208,183.55	3,913,836.44	1,866,212.16	32.29
十月	6,602,103	6,467,993	520,013.1	6,988,006.1	2,775,707.22	255,873.00	1,462,354.80	4,493,935.02	2,494,071.08	35.69
十一月	6,406,029	6,275,647	337,000.00	6,612,646	2,438,794.59	159,199.30	1,785,213.28	4,383,207.17	2,229,438.83	33.71
十二月	6,470,316	6,336,918	220,751.40	6,557,669.4	2,361,013.82	197,103.50	1,776,205.14	4,334,722.46	2,222,946.94	33.90
總計	67,953,389	66,459,966	5,492,829.8	71,952,481.8	30,305,210.46	2,328,147.26	16,337,227.40	48,971,029.18	22,981,452.26	31.94

重庆电力股份有限公司关于检送一九四四年发电、购电输出抄见及损度数统计表致战时生产局、经济部、重庆市工务局的代电（一九四五年一月三十一日） 0219-2-198

重庆电力股份有限公司关于检送第一厂、第二厂和第三厂发电周报、月报等致经济部电业司、重庆市工务局的代电（一九四五年六月十四日）　0219-2-198

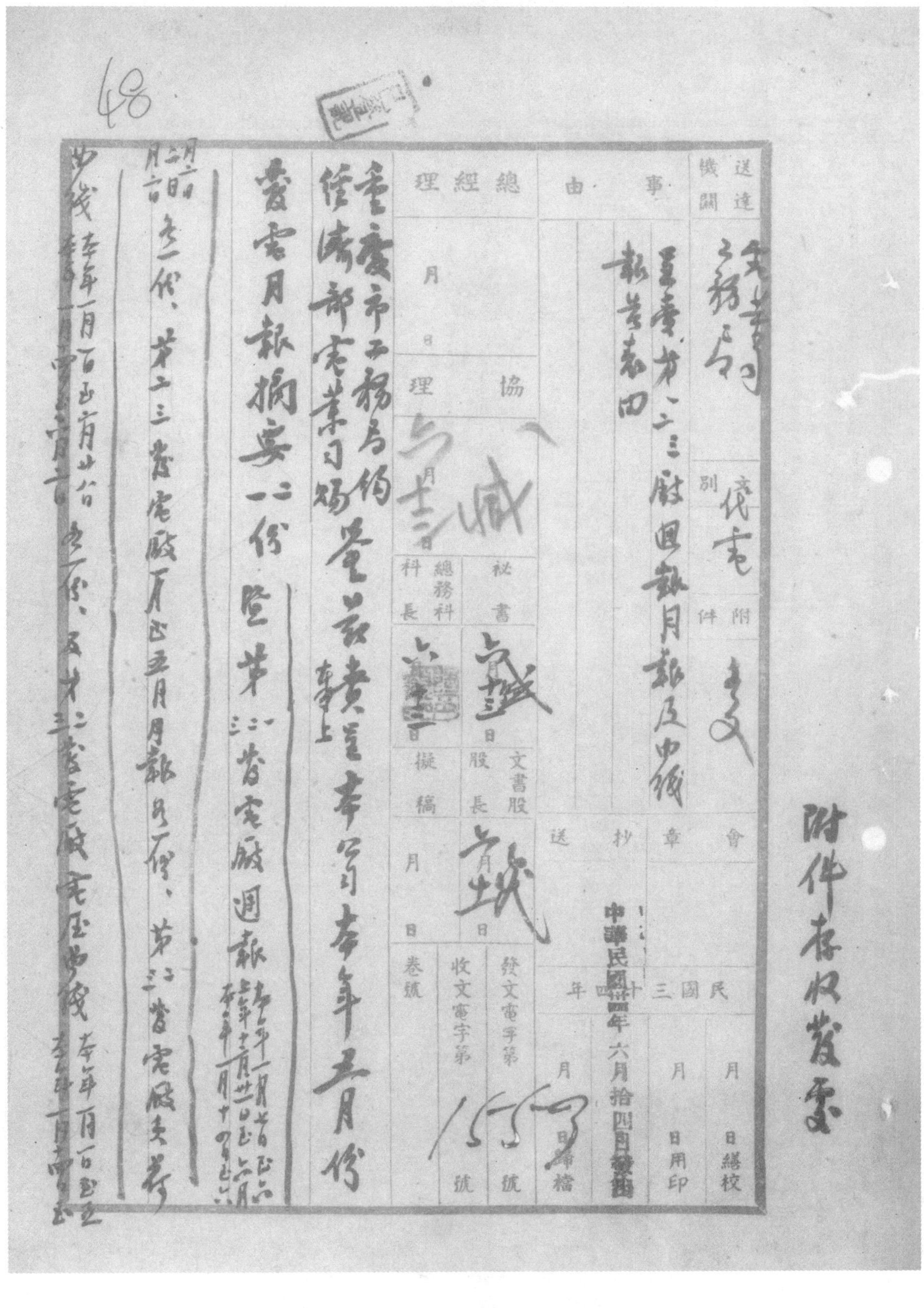

送達機關	事由	總經理	協理	秘書	總務科科長	文書股股長	擬稿
經濟部電業司 重慶市工務局	呈奉第一二三廠週報月報及曲線報告表四	月　日	月　日	月　日	月　日	月　日	月　日

別：代電　附件：另文

重慶市工務局 經濟部電業司鈞鑒：茲檢呈本年五月份發電月報摘要一份、暨第一二三發電廠週報、月報……曲線……

中華民國卅四年六月拾四日發出

附件存收發處

重庆电力股份有限公司关于检送第一厂、第二厂和第三厂发电周报、月报等致经济部电业司、重庆市工务局的代电（一九四五年六月十四日） 0219-2-198

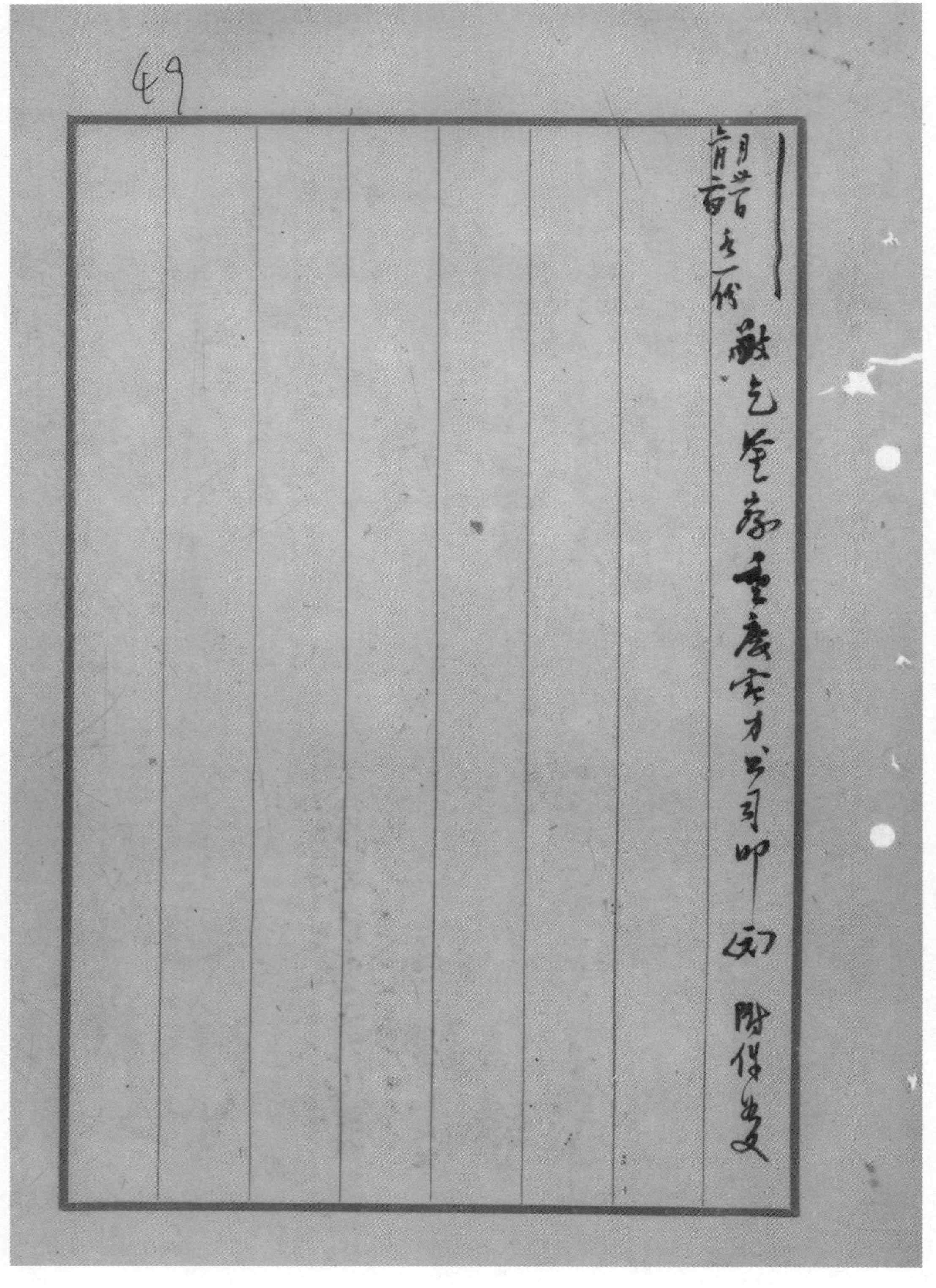

敬乞鉴核 重庆电力公司叩印 附件如文

重庆电力股份有限公司关于检送第一厂、第二厂和第三厂发电周报、月报等致经济部电业司、重庆市工务局的代电

（一九四五年六月十四日） 0219-2-198

50

Total Connecting Load

	装見馬力	實用度數
第一厂	6,856.75	581,253
第二厂	2,560.4	469,982
第三厂	13,360.35	1,045,813
總計	22,777.5	2,097,048

重慶電力股份有限公司便箋

重庆电力股份有限公司关于检送第一厂、第二厂和第三厂发电周报、月报等致经济部电业司、重庆市工务局的代电（一九四五年六月十四日） 0219-2-198-(48-54)

A組

廠類別	第一廠		第二廠		第三廠		總計	
	裝見馬力 H.P.	實用度數 KWH	裝見馬力 H.P.	實用度數 KWH	裝見馬力 H.P.	實用度數 KWH	裝見馬力 H.P.	實用度數 KWH
兵工廠			104	10,246	2,318	304,950	2422	315,196
麵粉廠					426	116,078	426	116,078
紡織廠	40	540	1038.5	353,662	3,078.4	93,976	4156.9	501,039
煉油廠					132	9,120	132	9,120
鋼鐵廠					1,452	119,659	1452	119,659
電器廠					45	3,375	45	3,375
機器廠					62	3,350	62	3,350
化學工廠					355	103,863	355	103,863
印刷廠	(185.5)	53,929	18	964			203.5	54,893
自來水廠	1680	177,090					1680	177,090
電台	(6.5)	30,451	107	264	(457.5)	41,222	571	71,937
軍事機關	(82)	5,346	1	529	47	2,919	130	8,794
機關	35.5	20,323			233	31,980	268.5	52,303
醫院					46	1,842	46	1,842
其他	10	611					10	611
總計	2,039.5	288,290	1,268.5	365,665	8,651.9	832,334	[illegible]	1486,2[illegible]

重庆电力股份有限公司关于检送第一厂、第二厂和第三厂发电周报、月报等致经济部电业司、重庆市工务局的代电（一九四五年六月十四日） 0219-2-198

B 組

廠類別	第一廠		第二廠		第三廠		總計	
	裝見馬力 H.P.	實用度數 KWH	裝見馬力 H.P.	實用度數 KWH	裝見馬力 H.P.	實用度數 KWH	裝見馬力 H.P.	實用度數 KWH
兵工廠	2400	148,775			1152	8660	3552	157,435
麵粉廠	40	138	66	13,268	60	19,890	166	33,296
紡織廠	42.5	2,320	43.5	3,726	78.25	8,990	164.25	15,036
染整廠	6	147	61	3575	74	3,356	141	7,078
煉油廠	8	4,704			50.5	1,265	58.5	5,969
鋼鐵廠	20.5	873			57.75	6,384	78.25	7,257
電器廠	51.5	5,668	125.5	8575	171	19,500	348	33,743
電鍍廠	18	1213			25	946	43	2,159
機器廠	742.5	53,050	325.9	35,337	1170.7	44,447	2,239.1	132,834
鉄工廠	64.5	2,787	58.5	3655	67.5	2,709	190.5	9,151
翻砂廠	43	1,246	37.5	2224	20	906	100.5	4,376
皮革廠	2.5	4	15	480	88	870	105.5	1,354
汽車零件製造廠	8.5	833			253	22,688	261.5	23,521
造船廠	51	4,289	38.5	1533			89.5	5,822
化學工廠	15	930	59	7168	236.5	996.5	310.5	16,063
搪瓷廠	5	858					5	858
印刷廠	8.5	667	27	2744	89	4,962	124.5	8,373
文具廠	35	173	20	162			55	335
膠廠			12.5	264	85	4,800	97.5	5,064
製藥廠			21	169	12	440	33	609
食品工廠	8.5	354			15.5	253	24	607
日用品製造廠			11.5	520	10	293	21.5	813
軍事機關			3	15	37	2,328	40	2,343
機關	17	3479	2	33	217.5	10,884	236.5	14,396
銀行	32	788					32	788
書局	19	1277	49.5	1878	16.5	1262	85	4,417
其他	27	2184			208.75	8311	235.75	10,495
總計	3665.5	236,757	976.9	85,326	4195.45	182,109	8837.85	504,192

C 组

廠類别	第一廠		第二廠		第三廠		總計	
	裝見馬力 H.P.	实用度數 KWH	裝見馬力 H.P.	实用度數 KWH	裝見馬力 H.P.	实用度數 KWH	裝見馬力 H.P.	实用度數 KWH
電器廠					5	366	5	366
化學工廠					3	117	3	117
印刷廠		105						105
食品工廠			3	57			3	57
日用品製造廠	37.5	2,590	48	2,106			85.5	4,696
肥皂廠	10	306	13.5	153			23.5	459
鋸木廠	87.5	3,553					87.5	3,553
冷藏廠	74	4,344					74	4,344
碾米廠	879.5	41,327	220.5	13,890	212.5	17,316	1,312.5	72,533
機關					121	10,271	121	10,271
烟草公司	27	960	30	2,785			57	3,745
其他	36.25	3,021			171.5	3,300	207.75	6,321
總計	1,151.75	56,206	315	18,991	513	31,370	1,979.75	106,567

重庆电力股份有限公司关于检送第一厂、第二厂和第三厂发电周报、月报等致经济部电业司、重庆市工务局的代电（一九四五年六月十四日） 0219-2-198

重庆电力股份有限公司关于检送第一厂、第二厂和第三厂发电周报、月报等致经济部电业司、重庆市工务局的代电（一九四五年六月十四日） 0219-2-198

F10064/1

重庆电力公司各发电厂馈电线负荷表

第一厂

线路	P.M. 5:00–11:00 P.M.	P.M. 11:00–7:00 A.M.	A.M. 7:00–5:00 P.M.	Remarks.
11	3300	1200	1700	中区马路
12	3000	900	1700	陈家花园
13	100	1000	1700	江北
14	20	650	650	自来水厂
15	120	120	120	本厂

第二厂

线路	5:00–11:00	11:00–7:00	7:00–5:00	Remarks.
21	480	309	375	野猫溪玄坛庙
22	670	618	675	大佛寺军纺厂
23	1250	773	950	申纱厂等处
24	60	60	60	本厂

第三厂

线路	5:00–11:00	11:00–7:00	7:00–5:00	Remarks.
31	2612	2263	1920	沙坪坝小龙坎
32	2498	1929	1700	化龙桥牛角沱
33	725	872	240	第一、二厂
34	120	120	120	本厂

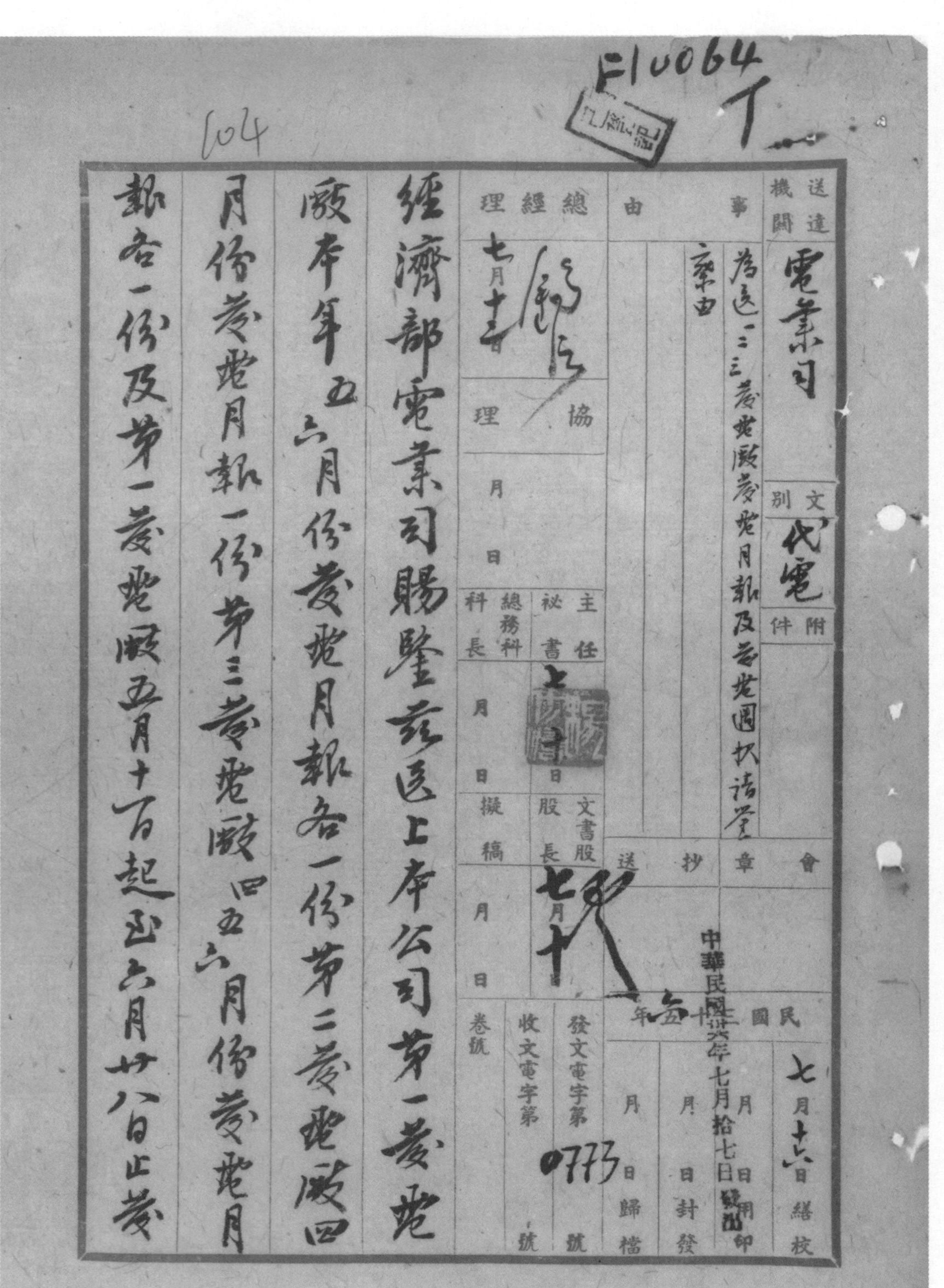

F10064

送達機關：電業司

文別：代電

事由：為送一二三發電廠發電月報及發電圖表請查照由

總經理 七月十六日

經濟部電業司賜鑒：茲送上本公司第一發電廠本年五、六月份發電月報各一份，第二發電廠四月份發電月報一份，第三發電廠四、五、六月份發電月報各一份及第一發電廠五月十一日起至六月廿八日止發

中華民國卅六年七月拾七日發出

發文電字第0773號

重庆电力股份有限公司关于检送第一厂一九四七年五月、六月发电月报，第二厂一九四七年四月发电月报和第三厂四月、五月、六月发电月报等致经济部电业司的代电、函（一九四七年七月十七日） 0219-2-198

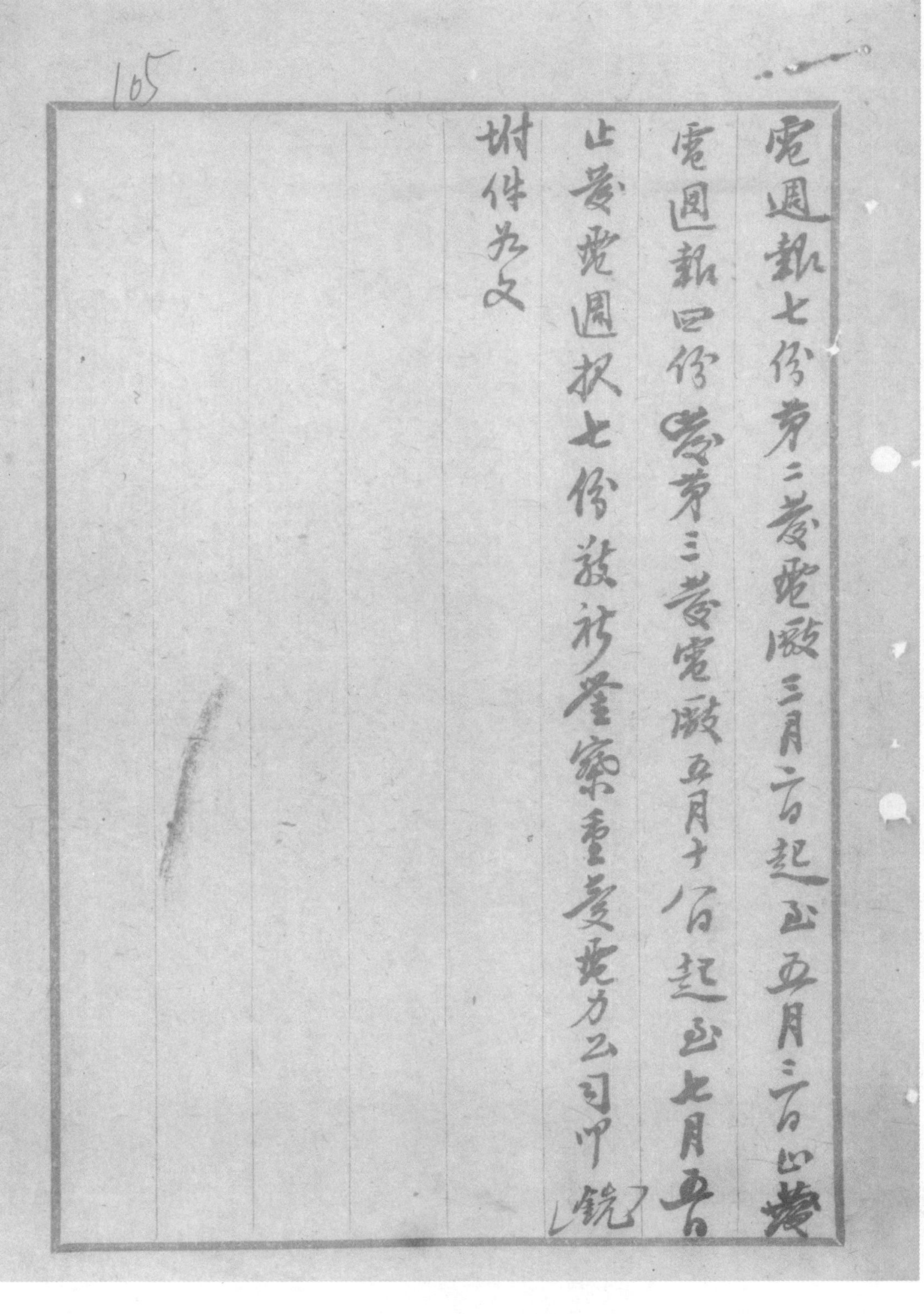
105

電週報七份第二發電廠三月二日起至五月三日止發電週報四份第三發電廠五月十八日起至七月五日止發電週報七份敬祈鑒察重慶電力公司叩銑

附件如文

重庆电力股份有限公司关于检送第一厂一九四七年五月、六月发电月报，第二厂一九四七年四月发电月报和第三厂四月、五月、六月发电月报等致经济部电业司的代电、函（一九四七年七月十七日） 0219-2-198

重庆电力股份有限公司关于检送第一厂一九四七年五月、六月发电月报，第二厂一九四七年四月发电月报和第三厂四月、五月、六月发电月报等致经济部电业司的代电、函（一九四七年七月十七日） 0219-2-198

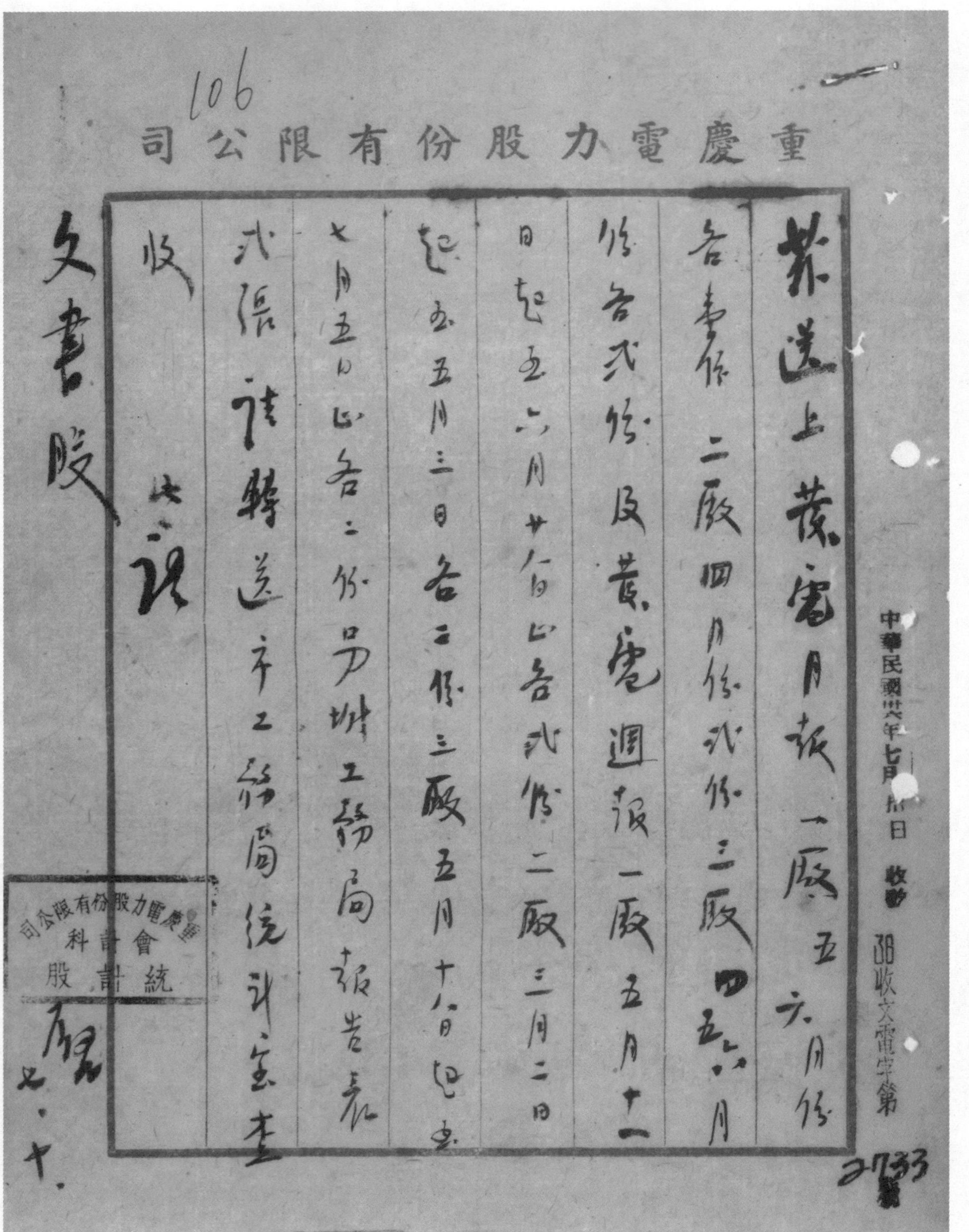

106

重慶電力股份有限公司

檢送上發電月報一廠五、六月份各壹份，二廠四月份弍份，三廠四、五、六月份各弍份，及發電週報一廠五月十一日起至六月廿八日止各弍份，二廠三月二日起至五月三日各二份，三廠五月十八日起至七月五日止各二份，另燃工務局報告表弍張，請轉送本工務局統計室查收。

此致

統計股

文書股

重慶電力股份有限公司會計科統計股

七.十.

中華民國卅六年七月廿日收
收文電字第2783號

重庆电力股份有限公司关于检送第一厂一九四七年五月、六月发电月报，第二厂一九四七年四月发电月报和第三厂四月、五月、六月发电月报等致经济部电业司的代电、函（一九四七年七月十七日） 0219-2-198

107

電廠月報

第 08 號

第二發電廠

重庆电力股份有限公司关于检送第一厂一九四七年五月、六月发电月报，第二厂一九四七年四月发电月报和第三厂四月、五月、六月发电月报等致经济部电业司的代电、函（一九四七年七月十七日） 0219-2-198

108

重慶電力股份有限公司 第二發電廠

發電月報

M, 36年4月 日 星期

日期	最高負荷	總度數 發電額	總度數 輸出額	用煤總數		煤之總值	蒸汽總量	每度代價 煤耗	每度代價 汽耗	每度代價 合洋	負荷因數	總效率
	KW	KWH	KWH	TON	KGS	$	LBS	KGS	LBS	$	%	%
1	1480	24848	24108	66	250			2.62			68.4	4.08
2	1460	24219	23601	68	150			2.83			69.2	4.05
3	1620	25222	24448	63	900			2.54			64.8	4.05
4	1620	24481	24996	58	100			2.28			65.4	4.52
5	1440	24301	23990	57	850			2.34			71.4	4.40
6	1560	23819	23113	62	500			2.62			63.3	3.92
7	1280	20946	20310	57	400			2.34			68.1	3.76
8	920	18310	17858	56	600			3.11			82.9	3.21
9	880	18250	17444	54	850			3.11			86.8	3.21
10	920	18521	17698	59	200			3.21			83.3	3.21
11	900	19268	18649	59	250			3.07			89.1	3.25
12	910	18528	18047	56	900			3.14			85.4	3.29
13	900	18826	18498	52	300			2.89			86.4	[illegible]
14	1260	19166	18635	58	350			3.07			63.3	3.35
15	1400	19819	19348	57	850			2.98			[illegible]	3.45
16	1560	23860	23078	51	500			3.00			[illegible]	3.42
17	1480	24066	23328	51	800			2.59			[illegible]	3.44
18	1500	23821	23244	53	350			3.05			66.1	3.33
19	1500	24028	23345	53	650			3.02			66.8	3.41
20	1400	22891	22310	50	350			3.10			68.0	3.32
21	1500	25602	24560	50	200			2.60			69.0	3.67
22	1460	23345	22015	58	500			2.59			64.1	3.63
23	1460	25391	24600	58	350			2.89			74.8	3.66
24	1600	25623	23358	57	800			2.78			[illegible]	3.30
25	1560	28446	23862	58	250			2.41			[illegible]	3.55
26	1600	29063	28325	57	450			[illegible]			80.6	[illegible]
27	1480	28362	27493	58	400			2.38			79.8	3.30
28	1640	29398	28980	55	850			3.55			73.6	4.04
29	1440	28650	27962	56	200			2.66			82.9	3.88
30	1480	28819	28446	81	500			2.83			81.2	3.64
31												
平均	1620	24001	23297	67	500			2.81			72.6	3.66
總數		720042	698919	2024	400							

總工程師		主任		工程師		製表	

第⑧辑

重庆电力股份有限公司关于检送第一厂一九四七年五月、六月发电月报，第二厂一九四七年四月发电月报和第三厂四月、五月、六月发电月报等致经济部电业司的代电、函（一九四七年七月十七日） 0219-2-198

109

重慶電力股份有限公司 第二發電廠	一月曲線	M3 36年4月

用煤量及煤耗曲線

KGS TON

日期 1 2 3 4 5 6 7 8 9 10 11 12 13 14 15 16 17 18 19 20 21 22 23 24 25 26 27 28 29 30 31

煤量
煤耗

最高負荷及負荷因數曲線

PER CENT KW

日期 1 2 3 4 5 6 7 8 9 10 11 12 13 14 15 16 17 18 19 20 21 22 23 24 25 26 27 28 29 30 31

最高負荷
負荷因數

總工程師		主任		工程師		製圖	

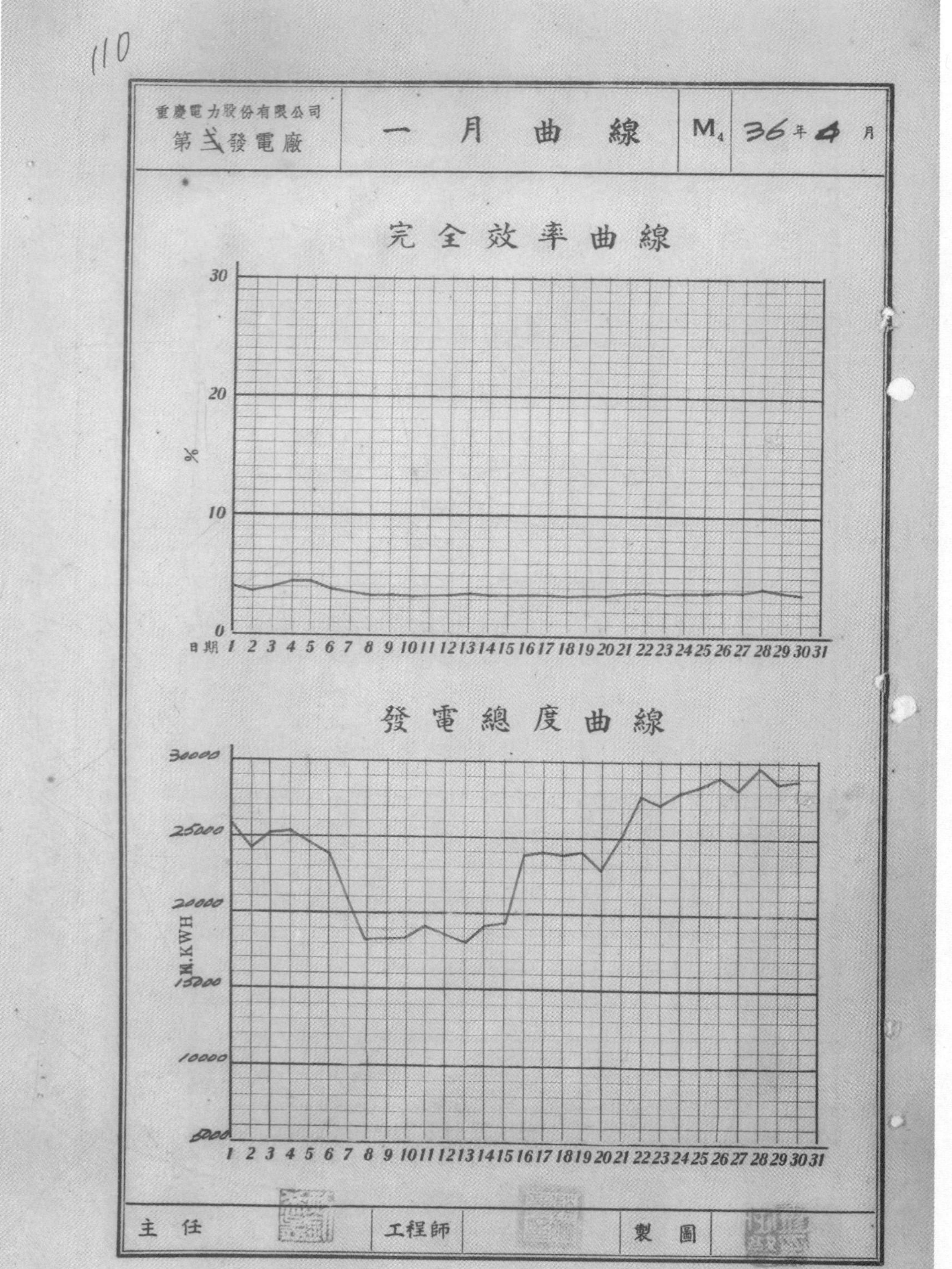

重庆电力股份有限公司关于检送第一厂一九四七年五月、六月发电月报，第二厂一九四七年四月发电月报和第三厂四月、五月、六月发电月报等致经济部电业司的代电、函（一九四七年七月十七日） 0219-2-198

重庆电力股份有限公司关于检送第一厂一九四七年五月、六月发电月报，第二厂一九四七年四月发电月报和第三厂四月、五月、六月发电月报等致经济部电业司的代电、函（一九四七年七月十七日） 0219-2-198

111

重慶電力股份有限公司
第三發電廠

發電月報

M1 36年6月 日 星期

日期	最高負荷	總度數 發電額	總度數 輸出額	用煤總數		煤之總值	蒸汽總量	每度代價 煤耗	每度代價 汽耗	每度代價 合洋	負荷因數	總效率
	KW	KWH	KWH	TON	LBS	$	LBS	LBS KS	LBS	CTS	%	%
1	4000	83650	81860	140,750				1.68			89.2	7.56
2	4000	83980	82337	142,188				1.69			87.5	7.51
3	3900	83070	81208	143,188				1.72			88.6	7.67
4	3900	82520	80828	143,062				1.73			88.2	7.63
5	3900	82490	80615	145,688				1.76			88.1	7.50
6	3900	80600	79041	143,500				1.78			86.1	7.42
7	3850	81280	79726	147,625				1.82			88.0	7.25
8	3900	84300	82679	142,188				1.80			92.3	7.33
9	3800	78880	77425	152,188				1.93			86.5	6.84
10	3750	79580	78059	148,812				1.86			88.4	7.10
11	3750	73550	72150	142,000				1.96			81.7	6.73
12	3700	76890	75518	148,762				1.93			86.5	6.84
13	3700	75740	74324	148,438				1.96			85.3	6.73
14	3750	76660	75104	144,188				1.88			85.3	7.00
15	3600	73370	72086	142,789				1.94			84.9	6.50
16	3600	72290	70844	146,812				2.03			83.6	6.50
17	3500	69200	67744	156,562				1.98			82.4	6.66
18	3600	76210	74712	144,250				1.91			88.2	6.41
19	3600	24100	23090	63,562				2.64			26.6	5.00
20												
21												
22												
23												
24	4150	38500	37695	77,375				2.01			72.9	6.56
25	4100	71220	69771	110,375				1.55			72.4	8.65
26	4000	81390	79875	131,875				1.61			84.8	8.20
27	4050	84760	83117	134,687				1.58			87.2	8.55
28	4000	85850	86118	137,161				1.56			91.5	8.46
29	3900	85070	83427	157,249				1.60			86.2	8.25
30	3950	72890	71503	129,000				1.77			76.8	7.46
平均								1.84			83.6	7.29
總數		1960060	1920296	3539.212								

總工程師		廠務主任		製表	

重庆电力股份有限公司关于检送第一厂一九四七年五月、六月发电月报，第二厂一九四七年四月发电月报和第三厂四月、五月、六月发电月报等致经济部电业司的代电、函（一九四七年七月十七日） 0219-2-198

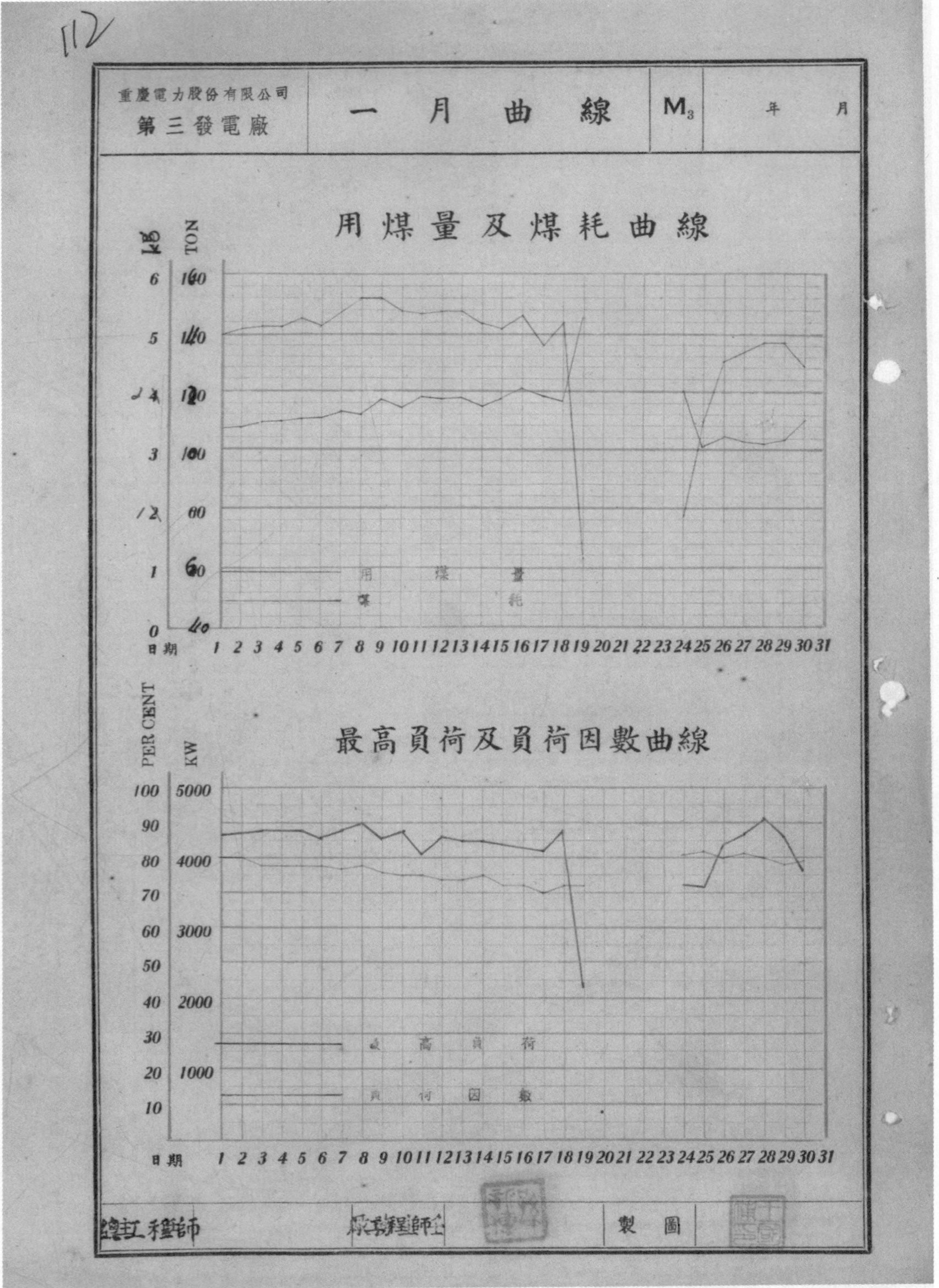

重庆电力股份有限公司关于检送第一厂一九四七年五月、六月发电月报，第二厂一九四七年四月发电月报和第三厂四月、五月、六月发电月报等致经济部电业司的代电、函（一九四七年七月十七日） 0219-2-198

113

重慶電力股份有限公司 第三發電廠	一月曲線	M_4	36 年 4 月

完全效率曲線

%

30
20
10
0

日期 1 2 3 4 5 6 7 8 9 10 11 12 13 14 15 16 17 18 19 20 21 22 23 24 25 26 27 28 29 30 31

發電總度曲線

K.KWH

120
100
80
60
40
20

1 2 3 4 5 6 7 8 9 10 11 12 13 14 15 16 17 18 19 20 21 22 23 24 25 26 27 28 29 30 31

總工程師	廠務工程師	製圖

重庆电力股份有限公司关于检送第一厂一九四七年五月、六月发电月报，第二厂一九四七年四月发电月报和第三厂四月、五月、六月发电月报等致经济部电业司的代电、函（一九四七年七月十七日） 0219-2-198

114

重慶電力股份有限公司 第三發電廠

發電月報

M1　36年5月　日　星期

日期	最高負荷	總度數		用煤總數		煤之總值	蒸汽總量	每度代價			負荷因數	總效率
		發電額	輸出額					煤耗	汽耗	合洋		
	KW	KWH	KWH	TON	LBS	$	LBS	LBS	LBS	CTS	%	%
1	3950	77640	75980	125.687				1.62			81.8	8.15
2	4000	85690	82015	130.750				1.56			87.2	8.46
3	3900	84760	83081	133.250				1.54			90.5	8.57
4	3900	81910	80185	131.187				1.53			87.4	8.63
5	4000	85000	83407	137.187				1.61			88.5	8.20
6	4000	84590	82911	136.687				1.61			88.1	8.20
7	4000	85310	83572	139.937				1.62			88.9	8.15
8	3950	84690	82796	140.937				1.66			89.3	7.95
9	3900	84550	82882	142.687				1.69			90.3	7.81
10	4000	75200	73599	128.312				1.72			78.3	7.67
11	3950	83520	81784	137.000				1.64			88.1	8.00
12	3800	83080	81377	143.062				1.72			91.0	7.67
13	3800	51390	49963	116.875				2.26			56.3	5.84
14	3800	82890	81138	140.625				1.69			90.8	7.81
15	3800	80120	78596	135.937				1.69			87.8	7.81
16	3550	75580	73925	137.500				1.82			88.7	7.25
17	3600	76980	75395	138.312				1.80			89.0	7.33
18	3600	66830	65162	120.562				1.80			77.3	7.33
19	3400	71090	69387	129.562				1.82			87.1	7.25
20	3500	68410	66717	128.937				1.88			81.4	7.00
21	3500	31910	30721	80.375				2.52			50.6	5.24
22	3500	64570	63222	113.187				1.74			75.8	7.58
23	3650	74450	72577	125.687				1.67			85.0	7.90
24	3750	76670	75062	140.187				1.80			85.2	7.33
25	3650	74330	72940	131.500				1.76			84.7	7.50
26	3500	76100	74848	143.562				1.88			90.6	7.00
27	3600	68780	67086	128.625				1.86			79.6	7.10
28	3600	73720	72120	135.312				1.83			85.3	7.20
29	3450	71700	70090	133.395				1.86			86.6	7.10
30	3650	76500	74850	138.812				1.81			87.3	7.29
31	3400	67900	66316	135.624				1.99			83.0	6.63
平均								1.77			83.9	7.51
總數		2323840	2273642	4071.469								

總工程師　　廠務主任　　製表

重庆电力股份有限公司关于检送第一厂一九四七年五月、六月发电月报，第二厂一九四七年四月发电月报和第三厂四月、五月、六月发电月报等致经济部电业司的代电、函（一九四七年七月十七日） 0219-2-198

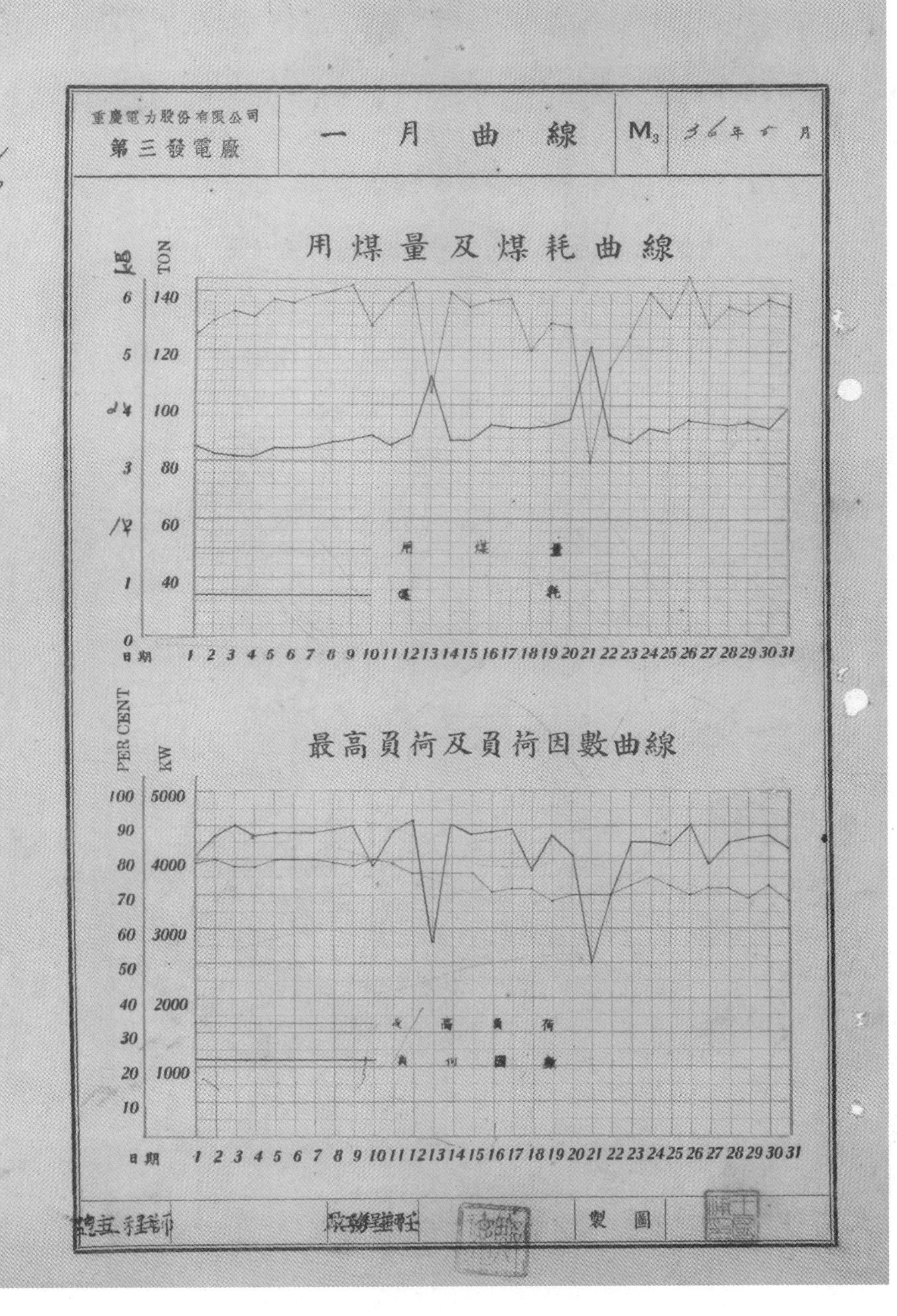

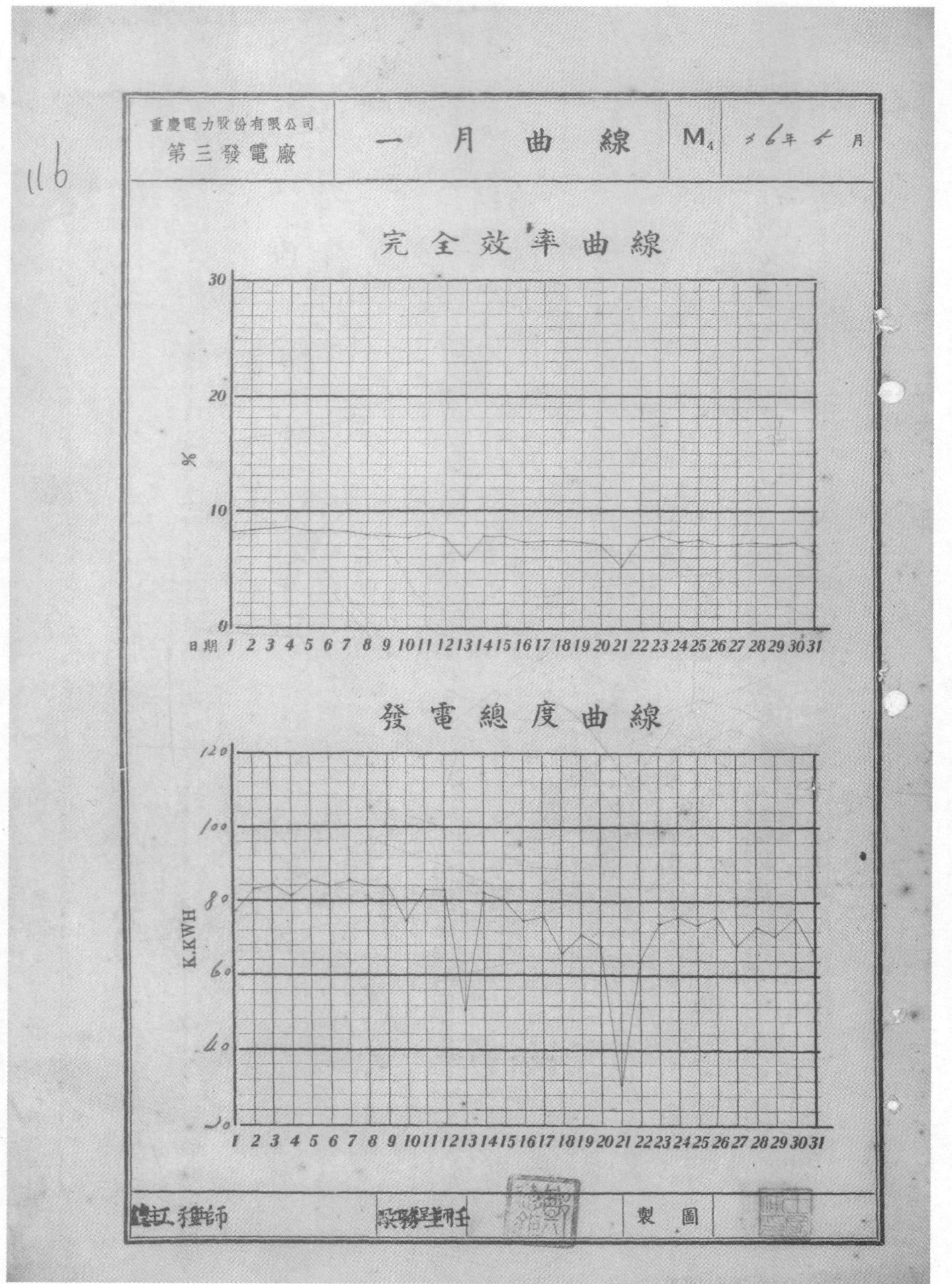

重庆电力股份有限公司关于检送第一厂一九四七年五月、六月发电月报，第二厂一九四七年四月发电月报和第三厂四月、五月、六月发电月报等致经济部电业司的代电、函（一九四七年七月十七日） 0219-2-198

117

重慶電力股份有限公司 第三發電廠	發電月報							M1	36年6月 日 星期			
日期	最高負荷	總度數		用煤總數		煤之總值	蒸汽總量	每度代價			負荷因數	總效率
		發電額	輸出額					煤耗	汽耗	合洋		
	KW	KWH	KWH	TON	LBS	$	LBS	~~LBS~~ KG	LBS	CTS	%	%
1	3500	66490	66924	122.697				1.84			79.2	7.17
2	3500	76870	73356	141.125				1.87			89.1	7.06
3	3450	74730	73153	145.502				1.80			90.2	7.43
4	3400	67550	66006	129.437				1.91			84.0	6.90
5												
6	3800	19670	18544	38.812				1.97			86.2	6.70
7	3900	79820	78220	125.437				1.57			85.2	8.40
8	4000	82000	80524	145.188				1.65			85.4	8.00
9	3900	84580	82887	131.937				1.56			90.5	8.46
10	3900	79700	78076	131.125				1.64			85.2	8.00
11	4050	80970	79313	130.812				1.62			83.5	8.15
12	3950	79460	77797	124.812				1.57			83.8	8.40
13	3950	83540	81643	142.812				1.57			88.1	8.40
14	3950	80950	79508	126.938				1.56			85.4	8.46
15	3900	60440	58829	101.625				1.68			64.6	7.86
16	3850	78970	77452	126.688				1.60			85.5	8.25
17	4050	79500	77909	127.375				1.60			81.8	8.25
18	4050	77890	76458	124.437				1.62			80.3	8.15
19	4000	84810	84213	141.125				1.64			79.4	8.00
20	4000	80200	78600	127.250				1.55			83.5	8.52
21	4000	78300	76725	134.000				1.68			81.5	7.86
22	4000	79380	77765	145.062				1.70			82.6	7.76
23	3700	70000	68541	119.625				1.71			78.8	7.72
24	3750	81780	80205	149.375				1.70			90.8	7.76
25	3400	73330	71691	134.000				1.82			89.8	7.25
26	3800	74570	72913	141.000				1.89			81.8	6.98
27	3700	76520	74896	143.188				1.73			86.2	7.63
28	3700	75980	73655	141.312				1.87			84.8	7.06
29	3850	71730	70409	159.062				1.95			77.6	6.76
30	3550	69910	68374	133.812				1.91			82.0	6.91
平均								1.72			83.6	7.75
總數		2168040	2122150	3708.571								

總工程師		廠務主任	[stamp]	製表	[stamp]

重庆电力股份有限公司关于检送第一厂一九四七年五月、六月发电月报，第二厂一九四七年四月发电月报和第三厂四月、五月、六月发电月报等致经济部电业司的代电、函（一九四七年七月十七日） 0219-2-198

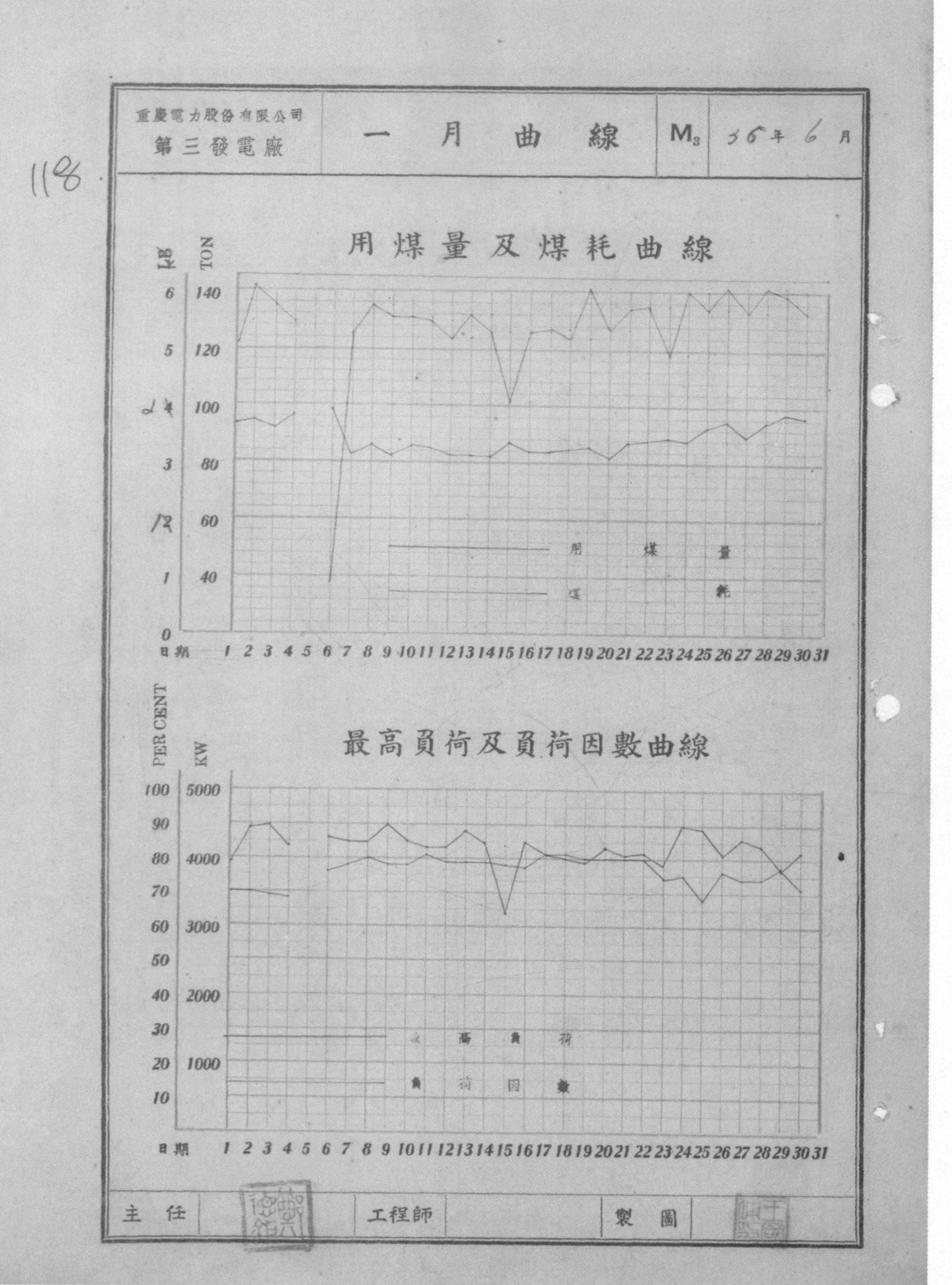

重庆电力股份有限公司关于检送第一厂一九四七年五月、六月发电月报，第二厂一九四七年四月发电月报和第三厂四月、五月、六月发电月报等致经济部电业司的代电、函（一九四七年七月十七日） 0219-2-198

重庆电力股份有限公司关于检送第一厂一九四七年五月、六月发电月报，第二厂一九四七年四月发电月报和第三厂四月、五月、六月发电月报等致经济部电业司的代电、函（一九四七年七月十七日） 0219-2-198

119

重慶電力股份有限公司 第三發電廠	一月曲線	M4	36 年 6 月

完全效率曲線

%

0 10 20 30

日期 1 2 3 4 5 6 7 8 9 10 11 12 13 14 15 16 17 18 19 20 21 22 23 24 25 26 27 28 29 30 31

發電總度曲線

K.KWH

10 20 40 60 80 100

1 2 3 4 5 6 7 8 9 10 11 12 13 14 15 16 17 18 19 20 21 22 23 24 25 26 27 28 29 30 31

主任		工程師		製圖	

重慶電力股份有限公司 第一發電廠 **發電週報** W1 自36年5月11日起 至36年5月17日止

星期	日	1	2	3	4	5	6	總值或平均值
最高負荷(KW)	4150	4050	4250	4500	4200	4450	4100	
發電度數(KWH)	73450	76440	29660	89380	91890	91730	92440	544990
輸出電度(KWH)	71146	74244	29000	86980	89448	89342	90040	530200
廠用電度(KWH)	2304	2196	660	2400	2442	2388	2400	14790
煤別								
用煤總額(TONS)	100.33	98.13	45.33	117.80	117.00	114.13	116.13	709.25
煤之總值($)								
耗汽總額(LBZ)								
每度煤耗 Kg	1.37	1.28	1.53	1.32	1.27	1.25	1.26	1.30
每度煤耗 C+S								
每度汽耗(LBS)								
負荷因數(%)	73.7	78.6	29.0	82.8	91.2	85.9	93.9	76.44
完全效率(%)	9.63	10.31	8.63	10.00	10.40	10.56	10.48	10.15

總工程師		廠務主任		製表	

重庆电力股份有限公司关于检送第一厂一九四七年五月、六月发电月报，第二厂一九四七年四月发电月报和第三厂四月、五月、六月发电月报等致经济部电业司的代电、函（一九四七年七月十七日） 0219-2-198

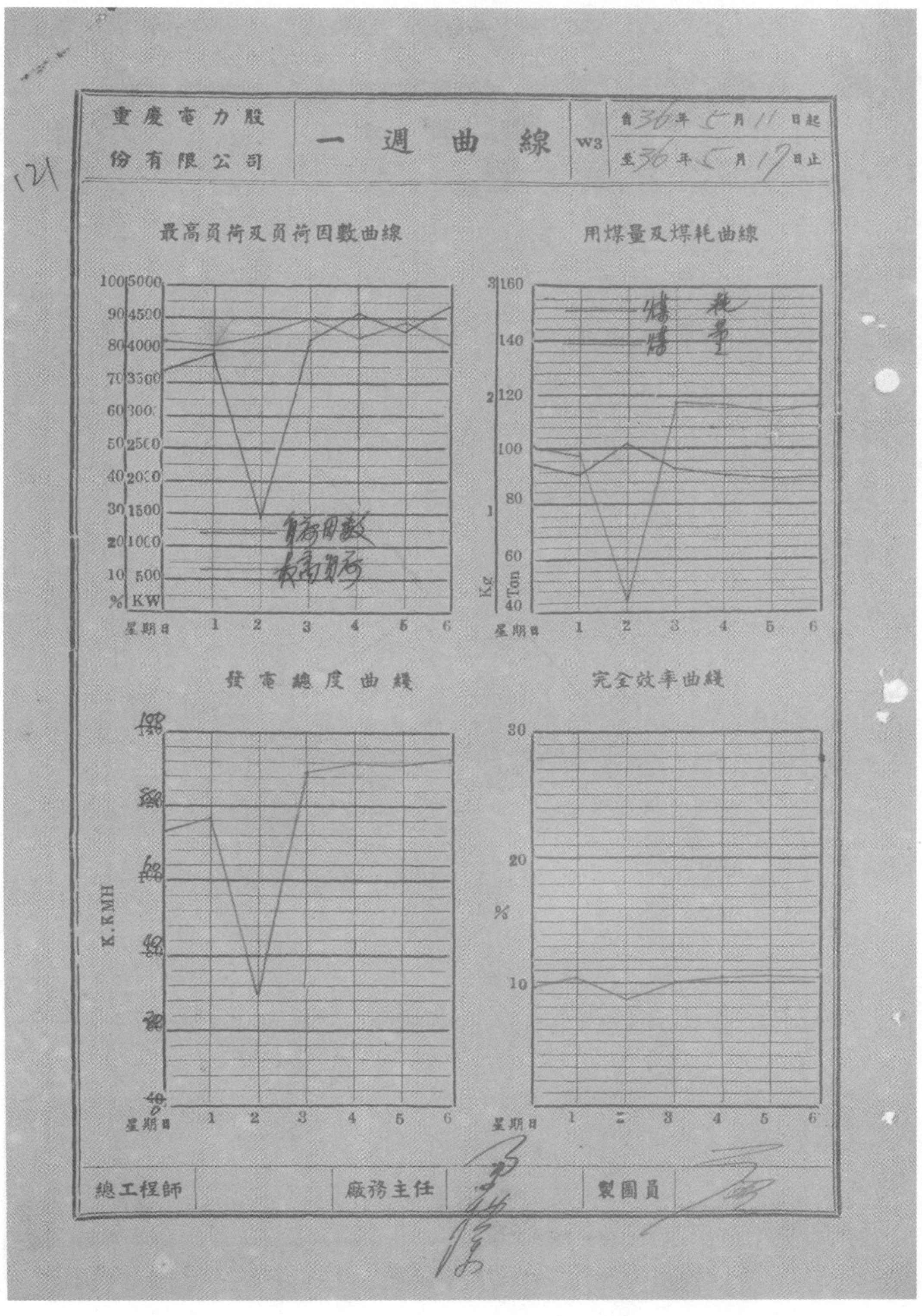

重庆电力股份有限公司关于检送第一厂一九四七年五月、六月发电月报，第二厂一九四七年四月发电月报和第三厂四月、五月、六月发电月报等致经济部电业司的代电、函（一九四七年七月十七日） 0219-2-198

重庆电力股份有限公司关于检送第一厂一九四七年五月、六月发电月报，第二厂一九四七年四月发电月报和第三厂四月、五月、六月发电月报等致经济部电业司的代电、函（一九四七年七月十七日） 0219-2-198

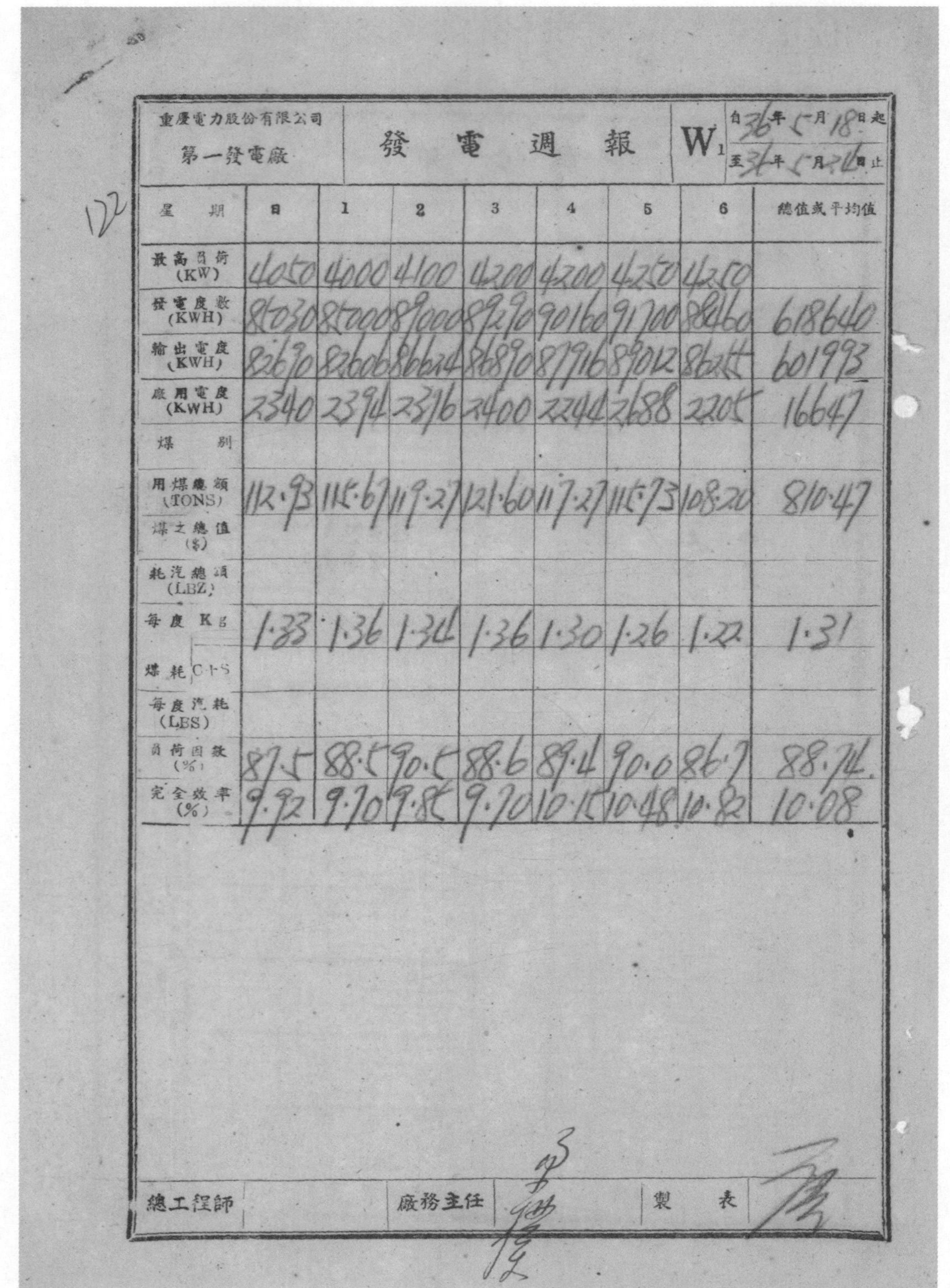

122

重慶電力股份有限公司 第一發電廠

發電週報 W1

自36年5月18日起 至36年5月24日止

星期	日	1	2	3	4	5	6	總值或平均值
最高負荷(KW)	4050	4000	4100	4200	4200	4250	4250	
發電度數(KWH)	85030	85000	89000	89290	90160	91700	88460	618640
輸出電度(KWH)	82690	82606	86624	86890	87916	89012	86255	601993
廠用電度(KWH)	2340	2394	2376	2400	2244	2688	2205	16647
煤別								
用煤總額(TONS)	112.93	115.67	119.27	121.60	117.27	115.73	108.20	810.47
煤之總值($)								
耗汽總額(LBZ)								
煤耗 每度Kg	1.33	1.36	1.34	1.36	1.30	1.26	1.22	1.31
煤耗 C+S								
每度汽耗(LBS)								
負荷因數(%)	87.5	88.5	90.5	88.6	89.4	90.0	86.7	88.74
完全效率(%)	9.92	9.70	9.85	9.70	10.15	10.48	10.82	10.08

總工程師　　廠務主任　　製表

重庆电力股份有限公司关于检送第一厂一九四七年五月、六月发电月报，第二厂一九四七年四月发电月报和第三厂四月、五月、六月发电月报等致经济部电业司的代电、函（一九四七年七月十七日）　0219-2-198

重慶電力股份有限公司	一週曲線	W3	自36年5月18日起 至36年5月24日止

最高負荷及負荷因數曲線

% KW　星期日 1 2 3 4 5 6

負荷因數
最高負荷

用煤量及煤耗曲線

Kg Ton　星期日 1 2 3 4 5 6

煤耗
煤量

發電總度曲綫

K.KMH　星期日 1 2 3 4 5 6

完全效率曲綫

%　星期日 1 2 3 4 5 6

總工程師		廠務主任		製圖員	

重庆电力股份有限公司关于检送第一厂一九四七年五月、六月发电月报，第二厂一九四七年四月发电月报和第三厂四月、五月、六月发电月报等致经济部电业司的代电、函（一九四七年七月十七日） 0219-2-198

重慶電力股份有限公司 第一發電廠	發電週報	W1	自36年5月25日起 至36年5月31日止

星期	日	1	2	3	4	5	6	總值或平均值
最高負荷 (KW)	3800	4350	4200	4100	4300	4350	4400	
發電度數 (KWH)	76190	87550	81460	83340	92660	94220	93880	609900
輸出電度 (KWH)	74489	85264	79207	81060	90305	91898	91458	593901
廠用電度 (KWH)	2301	2286	2253	2280	2355	2322	2322	15999
煤別								
用煤總額 (TONS)	99.40	107.00	107.53	101.93	117.87	119.27	119.60	772.60
煤之總值 ($)								
耗汽總額 (LBZ)								
每度 Kg	1.30	1.22	1.32	1.22	1.27	1.27	1.27	1.27
煤耗 C+S								
每度汽耗 (LBS)								
負荷因数 (%)	84.2	83.9	80.8	84.7	89.8	90.0	88.9	86.04
完全效率 (%)	10.15	10.82	10.00	10.82	10.40	10.40	10.40	10.40

總工程師		廠務主任		製表	

重庆电力股份有限公司关于检送第一厂一九四七年五月、六月发电月报，第二厂一九四七年四月发电月报和第三厂四月、五月、六月发电月报等致经济部电业司的代电、函（一九四七年七月十七日） 0219-2-198

125

重慶電力股份有限公司	一週曲線	W3	自36年5月25日起 至36年5月31日止

最高負荷及負荷因數曲線

% 100 90 80 70 60 50 40 30 20 10; KW 5000 4500 4000 3500 3000 2500 2000 1500 1000 500

負荷因數
最高負荷

星期日 1 2 3 4 5 6

用煤量及煤耗曲線

Ton 3 2 1; Kg 160 140 120 100 80 60 40

煤耗
煤量

星期日 1 2 3 4 5 6

發電總度曲綫

K.KWH 140 120 100 80 60 40

星期日 1 2 3 4 5 6

完全效率曲綫

% 30 20 10

星期日 1 2 3 4 5 6

總工程師		廠務主任		製圖員	

126

重慶電力股份有限公司　第一發電廠

發電週報　W1

自36年6月1日起　至36年6月7日止

星期	日	1	2	3	4	5	6	總值或平均值
最高負荷 (KW)	4350	4350	4250	4100	4200	4150	4300	
發電度數 (KWH)	92360	90560	92870	91170	94100	93260	88000	643020
輸出電度 (KWH)	90020	88044	90446	88821	92399	90678	85633	626655
廠用電度 (KWH)	2340	2316	2310	2347	2301	2382	2367	16365
煤別								
用煤總額 (TONS)	108.73	113.27	119.27	116.00	121.93	117.80	110.73	807.73
煤之總值 ($)								
耗汽總類 (LBZ)								
煤耗 每度Kg	1.18	1.25	1.28	1.27	1.29	1.27	1.27	1.26
煤耗 C+S								
每度汽耗 (LBS)								
負荷因數 (%)	88.5	87.0	91.0	92.7	93.9	93.4	85.3	90.27
完全效率 (%)	11.20	10.56	10.31	10.40	10.23	10.40	10.40	10.48

總工程師		廠務主任		製表	

重庆电力股份有限公司关于检送第一厂一九四七年五月、六月发电月报，第二厂一九四七年四月发电月报和第三厂四月、五月、六月发电月报等致经济部电业司的代电、函（一九四七年七月十七日）　0219-2-198

重庆电力股份有限公司关于检送第一厂一九四七年五月、六月发电月报，第二厂一九四七年四月发电月报和第三厂四月、五月、六月发电月报等致经济部电业司的代电、函（一九四七年七月十七日） 0219-2-198

(2)

重慶電力股份有限公司	一週曲線	W3	自36年6月1日起 至36年6月7日止

最高負荷及負荷因數曲線

用煤量及煤耗曲線

發電總度曲綫

完全效率曲綫

總工程師		廠務主任		製圖員	

128

重慶電力股份有限公司 第一發電廠	發電週報				W1	自36年6月8日起 至36年6月14日止	
星期	日	1	2	3	4	5	6	總值或平均值
最高負荷（KW）	3900	4000	4000	4000	4250	4350	4150	
發電度數（KWH）	77440	85130	88430	88860	93980	97440	93680	624960
輸出電度（KWH）	75169	82832	86048	86556	91610	95094	91331	608640
廠用電度（KWH）	2271	2298	2382	2304	2370	2346	2349	16320
煤別								
用煤總額（TONS）	97.00	107.73	117.07	108.53	116.60	115.80	122.53	785.26
煤之總值（$）								
耗汽總額（LBZ）								
煤耗 每度Kg	1.25	1.27	1.32	1.22	1.24	1.19	1.31	1.26
煤耗 C+S								
每度汽耗（LBS）								
負荷因數（%）	82.7	88.7	92.1	92.6	92.1	93.3	94.0	90.8
完全效率（%）	10.56	10.40	10.00	10.82	10.65	11.09	10.08	10.48

總工程師		廠務主任		製表	

重庆电力股份有限公司关于检送第一厂一九四七年五月、六月发电月报，第二厂一九四七年四月发电月报和第三厂四月、五月、六月发电月报等致经济部电业司的代电、函（一九四七年七月十七日） 0219-2-198

重庆电力股份有限公司关于检送第一厂一九四七年五月、六月发电月报，第二厂一九四七年四月发电月报和第三厂四月、五月、六月发电月报等致经济部电业司的代电、函（一九四七年七月十七日） 0219-2-198

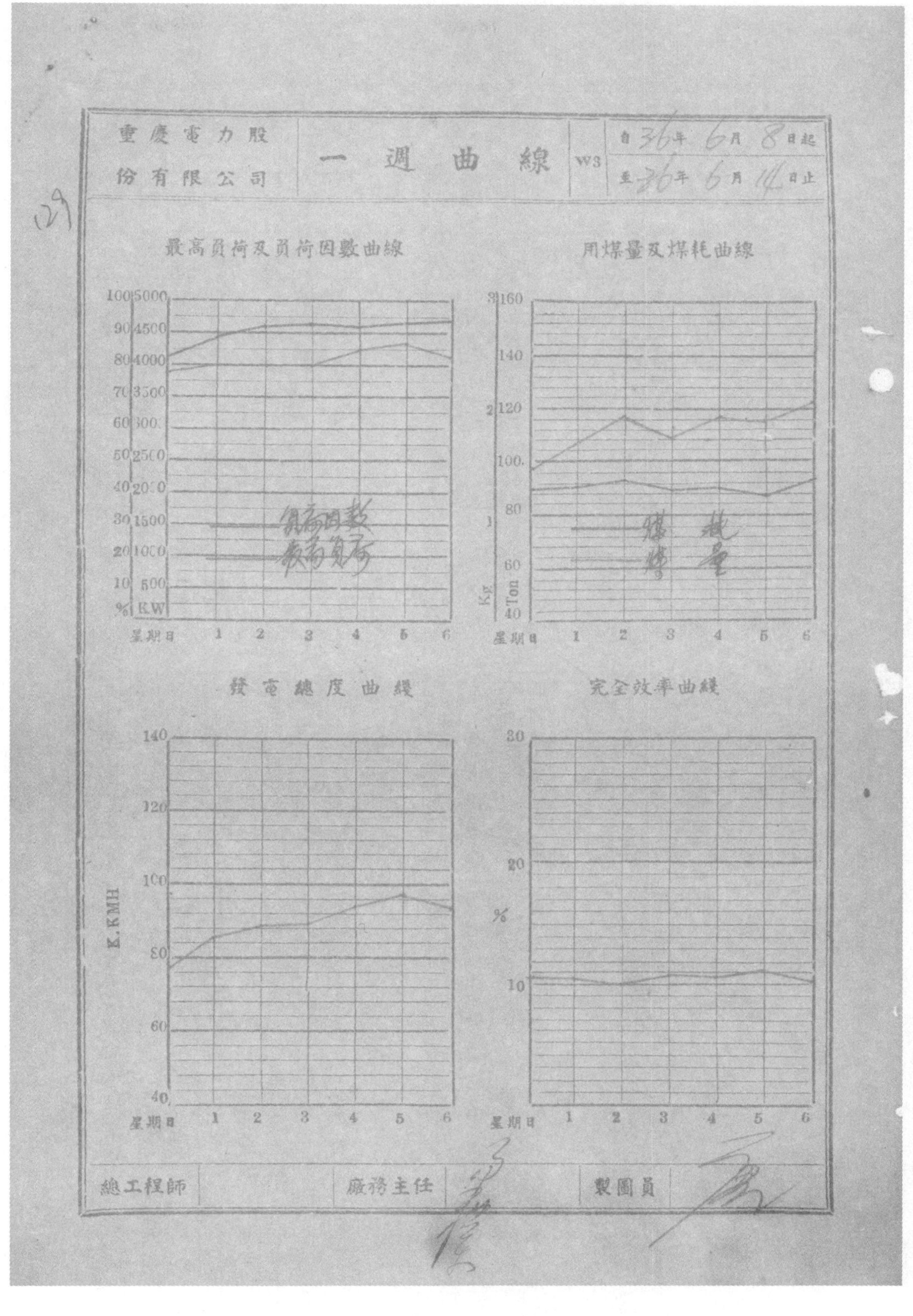

重庆电力股份有限公司关于检送第一厂一九四七年五月、六月发电月报，第二厂一九四七年四月发电月报和第三厂四月、五月、六月发电月报等致经济部电业司的代电、函（一九四七年七月十七日） 0219-2-198

130

重慶電力股份有限公司 第一發電廠	發電週報				W1	自36年6月15日起 至36年6月21日止	
星期	日	1	2	3	4	5	6	總值或平均值
最高負荷(KW)	4250	4150	4200	4200	4300	4100	4150	
發電度數(KWH)	92430	88130	83520	78230	86630	8[illegible]560	89230	604720
輸出電度(KWH)	90075	85770	81204	75908	83344	84240	86911	588472
廠用電度(KWH)	2355	2340	2316	2322	2286	2310	2319	16248
煤別								
用煤總額(TONS)	116.87	119.40	118.53	111.47	120.80	125.07	125.67	832.81
煤之總值($)								
耗汽總額(LBZ)								
煤耗 每度Kg	1.26	1.35	1.36	1.43	1.41	1.43	1.41	1.38
煤耗 C+S								
每度汽耗(LBS)								
負荷因數(%)	90.6	88.5	82.9	77.5	83.0	89.0	90.0	85.9
完全效率(%)	10.48	9.78	9.70	9.25	9.36	9.23	9.36	9.66

總工程師　　廠務主任　　製表

重庆电力股份有限公司关于检送第一厂一九四七年五月、六月发电月报，第二厂一九四七年四月发电月报和第三厂四月、五月、六月发电月报等致经济部电业司的代电、函（一九四七年七月十七日） 0219-2-198

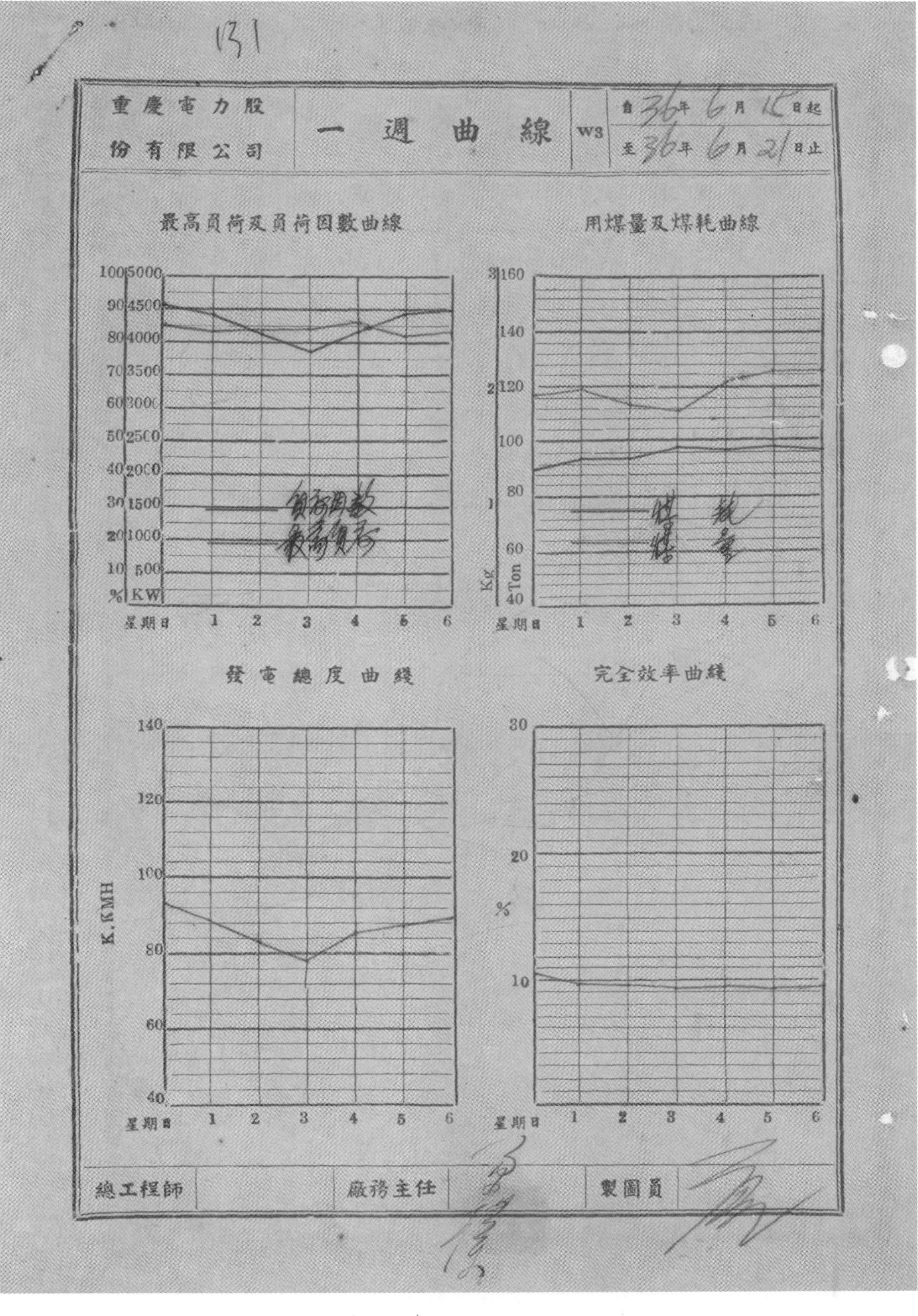

131

重慶電力股份有限公司	一週曲線	W3	自36年6月15日起 至36年6月21日止

總工程師		廠務主任		製圖員	

重庆电力股份有限公司关于检送第一厂一九四七年五月、六月发电月报，第二厂一九四七年四月发电月报和第三厂四月、五月、六月发电月报等致经济部电业司的代电、函（一九四七年七月十七日） 0219-2-198

132

重慶電力股份有限公司 第一發電廠	發電週報				W1	自36年6月22日起 至36年6月28日止	

星期	日	1	2	3	4	5	6	總值或平均值
最高負荷（KW）	4300	3900	3800	4000	4050	3950	3850	
發電度數（KWH）	86290	73670	82360	81200	79000	87240	85300	575060
輸出電度（KWH）	83881	71378	80050	78890	76660	84940	82960	558749
廠用電度（KWH）	2409	2292	2310	2310	2340	2310	2340	16311
煤別								
用煤總額（TONS）	116.67	109.73	124.20	127.93	126.33	131.73	125.33	861.92
煤之總值（$）								
耗汽總額（LBZ）								
每度煤耗 Kg	1.35	1.49	1.51	1.58	1.60	1.51	1.47	1.50
每度煤耗 C+S								
每度汽耗（LBS）								
負荷因數（%）	83.6	78.7	90.3	84.0	81.3	92.0	92.3	86.0
完全效率（%）	9.78	8.86	8.74	8.35	8.35	8.74	8.98	8.80

總工程師		廠務主任	[印章]	製表	[签名]

重庆电力股份有限公司关于检送第一厂一九四七年五月、六月发电月报，第二厂一九四七年四月发电月报和第三厂四月、五月、六月发电月报等致经济部电业司的代电、函（一九四七年七月十七日） 0219-2-198

133

重慶電力股份有限公司	一週曲線	W3	自36年6月22日起 至36年6月28日止

最高負荷及負荷因數曲線

% 100 90 80 70 60 50 40 30 20 10

KW 5000 4500 4000 3500 3000 2500 2000 1500 1000 500

負荷因數
最高負荷

星期日 1 2 3 4 5 6

用煤量及煤耗曲線

3 2 1 Kg

Ton 160 140 120 100 80 60 40

煤耗
煤量

星期日 1 2 3 4 5 6

發電總度曲綫

K.KWH 140 120 100 80 60 40

星期日 1 2 3 4 5 6

完全效率曲綫

% 30 20 10

星期日 1 2 3 4 5 6

總工程師		廠務主任		製圖員	

重庆电力股份有限公司关于检送第一厂一九四七年五月、六月发电月报，第二厂一九四七年四月发电月报和第三厂四月、五月、六月发电月报等致经济部电业司的代电、函（一九四七年七月十七日） 0219-2-198

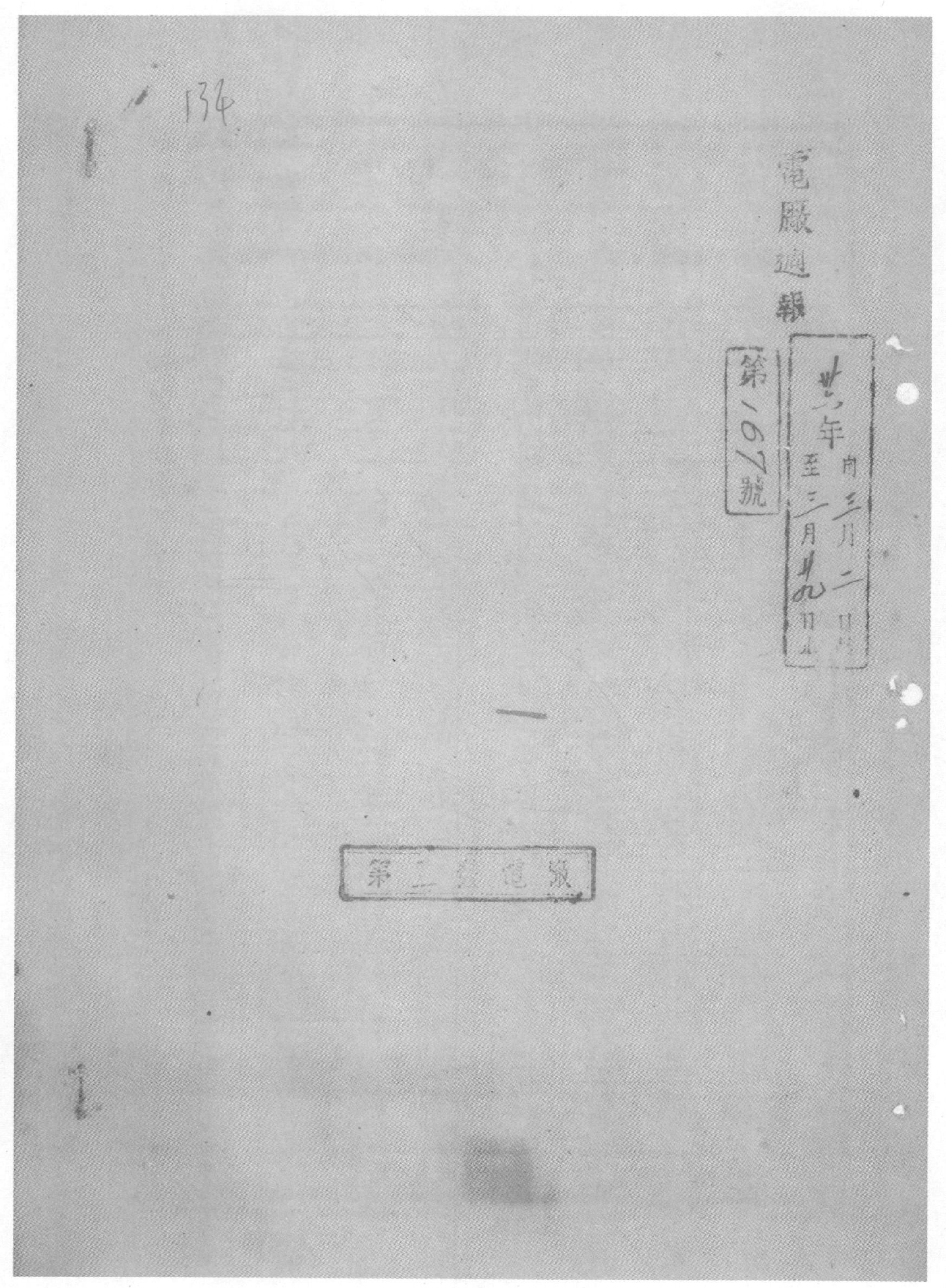

135

重慶電力股份有限公司 第二發電廠	發電週報	W_1	自36年3月23日起 至36年3月29日止

星期	日	1	2	3	4	5	6	總值或平均值
最高負荷 (KW)	900	890	880	880	860	860	830	900
發電度數 (KWH)	16868	17182	17667	16841	16892	15609	17116	116075
輸出電度 (KWH)	16222	16558	17037	16219	16249	11917	16542	117744
廠用電度 (KWH)	646	624	630	622	643	592	574	4331
煤別								
用煤總額 (TONS)	46,550	43,700	44,260	37,460	39,450	38,450	36,450	283,900
煤之總值 ($)								
耗汽總額 (LBS)								
每度煤耗 Kg	2.78	2.54	2.53	1.98	2.65	2.54	2.15	2.43
每度煤耗 ($)								
每度汽耗 (LBS)								
負荷因數 (%)	78.0	80.3	83.6	79.6	72.0	75.1	85.9	79.2
完全效率 (%)	3.70	4.05	4.07	4.18	3.88	4.05	5.01	4.23

總工程師		廠務主任	[seal]	工程師	[seal]	製表	[seal]

重庆电力股份有限公司关于检送第一厂一九四七年五月、六月发电月报，第二厂一九四七年四月发电月报和第三厂四月、五月、六月发电月报等致经济部电业司的代电、函（一九四七年七月十七日） 0219-2-198

重庆电力股份有限公司关于检送第一厂一九四七年五月、六月发电月报，第二厂一九四七年四月发电月报和第三厂四月、五月、六月发电月报等致经济部电业司的代电、函（一九四七年七月十七日） 0219-2-198

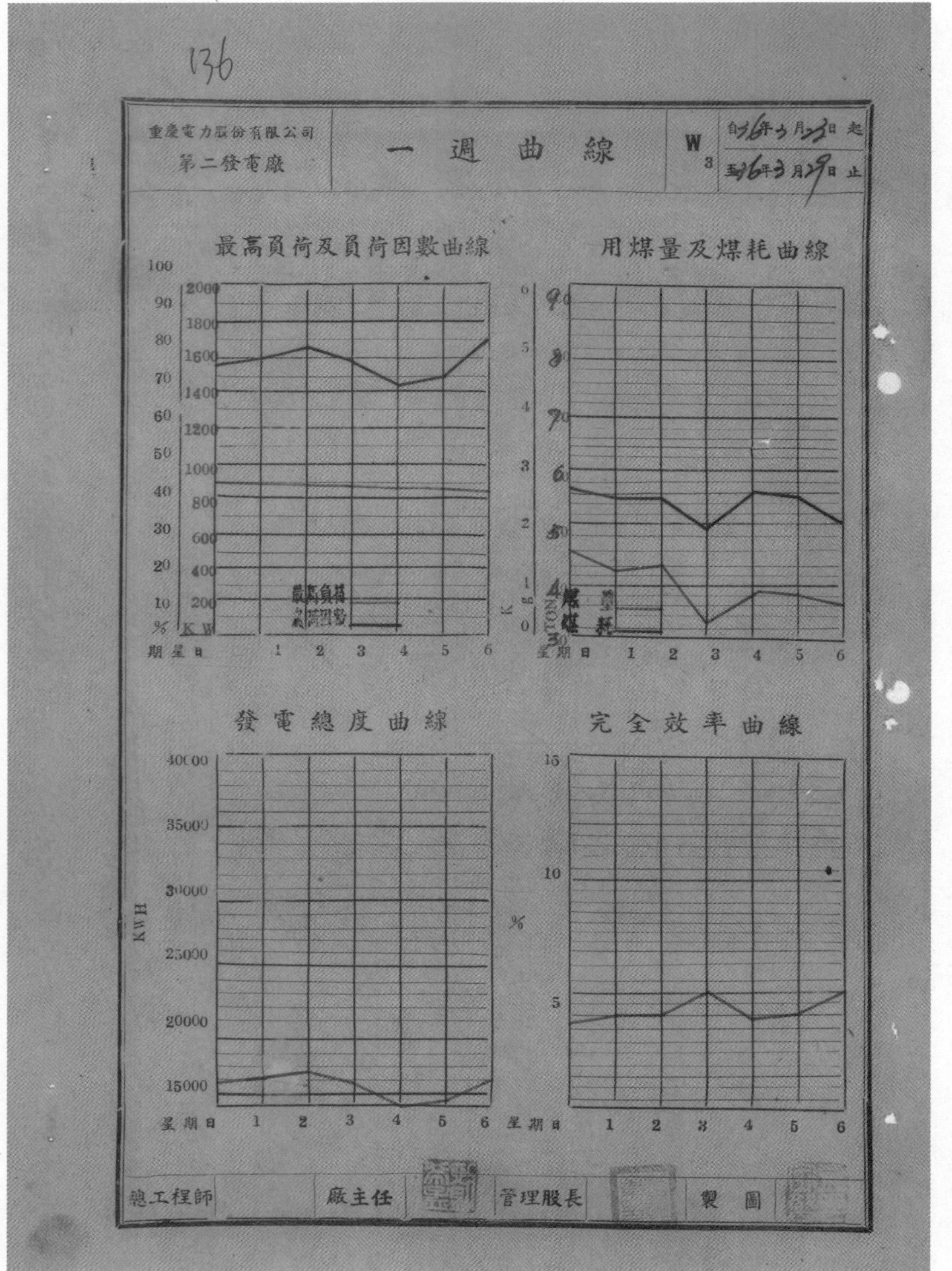

重庆电力股份有限公司关于检送第一厂一九四七年五月、六月发电月报，第二厂一九四七年四月发电月报和第三厂四月、五月、六月发电月报等致经济部电业司的代电、函（一九四七年七月十七日） 0219-2-198

137

重慶電力股份有限公司 第二發電廠	發電週報				W1	自36年3月16日起 至36年3月22日止	
星期	日	1	2	3	4	5	6	總值或平均值
最高負荷 (KW)	760	930	900	850	920	920	940	940
發電度數 (KWH)	12775	16096	16708	16856	16963	17726	16479	113602
輸出電度 (KWH)	12147	15474	16047	16148	16323	17107	15852	109098
廠用電度 (KWH)	628	622	661	708	640	619	627	4505
煤別								
用煤總額 (TONS)	33100	37500	40900	54200	47050	48350	45250	306250
煤之總值 ($)								
耗汽總額 (LBS)								
每度煤耗 Kg	2.59	2.33	2.45	3.22	2.77	2.73	2.74	2.70
每度煤耗 ($)								
每度汽耗 (LBS)								
負荷因數 (%)	70.0	72.0	77.3	82.5	76.7	80.2	77.6	76.9
完全效率 (%)	3.97	4.42	4.20	3.19	3.72	3.77	3.76	3.81

總工程師		廠務主任		工程師		製表	

重庆电力股份有限公司关于检送第一厂一九四七年五月、六月发电月报，第二厂一九四七年四月发电月报和第三厂四月、五月、六月发电月报等致经济部电业司的代电、函（一九四七年七月十七日） 0219-2-198

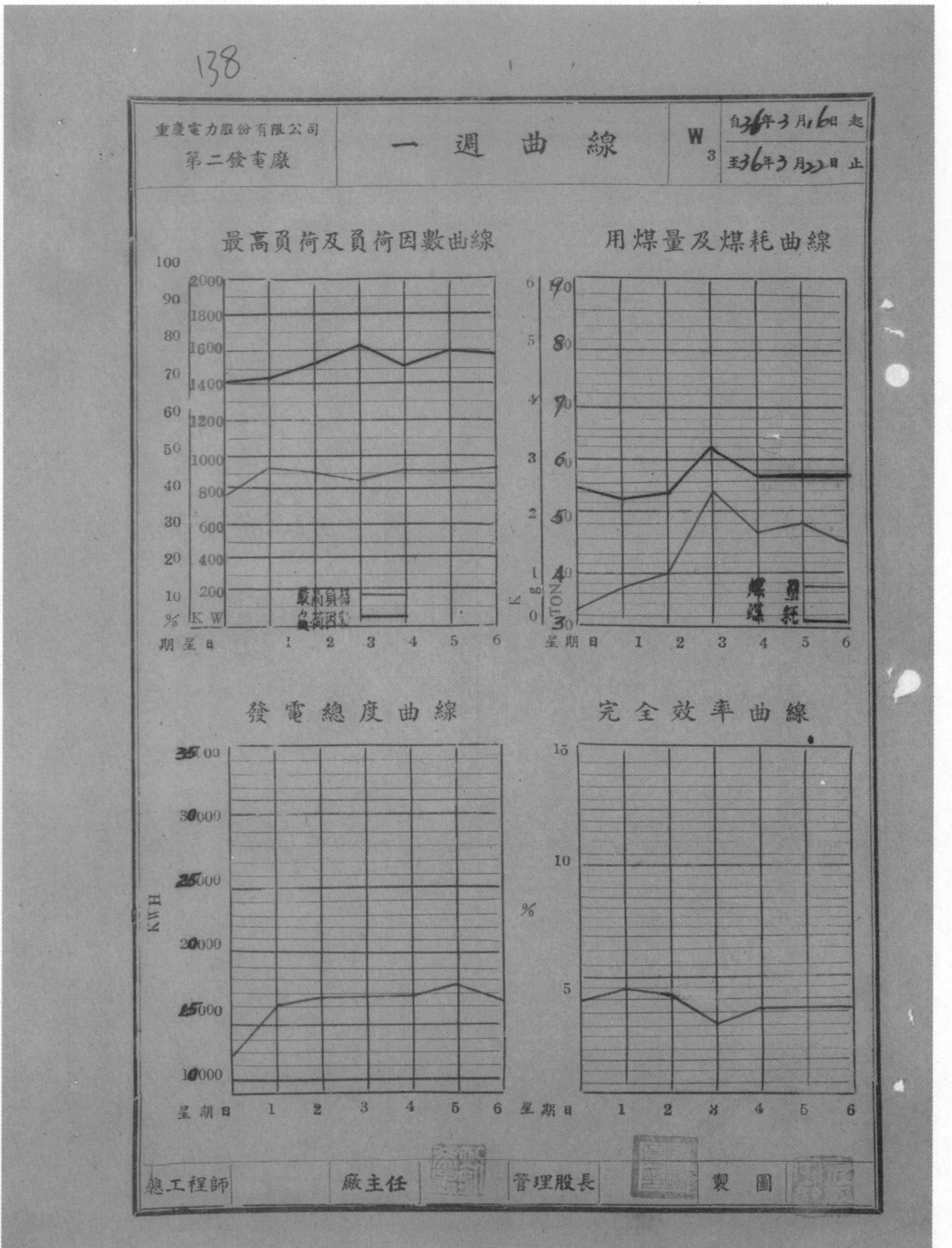

重庆电力股份有限公司关于检送第一厂一九四七年五月、六月发电月报，第二厂一九四七年四月发电月报和第三厂四月、五月、六月发电月报等致经济部电业司的代电、函（一九四七年七月十七日） 0219-2-198

139

重慶電力股份有限公司 第二發電廠	發電週報	W1	自36年5月9日起 至36年5月15日止

星期	日	1	2	3	4	5	6	總值或平均值
最高負荷 (KW)	1480	1320	1280	920	950	920	930	1480
發電度數 (KWH)	15252	18692	12762	11025	15444	17029	14701	104885
輸出電度 (KWH)	14441	18104	12092	10431	14849	16414	14092	100123
廠用電度 (KWH)	811	588	670	594	595	615	609	4462
煤別								
用煤總額 (TONS)	55350	36660	53100	44750	44880	48.900	46800	371.400
煤之總值 ($)								
耗汽總額 (LBS)								
每度煤耗 Kg	3.62	4.10	4.16	4.06	3.02	2.88	3.18	3.56
每度煤耗 ($)								
每度汽耗 (LBS)								
負荷因數 (%)	46.8	58.9	41.4	56.9	65.2	77.0	65.8	59.4
完全效率 (%)	2.84	2.51	2.47	2.54	3.41	3.57	3.24	2.89

總工程師		廠務主任		工程師		製表	

重庆电力股份有限公司关于检送第一厂一九四七年五月、六月发电月报，第二厂一九四七年四月发电月报和第三厂四月、五月、六月发电月报等致经济部电业司的代电、函（一九四七年七月十七日） 0219-2-198

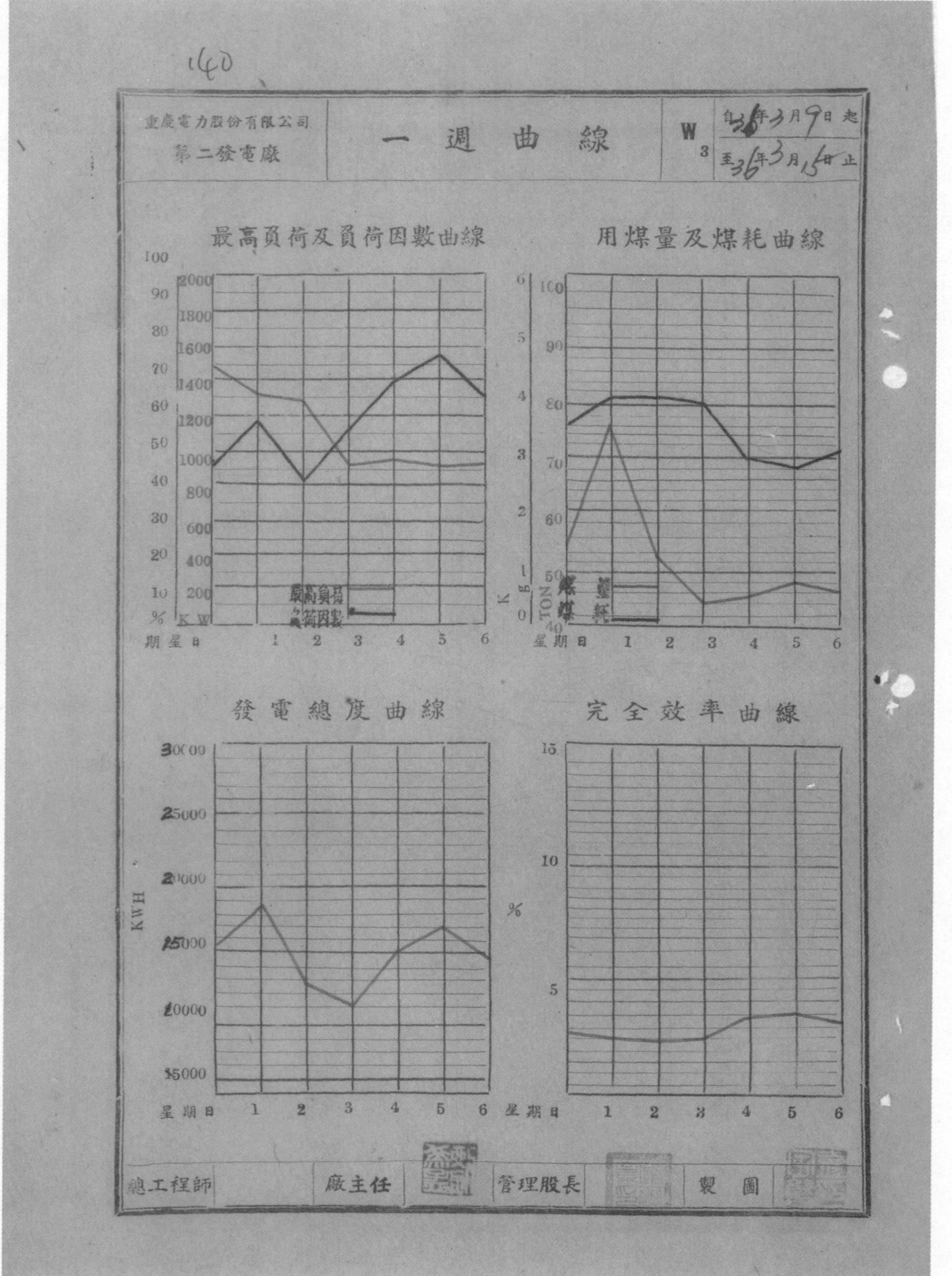

重庆电力股份有限公司关于检送第一厂一九四七年五月、六月发电月报，第二厂一九四七年四月发电月报和第三厂四月、五月、六月发电月报等致经济部电业司的代电、函（一九四七年七月十七日） 0219-2-198

141

重慶電力股份有限公司 第二發電廠	發電週報				W1	自36年3月2日起 至36年3月8日止		
星期	日	1	2	3	4	5	6	總值或平均值
最高負荷(KW)	780	760	800	960	900	830	900	960
發電度數(KWH)	15243	14696	14729	9393	10982	11178	13052	89273
輸出電度(KWH)	14603	14041	14105	8832	10322	10536	12448	84887
廠用電度(KWH)	640	655	624	561	660	642	604	4386
煤別								
用煤總額(TONS)	38100	45350	45800	33700	45200	44650	45850	299350
煤之總值($)								
耗汽總額(LBS)								
每度煤耗 Kg	2.52	2.88	3.11	3.59	4.11	3.59	3.29	3.36
每度煤耗 ($)								
每度汽耗(LBS)								
負荷因數(%)	81.4	80.5	76.6	66.2	50.7	53.4	60.4	66.9
完全效率(%)	4.08	3.57	3.31	2.87	2.51	2.58	2.72	3.07

總工程師		廠務主任		工程師		製表	

重庆电力股份有限公司关于检送第一厂一九四七年五月、六月发电月报，第二厂一九四七年四月发电月报和第三厂四月、五月、六月发电月报等致经济部电业司的代电、函（一九四七年七月十七日） 0219-2-198

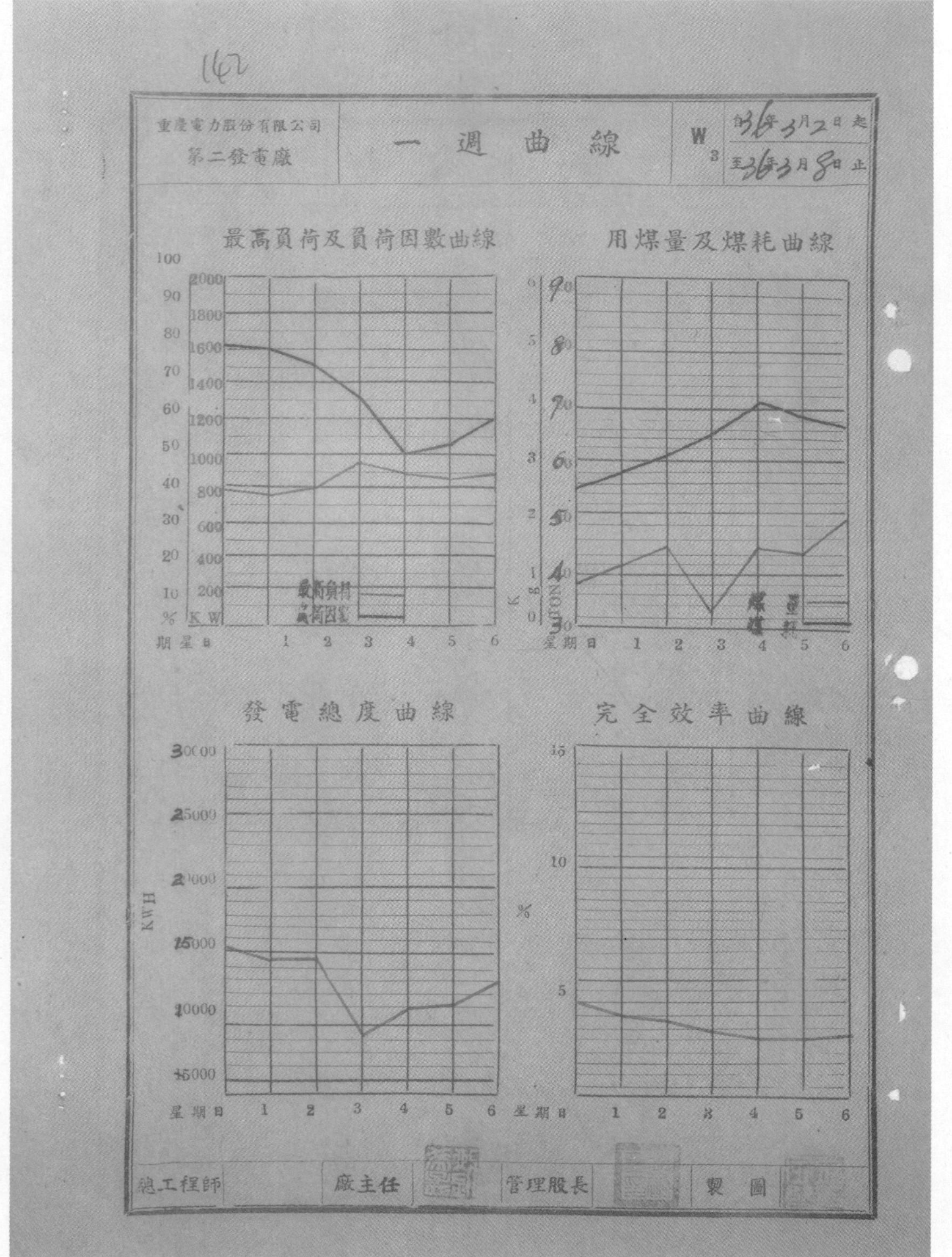

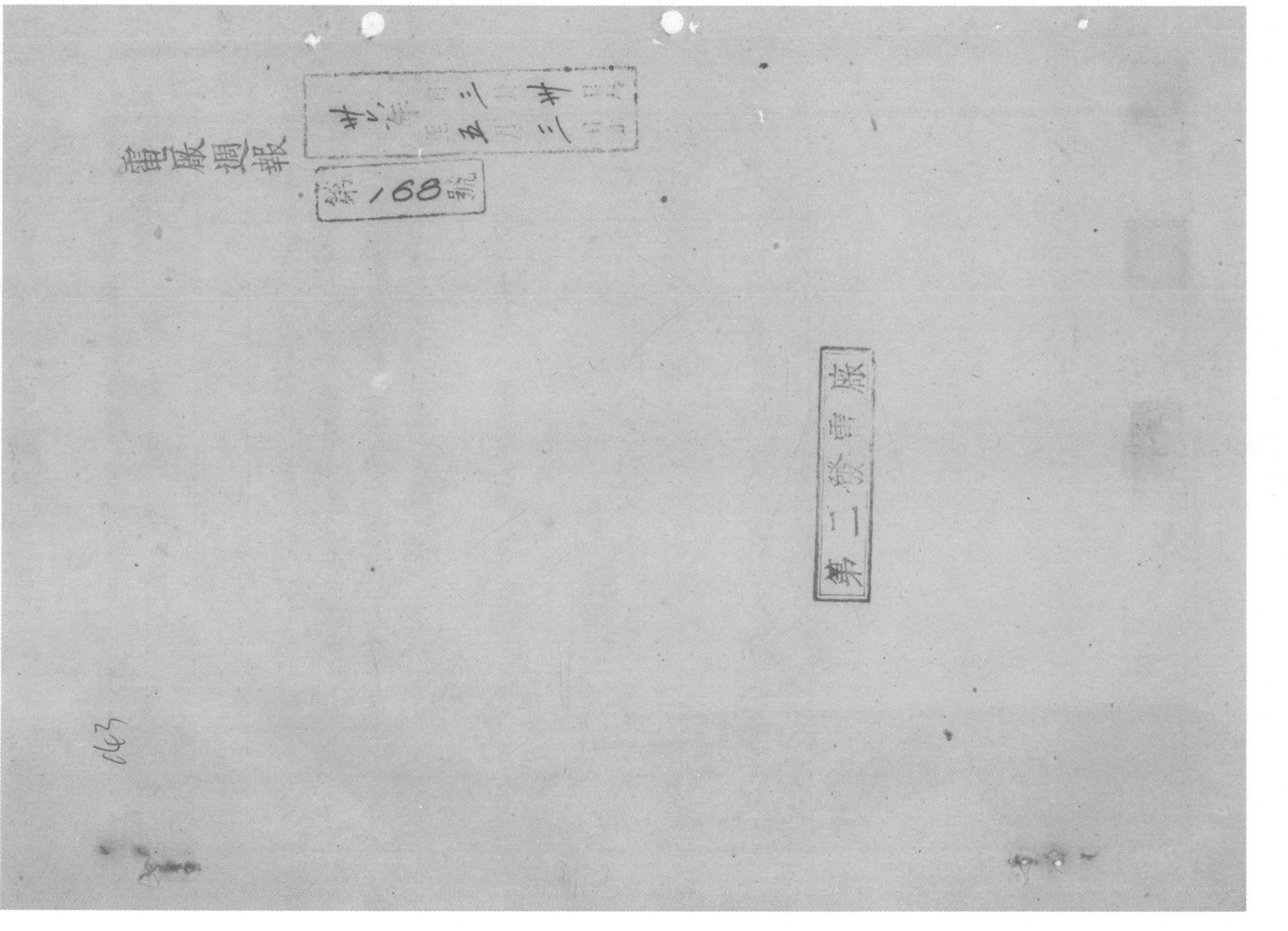

重庆电力股份有限公司关于检送第一厂一九四七年五月、六月发电月报，第二厂一九四七年四月发电月报和第三厂四月、五月、六月发电月报等致经济部电业司的代电、函（一九四七年七月十七日） 0219-2-198

重庆电力股份有限公司关于检送第一厂一九四七年五月、六月发电月报，第二厂一九四七年四月发电月报和第三厂四月、五月、六月发电月报等致经济部电业司的代电、函（一九四七年七月十七日） 0219-2-198

144

重慶電力股份有限公司 第二發電廠	發電週報				W1	自36年4月27日起 至36年5月3日止	
星期	日	1	2	3	4	5	6	總值或平均值
最高負荷 (KW)	1480	1640	1440	1480	1580	1520	1440	1640
發電度數 (KWH)	28262	27591	28680	28849	27067	27915	28361	197332
輸出電度 (KWH)	27393	28786	27982	28146	26736	27200	28054	194066
廠用電度 (KWH)	865	810	717	703	729	755	727	5266
煤別								
用煤總額 (TONS)	78.400	71.850	76.200	81.500	77.250	79.150	78.650	541.000
煤之總值 ($)								
耗汽總額 (LBS)								
每度煤耗 Kg	2.78	2.55	2.66	2.83	2.86	2.83	2.74	2.75
每度煤耗 ($)								
每度汽耗 (LBS)								
負荷因數 (%)	77.5	75.6	82.9	81.2	71.3	76.5	80.9	78.2
完全效率 (%)	3.70	4.04	3.87	3.64	3.60	3.64	3.75	3.74

總工程師		廠務主任		工程師		製表	

重庆电力股份有限公司关于检送第一厂一九四七年五月、六月发电月报，第二厂一九四七年四月发电月报和第三厂四月、五月、六月发电月报等致经济部电业司的代电、函（一九四七年七月十七日） 0219-2-198

145

重慶電力股份有限公司 第二發電廠	一週曲線	W_3	自36年4月27日起 至36年5月3日止

最高負荷及負荷因數曲線

% 100 90 80 70 60 50 40 30 20 10

KW 2000 1800 1600 1400 1200 1000 800 600 400 200

最高負荷
負荷因數

星期日 1 2 3 4 5 6

用煤量及煤耗曲線

Kg 6 5 4 3 2 1 0

TON 100 90 80 70 60 50 40

煤量
煤耗

星期日 1 2 3 4 5 6

發電總度曲線

KWH 40000 35000 30000 25000 20000 15000

星期日 1 2 3 4 5 6

完全效率曲線

% 15 10 5

星期日 1 2 3 4 5 6

總工程師		廠主任		管理股長		製圖	

重庆电力股份有限公司关于检送第一厂一九四七年五月、六月发电月报，第二厂一九四七年四月发电月报和第三厂四月、五月、六月发电月报等致经济部电业司的代电、函（一九四七年七月十七日） 0219-2-198

166

重慶電力股份有限公司 第二發電廠	發電週報	W1	自36年4月20日起 至36年4月26日止

星期	日	1	2	3	4	5	6	總值或平均值
最高負荷 (KW)	1400	1500	1460	1460	1600	1560	1500	1600
發電度數 (KWH)	22891	25002	27746	27291	28069	28556	29053	188608
輸出電度 (KWH)	22170	24260	27017	26604	27382	27863	28329	183625
廠用電度 (KWH)	721	742	729	687	687	693	724	4983
煤別								
用煤總額 (TONS)	7,250	7,200	7,800	7,850	7,800	8,250	7,450	53,700
煤之總值 ($)								
耗汽總額 (LBS)								
每度煤耗 Kg	.310	.280	.283	.289	.278	.274	.267	.282
每度煤耗 ($)								
每度汽耗 (LBS)								
負荷因數 (%)	68.0	69.4	79.1	77.8	77.0	76.2	80.6	74.8
完全效率 (%)	7.32	7.67	7.63	7.56	7.70	7.75	7.85	7.65

總工程師		廠務主任		工程師		製表	

重庆电力股份有限公司关于检送第一厂一九四七年五月、六月发电月报，第二厂一九四七年四月发电月报和第三厂四月、五月、六月发电月报等致经济部电业司的代电、函（一九四七年七月十七日） 0219-2-198

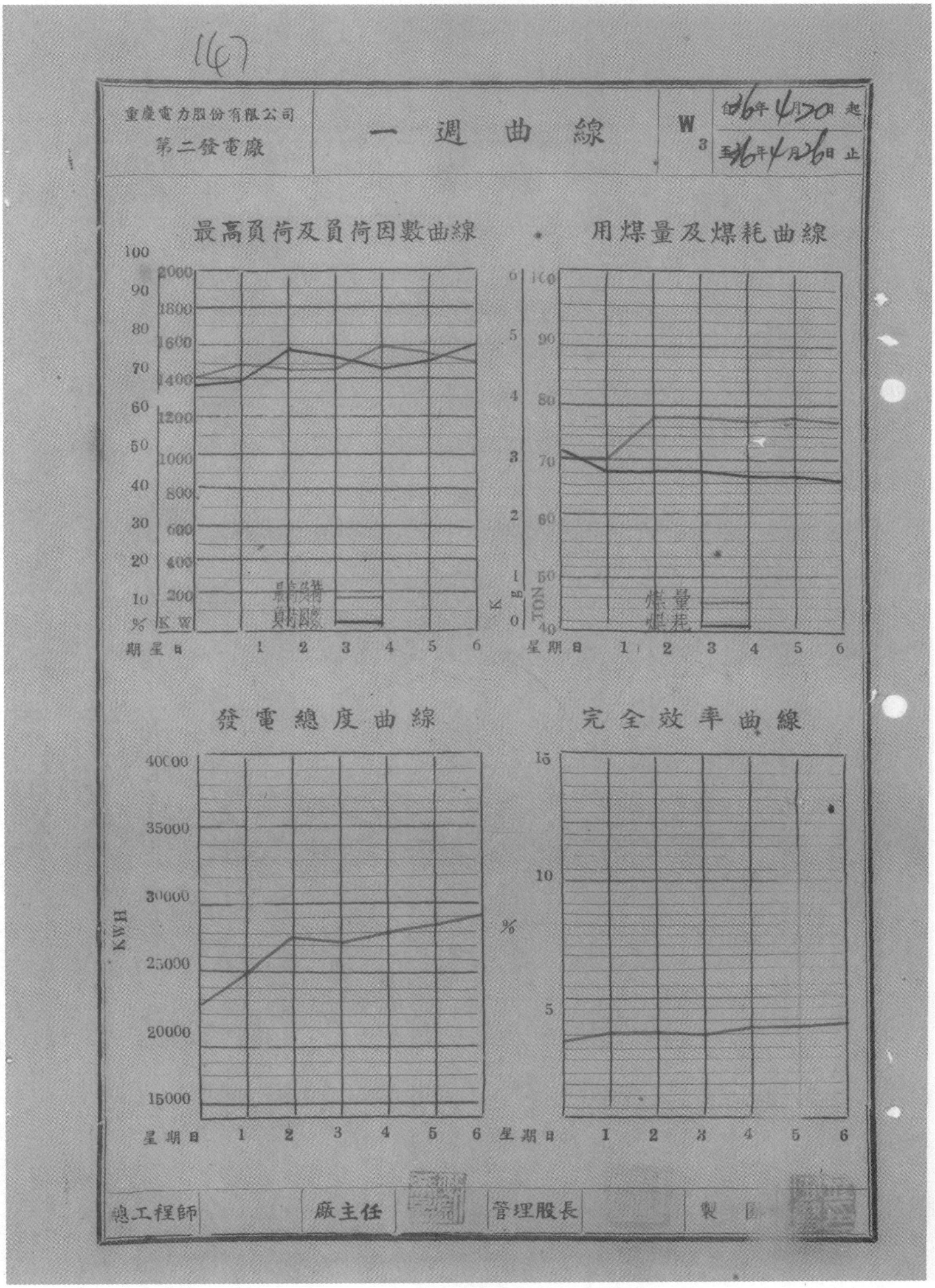

167

重慶電力股份有限公司
第二發電廠

一週曲線

W 3

自36年4月20日起
至36年4月26日止

最高負荷及負荷因數曲線

%：100、90、80、70、60、50、40、30、20、10
KW：2000、1800、1600、1400、1200、1000、800、600、400、200

最高負荷
負荷因數

星期日 1 2 3 4 5 6

用煤量及煤耗曲線

K g：6、5、4、3、2、1、0
TON：100、90、80、70、60、50、40

煤量
煤耗

星期日 1 2 3 4 5 6

發電總度曲線

KWH：40000、35000、30000、25000、20000、15000

星期日 1 2 3 4 5 6

完全效率曲線

%：15、10、5

星期日 1 2 3 4 5 6

總工程師		廠主任		管理股長		製圖	

148

重慶電力股份有限公司 第二發電廠	發電週報					W1	自36年4月13日起 至36年4月19日止
星期	日	1	2	3	4	5	6	總值或平均值
最高負荷 (KW)	900	1260	1400	1560	1480	1500	1500	1560
發電度數 (KWH)	18184	19156	[illegible]	[illegible]	[illegible]	[illegible]	[illegible]	[illegible]
輸出電度 (KWH)	17497	18466	[illegible]	[illegible]	[illegible]	[illegible]	[illegible]	[illegible]
廠用電度 (KWH)	687	730	645	735	738	580	733	4888
煤別								
用煤總額 (TONS)	6300	[illegible]	5880	7500	7800	[illegible]	[illegible]	458600
煤之總值 ($)								
耗汽總額 (LBS)								
每度煤耗 Kg	289	307	298	300	299	309	302	300
每度煤耗 ($)								
每度汽耗 (LBS)								
負荷因數 (%)	84.1	63.3	57.7	63.7	67.7	66.1	66.8	67.0
完全效率 (%)	356	335	345	343	344	333	341	343

總工程師　　廠務主任　　工程師　　製表

重庆电力股份有限公司关于检送第一厂一九四七年五月、六月发电月报，第二厂一九四七年四月发电月报和第三厂四月、五月、六月发电月报等致经济部电业司的代电、函（一九四七年七月十七日） 0219-2-198

重庆电力股份有限公司关于检送第一厂一九四七年五月、六月发电月报，第二厂一九四七年四月发电月报和第三厂四月、五月、六月发电月报等致经济部电业司的代电、函（一九四七年七月十七日） 0219-2-198

149

重慶電力股份有限公司 第二發電廠	一週曲線	W 3	自36年4月13日起 至36年4月19日止

最高負荷及負荷因數曲線

100 90 80 70 60 50 40 30 20 10 %

2000 1800 1600 1400 1200 1000 800 600 400 200 K W

最高負荷
負荷因數

星期日 1 2 3 4 5 6

用煤量及煤耗曲線

6 5 4 3 2 1 0 K

100 90 80 70 60 50 40 TON

煤量
煤耗

星期日 1 2 3 4 5 6

發電總度曲線

40000 35000 30000 25000 20000 15000 KWH

星期日 1 2 3 4 5 6

完全效率曲線

15 10 5 %

星期日 1 2 3 4 5 6

總工程師		廠主任		管理股長		製圖	

150

重慶電力股份有限公司 第二發電廠	發電週報				W1	自36年4月6日起 至36年4月12日止		
星期	日	1	2	3	4	5	6	總值或平均值
最高負荷 (KW)	1560	1280	920	880	920	900	910	1560
發電度數 (KWH)	22859	20934	18210	18450	18621	19368	18728	137770
輸出電度 (KWH)	22187	20210	17528	17744	17698	18647	18077	133091
廠用電度 (KWH)	672	724	682	606	723	621	651	4679
煤別								
用煤總額 (TONS)	62500	57300	56600	59250	59200	59250	56900	408800
煤之總值 ($)								
耗汽總額 (LBS)								
每度煤耗 Kg	2.62	2.74	3.11	3.11	3.21	3.07	3.04	2.97
每度煤耗 ($)								
每度汽耗 (LBS)								
負荷因數 (%)	63.7	68.1	83.3	86.8	83.3	89.1	85.7	79.8
完全效率 (%)	3.73	3.76	3.31	3.31	3.21	3.35	3.37	3.47

總工程師　　廠務主任　　工程師　　製表

重庆电力股份有限公司关于检送第一厂一九四七年五月、六月发电月报，第二厂一九四七年四月发电月报和第三厂四月、五月、六月发电月报等致经济部电业司的代电、函（一九四七年七月十七日）　0219-2-198

重庆电力股份有限公司关于检送第一厂一九四七年五月、六月发电月报，第二厂一九四七年四月发电月报和第三厂四月、五月、六月发电月报等致经济部电业司的代电、函（一九四七年七月十七日） 0219-2-198

151

重慶電力股份有限公司
第二發電廠

一週曲線

W 3　自36年4月6日起　至36年4月12日止

最高負荷及負荷因數曲線

% 100 90 80 70 60 50 40 30 20 10
K W 2000 1800 1600 1400 1200 1000 800 600 400 200
最高負荷
負荷因數
星期日 1 2 3 4 5 6

用煤量及煤耗曲線

Kg 6 5 4 3 2 1 0
TON 100 90 80 70 60 50 40
煤量
煤耗
星期日 1 2 3 4 5 6

發電總度曲線

KWH 40000 35000 30000 25000 20000 15000
星期日 1 2 3 4 5 6

完全效率曲線

% 15 10 5
星期日 1 2 3 4 5 6

總工程師　廠主任　管理股長　製圖

152

重慶電力股份有限公司 第二發電廠	發電週報					W_1	自36年3月30日起 至36年4月5日止	
星期	日	1	2	3	4	5	6	總值或平均值
最高負荷 (KW)	870	1360	1580	1460	1620	1620	1440	1620
發電度數 (KWH)	15379	19938	26858	24619	26133	24481	24701	160809
輸出電度 (KWH)	14784	19351	26108	23901	24485	23934	23990	156153
廠用電度 (KWH)	595	587	750	718	748	547	711	4656
煤別								
用煤總額 (TONS)	36.450	63.850	66.250	68.150	63.900	58.100	57.950	414.650
煤之總值 ($)								
耗汽總額 (LBS)								
每度煤耗 Kg	2.37	3.20	2.52	2.82	2.54	2.28	2.34	2.58
每度煤耗 ($)								
每度汽耗 (LBS)								
負荷因數 (%)	73.5	61.0	68.1	65.1	64.8	65.4	71.4	67.6
完全效率 (%)	4.34	3.22	4.08	3.65	4.05	4.52	4.40	3.99

總工程師		廠務主任		工程師		製表	

重庆电力股份有限公司关于检送第一厂一九四七年五月、六月发电月报，第二厂一九四七年四月发电月报和第三厂四月、五月、六月发电月报等致经济部电业司的代电、函（一九四七年七月十七日） 0219-2-198

重庆电力股份有限公司关于检送第一厂一九四七年五月、六月发电月报，第二厂一九四七年四月发电月报和第三厂四月、五月、六月发电月报等致经济部电业司的代电、函（一九四七年七月十七日） 0219-2-198

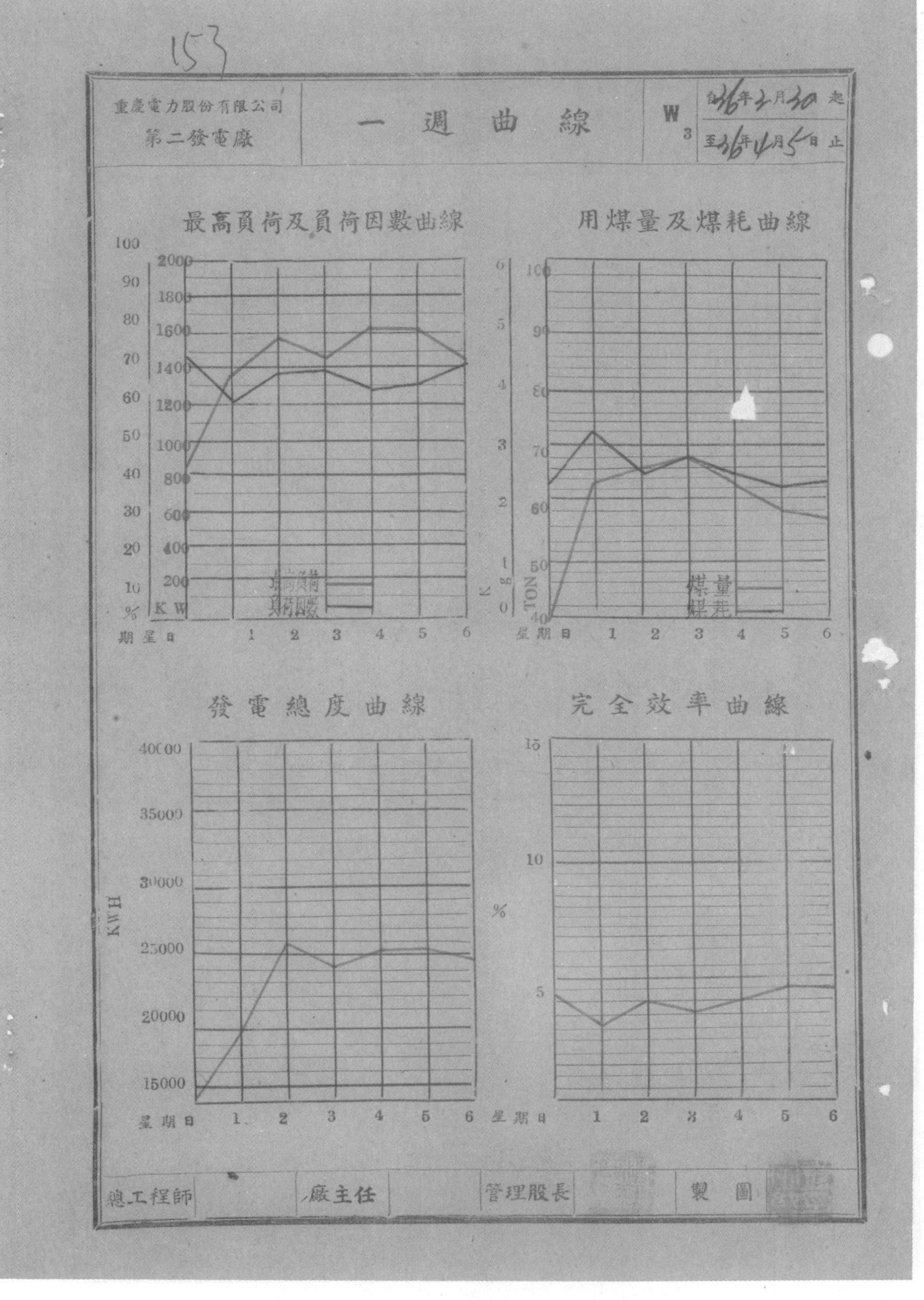

重庆电力股份有限公司关于检送第一厂一九四七年五月、六月发电月报，第二厂一九四七年四月发电月报和第三厂四月、五月、六月发电月报等致经济部电业司的代电、函（一九四七年七月十七日） 0219-2-198

154

重慶電力股份有限公司 第三發電廠

發電週報 W 1

自36年5月18日起 至36年5月24日止

星期		日	1	2	3	4	5	6	總值或平均值
最高負荷(KW)		3600	3600	3500	3500	3550	3650	3750	
發電度數(KWH)		66830	71090	68410	51910	64570	74430	76670	465910
輸出電度(KWH)		65162	69387	66717	50721	63222	72577	75062	462848
廠用電度(KWH)		1668	1705	1695	1189	1348	1855	1608	11062
煤別									
用煤總額(TONS)		120.562	129.562	128.957	80.575	115.837	125.687	140.187	838.697
煤之總值($)									
耗汽總額(LBS)									
每度煤耗	KG.	1.80	1.82	1.88	2.52	1.74	1.67	1.80	1.89
	C+S								
每度汽耗LBS									
負荷因數(%)		77.5	87.1	81.4	50.6	75.8	85.0	85.2	77.5
完全效率(%)		7.33	7.25	7.00	5.24	7.58	7.90	7.33	7.09

總工程師　　廠務主任　　製表

重庆电力股份有限公司关于检送第一厂一九四七年五月、六月发电月报，第二厂一九四七年四月发电月报和第三厂四月、五月、六月发电月报等致经济部电业司的代电、函（一九四七年七月十七日） 0219-2-198

155

重慶電力股份有限公司 第三發電廠	一週曲線	W 3	自36年5月18日起 至36年5月24日止

最高負荷及負荷因數曲線

% 100 60 80 70 60 50 40 30 20 10
KW 5000 4500 4000 3500 3000 2500 2000 1500 1000 500
最高負荷 負荷因數
星期日 1 2 3 4 5 6

用煤量及煤耗曲線

Kg 3 2 1
TON 160 140 120 100 80 60 40
用煤量 煤耗
星期日 1 2 3 4 5 6

發電總度曲線

KKWH 140 120 100 80 60 40
星期日 1 2 3 4 5 6

完全效率曲線

% 30 20 10
星期日 1 2 3 4 5 6

總工程師		廠務主任		製圖	

156

重慶電力股份有限公司 第三發電廠	報週電發				W 1	自36年5月25日起 至36年5月31日止	
星期	日	1	2	3	4	5	6	總值或平均值
最高負荷 (KW)	3650	3500	3600	3600	3450	3650	3400	
發電度數 (KWH)	74330	76100	68780	73720	71700	76500	67900	509030
輸出電度 (KWH)	72940	74848	67086	72120	70090	74850	66316	498250
廠用電度 (KWH)	1390	1252	1694	1600	1610	1650	1584	10780
煤別								
用煤總額 (TONS)	131.500	145.562	128.625	135.312	133.395	128.812	135.624	948.830
煤之總值 ($)								
耗汽總額 (LBS)								
每度煤耗 KG.	1.76	1.88	1.86	1.85	1.86	1.81	1.99	1.85
每度煤耗 C+S								
每度汽耗 LBS								
負荷因數 (%)	84.7	90.6	79.6	85.5	86.6	87.5	85.0	85.3
完全效率 (%)	7.50	7.00	7.10	7.20	7.10	7.29	6.65	7.12

總工程師　　廠務主任　　製表

重庆电力股份有限公司关于检送第一厂一九四七年五月、六月发电月报，第二厂一九四七年四月发电月报和第三厂四月、五月、六月发电月报等致经济部电业司的代电、函（一九四七年七月十七日）　0219-2-198

重庆电力股份有限公司关于检送第一厂一九四七年五月、六月发电月报，第二厂一九四七年四月发电月报和第三厂四月、五月、六月发电月报等致经济部电业司的代电、函（一九四七年七月十七日） 0219-2-198

157

重慶電力股份有限公司
第三發電廠

一週曲線

W 3

自36年5月25日起
至36年5月31日止

最高負荷及負荷因數曲線

% 100 60 80 70 60 50 40 30 20 10
KW 5000 4500 4000 3500 3000 2500 2000 1500 1000 500

最高負荷
負荷因數

星期 日 1 2 3 4 5 6

用煤量及煤耗曲線

Kg 3 2 1
TON 160 140 120 100 80 60 40

用煤量
煤耗

星期 日 1 2 3 4 5 6

發電總度曲線

KKWH 140 120 100 80 60 40

星期 日 1 2 3 4 5 6

完全效率曲線

% 30 20 10

星期 日 1 2 3 4 5 6

總工程師　　廠務主任　　製圖

重庆电力股份有限公司关于检送第一厂一九四七年五月、六月发电月报，第二厂一九四七年四月发电月报和第三厂四月、五月、六月发电月报等致经济部电业司的代电、函（一九四七年七月十七日） 0219-2-198

158

重慶電力股份有限公司 第三發電廠	發電週報				W1	自36年6月1日起 至36年6月7日止	
星期	日	1	2	3	4	5	6	總值或平均值
最高負荷 (KW)	3500	3500	3450	3400		3800	3900	
發電度數 (KWH)	66490	74870	74730	67550		19670	79820	383150
輸出電度 (KWH)	64924	73354	73155	66006		18544	78220	374201
廠用電度 (KWH)	1566	1516	1577	1544		1126	1600	8929
煤別								
用煤總額 (TONS)	122.697	161.125	135.502	129.437		58.812	125.437	693.010
煤之總值 ($)								
耗汽總額 (LBS)								
每度煤耗 KG.	1.84	1.87	1.80	1.91		1.97	1.57	1.82
每度煤耗 C+S								
(每度汽耗) LBS								
負荷因數 (%)	79.2	89.1	90.2	84.0		86.2	85.2	85.6
完全效率 (%)	7.17	7.06	7.33	6.90		6.70	8.40	7.26

總工程師		廠務主任		製表	

重庆电力股份有限公司关于检送第一厂一九四七年五月、六月发电月报，第二厂一九四七年四月发电月报和第三厂四月、五月、六月发电月报等致经济部电业司的代电、函（一九四七年七月十七日） 0219-2-198

159

重慶電力股份有限公司 第三發電廠	一 週 曲 線	W 3	自36年6月1日起 至36年6月7日止

最高負荷及負荷因數曲線

用煤量及煤耗曲線

發電總度曲線

完全效率曲線

總工程師		廠務主任		製圖	

160

重慶電力股份有限公司 第三發電廠	發電週報	W 1	自36年6月8日起 至36年6月14日止

星期	日	1	2	3	4	5	6	總值或平均值
最高負荷 (KW)	4000	3900	3900	4050	3950	3950	3950	
發電度數 (KWH)	82000	84580	79700	80970	79460	83540	80950	571200
輸出電度 (KWH)	80524	82887	78076	79313	77797	81633	79508	559738
廠用電度 (KWH)	1476	1693	1624	1657	1663	1907	1442	11462
煤別								
用煤總額 (TONS)	155.188	151.937	151.125	150.812	124.812	152.812	126.938	913.625
煤之總值 ($)								
耗汽總額 (LBS)								
每度煤耗 KG.	1.65	1.56	1.64	1.62	1.57	1.57	1.56	1.60
每度煤耗 C+S								
每度汽耗 LBS								
負荷因數 (%)	85.4	90.3	85.2	85.3	85.8	88.1	85.4	85.9
完全效率 (%)	8.00	8.46	8.00	8.15	8.40	8.40	8.46	8.26

總工程師		廠務主任		製表	

重庆电力股份有限公司关于检送第一厂一九四七年五月、六月发电月报，第二厂一九四七年四月发电月报和第三厂四月、五月、六月发电月报等致经济部电业司的代电、函（一九四七年七月十七日） 0219-2-198

重庆电力股份有限公司关于检送第一厂一九四七年五月、六月发电月报，第二厂一九四七年四月发电月报和第三厂四月、五月、六月发电月报等致经济部电业司的代电、函（一九四七年七月十七日） 0219-2-198

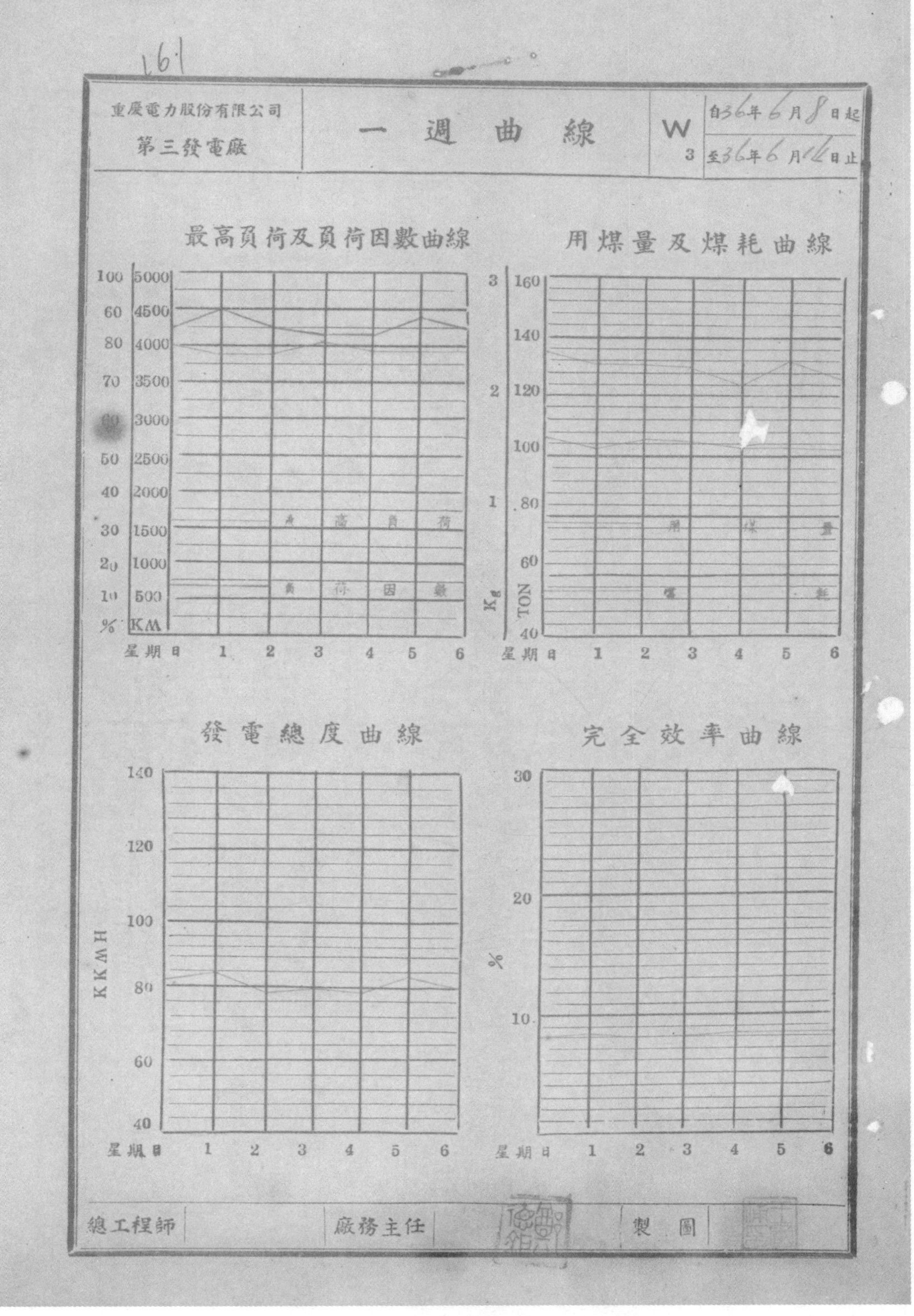

重庆电力股份有限公司关于检送第一厂一九四七年五月、六月发电月报，第二厂一九四七年四月发电月报和第三厂四月、五月、六月发电月报等致经济部电业司的代电、函（一九四七年七月十七日） 0219-2-198

162

重慶電力股份有限公司 第三發電廠	發電週報				W 1	自36年6月15日起 至36年6月21日止	
星期	日	1	2	3	4	5	6	總值或平均值
最高負荷（KW）	3900	3850	4050	4050	4000	4000	4000	
發電度數（KWH）	60440	78970	79500	77890	85810	80200	78300	541110
輸出電度（KWH）	58829	77352	77909	76358	84213	78600	76725	529986
廠用電度（KWH）	1611	1618	1591	1532	1597	1600	1575	11124
煤別								
用煤總額（TONS）	101.625	126.688	127.375	126.437	141.125	124.250	131.000	878.500
煤之總值（$）								
耗汽總額（LBS）								
每度煤耗 KG.	1.68	1.60	1.60	1.62	1.64	1.55	1.68	1.62
每度煤耗 C+S								
每度汽耗 LBS								
負荷因數（%）	64.6	85.5	81.8	80.1	89.4	83.5	81.5	79.5
完全效率（%）	7.86	8.25	8.25	8.15	8.00	8.52	7.86	8.12

總工程師　　廠務主任　　製表

重庆电力股份有限公司关于检送第一厂一九四七年五月、六月发电月报，第二厂一九四七年四月发电月报和第三厂四月、五月、六月发电月报等致经济部电业司的代电、函（一九四七年七月十七日） 0219-2-198

563

重慶電力股份有限公司 第三發電廠	一週曲線	W 3	自36年6月15日起 至36年6月21日止

最高負荷及負荷因數曲線

% 100 60 80 70 60 50 40 30 20 10

KM 5000 4500 4000 3500 3000 2500 2000 1500 1000 500

最高負荷　負荷因數

星期日 1 2 3 4 5 6

用煤量及煤耗曲線

Kg 3 2 1

TON 160 140 120 100 80 60 40

用煤量　煤耗

星期日 1 2 3 4 5 6

發電總度曲線

KKWH 140 120 100 80 60 40

星期日 1 2 3 4 5 6

完全效率曲線

% 30 20 10

星期日 1 2 3 4 5 6

總工程師		廠務主任		製圖	

重庆电力股份有限公司关于检送第一厂一九四七年五月、六月发电月报，第二厂一九四七年四月发电月报和第三厂四月、五月、六月发电月报等致经济部电业司的代电、函（一九四七年七月十七日） 0219-2-198

164

重慶電力股份有限公司 第三發電廠	發電週報				W 1	自36年6月22日起 至36年6月28日止	
星期	日	1	2	3	4	5	6	總值或平均值
最高負荷(KW)	4000	3700	3750	3400	3800	3700	3700	
發電度數(KWH)	79380	70000	81780	75330	74570	76520	75380	550960
輸出電度(KWH)	77763	68341	80203	71691	72913	74876	73635	519422
廠用電度(KWH)	1617	1659	1577	1639	1657	1644	1745	11538
煤別								
用煤總額(TONS)	135.062	119.625	140.375	134.000	141.000	135.188	141.312	944.562
煤之總值($)								
耗汽總額(LBS)								
每度煤耗 KG.	1.70	1.71	1.70	1.82	1.89	1.73	1.87	1.77
每度煤耗 C+S								
每度汽耗 LBS								
負荷因數(%)	82.6	78.8	90.8	89.8	81.8	86.2	84.8	84.9
完全效率(%)	7.76	7.72	7.76	7.25	6.98	7.63	7.06	7.45

總工程師　　廠務主任　　製表

重庆电力股份有限公司关于检送第一厂一九四七年五月、六月发电月报，第二厂一九四七年四月发电月报和第三厂四月、五月、六月发电月报等致经济部电业司的代电、函（一九四七年七月十七日） 0219-2-198

165

重慶電力股份有限公司 第三發電廠	一週曲線	W 3	自36年6月22日起 至36年6月28日止

最高負荷及負荷因數曲線

用煤量及煤耗曲線

發電總度曲線

完全效率曲線

總工程師　　廠務主任　　製圖

166

重慶電力股份有限公司 第三發電廠	發電週報			W1	自36年6月29日起 至36年7月5日止		
星期	日	1	2	3	4	5	6	總值或平均值
最高負荷 (KW)	3850	3550	3500	3500	3500	3400		
發電度數 (KWH)	71750	69910	59090	69260	70340	67350		407700
輸出電度 (KWH)	70409	68574	57765	67805	68612	66167		399150
廠用電度 (KWH)	1521	1556	1525	1657	1728	1203		8570
煤別								
用煤總額 (TONS)	139.062	133.812	124.062	156.562	132.625	130.625		794.748
煤之總值 ($)								
耗汽總額 (LBS)								
每度煤耗 KG.	1.95	1.91	2.10	1.94	1.88	1.92		1.95
每度煤耗 C+S								
(每度汽耗) LBS								
負荷因數 (%)	77.6	82.0	70.5	82.4	83.7	82.5		79.8
完全效率 (%)	6.76	6.91	6.28	6.80	7.00	6.88		6.77

總工程師		廠務主任		製表	

重庆电力股份有限公司关于检送第一厂一九四七年五月、六月发电月报，第二厂一九四七年四月发电月报和第三厂四月、五月、六月发电月报等致经济部电业司的代电、函（一九四七年七月十七日） 0219-2-198

重庆电力股份有限公司关于检送第一厂一九四七年五月、六月发电月报，第二厂一九四七年四月发电月报和第三厂四月、五月、六月发电月报等致经济部电业司的代电、函（一九四七年七月十七日） 0219-2-198

167

重慶電力股份有限公司 第三發電廠	一週曲線	W 3	自36年6月29日起 至36年7月5日止

最高負荷及負荷因數曲線

%：100、60、80、70、60、50、40、30、20、10

KW：5000、4500、4000、3500、3000、2500、2000、1500、1000、500

最高負荷　負荷因數

星期日　1　2　3　4　5　6

用煤量及煤耗曲線

Kg：3、2、1

TON：160、140、120、100、80、60、40

用煤量　煤耗

星期日　1　2　3　4　5　6

發電總度曲線

KKWH：140、120、100、80、60、40

星期日　1　2　3　4　5　6

完全效率曲線

%：30、20、10

星期日　1　2　3　4　5　6

總工程師		廠務主任		製圖	

重庆电力股份有限公司关于检送第二厂发电月报及电气事业报告表致重庆市工务局统计室的函（一九四七年七月三十一日） 0219-2-198

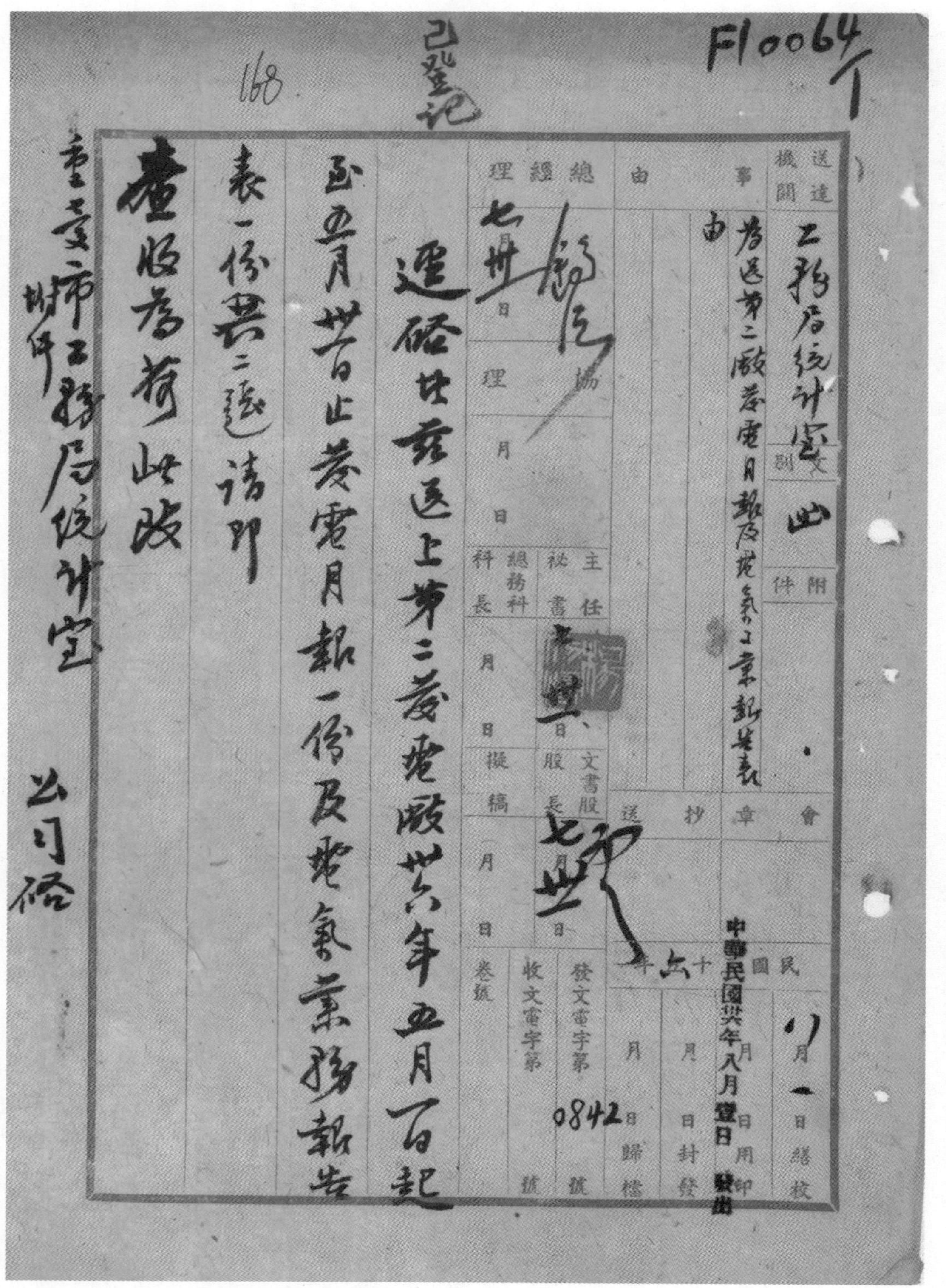

F10064/1

168

已登记

送達機關：工務局統計室

文別：函

附件：

事由：為送第二廠發電月報及電氣事業報告表由

總經理　七月卅日

協理　月　日

主任祕書　總務科科長　月　日

文書股股長　擬稿　七月卅日

會章抄送

中華民國三十六年　月　日

繕校　用印　封發　歸檔

中華民國卅六年八月壹日發出

發文電字第0842號

收文電字第　號

卷號

逕啟者：茲送上第二發電廠卅六年五月一日起至五月卅日止發電月報一份及電氣事業報告表一份，共二張，請即查收為荷。此致

重慶市工務局統計室

公司啟

重庆电力股份有限公司关于检送第二厂发电月报及电气事业报告表致重庆市工务局统计室的函

（一九四七年七月三十一日）　0219-2-198

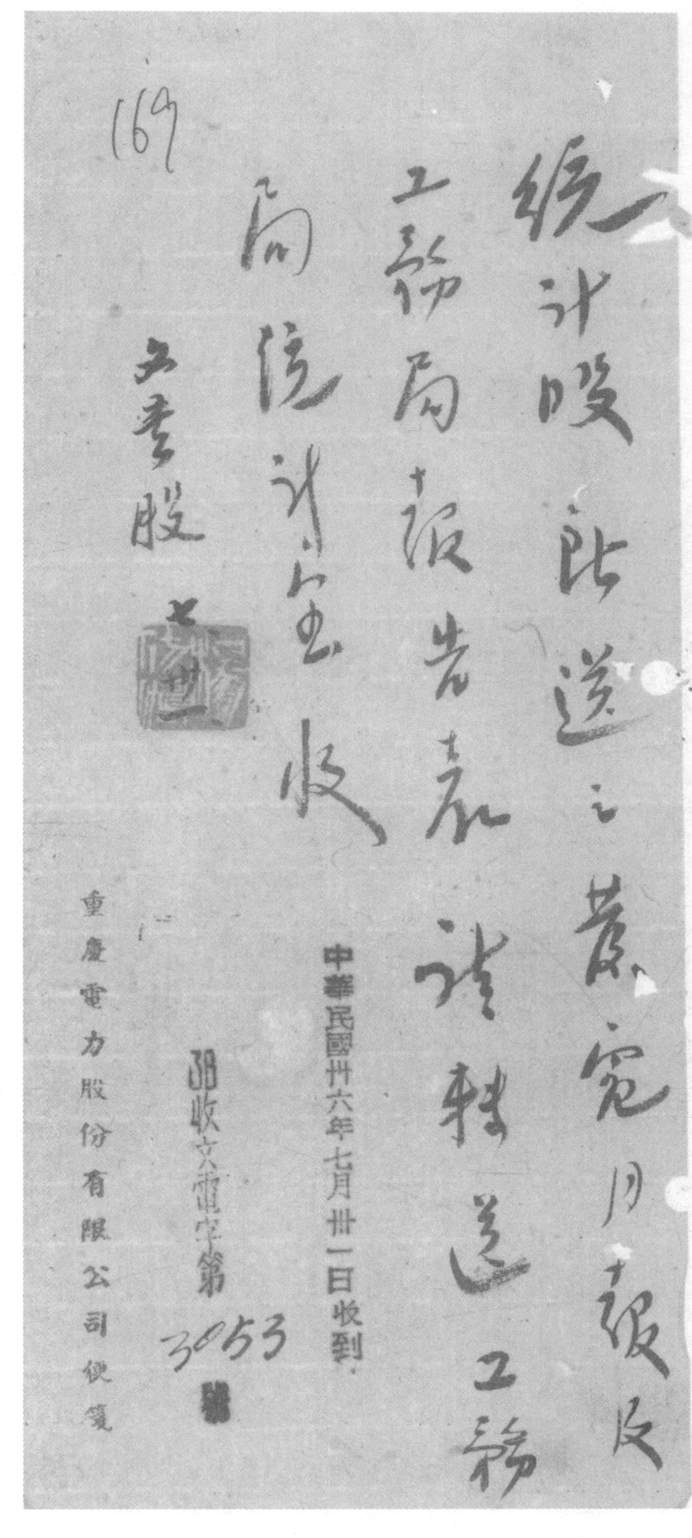

169

统计股兹送
贵室月报及
工务局报告表请转送工务
局统计室收

业务股

中华民国卅六年七月卅一日收到

邵收文电字第3053

重庆电力股份有限公司便笺

重庆电力股份有限公司关于检送第二厂发电月报及电气事业报告表致重庆市工务局统计室的函（一九四七年七月三十一日） 0219-2-198

170

電廠月報

第 88 號

卅六年 自五月一日起 至五月卅一日止

第二發電廠

重庆电力股份有限公司关于检送第二厂发电月报及电气事业报告表致重庆市工务局统计室的函（一九四七年七月三十一日） 0219-2-198

171

重慶電力股份有限公司
第二發電廠

發電月報

M： 年 月 日 星期

日期	最高負荷	總度數 發電額	總度數 輸出額	用煤總數		煤之總值	蒸汽總量	每度代價 煤耗	每度代價 汽耗	每度代價 合洋	負荷因數	總效率
	KW	KWH	KWH	TON	KGS	$	LBS	KGS	LBS	$	%	%
1	1580	[illegible]	[illegible]	77	250	[illegible]		2.86		[illegible]	71.3	3.60
2	1620	[illegible]	[illegible]	59	150	[illegible]		2.83		[illegible]	76.5	3.60
3	1580	[illegible]	[illegible]	58	650	[illegible]		2.76		[illegible]	80.9	3.75
4	1620	[illegible]	[illegible]	68	400	[illegible]		2.60		[illegible]	63.8	3.82
5	1600	[illegible]	[illegible]	76	200	[illegible]		2.96		[illegible]	71.2	3.47
6	1620	[illegible]	[illegible]	71	300	[illegible]		2.76		[illegible]	64.2	3.42
7	1620	[illegible]	29107	72	650	[illegible]		2.63		[illegible]	71.6	4.23
8	1600	[illegible]	[illegible]	74	150	[illegible]		2.71		[illegible]	76.0	3.75
9	1560	[illegible]	[illegible]	76	500	[illegible]		2.76		[illegible]	76.2	3.52
10	1620	[illegible]	[illegible]	75	950	[illegible]		2.62		1881	73.8	3.52
11	1280	[illegible]	[illegible]	63	550	[illegible]		2.38		[illegible]	59.4	4.32
12	1580	[illegible]	[illegible]	64	200	[illegible]		3.05		[illegible]	59.4	3.34
13	1580	[illegible]	[illegible]	69	200	[illegible]		2.63		[illegible]	74.0	3.51
14	1600	[illegible]	[illegible]	63	600	[illegible]		2.90		[illegible]	60.9	3.55
15	1590	[illegible]	[illegible]	76	300	[illegible]		2.91		[illegible]	62.0	3.50
16	1560	[illegible]	[illegible]	72	650	[illegible]		2.98		[illegible]	66.8	3.45
17	1560	[illegible]	[illegible]	72	850	[illegible]		2.98		[illegible]	66.2	3.45
18	1500	[illegible]	[illegible]	76	850	[illegible]		2.86		[illegible]	74.4	3.60
19	1580	[illegible]	[illegible]	72	150	[illegible]		2.75		[illegible]	75.0	3.74
20	1620	[illegible]	[illegible]	76	650	[illegible]		2.88		[illegible]	64.2	3.57
21	1600	[illegible]	[illegible]	72	700	[illegible]		3.04		[illegible]	65.7	2.99
22	1500	[illegible]	[illegible]	76	100	[illegible]		2.81		[illegible]	75.3	3.66
23	1500	[illegible]	[illegible]	77	350	[illegible]		2.84		[illegible]	75.6	3.62
24	1580	[illegible]	[illegible]	75	850	[illegible]		2.92		[illegible]	74.4	3.52
25	1500	[illegible]	[illegible]	65	200	[illegible]		2.74		[illegible]	70.3	3.75
26	1580	[illegible]	[illegible]	77	600	[illegible]		2.73		19601	73.1	3.75
27	1500	[illegible]	[illegible]	78	650	[illegible]		2.54		[illegible]	76.6	3.50
28	1350	[illegible]	[illegible]	76	400	[illegible]		2.82		[illegible]	85.0	3.65
29	1500	[illegible]	[illegible]	74	600	[illegible]		2.97		[illegible]	72.5	3.47
30	1500	[illegible]	[illegible]	77	350	[illegible]		2.83		[illegible]	75.9	3.64
31	1580	[illegible]	[illegible]	71	500	[illegible]		3.07		[illegible]	66.5	3.35
平均	1550	[illegible]	[illegible]	72	700	[illegible]		2.85		[illegible]	71.0	3.61
總數		[illegible]	[illegible]	[illegible]	500	[illegible]						

註、本月份煤價每公噸按$71800.00計算。

總工程師		主任		工程師		製表	

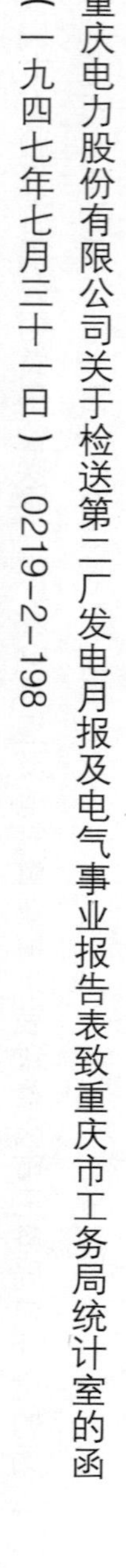
重庆电力股份有限公司关于检送第二厂发电月报及电气事业报告表致重庆市工务局统计室的函
（一九四七年七月三十一日） 0219-2-198

172

重慶電力股份有限公司 第弍發電廠	一月曲線	M_4 36年5月

完全效率曲線

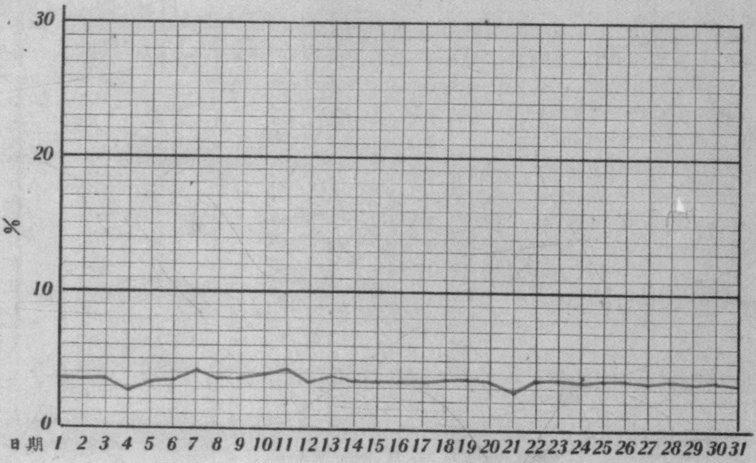

% 30 / 20 / 10 / 0

日期 1 2 3 4 5 6 7 8 9 10 11 12 13 14 15 16 17 18 19 20 21 22 23 24 25 26 27 28 29 30 31

發電總度曲線

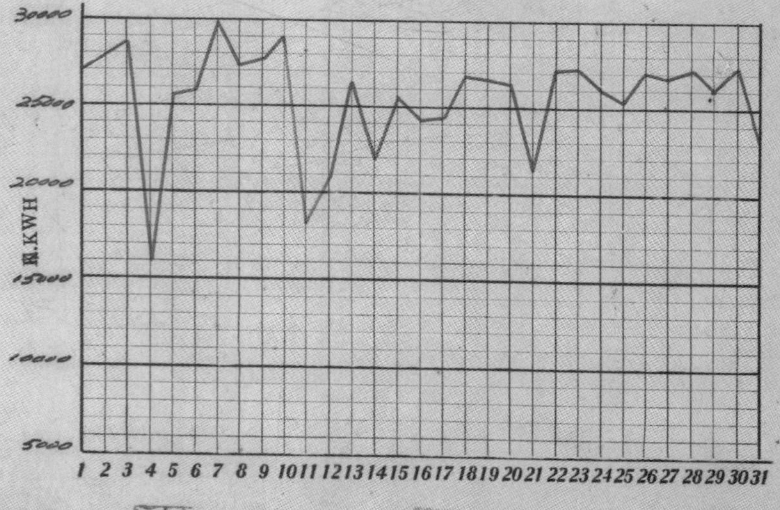

度.KWH 30000 / 25000 / 20000 / 15000 / 10000 / 5000

1 2 3 4 5 6 7 8 9 10 11 12 13 14 15 16 17 18 19 20 21 22 23 24 25 26 27 28 29 30 31

主任		工程師		製圖	

重庆电力股份有限公司关于检送第二厂发电月报及电气事业报告表致重庆市工务局统计室的函

（一九四七年七月三十一日） 0219-2-198

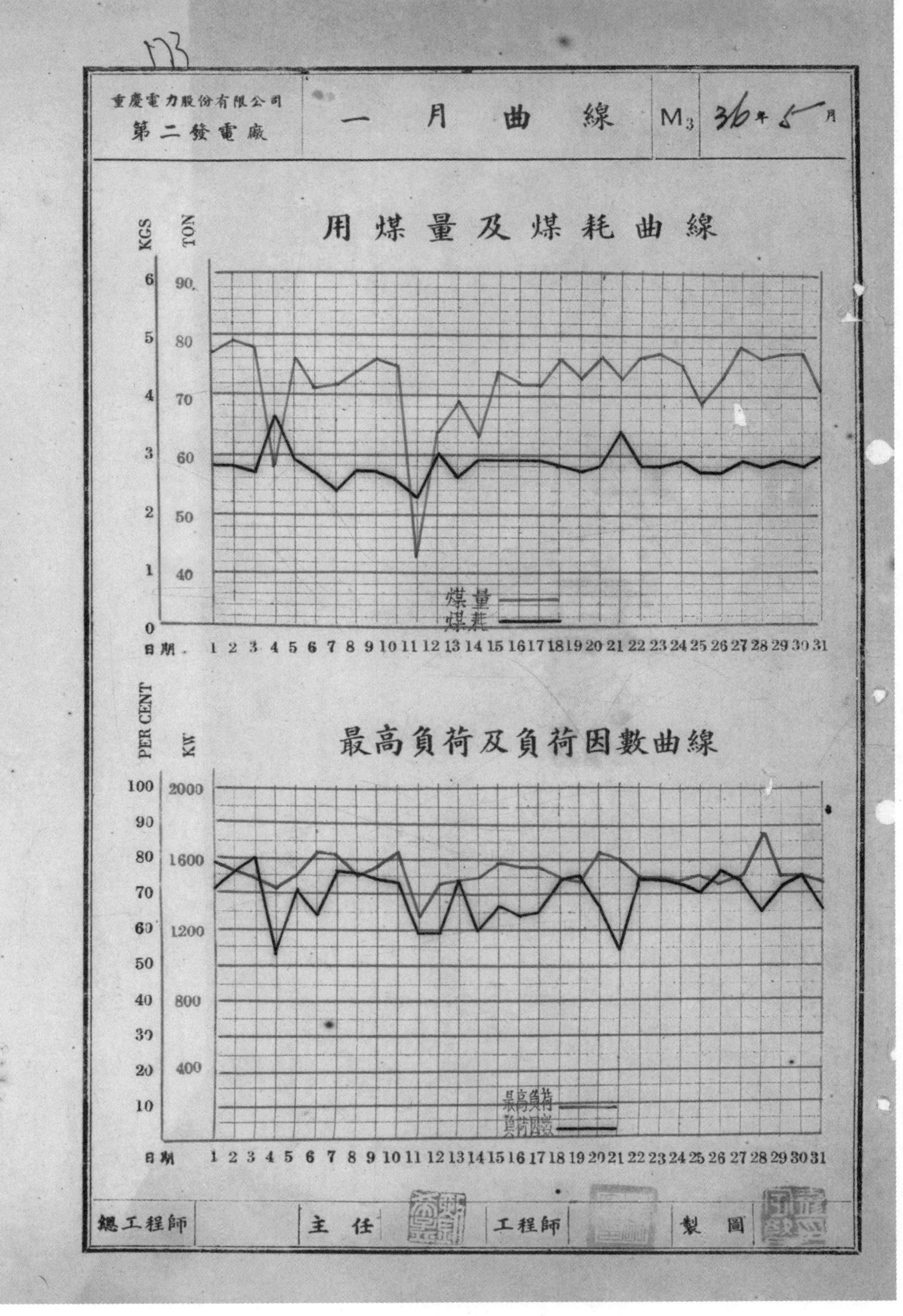

重庆电力股份有限公司第一厂和第三厂关于轮流停电办法致重庆电力股份有限公司秘书室的函（附轮流停电表）（一九四七年十二月十二日） 0219-2-242

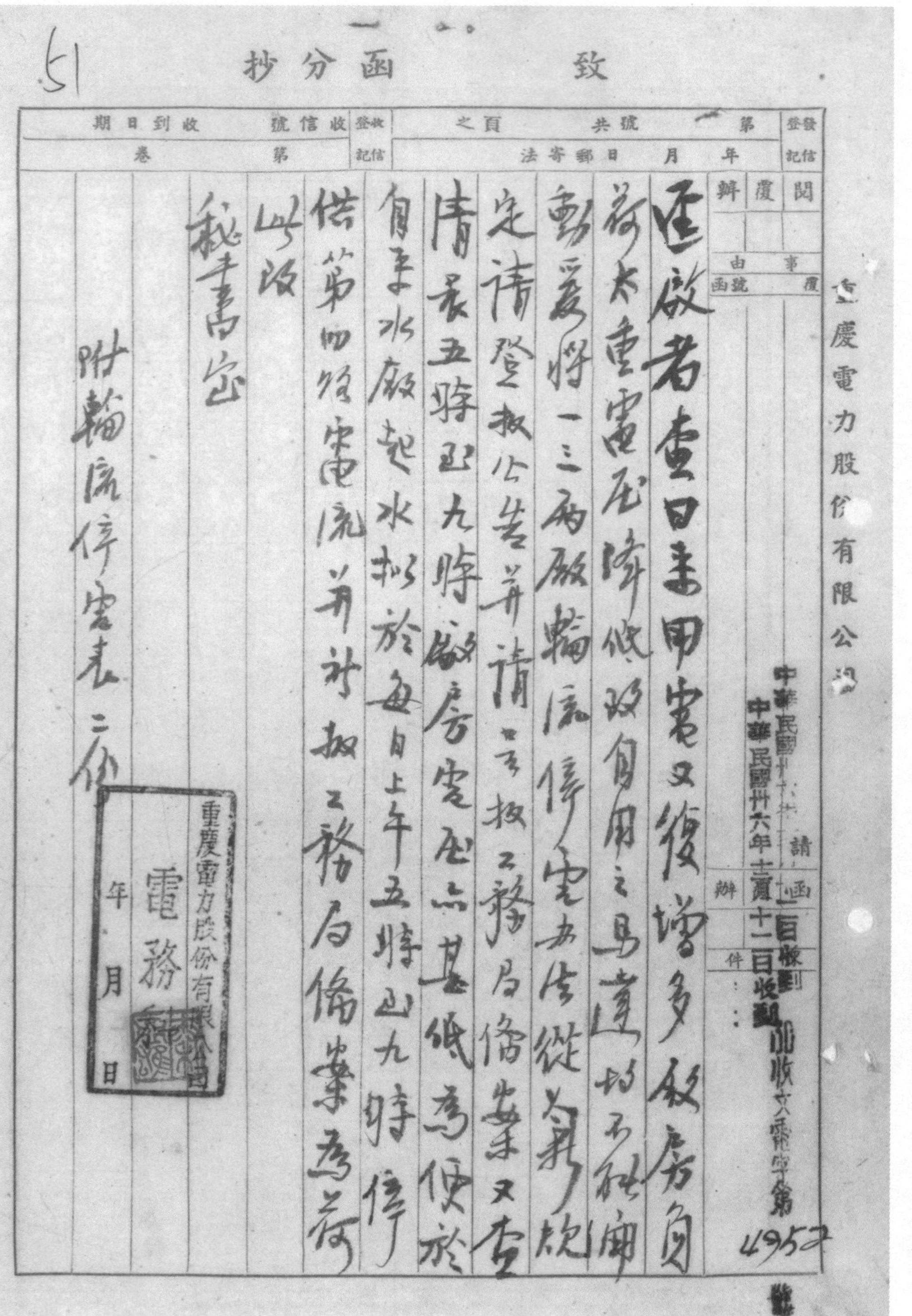

一〇。

致 函 分 抄

重慶電力股份有限公司

逕啟者查日來用電又復增多致廠房負荷太重電壓降低致自用之馬達均不能開動爰將一三兩廠輪流停電辦法從新規定請登報公告並請[illegible]報工務局備案又查清晨五時至九時廠房電壓亦甚低為便於自來水廠起水擬於每日上午五時至九時停供第四路電流並祈報工務局備案為荷

此致

秘書室

附輪流停電表二份

重慶電力股份有限公司 電務科

年 月 日

中華民國卅六年十二月十二日收到 收文電字第4952號

重庆电力股份有限公司第一厂和第三厂关于轮流停电办法致重庆电力股份有限公司秘书室的函（附轮流停电表）

（一九四七年十二月十二日）　0219-2-242-(51-54)

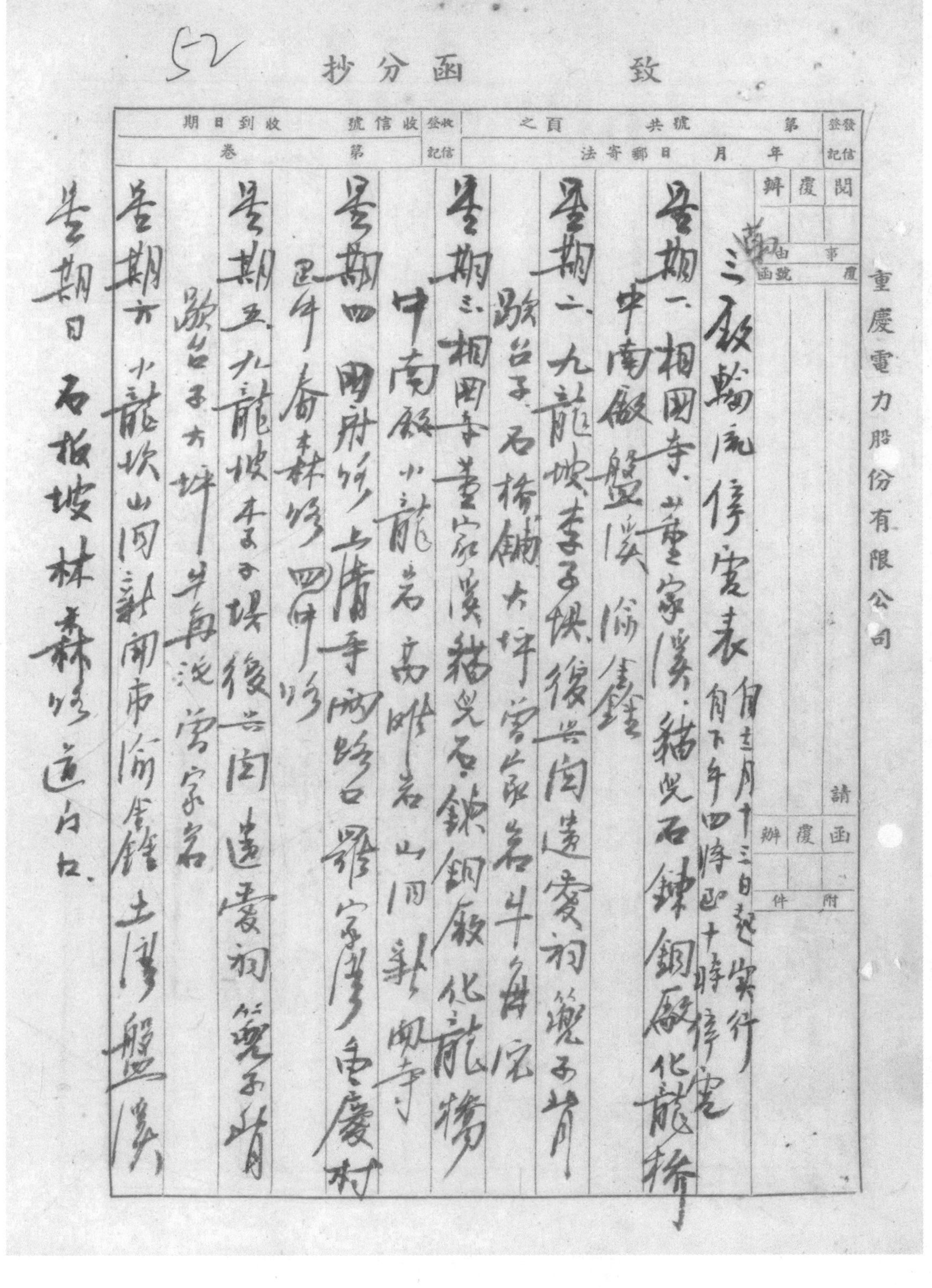

52

致　　函分抄

發信登記	第　號共　頁之	收信登記	收信號	收到日期
	年　月　日郵寄法		第　卷	

閱　覆　辦

事由

覆函號

重慶電力股份有限公司

三廠輪流停電表　自十二月十三日起實行　自下午四時至十時停電

星期一　相國寺、董家溪、貓兒石、鍊鋼廠、化龍橋、中南廠、盤溪、渝鑫

星期二　九龍坡、李子壩、復興關、遺愛祠、兜子背、歇台子、石橋鋪、大坪、曾家岩、牛角沱

星期三　相國寺、董家溪、貓兒石、鉄鋼廠、化龍橋、中南廠、小龍坎、高灘岩、山洞、新開寺

星期四　國府路、上清寺、兩路口、羅家灣、重慶村　正午裕森紗、四川紗

星期五　九龍坡、李子壩、復興關、遺愛祠、兜子背、歇台子、大坪、牛角沱、曾家岩

星期六　小龍坎、山洞、新開市、渝鑫、土灣、盤溪

星期日　石板坡、林森路、道門口

請函　覆　辦

附件

重庆电力股份有限公司第一厂和第三厂关于轮流停电办法致重庆电力股份有限公司秘书室的函（附轮流停电表）（一九四七年十二月十二日）

0219-2-242-(51-54)

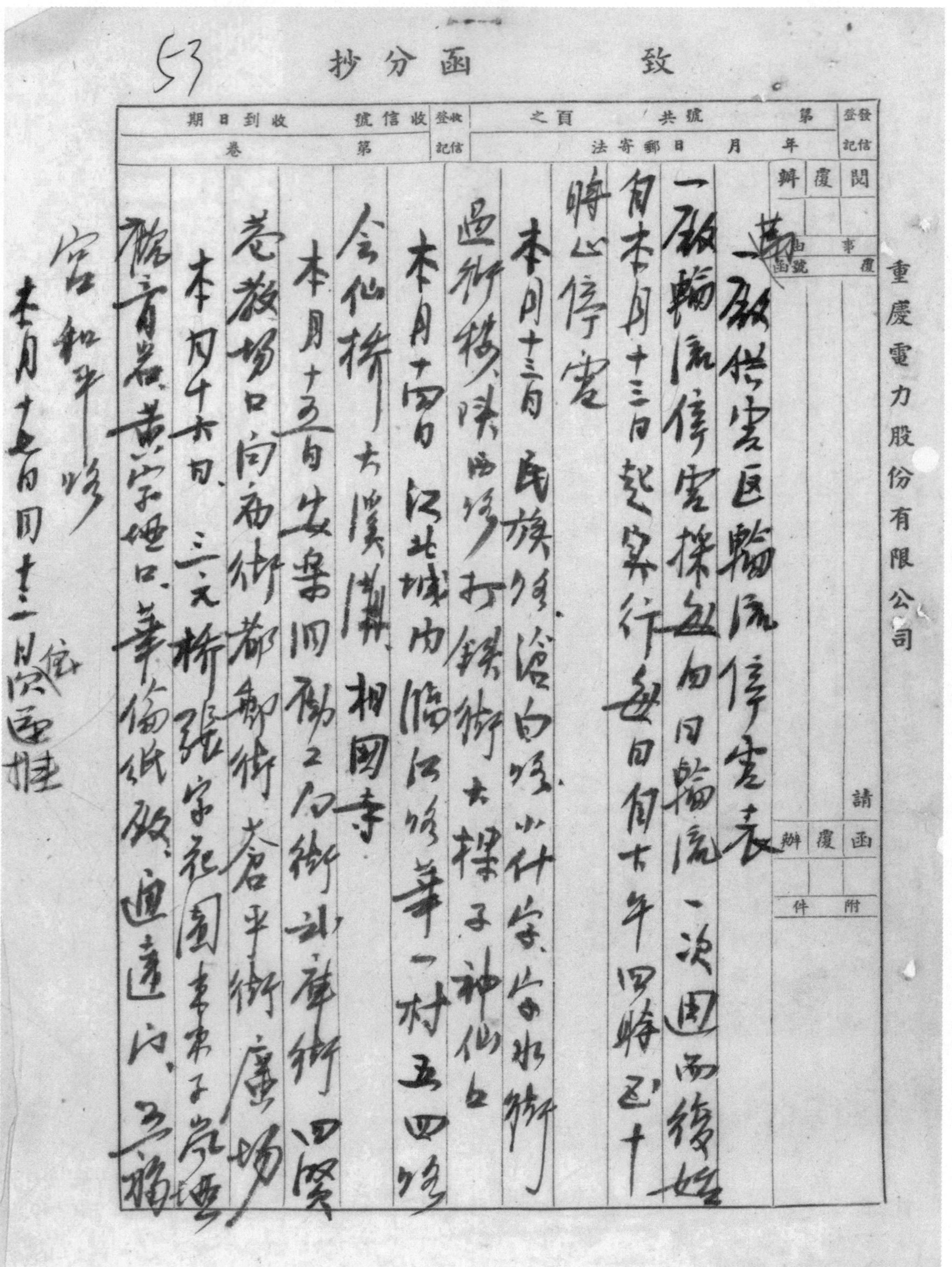

致函分抄

重慶電力股份有限公司

一厂供电区轮流停电表

一厂轮流停电采每日轮流一次，周而复始，自本月十三日起实行，每日自上午四时至十时止停电。

本月十三日 民族路、沧白路、小什字、白象街、过街楼、陕西路、打铁街、大樑子、神仙口。

本月十四日 江北城内、临江路、第一村、五四路、会仙桥、大溪沟、相国寺。

本月十五日 [illegible]街、[illegible]街、[illegible]巷、较场口、[illegible]街、[illegible]街、苍坪街、广场。

本月十六日 三元桥、张家花园、[illegible]、[illegible]、黄家垭口、[illegible]纸厂、通远门、[illegible]。

[illegible]

本月十二日 [illegible]

重庆市工务局关于变更轮流停电办法与重庆电力股份有限公司往来函电（一九四七年十二月）　219-2-242

56

重慶市工務局指令

發文工二字第

中華民國

附

中華民國卅六年十二月廿七日

5778

事由	擬辦	批示

令電力公司

卅六年十二月十三日電字第1426號代電一件呈悉

收文　字第　號

重庆市工务局关于变更轮流停电办法与重庆电力股份有限公司往来函电（一九四七年十二月） 219-2-242

更輪流停電區域次序賫表呈請

鑒察由

侵代電暨附表均悉。查該公司變更輪流停電辦法，固係市區照明及治安要距，乃先應呈由本局審查核准方可施行。此次該公司擅自改變，殊屬不合，嗣後如遇類似情形，應切實注意辦理報核為要。

此令 件存

局長 吳華甫

監印王實 校對楊伯榮

丁4(192X272公厘)—局印

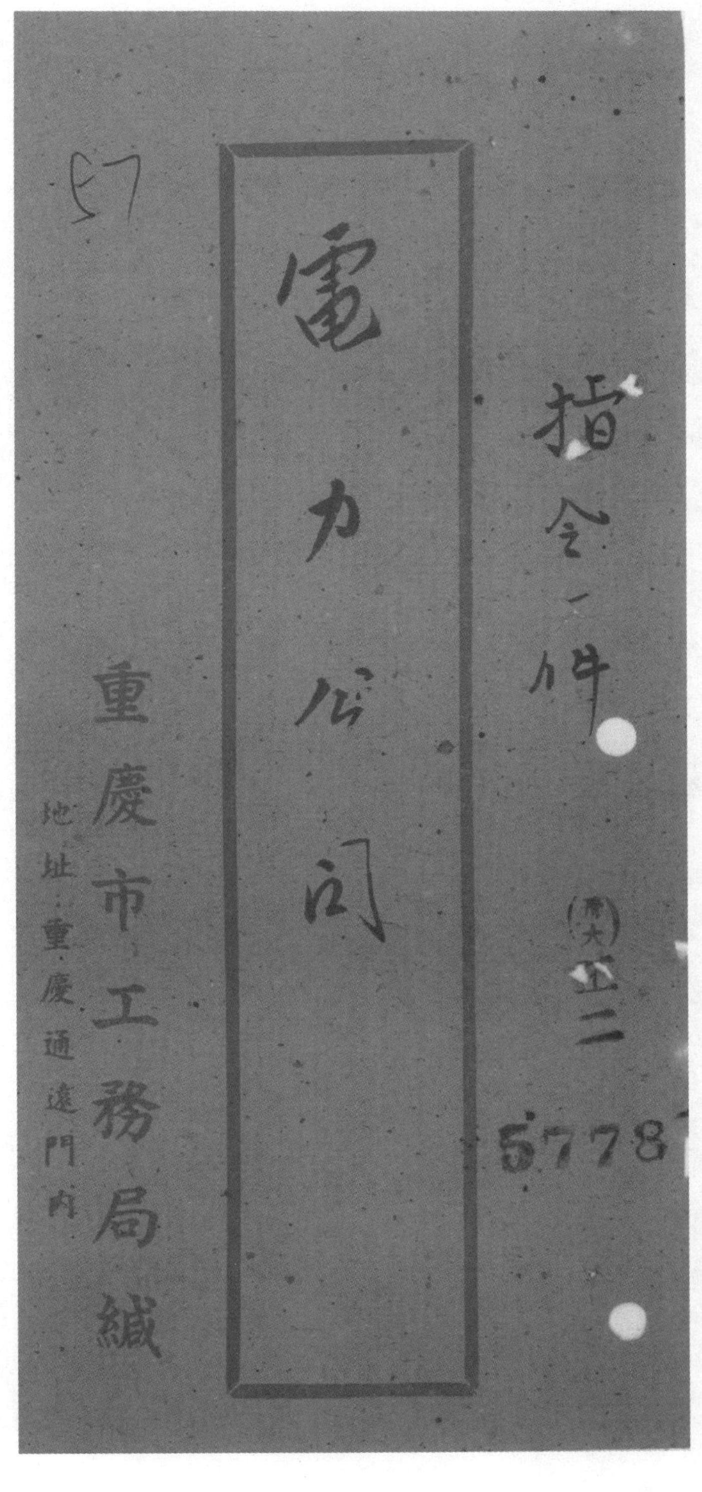

重庆市工务局关于变更轮流停电办法与重庆电力股份有限公司往来函电（一九四七年十二月） 219-2-242

重庆市工务局关于变更轮流停电办法与重庆电力股份有限公司往来函电（一九四七年十二月） 219-2-242

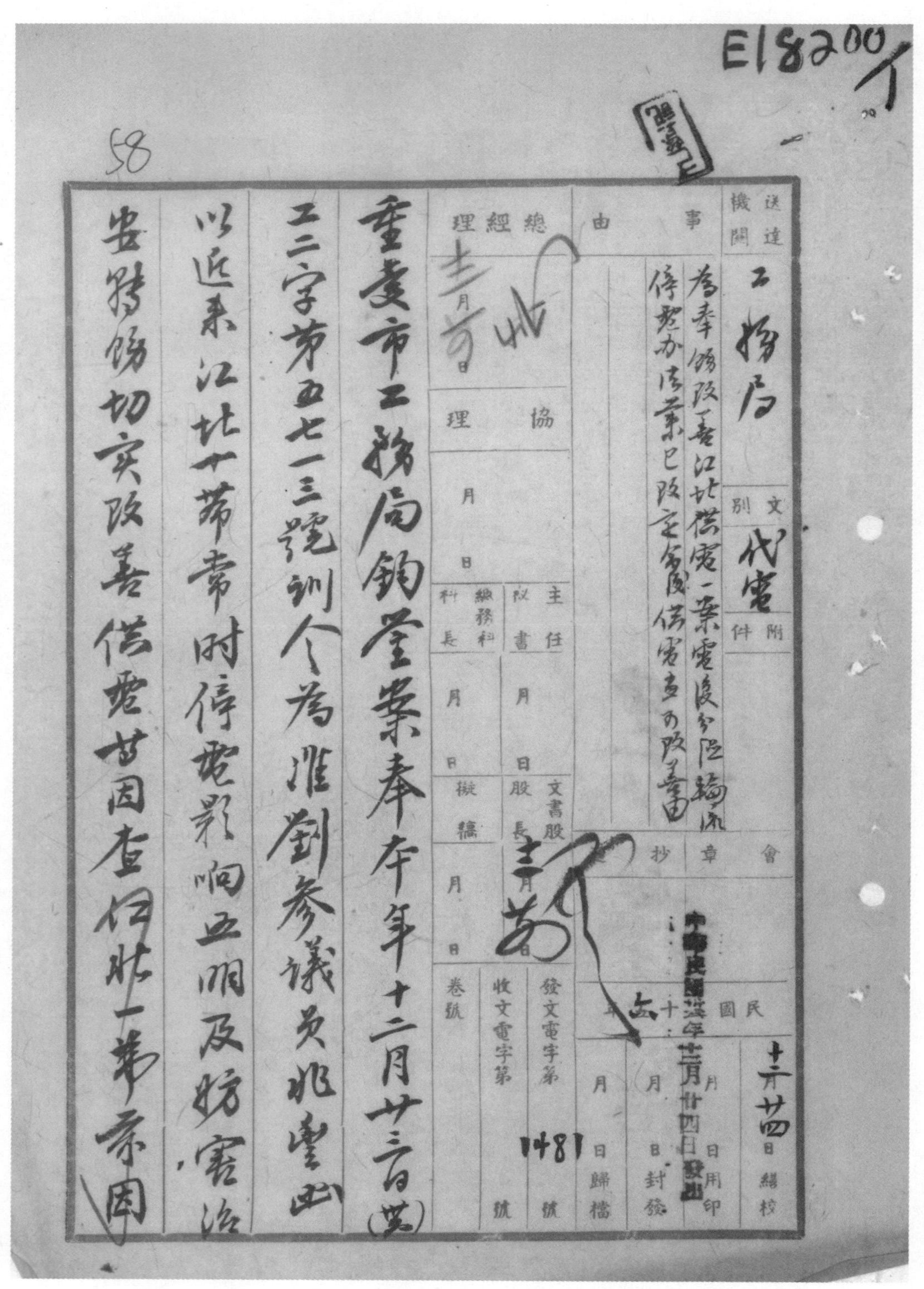

E18200
58

送達機關：工務局
文別：代電
事由：為奉令改善江北供電一案電復分區輪流停電辦法業已改定希覆供電查明改善由

總經理 十二月廿四日
民國三十六年十二月廿四日發出
十二月廿四日
發文電字第1481號

重慶市工務局鈞鑒：案奉本年十二月廿二日（寅）工二字第五七一三號訓令，為准劉參議員兆豐函以近來江北一帶常時停電，影响照明及妨害治安，轉飭切實改善供電，等因，查江北一帶前因

重庆市工务局关于变更轮流停电办法与重庆电力股份有限公司往来函电（一九四七年十二月） 219-2-242

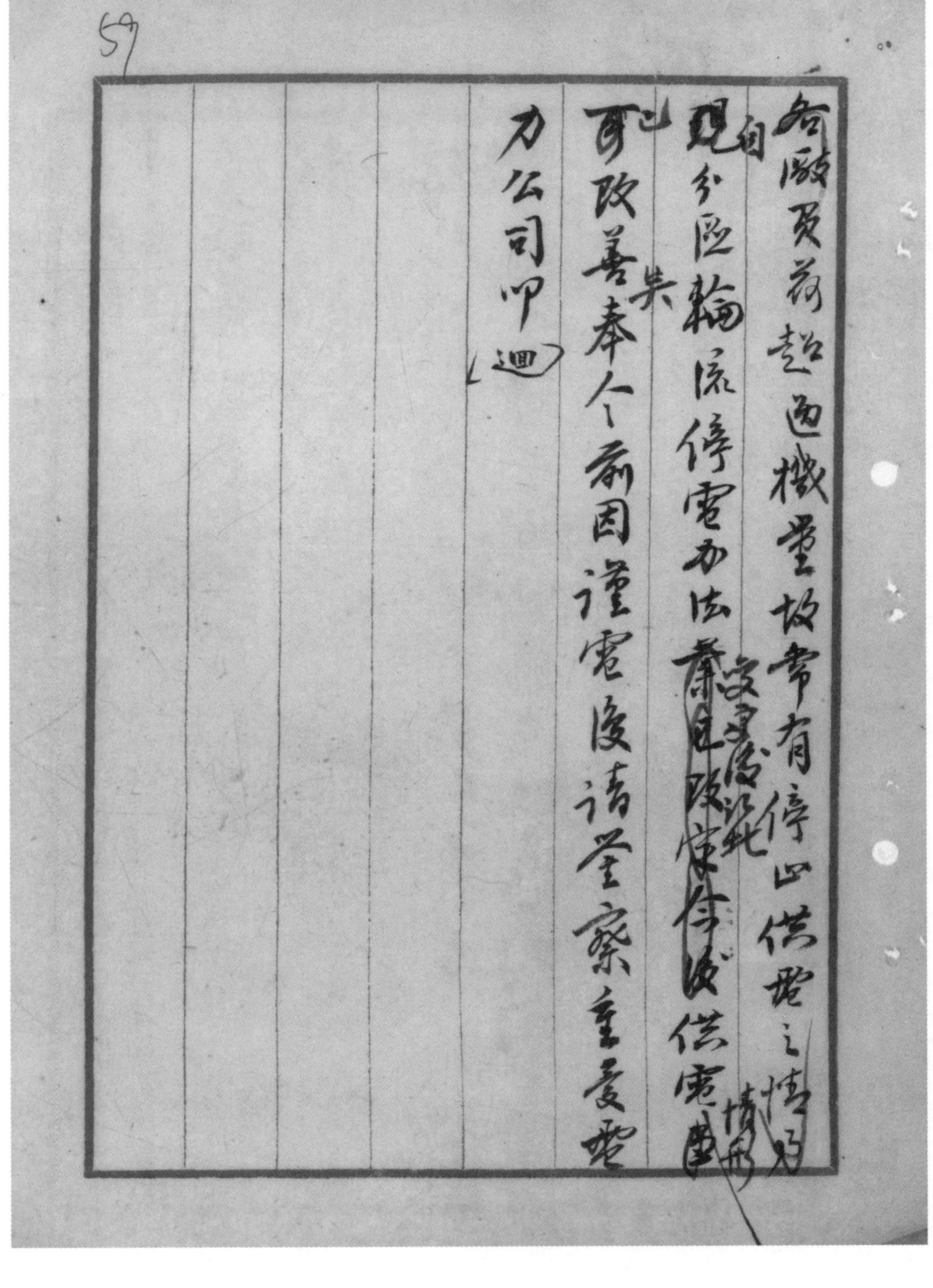

57

各廠負荷超過機量故常有停止供電之情形

自現分區輪流停電辦法業已改定今後供電情形

可改善奉令前因謹電復請鑒察重慶電

力公司叩迴

重庆市工务局关于变更轮流停电办法与重庆电力股份有限公司往来函电（一九四七年十二月） 219-2-242

60

業務科

重慶電力股份有限公司到文簽

收文電字第5120號

來處	工務局
字號	二236字第五七一三號
日期	中華民國卅六年十二月廿三日收到
事由	令切實改善江北供電由
附	

總經理

協理

關係各科室處組廠簽（意見）

江北自輪流停電後已可不再臨時停電矣，擬予備查

文書股

十二月廿三

擬存

決定辦法

重庆市工务局关于变更轮流停电办法与重庆电力股份有限公司往来函电（一九四七年十二月） 219-2-242

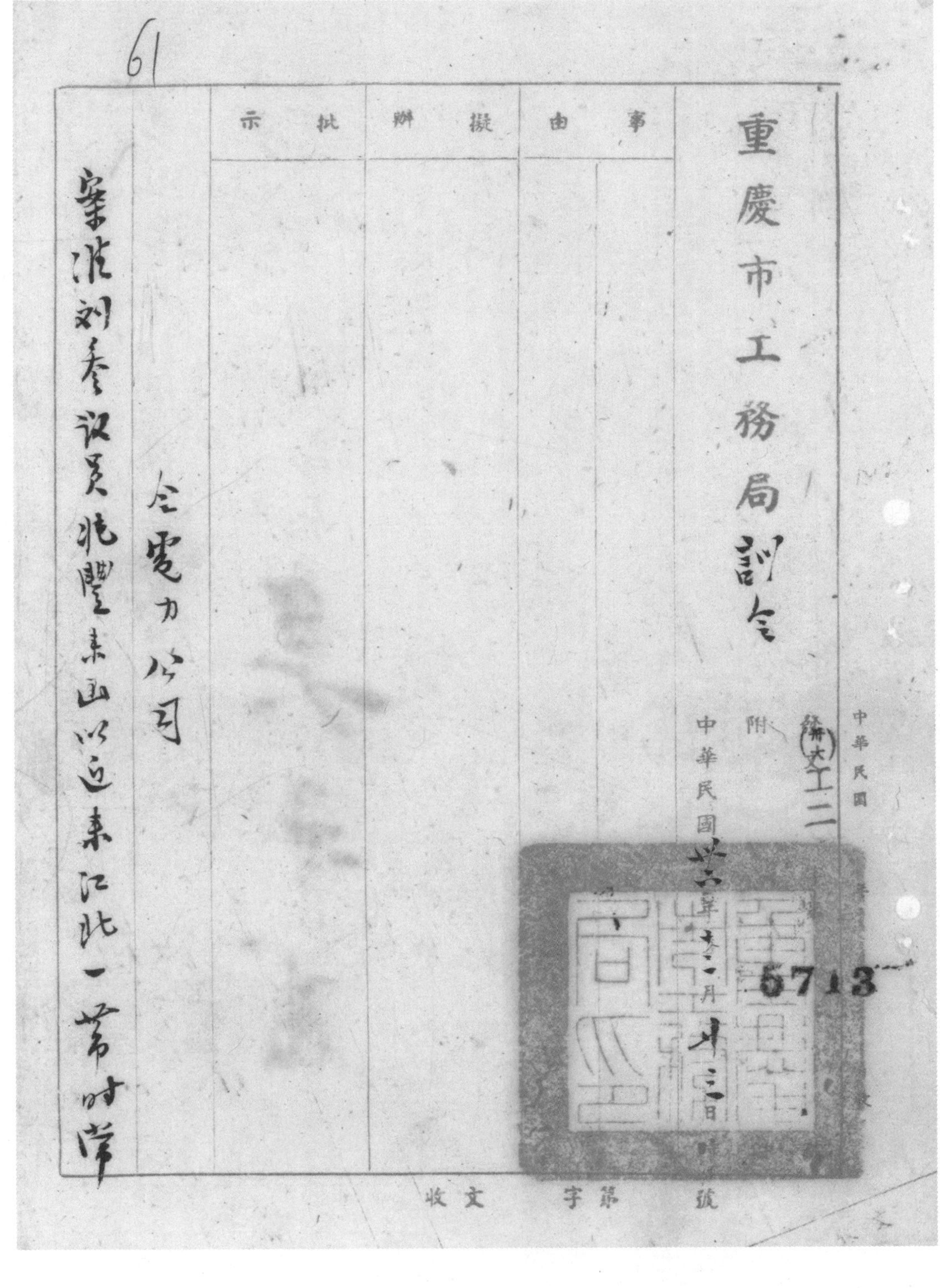

61

重慶市工務局訓令

發文 工二 字第 號
附
中華民國卅六年十二月十三日

事由	擬辦	批示

令電力公司

案准刘參议员兆璧来函以近来江北一带时常

收文 字第 號

5713

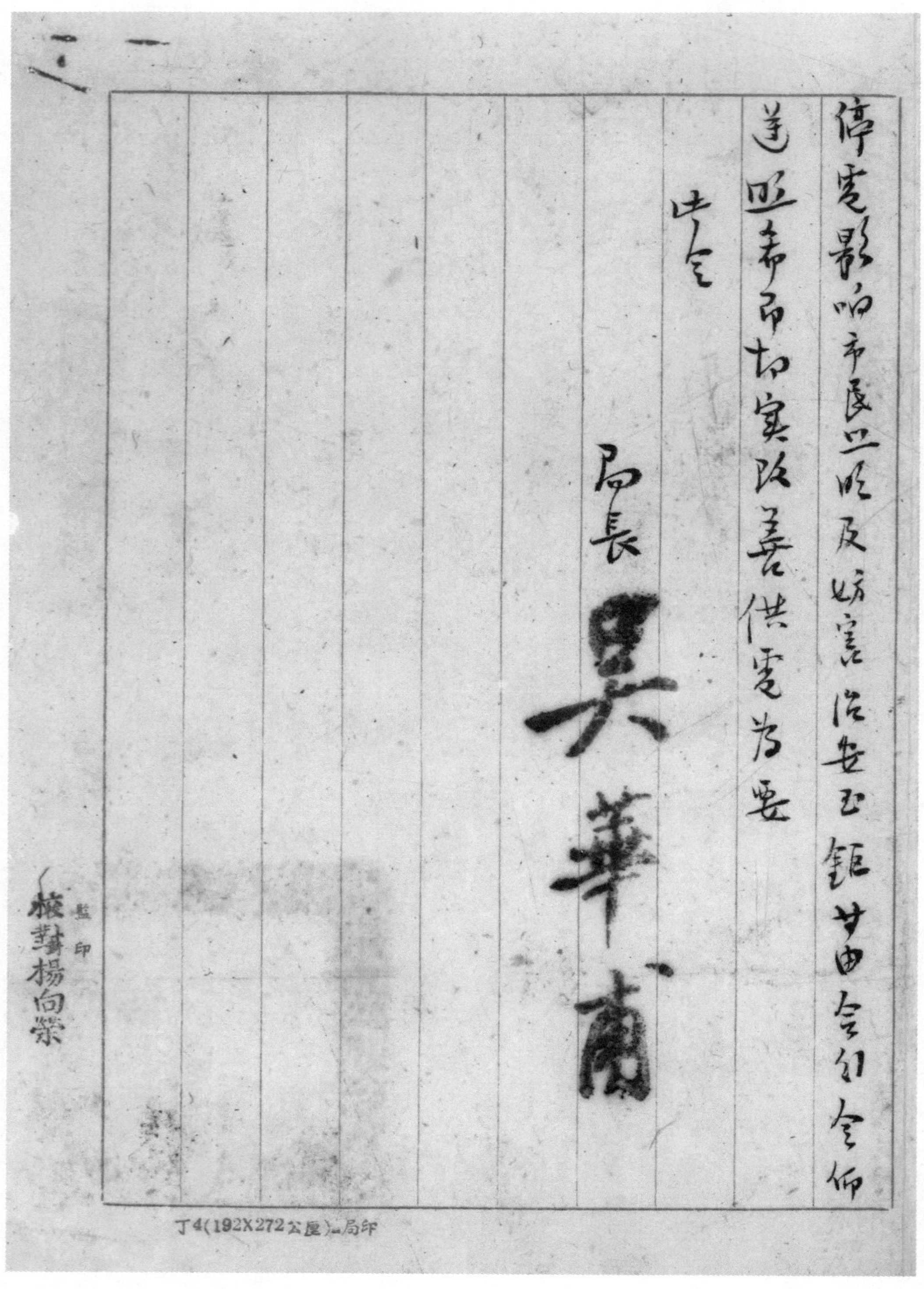

停電影响市民工作及妨害治安至鉅茲再令仰
遵照希即切實改善供電為要
此令
局長 吳華甫

校對 楊向榮 監印

丁4(192X272公厘)工局印

重庆市工务局关于变更轮流停电办法与重庆电力股份有限公司往来函电（一九四七年十二月）　219-2-242

重庆电力股份有限公司、国民政府主席重庆行辕关于拟具公私用电办法草案及包灯制章则的代电（附办法）

（一九四七年十二月二十九日）　0219-2-245

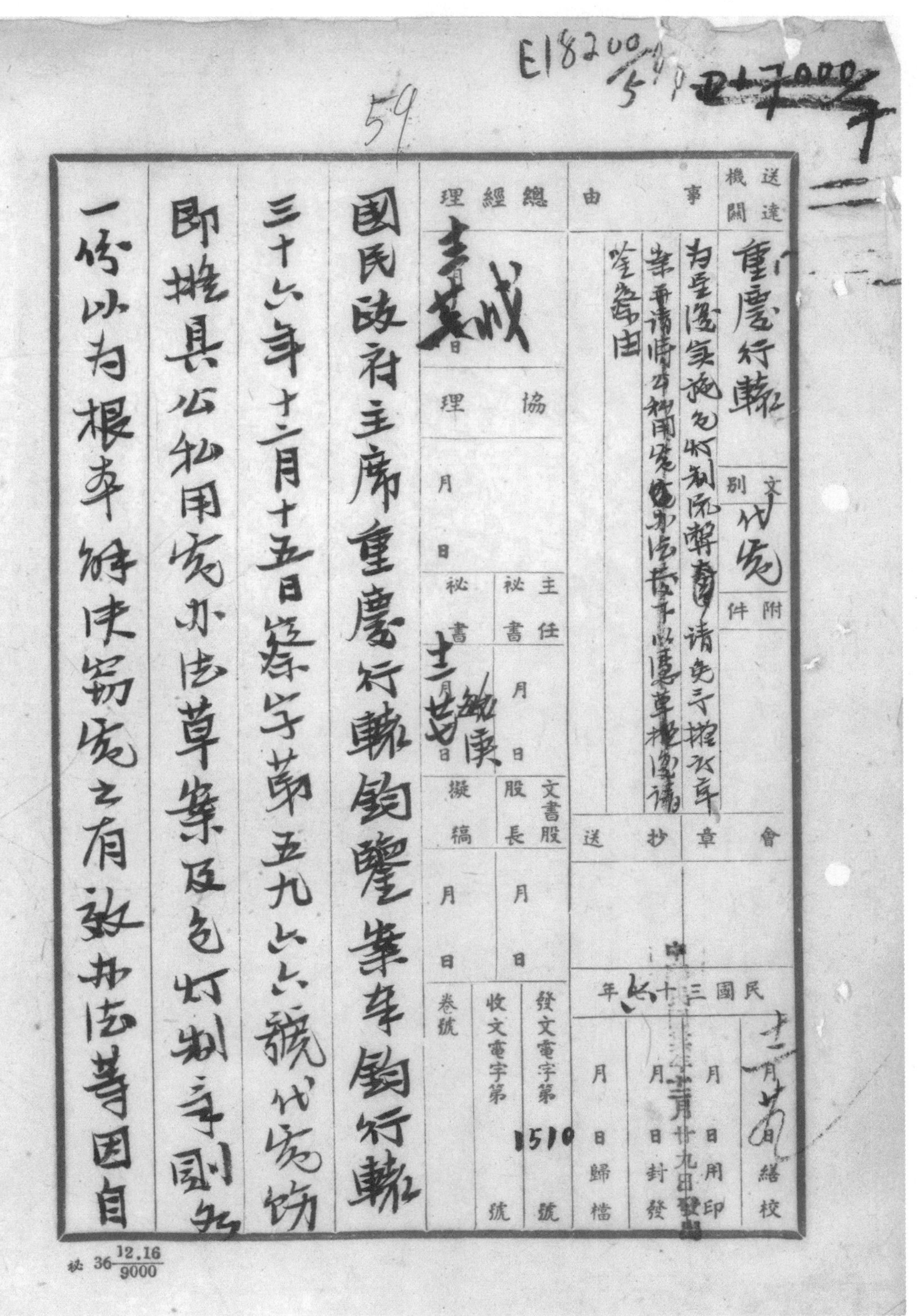

E18200 5 4

59

送达机关：重庆行辕

文别：代电

事由：为呈复实施包灯制限制窃电请免予拟订章案并请将本市公私用电办法暂予缓草拟呈请鉴核由

总经理：黄 戌

秘书：十二月廿七日

发文电字第1510号

民国三十六年十二月廿九日

国民政府主席重庆行辕钧鉴：案奉钧行辕三十六年十二月十五日察字第五九六六号代电饬即拟具公私用电办法草案及包灯制章则，以为根本解决窃电之有效办法等因，自

秘 36 12.16 9000

重庆电力股份有限公司、国民政府主席重庆行辕关于拟具公私用电办法草案及包灯制章则的代电（附办法）（一九四七年十二月二十九日）　0219-2-245

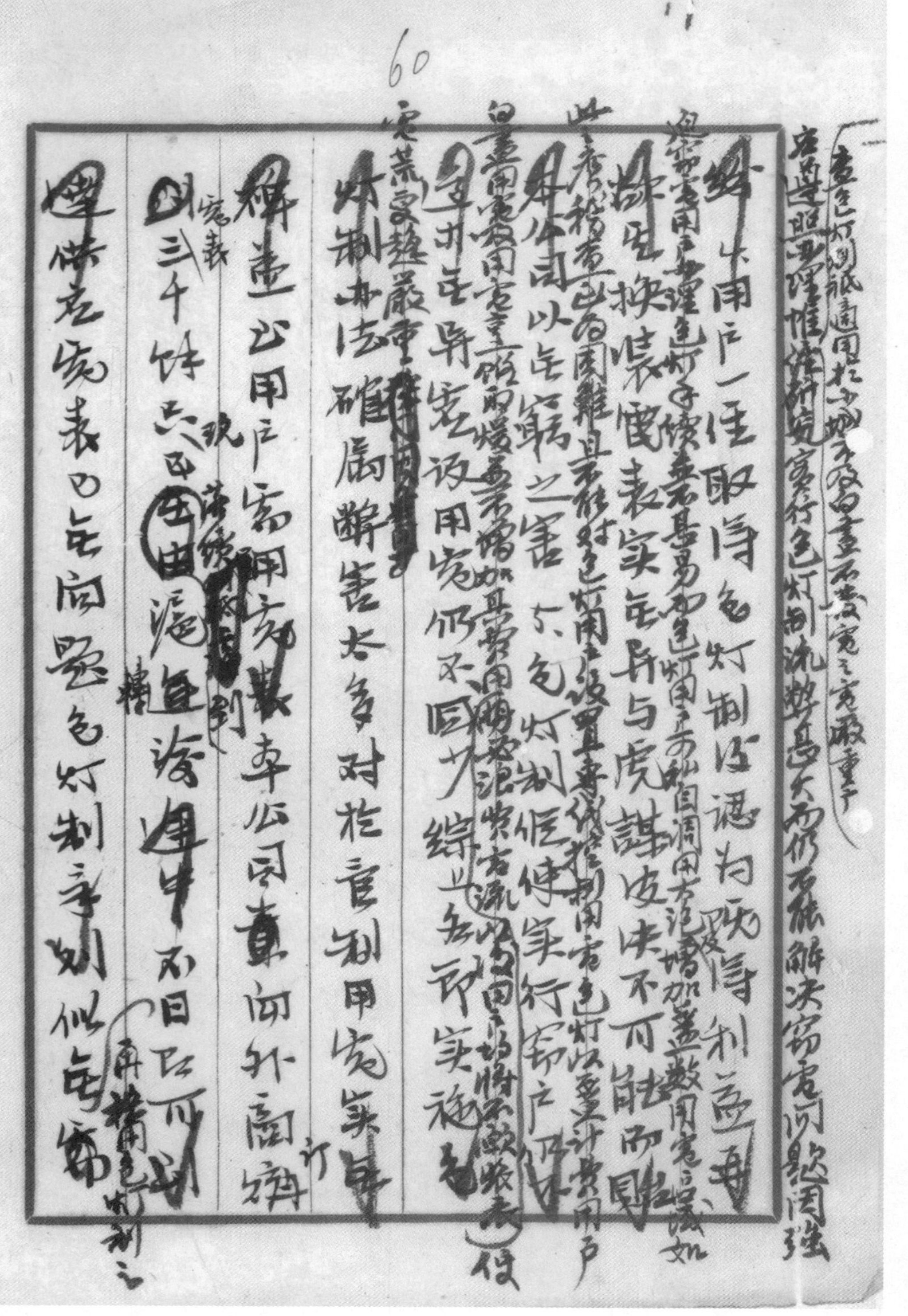

重庆电力股份有限公司、国民政府主席重庆行辕关于拟具公私用电办法草案及包灯制章则的代电（附办法）

（一九四七年十二月二十九日）　0219-2-245

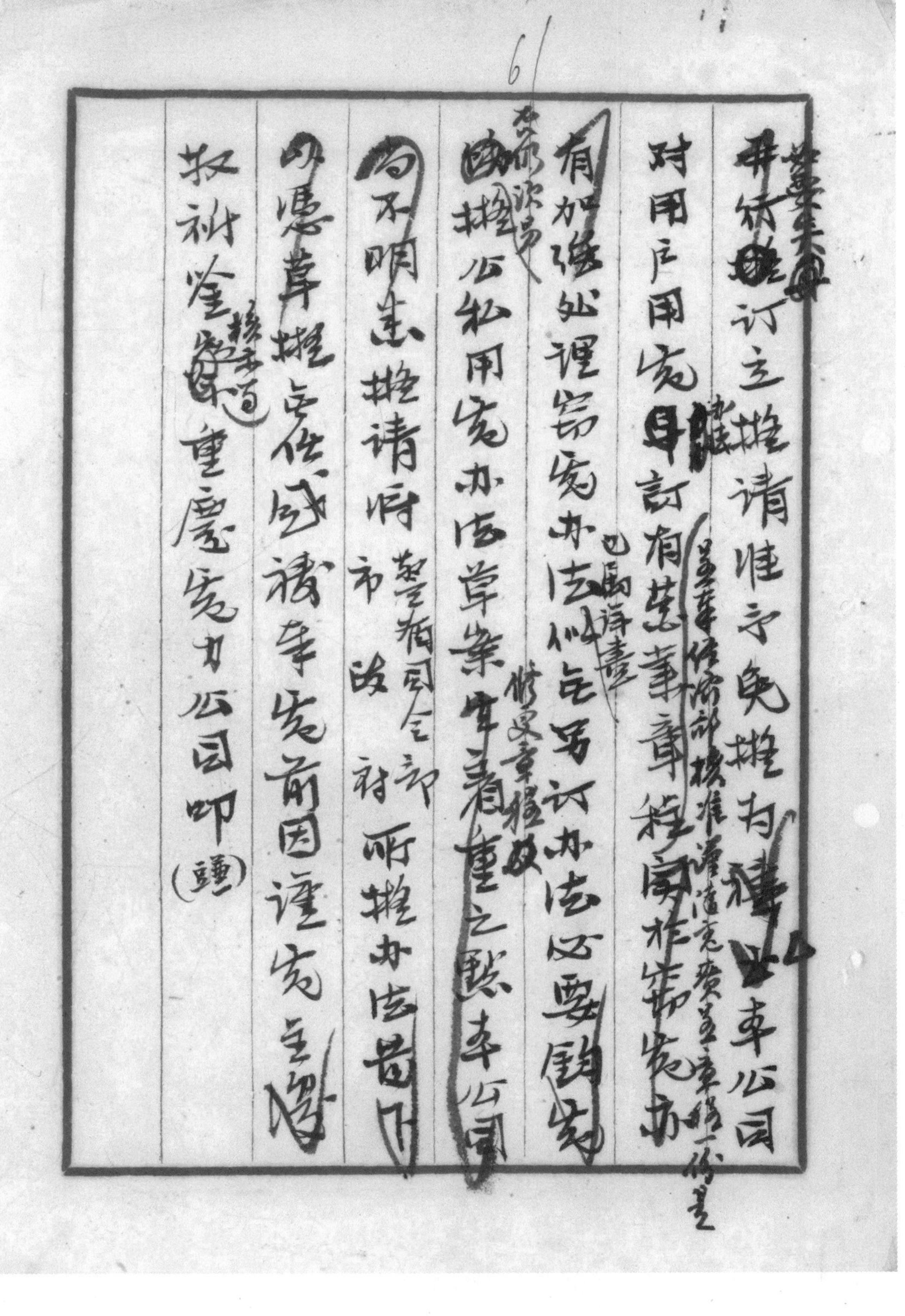

重庆电力股份有限公司、国民政府主席重庆行辕关于拟具公私用电办法草案及包灯制章则的代电（附办法）

（一九四七年十二月二十九日）　0219-2-245

62

为解决窃电办法提供意见案

查窃电数字近月以来均达发电量总数百分之三十以上机炉不胜负荷被迫轮流停电难任公司登报公告说明情形但终不能谅解用户等　国民政府主席重庆行辕令饬妥拟合理用电之「公私用电办法」草案及「包灯制章则」以布普遍供应解决窃电问题根本办法经详加攷虑利弊兼之唯电力如何充实之际谨将草拟「包灯制章程」及「临时缩小供电区域办法」利弊撮要胪陈敬祈

重庆电力股份有限公司、国民政府主席重庆行辕关于拟具公私用电办法草案及包灯制章则的代电（附办法）
（一九四七年十二月二十九日）　0219-2-245

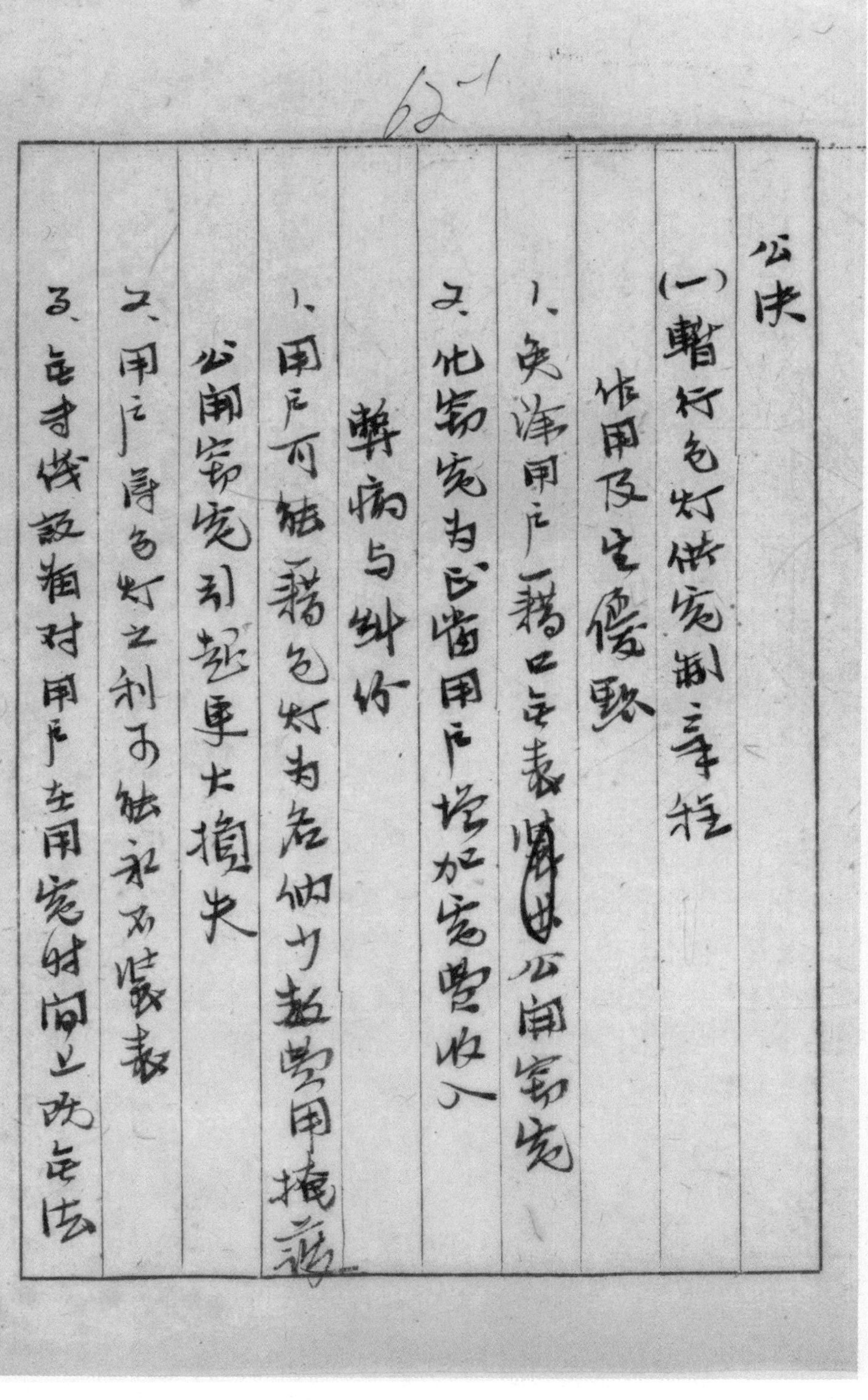

62-1

公决

（一）暂行包灯供电制章程

作用及其优点

1、免除用户一藉口无表[illegible]公开窃电

2、化窃电为正当用户增加电费收入

弊病与纠纷

1、用户可能藉包灯为名做少数费用掩护

公开窃电引起更大损失

2、用户得包灯之利不能永不装表

3、无[illegible]设核对用户在用电时间上既无法

63

控制又不能随时逐户查灯用户所用灯光更可
任意变更为普遍之窃电
六、电源不敷供电时间不足纠纷太多
五、表册帐据均须另置人员亦须庞多开支加大
即恐不足偿失
(二)临时缩小供电区域办法
作用和优点
1、以人口密集繁盛市区及有关军工民生工厂为
供电对象
2、停供偏远及窃电过多地区减少供电损失

重庆电力股份有限公司、国民政府主席重庆行辕关于拟具公私用电办法草案及包灯制章则的代电（附办法）
（一九四七年十二月二十九日） 0219-2-245

重庆电力股份有限公司、国民政府主席重庆行辕关于拟具公私用电办法草案及包灯制章则的代电（附办法）（一九四七年十二月二十九日） 0219-2-245

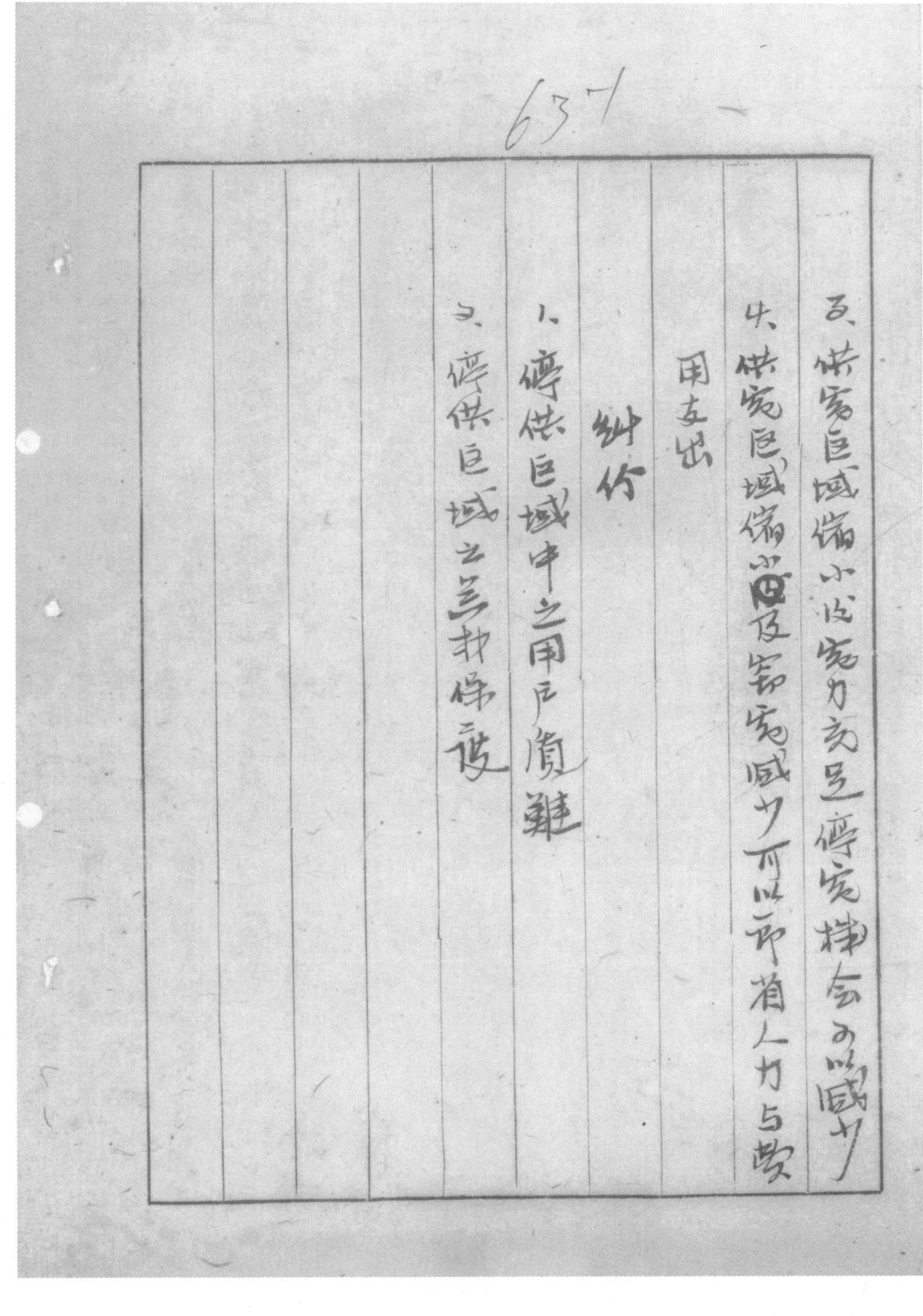

637

五、供电区域缩小后电力充足停电机会可以减少

六、供电区域缩小及窃电减少可以节省人力与费用支出

缺点

1、停供区域中之用户负担

2、停供区域之[illegible]保护

重庆电力股份有限公司、国民政府主席重庆行辕关于拟具公私用电办法草案及包灯制章则的代电（附办法）（一九四七年十二月二十九日） 0219-2-245

重慶電力股份有限公司到文簽

收文電字第4997號

來文機關：重慶行轅

字號：察字第五九六六號

中華民國 中華民國卅六年十二月十五日收到

事由：電仰擬具公私用電办法草案及包燈制章則各一份報核由

附件

總經理

協理

關係各科室處組廠（簽意見）

決定辦法：董秘書擬 减十二、十六

重庆电力股份有限公司、国民政府主席重庆行辕关于拟具公私用电办法草案及包灯制章则的代电（附办法）（一九四七年十二月二十九日） 0219-2-245

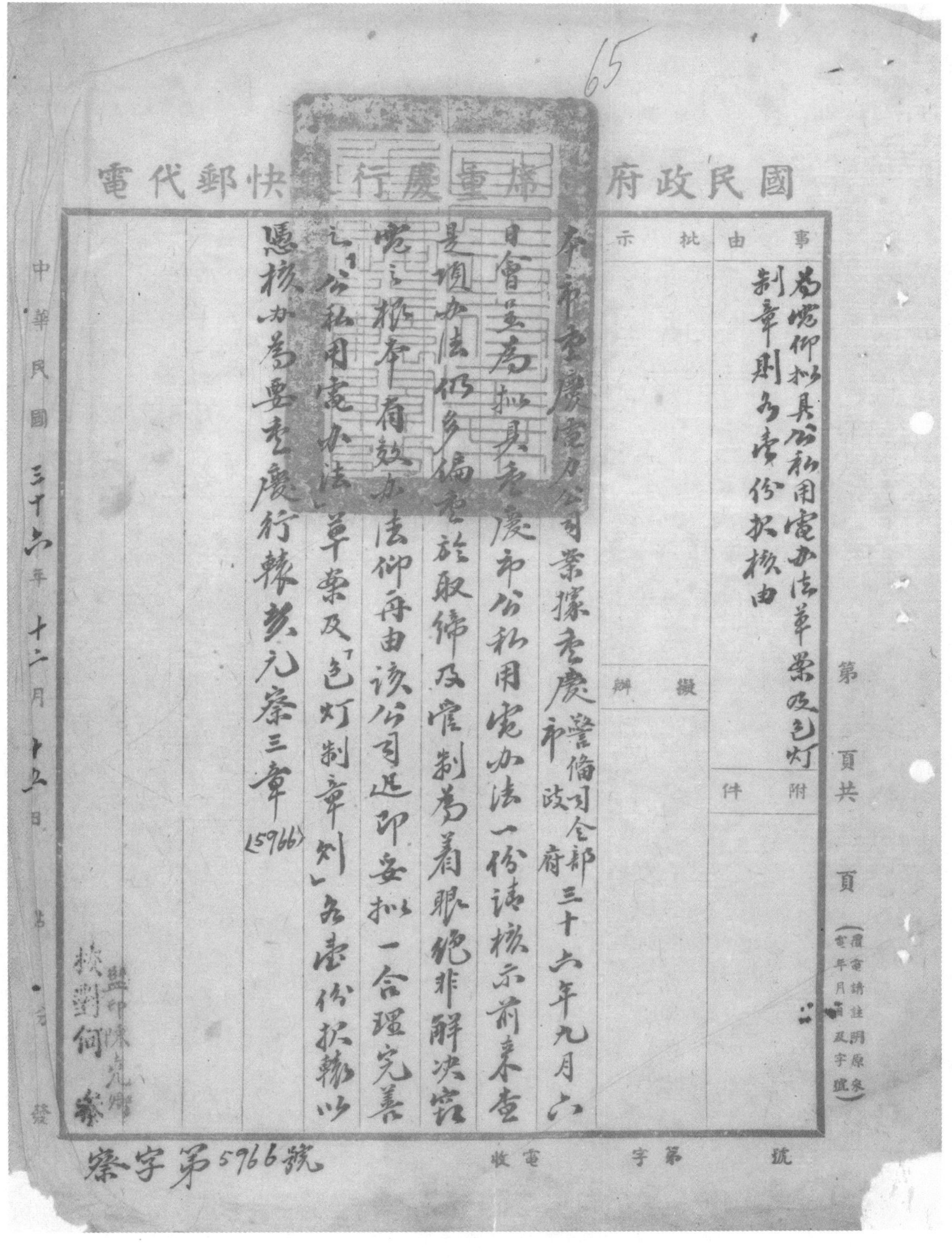

65

國民政府主席重慶行轅快郵代電

事由：為電仰擬具公私用電辦法草案及包灯制章則各壹份抄核由

本市重慶電力公司業據重慶警備司令部、市政府三十六年九月六日會呈為擬具重慶市公私用電辦法一份請核示前來查是項辦法仍多偏重於取締及管制為着眼絕非解決電荒之根本有效辦法仰再由該公司迅即妥擬一合理完善之公私用電辦法草案及「包灯制章則」各壹份抄轉以憑核辦為要重慶行轅亥元察三章〈5966〉

中華民國三十六年十二月十五日發

校對何 監印陳

察字第5966號

重庆电力股份有限公司、国民政府主席重庆行辕关于拟具公私用电办法草案及包灯制章则的代电（附办法）
（一九四七年十二月二十九日） 0219-2-245

擬請 核定原則之後送業務科電務科
用電組作技術上之研討修正

重慶電力股份有限公司便箋

重庆电力股份有限公司、国民政府主席重庆行辕关于拟具公私用电办法草案及包灯制章则的代电（附办法）

（一九四七年十二月二十九日）　0219-2-245

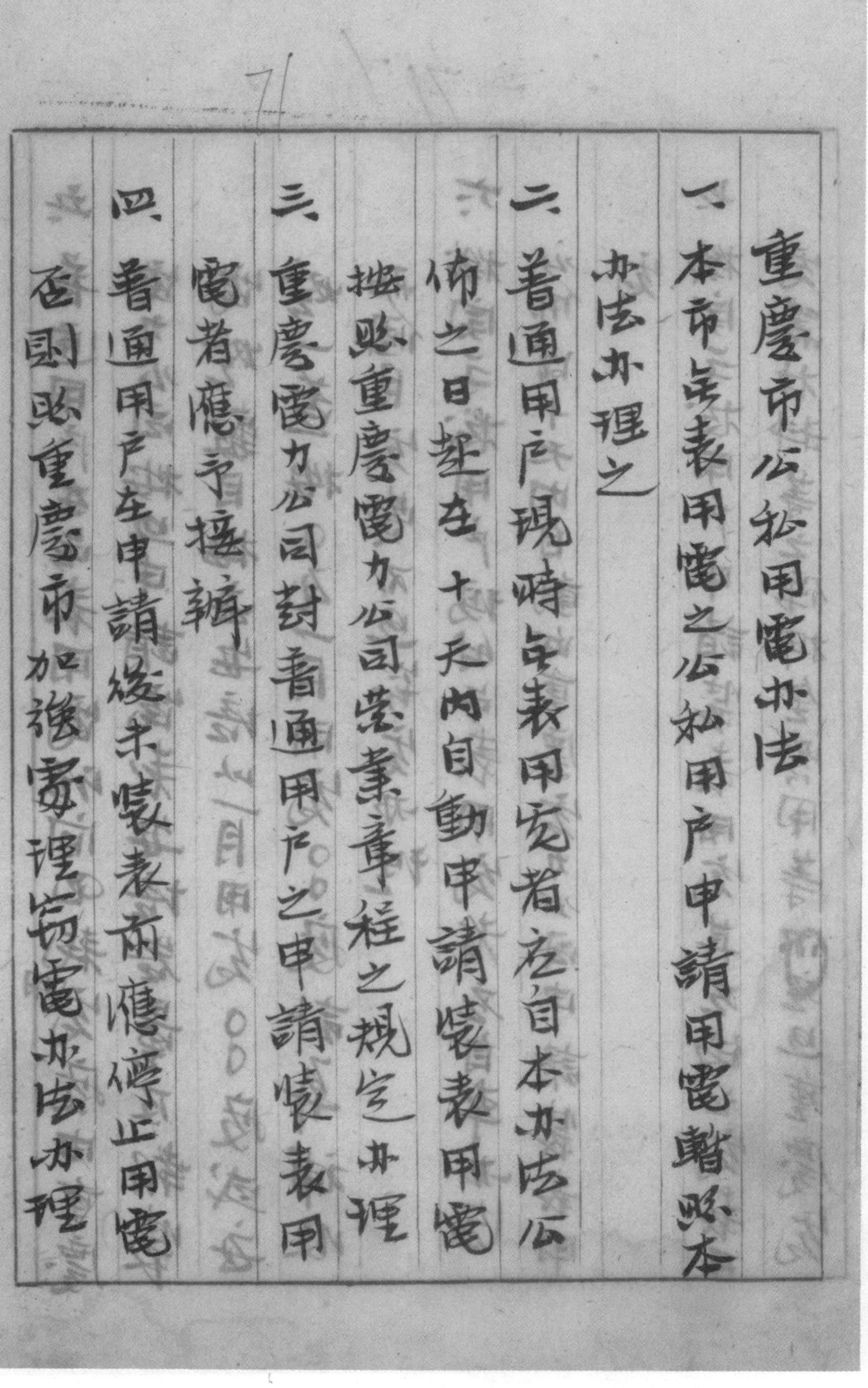

重慶市公私用電办法

一、本市無表用電之公私用户申請用電暫照本办法办理之

二、普通用户現時無表用電者應自本办法公佈之日起在十天内自動申請裝表用電按照重慶電力公司營業章程之規定办理

三、重慶電力公司對普通用户之申請裝表用電者應予接辦

四、普通用户在申請後未裝表前應停止用電否則照重慶市加強管理竊電办法办理

重庆电力股份有限公司、国民政府主席重庆行辕关于拟具公私用电办法草案及包灯制章则的代电（附办法）
（一九四七年十二月二十九日）　0219–2–245

717

五、普通用户在无表用电时间内耗用电度由重庆电力公司按照申请电表安培容量及装电灯盏数目按每安培以一月用电〇八度或每灯一盏按〇瓦一月用电〇〇度计算补收两個月电费不照节电办理

六、机关学校用户遇时无表用电者应自本办法公布后十天内自动向重庆电力公司申请装表用电

七、机关学校用户申请装表用电其应缴之电表及电器材料等之保押金暨用费等[illegible]照重庆电

重庆电力股份有限公司、国民政府主席重庆行辕关于拟具公私用电办法草案及包灯制章则的代电（附办法）（一九四七年十二月二十九日） 0219-2-245

72

力公司營業章程之規定納足費用

八、機關學校用戶申請裝表用電者重慶電力公司應予提前辦理

九、機關學校用戶在無表用電期間所耗電度由重慶電力公司按照申請電表安培容量及報裝電灯數目按安培以一月用電〇〇度或每灯一盞按〇瓦一月用電〇〇度計算補收卅個月電費仍照優待辦法付費

十、機關學校用戶在申請用電未裝表前所用電度照第九項計算方法按實用日期計算優待付費

重庆电力股份有限公司、国民政府主席重庆行辕关于拟具公私用电办法草案及包灯制章则的代电（附办法）
（一九四七年十二月二十九日） 0219-2-245

72-1

十六、电表装设后机关学校用户（非办公地点宿舍及有营业性质者不在内）用电按水电整理方案所规定之优待办法付费普通用户用电照核定电价付费

十七、重庆电力公司得视分栅负荷情形对公私用户之申请装表用电予以适量限制

十八、机关学校用户普通用户包表用电在本办法公布十天后不自动申请装表者一经查获即照加倍处理窃电办法及电气用户户内电气装置取缔规则取缔之

上项取缔执行由重庆警备司令部重庆市工

重庆电力股份有限公司、国民政府主席重庆行辕关于拟具公私用电办法草案及包灯制章则的代电（附办法）

（一九四七年十二月二十九日） 0219-2-245

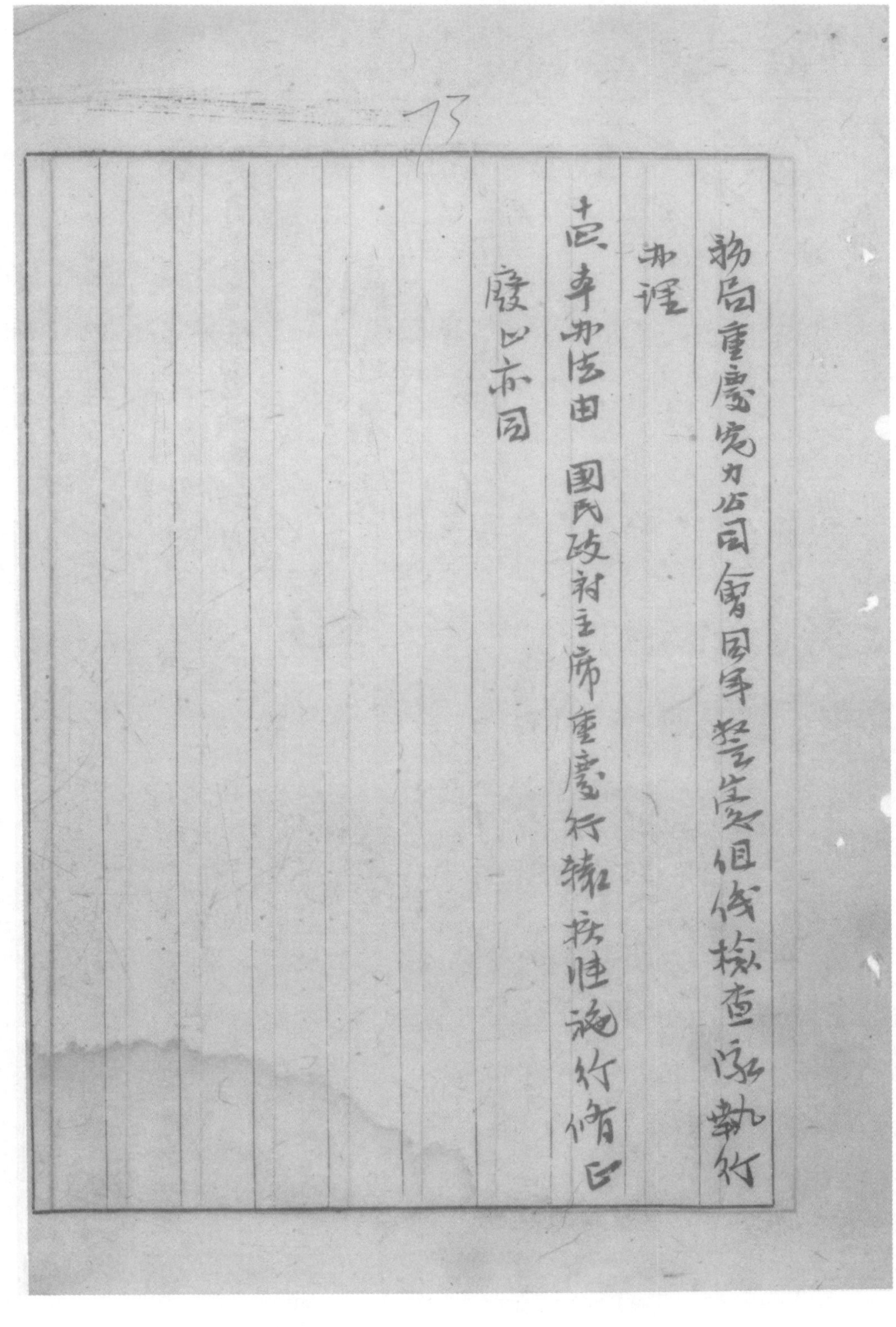

73

務局重慶電力公司會同軍警憲組織核查隊執行

辦理

十六 本辦法由 國民政府主席重慶行轅核准施行修正

廢止亦同

重庆市参议会关于借拨电机致重庆电力股份有限公司的代电（一九四八年四月十九日） 0219-2-265

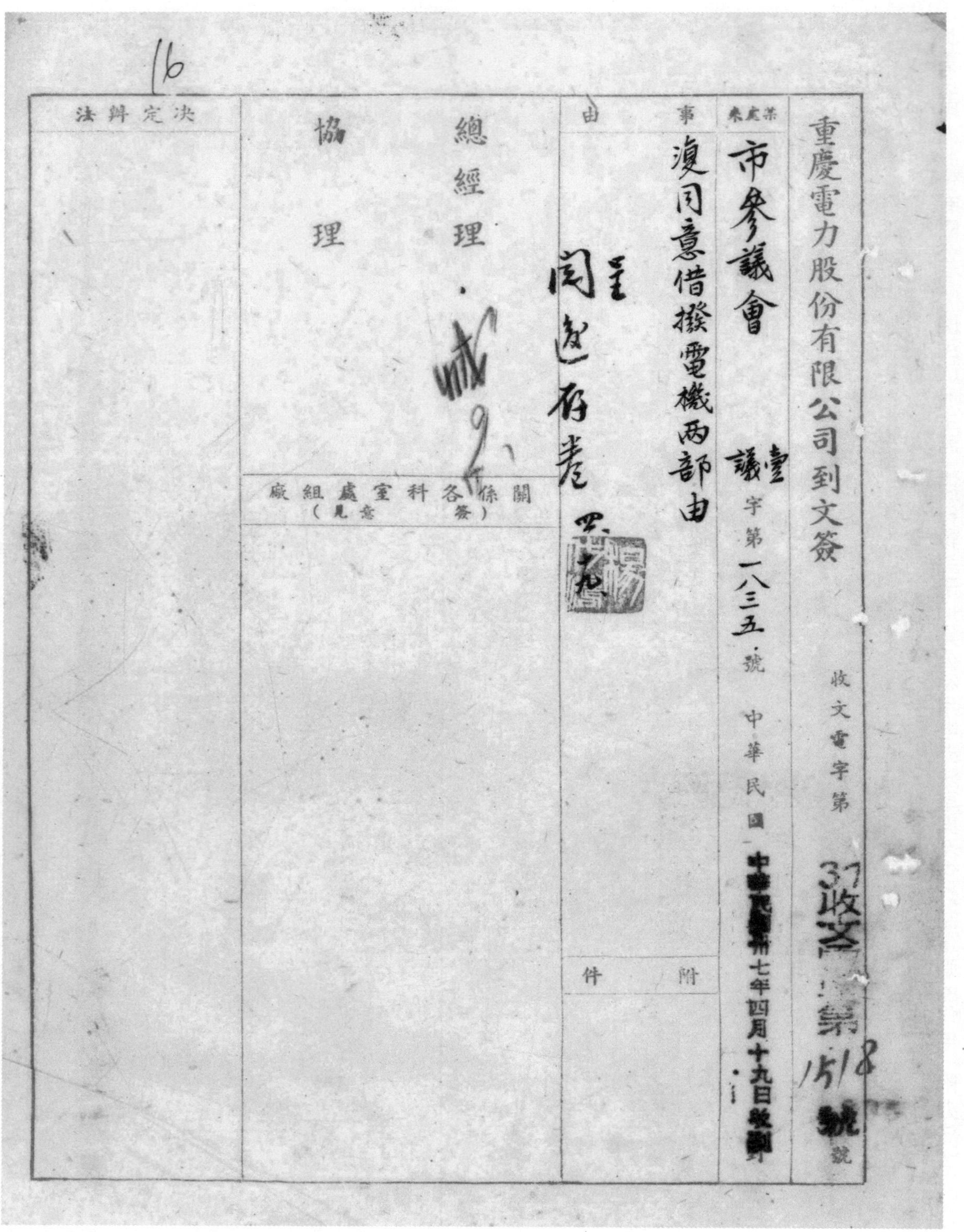
重慶電力股份有限公司到文簽

收文電字第 37收文第1518號

來處 市參議會

議壹字第一八三五號

中華民國卅七年四月十九日收到

事由 復同意借撥電機兩部由

呈閱存卷

總經理

協理

關係各科室處組廠簽（意見）

決定辦法

附件

重庆市参议会关于借拨电机致重庆电力股份有限公司的代电（一九四八年四月十九日） 0219-2-265

重慶市參議會代電箋

事由：為准電請借撥電機使用案經會決議電復查照由

發電 年 月 日 時
代電 年 月 日 時
編號
檔號

會議字 1835

重慶電力公司公鑒：案准貴公司本年三月十九日電字第三二〇號代電為請函資源委員會將撥川電機借撥五千瓩者兩部與公司借用等由，業經提交本會第一屆第八次大會決議：贊同，除電行政院請轉資源委員會借撥使用外，特電復查照。重慶市參議會議長胡子昂、副議長周荻楨卯篠印

共

監印 廖青雲

校對 孔繁瑩

重庆市参议会关于借拨电机致重庆电力股份有限公司的代电（一九四八年四月十九日） 0219-2-265

行政院長○鈞鑒查本市電力公司發電量為一萬一千瓩續買兵工廠餘電約三千五百瓩合計供給市用者僅一萬四千餘瓩而本市需要電量現在已逾一萬九千瓩相差約五千瓩雖予分區輪流停電但所停究屬有限而本市人口逐日增加工廠又紛紛復工需用電量益見增多該公司原有機爐業已陳舊不堪負荷又復隨時停電修理影響於民生與工社會秩序者尤為重大該公司雖在去年五月向外國廠商訂購一萬瓩新機爐一部但以外國廠商忙於本身復原交貨期間尚有壹年半運川安裝計為在兩年以後實

重庆市参议会关于借拨电机致重庆电力股份有限公司的代电（一九四八年四月十九日） 0219-2-265

属绥不靖，急本市管辖西南，地位重要，时值戡乱
安定第一，电力一项与地方治安关系密切，应使供求
相应，庶少弊端。拟请贵会资源委员会最近拨与四川省
宜宾、乐山、灌县三地各五千瓩电机一部，供其使用。查
该地工商业均不繁荣，原且乐山、宜宾已各有千瓩
瓩之发电设备，地位既不重要，似不急需此项大型发
电机。准用援请钧院、饬令本市有关安定秩序实际
首要，赐予转饬资源委员会将拨给该地之五千
瓩发电机壹部借与本市重庆电力公司安装供
给市用，使社会秩序增进稳定，本市不胜……
益趋安定

重庆市参议会关于借拨电机致重庆电力股份有限公司的代电（一九四八年四月十九日） 0219-2-265

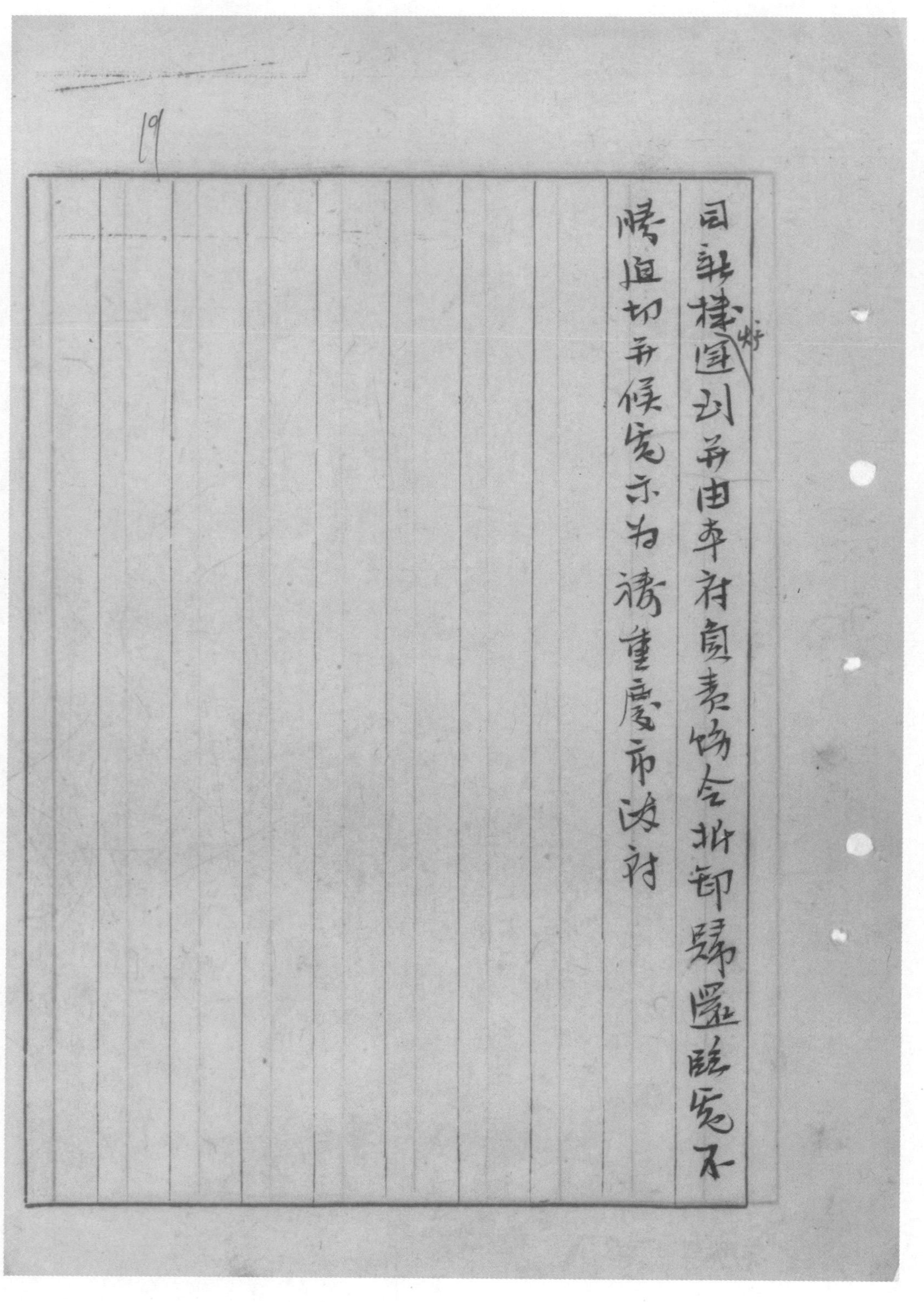
19

司新機運到并由本府負責協令拆卸歸還既免不

睦誼切希候覆示為禱 重慶市政府

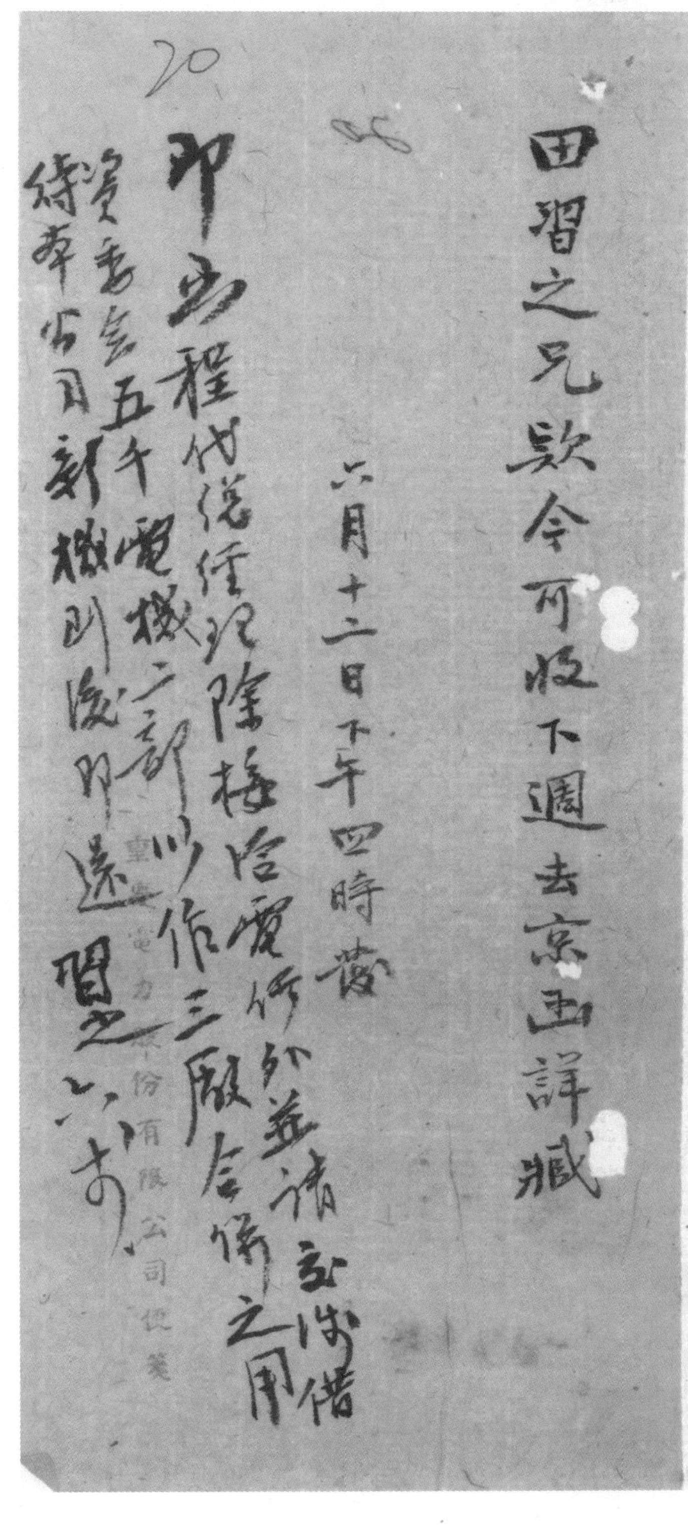

田習之兄：款今可收，下週去京面詳。臧

六月十二日下午四時發

即出

程代總經理：除撥給電價外，並請設法借資委會五千電機二部，以作三廠合併之用，待本公司新機到後即還。

習之

六、十七

重慶電力股份有限公司便箋

20

88

重庆市参议会关于借拨电机致重庆电力股份有限公司的代电（一九四八年四月十九日） 0219-2-265

重庆市参议会关于借拨电机致重庆电力股份有限公司的代电（一九四八年四月十九日） 0219-2-265

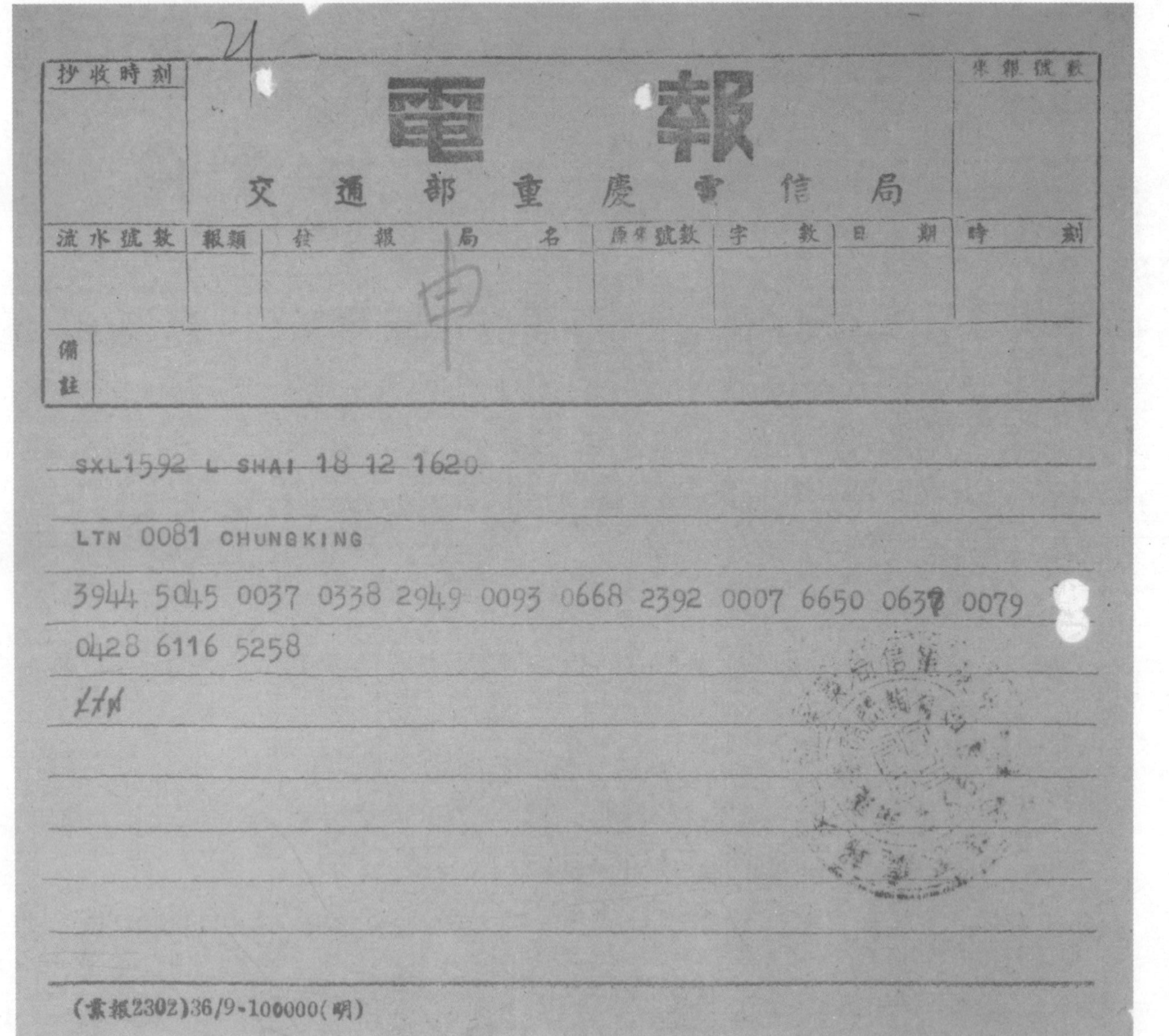

抄收時刻

來報號數

電報

交通部重慶電信局

流水號數	報類	發報局名	原來號數	字數	日期	時刻
		申				

備註

SXL1592 L SHAI 18 12 1620

LTN 0081 CHUNGKING

3944 5045 0037 0338 2949 0093 0668 2392 0007 6650 0637 0079

0428 6116 5258

（業報2302）36/9-100000（明）

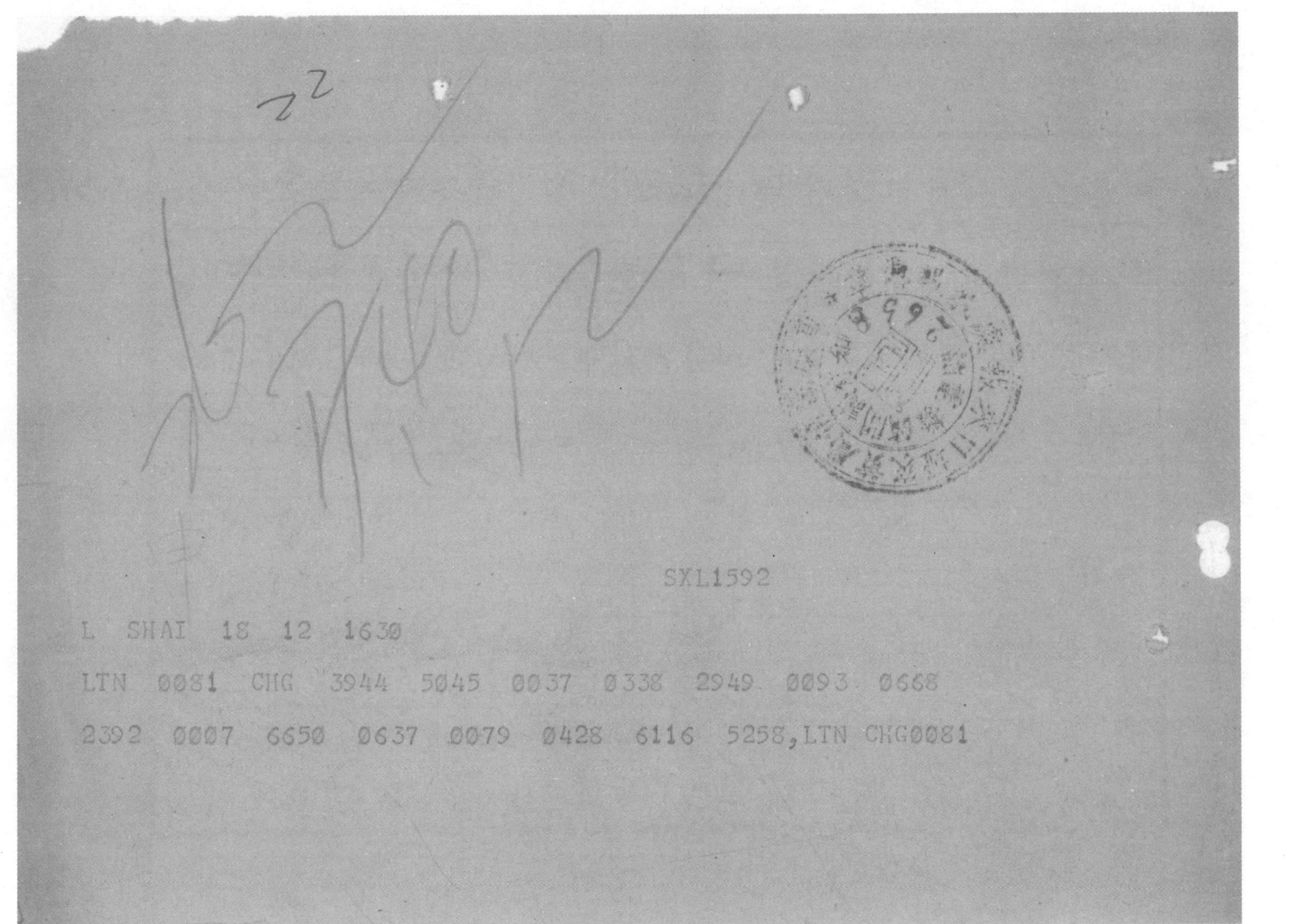

SXL1592

L SHAI 18 12 1630

LTN 0081 CHG 3944 5045 0037 0338 2949 0093 0668

2392 0007 6650 0637 0079 0428 6116 5258,LTN CHG0081

重庆市参议会关于借拨电机致重庆电力股份有限公司的代电（一九四八年四月十九日） 0219-2-265

重庆电力股份有限公司关于披露解决窃电问题致大公报馆的函（一九四八年五月十日） 0219-2-245

97

送達機關	大公報館
事由	為貴社讀者投函問於解決竊電問題請查照惠予披露由
文別	函
附件	

業務科會同辦理

總經理	協理	主任秘書	秘書	文書股股長	擬稿
留之 五月十二日	月 日	五月十二日	月 日	月 日	王華棠 五月十日

會章	抄送

民國三十七年

繕校	用印	封發	歸檔
月 日	月 日	月 日	月 日

發文電字第 號

收文電字第 號

卷號

逕啟者頃閱五月十日

貴報讀者投書欄內有李君佑文投書問於如何解決竊電問題向

敝公司建議兩項辦法極欲歡迎欣幸但其第一項不無[illegible]之意恭候收[illegible]

決人員煙制不肯查煙手續表面視之固覺簡而易行但[illegible]

[illegible]利用開關竊用電氣[illegible]

重庆电力股份有限公司关于披露解决窃电问题致大公报馆的函（一九四八年五月十日） 0219-2-245

重庆电力股份有限公司关于披露解决窃电问题致大公报馆的函（一九四八年五月十日） 0219-2-245

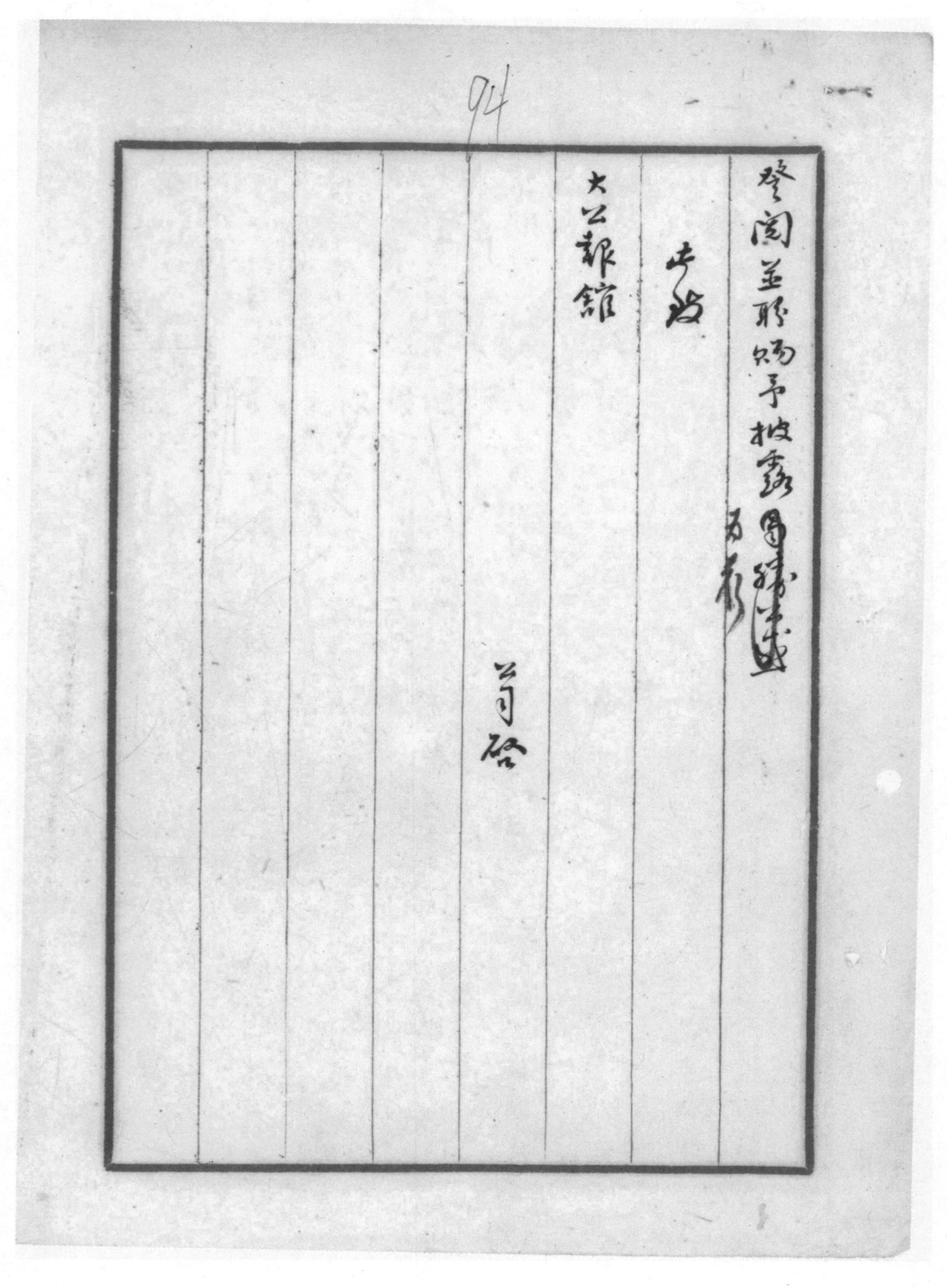

94

登閱並祈賜予披露[illegible]為荷

此致

大公報館

謹啓

重庆市加强管理用电暂行办法（一九四八年五月十五日） 0219-2-245

重慶市加強管理用電暫行辦法草案 民國卅七年五月十五日公佈

一、凡未裝表而已使用電流者無論機關團體私人統限於五月卅一日以前向重慶電力公司申請裝表

二、已通過鄰近電表而申請加裝分表者着暫緩裝以節物力

三、在五月卅一日以後未經向重慶電力公司申請裝表用電仍使用電流者無論機關團體私人均以竊電要予懲罰

四、凡有下列行為之一者即為竊電應予取締

(1)未經電力公司裝置電表而在公司所設之綫路上搭擅

重庆市加强管理用电暂行办法（一九四八年五月十五日） 0219-2-245

39-1

自接電者

(2)繞越電度表及其他計電器者損壞或改動表外之線路

(3)損壞或改变電度表及其他計電器之構造或以其他方法使電度表及其他計電器失效或不準者

(4)故意損壞電度表及其他計電器之外殼或其他保護物者

(5)損壞或偽造公司所置封誌或封印者

(6)在電價較低之線路上私接電價較高之電器者

(7)其他以竊電為目的之行為者

五、為加強管理用電起見電力公司用電稽查組應經

常派员携带稽查证至营业区域内认真稽查

取缔窃电并得没收其屋内所装之电灯器材

六、各用户用电应加节省随开随关不得浪费

七、电力公司在其机器设备未充实以前上半夜电流只准供给电灯用不得供给电力用并严禁各工厂在上半夜使用电力

八、凡窃电者悉照电力公司窃电办法处理并报由市政府登报公告其姓名

九、承装商店或承装人代用户设法窃电者一经查获由市政府吊销其执照并送法院惩处之

十、自本办法施行后无论机关或个人如有窃电行为一经查获

重庆市加强管理用电暂行办法（一九四八年五月十五日） 0219-2-245

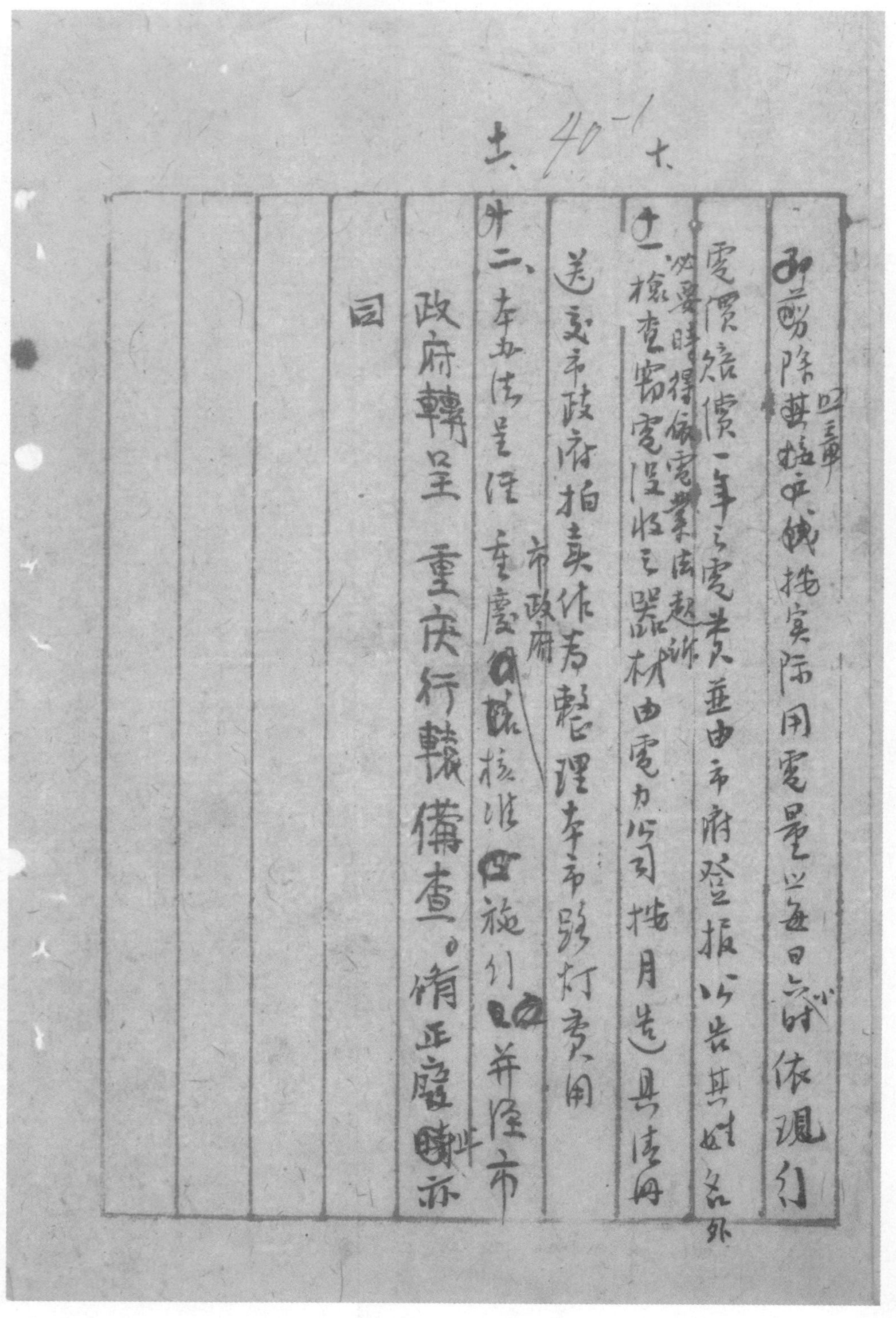

十 40-1 十

所蒙除其損失錢按實際用電量以每日六小時依現行電價賠償一年之電費並由市府登報公告其姓名外必要時得依電業法起訴

十一、檢查竊電沒收之器材由電力公司按月造具清冊送交市政府拍賣作為整理本市路燈費用

十二、本辦法呈經重慶市政府核准施行並呈市政府轉呈重慶行轅備查。

同

重庆市加强管理用电暂行办法（一九四八年五月十五日） 0219-2-245

重慶市加强管理用電暫行辦法

民國三十七年五月十五日公佈

一、凡未裝表而已使用電流者無論機關團體私人統限於五月三十一日以前向重慶電力公司申請裝表

二、已通過鄰近電表而申請加裝分表者着暫緩安裝以節物力

三、在五月三十一日以後未經向重慶電力公司申請裝表用電仍使用電流者無論機關團體私人均照竊電嚴予懲罰

四、凡有下列行為之一者即為竊電應予取締

(1)未經電力公司裝置電表而在公司所設之線路上擅自接電者

(2)繞越電度表及其他計電器者損壞或改動表外之線路者

(3)損壞或改變電度表及其他計電器之構造或以其他方法使電度表及其他計電器失效或不準者

(4)故意損壞電度表及其他計電器之外殼或其他保護物者

(5)損壞或偽造公司所置封誌或封印者

(6)在電價較低之線路上私接電價較高之電器者

(7)其他以竊電為目的之行為者

五、為加強管理用電起見電力公司用電檢查組應經常派員攜帶檢查證在營業區域内認真檢查取締竊電并得沒收其屋内所裝之用電器材

六、各用電户應體諒本市電力供不應求注意節省白晝及下半夜萬勿開燈即用燈時亦當隨開隨關不得浪費

七、電力公司在其發電設備未充實以前用户不得使用電力燒水煮飯及取暖如經查獲應予沒收其器材上半夜電流只准供給電燈用不得供給電力用並嚴禁非兵工工廠在上半夜使用電力

八、承裝商店或承裝人代用户設法竊電者一經查獲由市政府吊銷其執照並送法院從嚴懲處之

九、自本辦法施行後無論機關或個人如有竊電行為一經查獲除照章按實際用電量照每日六小時依現行電價賠償一年之電費並由市府登報公告其姓名外必要時得依電業法起訴

十、檢查竊電沒收之器材由電力公司按月造具清册送交市政府拍賣作為整理本市路燈費用

十一、本辦法呈經重慶市政府核准施行并經市政府轉呈 重慶行轅備查修正廢止亦同

重庆电力股份有限公司关于解决窃电问题致大公报馆的函（一九四八年五月十七日） 0219-2-245

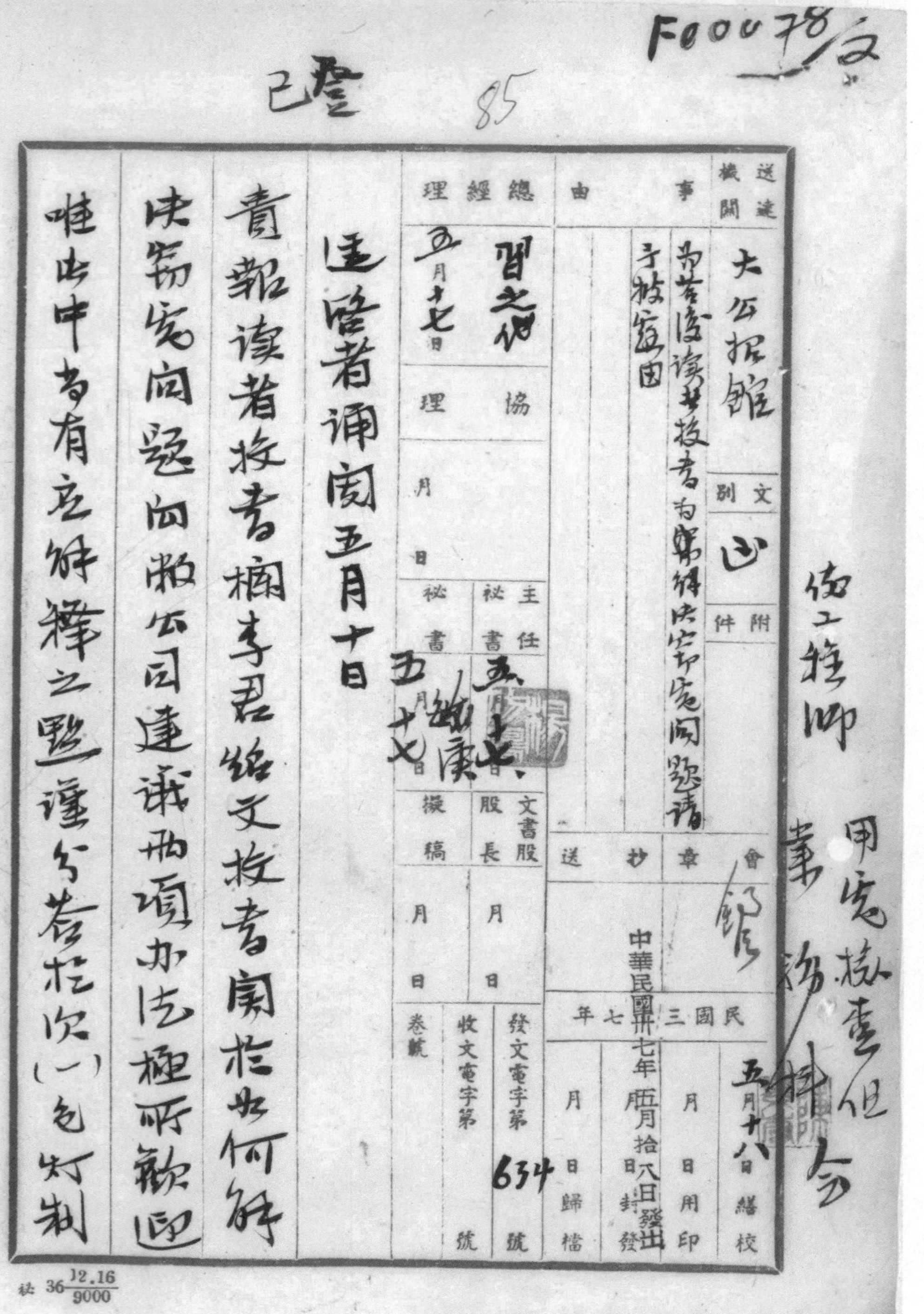

F00078

已登

85

送達機關：大公報館

事由：為答復讀者投書有關解決窃電問題請予披露由

文別：函

附件：

總經理：習之 五月十七日

協理：

主任秘書：五月十七

秘書：五月十七

文書股股長：

撰稿：

會章：

用印：

繕校：五月十八

民國三十七年

中華民國卅七年五月拾八日封發

發文電字第634號

逕啟者：頃閱五月十日貴報讀者投書欄李君給文投書，關於如何解決窃電問題，向敝公司建議兩項辦法，極所歡迎。惟此中尚有應解釋之點，謹分答於次：（一）包燈制

重庆电力股份有限公司关于解决窃电问题致大公报馆的函（一九四八年五月十七日） 0219-2-245

86

对於用电管理上有困难，流弊甚多，现在各大都市均未採用，其他小厂间有採取者。市民谋改用表灯办法，良以世风日下，社会道德日趋沦落，不敢保证不藉包灯为名，使用电炉窃用电流，大量浪费电流，此本公司故未敢通融接受。至于改善供应用户用电，本公司刻已与重庆市工务局设计研究，以副各方期待。（二）过去因存表用尽，不得不请由用户自備电表以为装置外，对於用户购表申请用电者，本公司极表欢迎，虑

重庆电力股份有限公司关于解决窃电问题致大公报馆的函（一九四八年五月十七日） 0219-2-245

年轩轾（三）取缔商标用电两年前经呈准市政府

由事故取缔在案故至今市场上霓虹灯不多今后自当

随时呈请取缔（四）检查窃电由宪警一道随时会同

（五）用户供应不逞之徒一经查获取缔什价自所难免仍依之

目前电力缺乏在供不应求乃属主因本公司已向国外订购

新机力谋增加电源解决此一重要问题本公司对李君

所提建议以感激之馀力谋改进外 贵报立论平允特

备函将详细事实叙述 借资披露 藉供参考为荷

此致

大公报

公司启

重庆电力股份有限公司关于解决窃电问题致大公报馆的函（一九四八年五月十七日） 0219-2-245

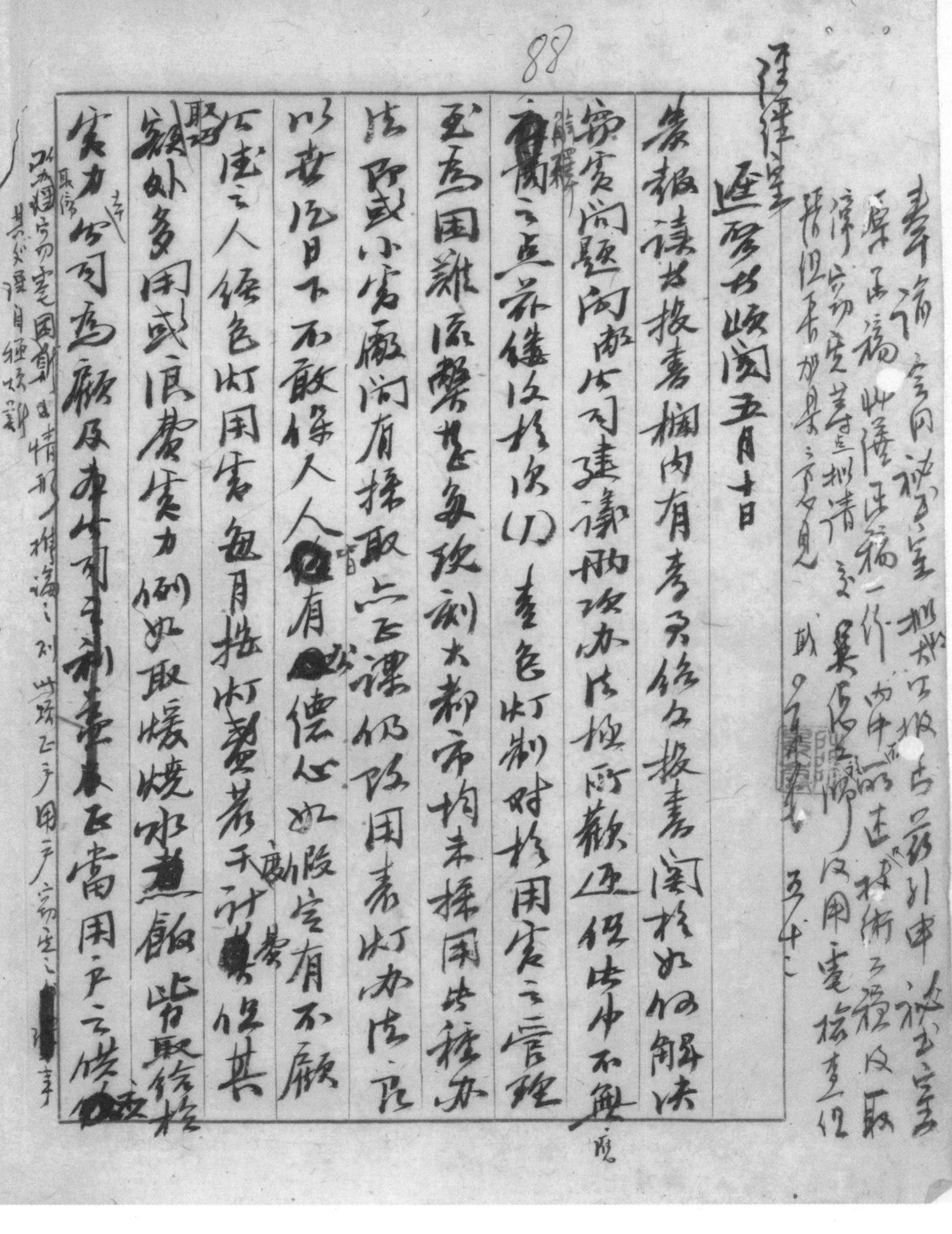

迳启者：顷阅五月十日

贵报读者投书栏内有李勇给本报书，关于如何解决

窃电问题，向敝公司建议两项办法，极所钦感。但其中不无

商榷之点，兹仅将说明于次：（1）查包灯制改用电表管理

至为困难，盖多数[illegible]大都市均未采用此种办

法，即或小[illegible]厂间有採取之[illegible]，仍改用表灯办法，

以其认目下不敢保人人有[illegible]偿心，如假定有不顾

公德之人，纸包灯用户每月按灯费若干计，但其

窃外多用电或[illegible]实力，例如取暖、烧水、煮饭，皆取给於

实力公司为顾及本公司利益，[illegible]当用户户之供[illegible]

重庆电力股份有限公司关于解决窃电问题致大公报馆的函（一九四八年五月十七日） 0219-2-245

重庆电力股份有限公司关于解决窃电问题致大公报馆的函（一九四八年五月十七日） 0219-2-245

89

负其责。电表由本公司且负责修收缮，俾用户以
现金（或）现款一次缴纳，自备表权属于用户，至不用电
时用户可凭据向本公司退还。其自备电表本公司
不收取押金，只收用电保证金。自本年五月实行
迄今并未闻，现有自备表用户已占本公司全
部用户百分之二十强。至于公务员请其主管机关
开具正式证明者，本公司皆于供电无困难
之条件下尽量协助。总之本公司系属公用事业，
决不敢对用户分大小等级有所抉择。（3）取
缔窃电易生纠纷，其次下去能常采本

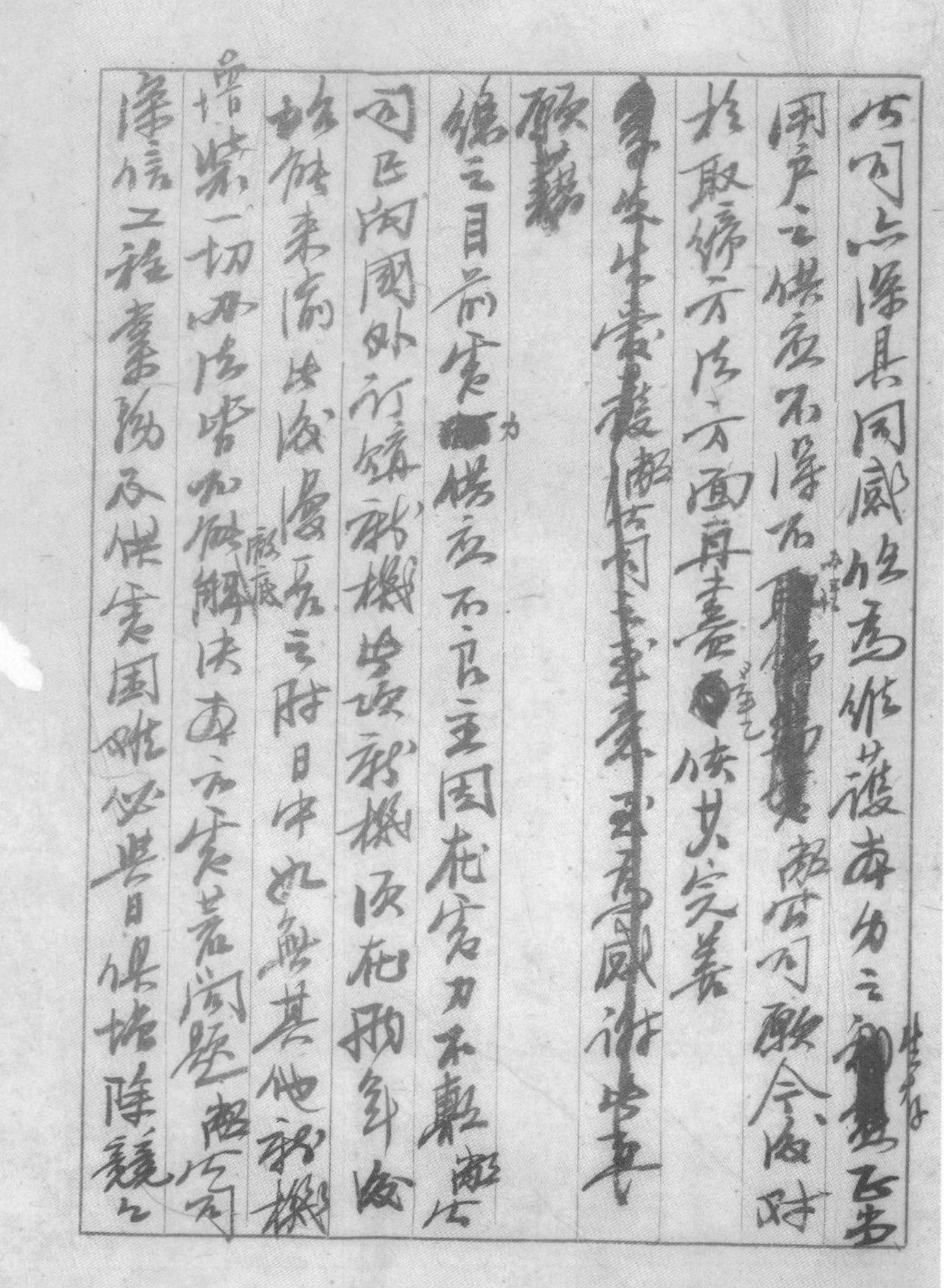

重庆电力股份有限公司关于解决窃电问题致大公报馆的函（一九四八年五月十七日） 0219-2-245

重庆电力股份有限公司关于解决窃电问题致大公报馆的函（一九四八年五月十七日） 0219-2-245

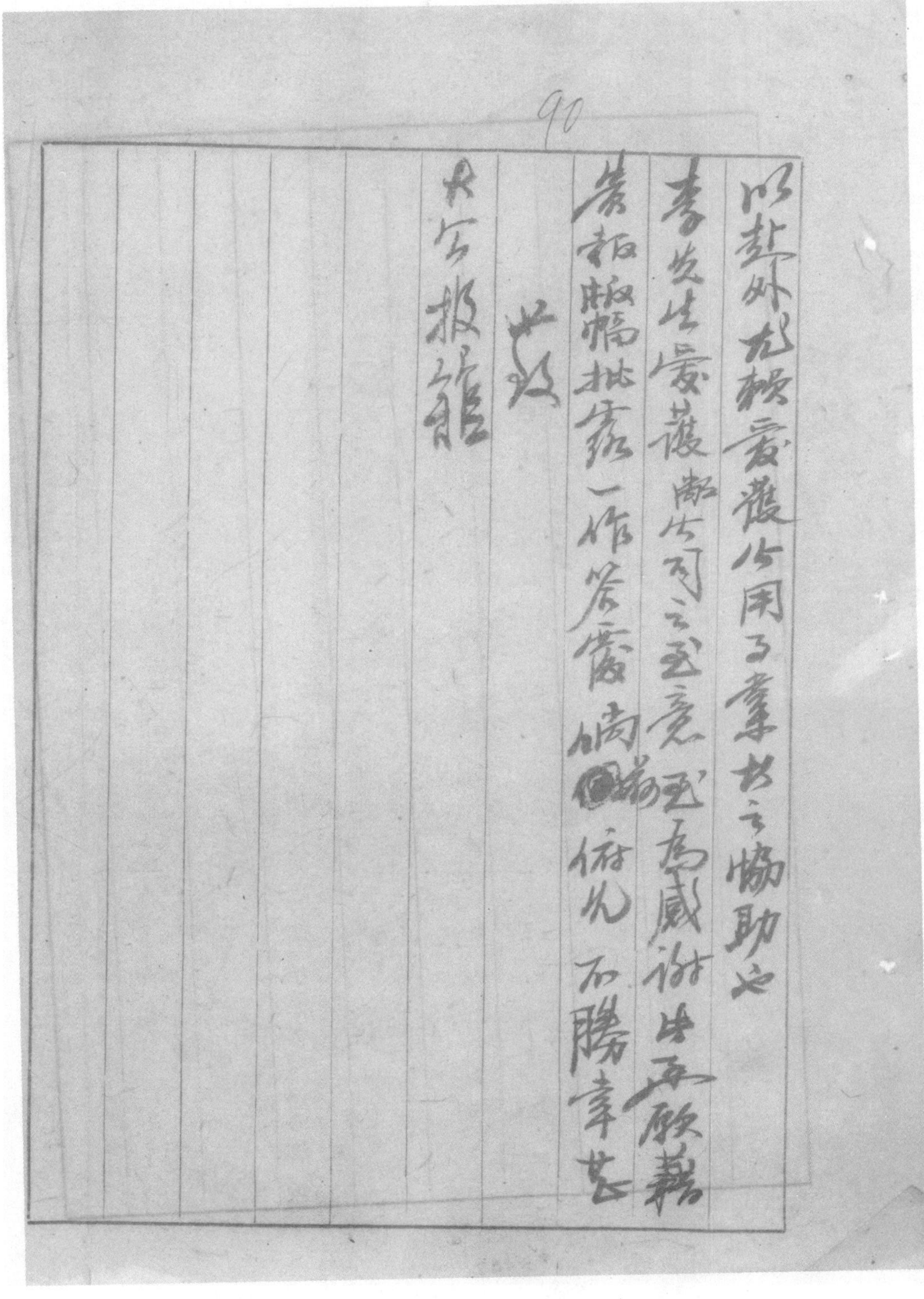

90

以杜外扰积爱护公用之章於之协助也
贵报先生爱护敝公司之至意至为感谢此并顺颂
贵报撰稿批露一作答复倘蒙俯允不胜幸甚
此致
大公报馆

重庆电力股份有限公司关于解决窃电问题致大公报馆的函（一九四八年五月十七日）　0219-2-245

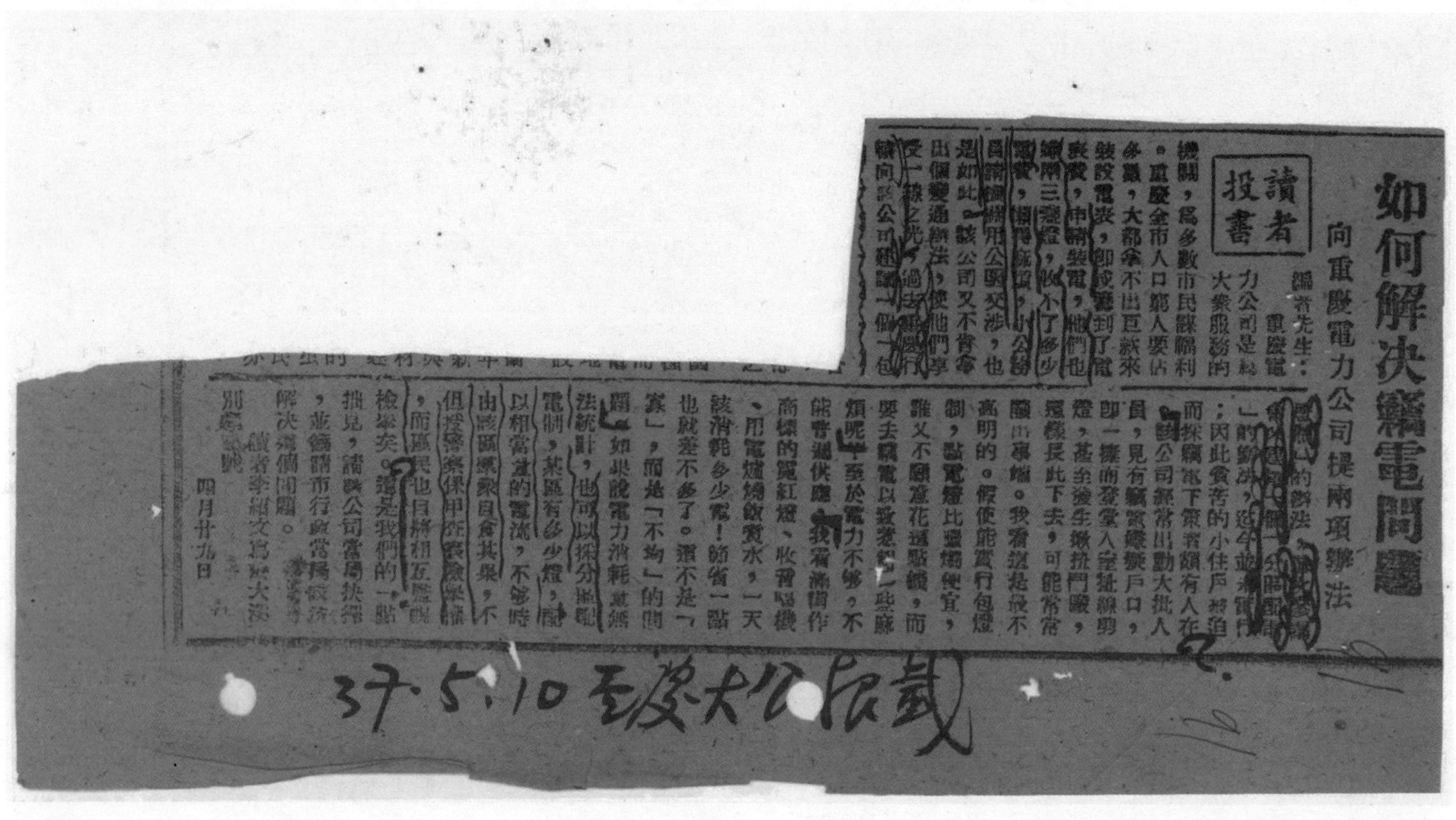

如何解決竊電問題

向重慶電力公司提兩項辦法

讀者投書

編者先生：重慶電力公司是私[illegible]大衆服務的機關，爲多數市民謀福利。重慶全市人口窮人要占多數，大都拿不出巨款來裝設電表，即使裝到了電表後，申請裝置，他們也[illegible]三盞燈，收不了多少[illegible]，[illegible]公司[illegible]用公司交涉，也是如此。該公司又不肯拿出個變通辦法，使他們享受一線之光，[illegible]向該公司建議，[illegible]個一包[illegible]」的辦法，近年來[illegible]；因此貧苦的小住戶被迫而採竊電下策，每個有人在[illegible]公司經常出動大批人員，見有竊電嫌疑戶口，即一擁而登堂入室地剪線剪燈，甚至發生搬扯門戶，這樣長此下去，可能常常釀出事端。我看這是最不高明的。假使能實行包燈制，點電燈比點燭便宜，誰又不願意花這點錢，而要去竊電以致受些麻煩呢？至於電力不夠，不能普遍供應，我看滿街作商標的霓虹燈、收音機、用電爐燒飯煮水，一天該消耗多少電！節省一點也就差不多了。還不是「寡」，而是「不均」的問題。如果說電力消耗無法統計，也可以採分區電制，某區有多少燈，配以相當量的電流，不夠時由該區燈戶自負其累，不但揭發[illegible]保甲[illegible]，而[illegible]民也自將相互監視檢舉矣。這是我們的一點拙見，請該公司當局採擇，並飭請市行政當局[illegible]解決這個問題。

讀者李[illegible]文[illegible]大[illegible]別[illegible]號　四月廿九日

37.5.10 重慶大公報載

重庆电力股份有限公司关于核实窃电处理办法致重庆市政府的代电（一九四八年五月二十一日） 0219-2-244

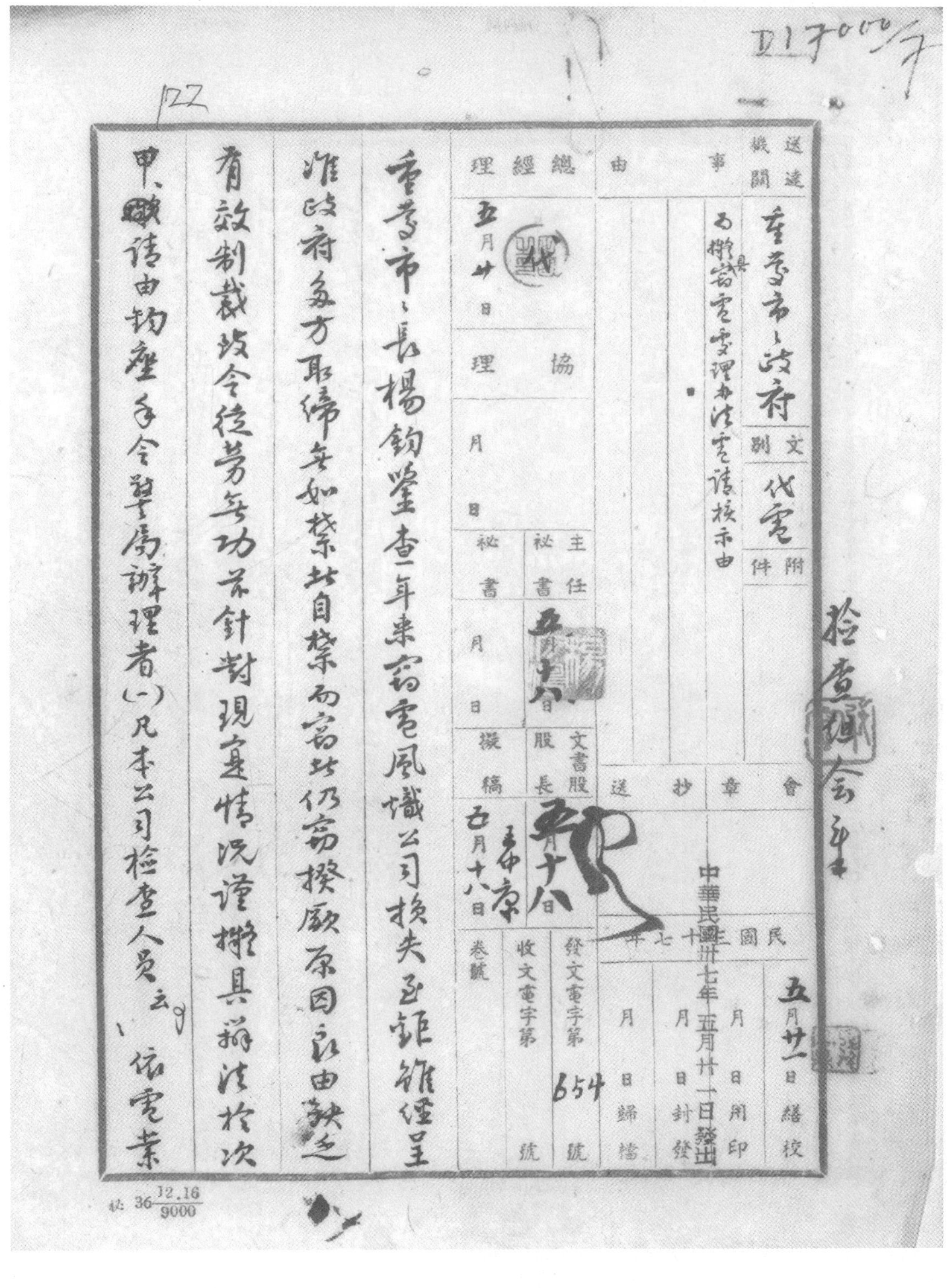

送達機關：重慶市市政府

文別：代電

事由：為擬具竊電處理辦法電請核示由

總經理：五月廿日

文書股股長：五月十八日

擬稿：五月十八日

中華民國卅七年五月廿一日發出

發文電字第654號

繕校：五月廿一日

重慶市市長楊鈞鑒：查一年來竊電風熾，公司損失至鉅，雖經呈准政府多方取締，無如禁者自禁而竊者仍竊，揆厥原因，良由缺乏有效制裁，致令徒勞無功，茲針對現實情況，謹擬具辦法於次：甲、擬請由鈞座手令警局辦理者：（一）凡本公司檢查人員……依電業

123

法第一零八條嚴辦以再懲竊府特請重慶行轅飭令憲兵第廿四團（訂）、應照第條第一二項辦理以上所陳（借就公司現有及裝備採擇施行）是否有當理合電請鑒核施行仍候指令祗遵重慶電力公司叩（馬）

重庆电力股份有限公司关于核实窃电处理办法致重庆市政府的代电（一九四八年五月二十一日）　0219-2-244

重庆电力股份有限公司关于一九四八年四月最高负荷、发电及购电等数致经济部电业司的代电
（一九四八年五月二十九日） 0219-2-260

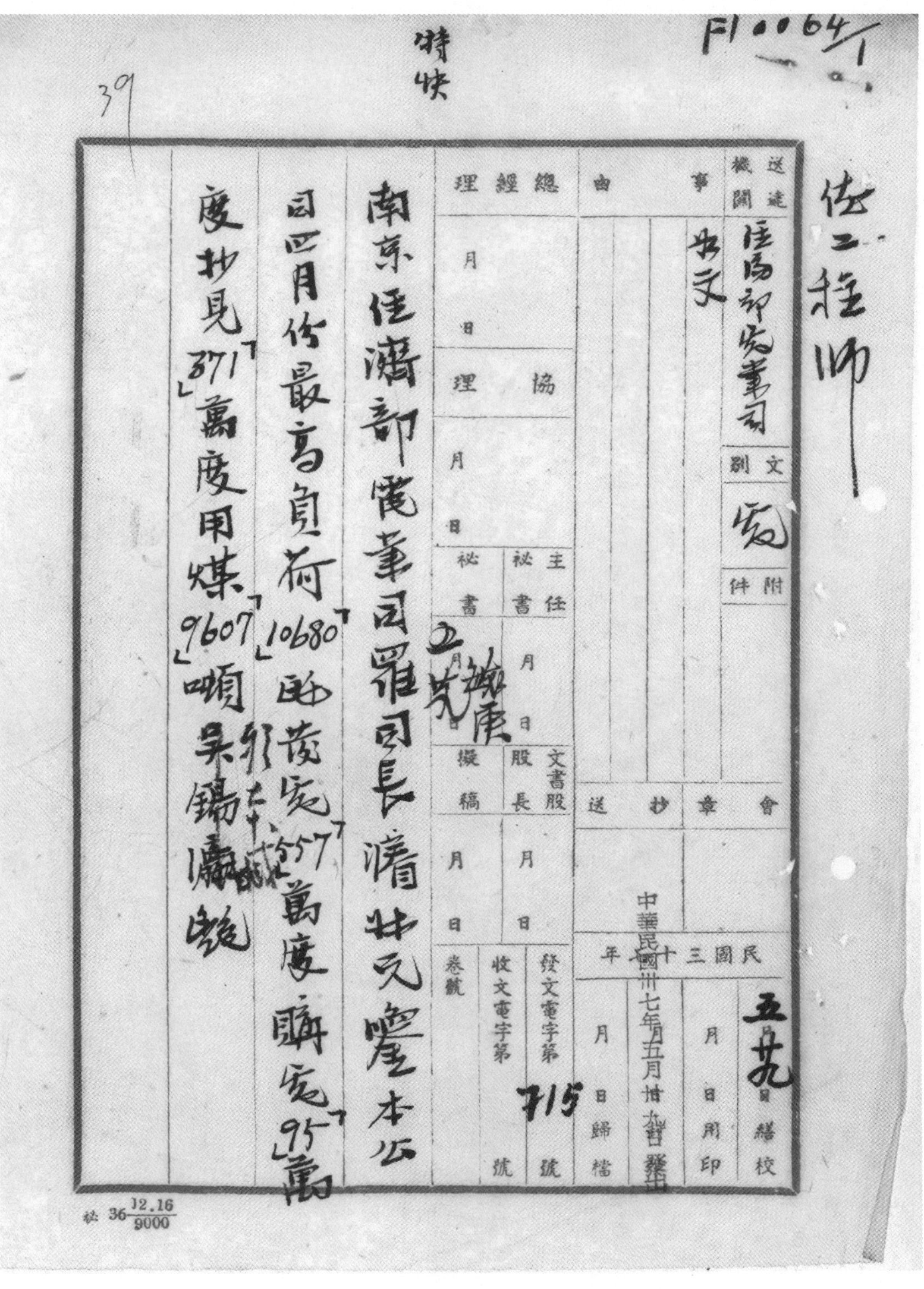

特快

送達機關	經濟部電業司
事由	
文別	電
附件	

總經理　月　日
協理　月　日
主任秘書　秘書　月　日
文書股 股長　擬稿　月　日
會章抄送
中華民國卅七年五月廿九日發出
發文電字第715號
收文電字第　號
卷號
繕校　五月廿九日
用印　月　日
歸檔　月　日

南京經濟部電業司羅司長潛兄鑒：本公司四月份最高負荷10680瓩，發電557萬度，購電95萬度，抄見371萬度，用煤9607噸。吳錫瀛

祕 36 12.16 / 9000

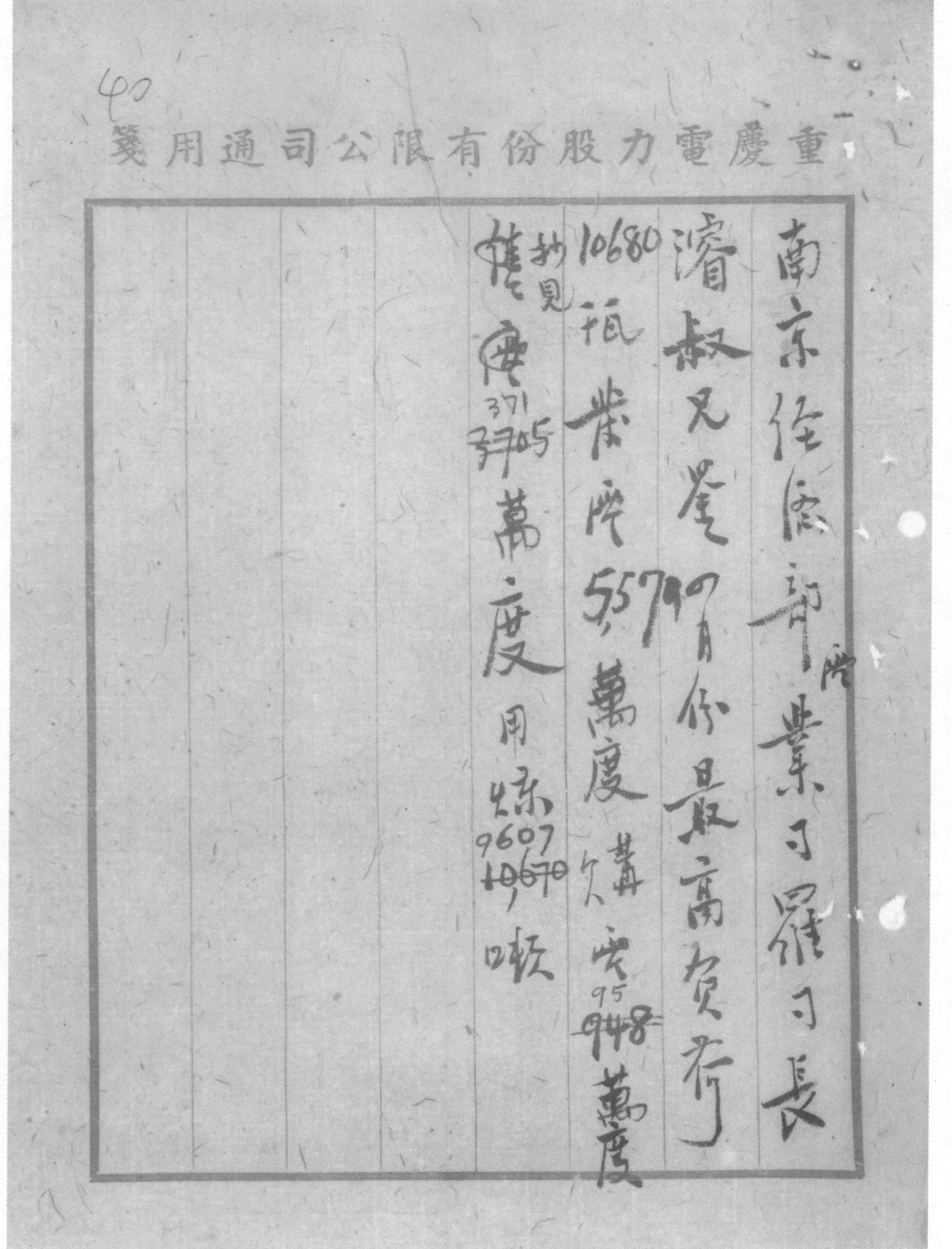

40

重慶電力股份有限公司通用箋

南京經濟部電業司羅司長
濬叔兄鑒：四月份最高負荷
10680瓩，發電5579萬度，購電~~948~~95萬度，
抄見售電~~37705~~371萬度，用煤~~10670~~9607噸

重庆电力股份有限公司关于一九四八年四月最高负荷、发电及购电等数致经济部电业司的代电（一九四八年五月二十九日） 0219-2-260

重庆电力股份有限公司关于依法办理电表被窃案件向重庆市警察局、工务局的呈、代电（附被窃电表清单）

（一九四八年六月七日）　0219-2-244

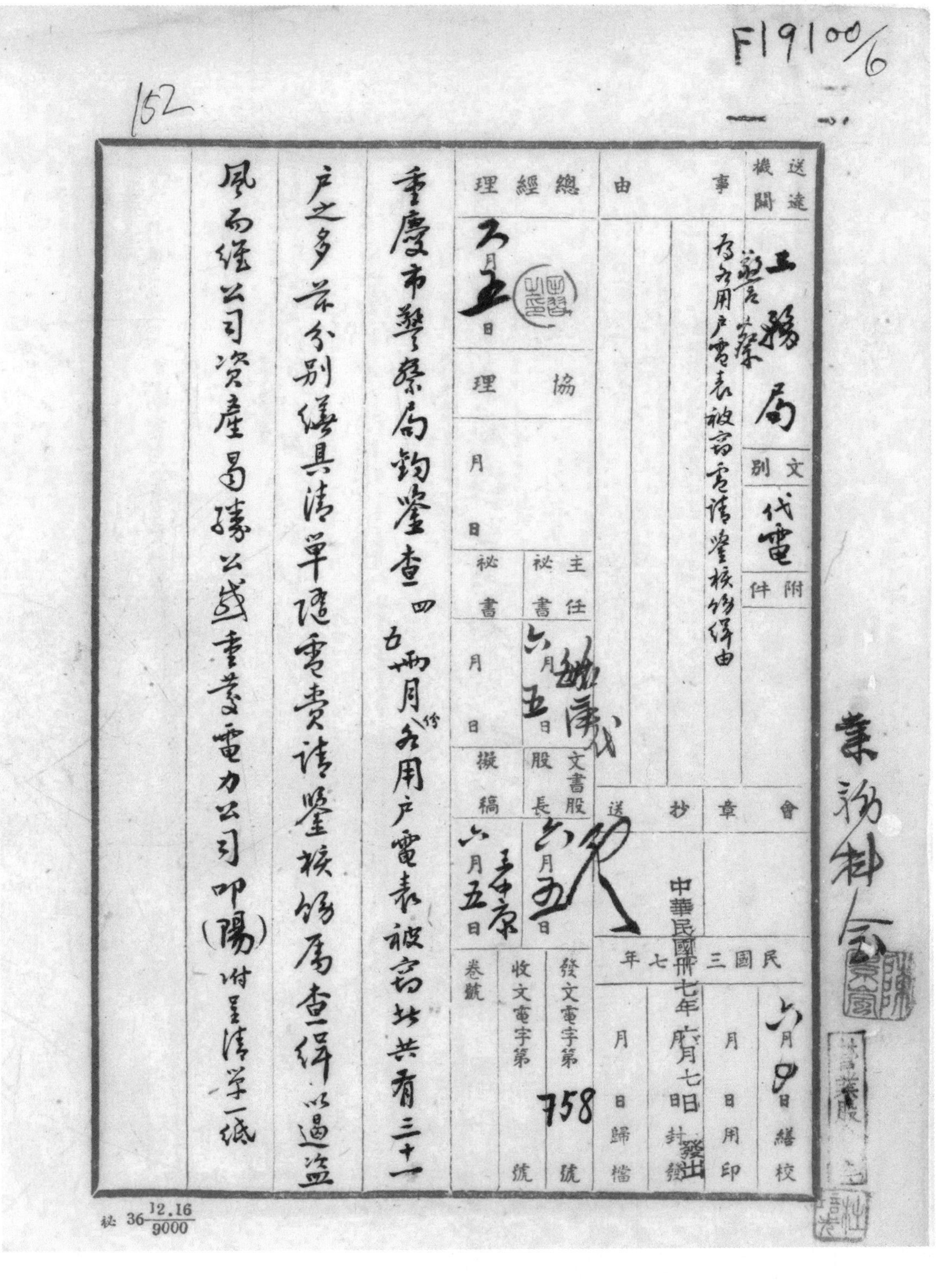

F19100/6

152

送達機關：工務局、警察局

文別：代電

事由：為用户電表被窃電請鑒核備案由

總經理：六月五日

協理：月　日

主任秘書：六月五日

文書股股長：六月五日

擬稿：六月五日

中華民國卅七年六月七日封發

發文電字第758號

重慶市警察局鈞鑒：查四五兩月份用户電表被窃者共有三十一户之多，茲分別繕具清單，隨電賫請鑒核備查，俾以遏盜風而維公司資產為禱。公戳重慶電力公司叩。陽（附呈清單一紙）

業務科會

重庆电力股份有限公司关于依法办理电表被窃案件向重庆市警察局、工务局的呈、代电（附被窃电表清单）（一九四八年六月七日） 0219-2-244

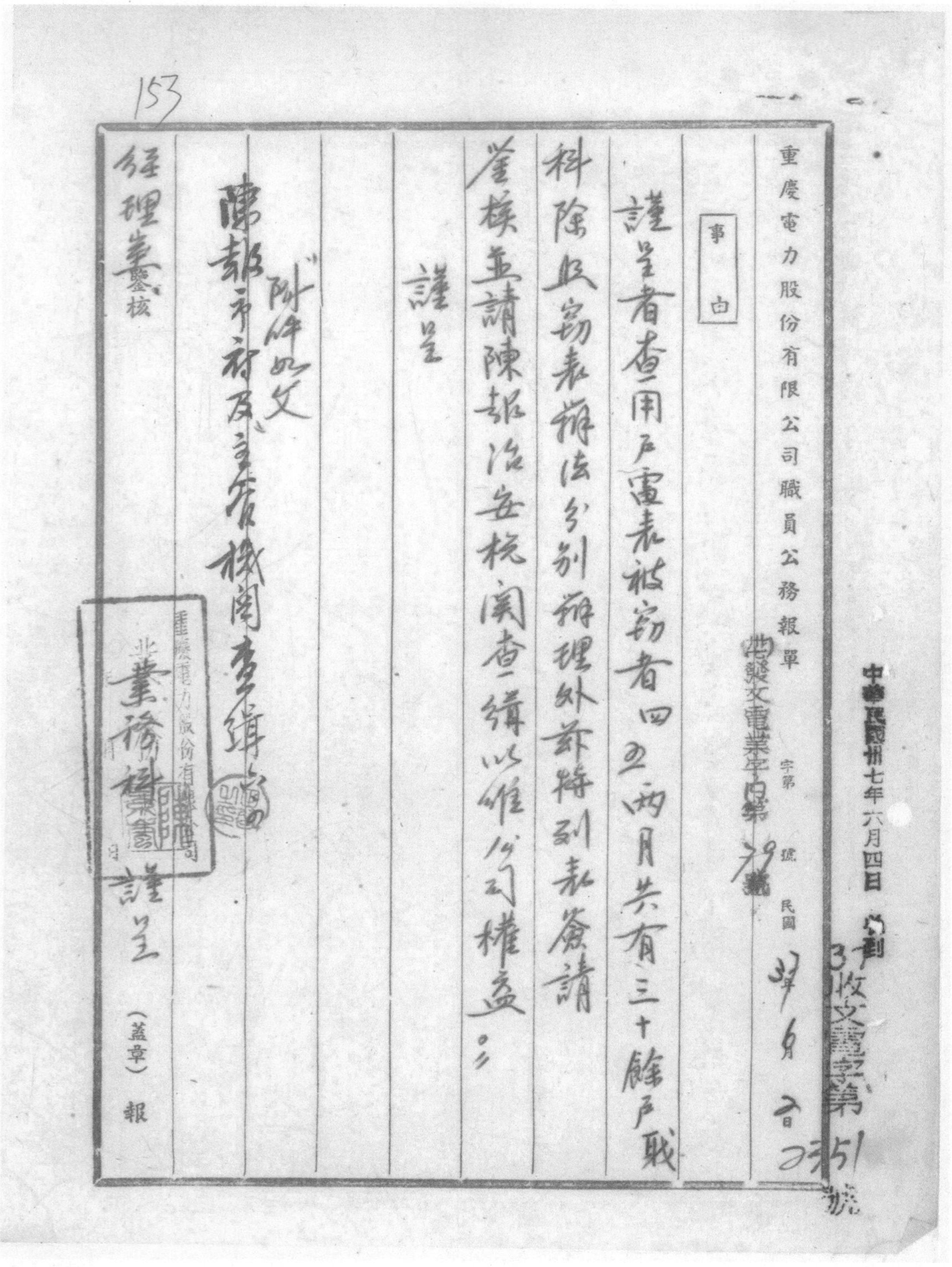

153

重慶電力股份有限公司職員公務報單

事由

謹呈者查用戶電表被窃者四五兩月共有三十餘戶，職科除以窃表辦法分別辦理外，茲特列表簽請鑒核並請陳報治安機關查緝，以維公司權益。

謹呈

經理 鑒核

附件如文

陳報市府及主管機關查緝

業務科 謹呈 （蓋章） 報

中華民國卅七年六月四日 字第 號

電業字第 號 民國37年6月7日

收文電業字第2351號

重庆电力股份有限公司关于依法办理电表被窃案件向重庆市警察局、工务局的呈、代电（附被窃电表清单）

（一九四八年六月七日） 0219-2-244

154

用户被窃电表清单　37.6.1

户号	户名	住址	厂名	表号	容量	被窃日期	备考
F-93	高言倫	至诚巷14	AEG	1185559	1×5A	37.4.5	
F-131	罗国藩	〃 〃	AEG	1090433	1×5A	〃 〃	
H-987	刘汉芳	临江路165	AEG	12491206	1×15A	〃 〃	
A-1131	袁槐美	中正路79	AEG	11787193	1×3A	〃 〃	
A-1350	[illegible]	中正路13	AEG	11668091	1×30A	〃 〃	[illegible]
F-498	保险业公会	民国路139	FRT	6867012	1×5A	〃 〃	
H-416	苟青云	临江门[illegible]	AEG	11639071	1×3A	〃 〃	
H-1359	江大云	〃 〃	FRT	6866835	1×5A	〃 〃	
I-63	李潭氏	民生路38-1	AEG	11854632	1×15A	〃 〃	
F-1497	周[illegible]谦	中华路41	AEG	11854491	1×15A	〃 〃	
A-600	黄[illegible]欣	信义街61	SMS	2056912	1×3A	〃 〃	[illegible]公会借用
D-199	大川实业公司	[illegible]33	AEG	10906840	1×5A	〃 〃	配15/5A CT
〃	〃	〃	AEG	10906623	1×5A	〃 〃	15/5A CT
〃	〃	〃	SMS	2010863	1×5A	〃 〃	15/5A CT
A-14	[illegible]旅馆	中正路8	AEG	11854455	1×5A	〃 〃	
C-596	浙江[illegible]同乡会	林森路328	AEG	11666055	1×10A	〃 〃	
J-240	资川酒精厂	冉家巷10-4	AEG	10906957	1×10A	〃 〃	[illegible]借用
[illegible]-1165	秦[illegible]福	[illegible]12	SMS	2058998	1×5A	〃 〃	
O-985	[illegible]	[illegible]255	SMS	1893332	1×10A	37.5.[illegible]	
D-668	[illegible]	[illegible]42	AEG	12406628	1×10A		[illegible]
D-266	世界书局[illegible]	〃 40	HSE	523407	1×5A		
K-112	张祥[illegible]	[illegible]1	SHZ	520520	1×3A	〃 〃	
E-335	郑[illegible]	[illegible]16	AEG	12101584	1×15A	〃 〃	
K-1344	周[illegible]	[illegible]12	LG	11610057	1×3A	〃 〃	
D-1497	张[illegible]生	[illegible]5	AEG	12663474	1×3A	〃	
H-395	[illegible]	[illegible]15	AEG	12478177	1×15A	〃 〃	
N-1257	[illegible]	[illegible]	[illegible]	5066894	1×10A	〃 〃	
A-689	[illegible]	水巷子35	AEG	11632207	1×3A	〃 〃	
C-1261	[illegible]公司	林森路314	AEG	11665315	1×50A	〃 〃	
D-658	[illegible]	[illegible]5	AEG	12205326	1×10A	〃 〃	
A-673	颜其祥	水巷子80	LG	[illegible]	1×5A	〃 〃	

重庆市政府关于检发重庆市加强管理用电暂行办法给重庆电力股份有限公司的训令（附办法）

（一九四八年七月二日） 0219-2-245

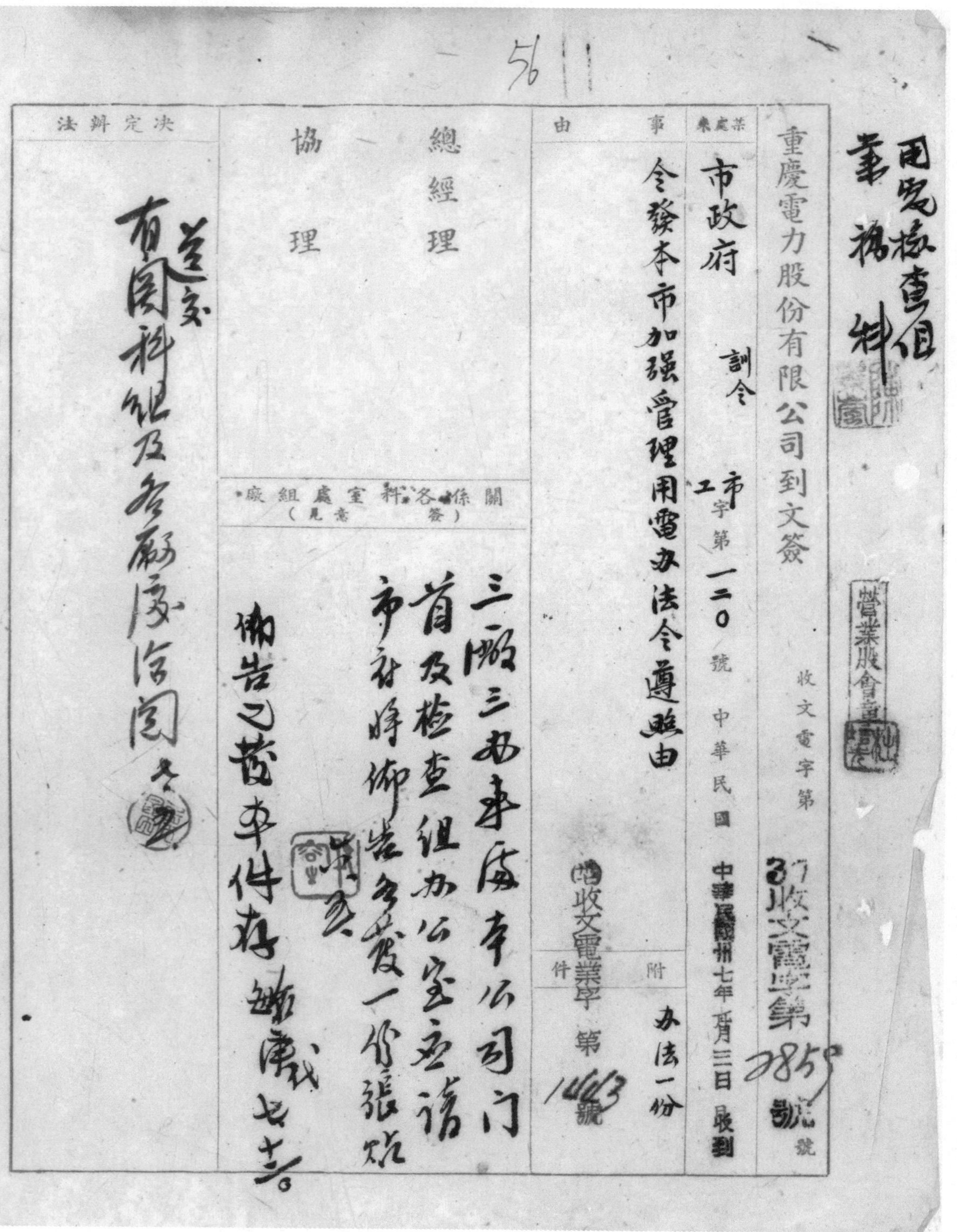

用電檢查組
業務科

重慶電力股份有限公司到文簽

收文電字第3859號

來處：市政府 訓令

市工字第一二〇號

中華民國卅七年七月三日收到

事由：令發本市加強管理用電办法令遵照由

附件：办法一份

收文電業字第1463號

總經理

協理

關係各科室處組廠簽（意見）

三廠三科本處本公司门首及檢查組办公室應請市府將佈告多發一份張貼

佈告已發本件存

決定辦法

送交有關科組及各廠處洽閱

重庆市政府关于检发重庆市加强管理用电暂行办法给重庆电力股份有限公司的训令（附办法）

（一九四八年七月二日） 0219-2-245

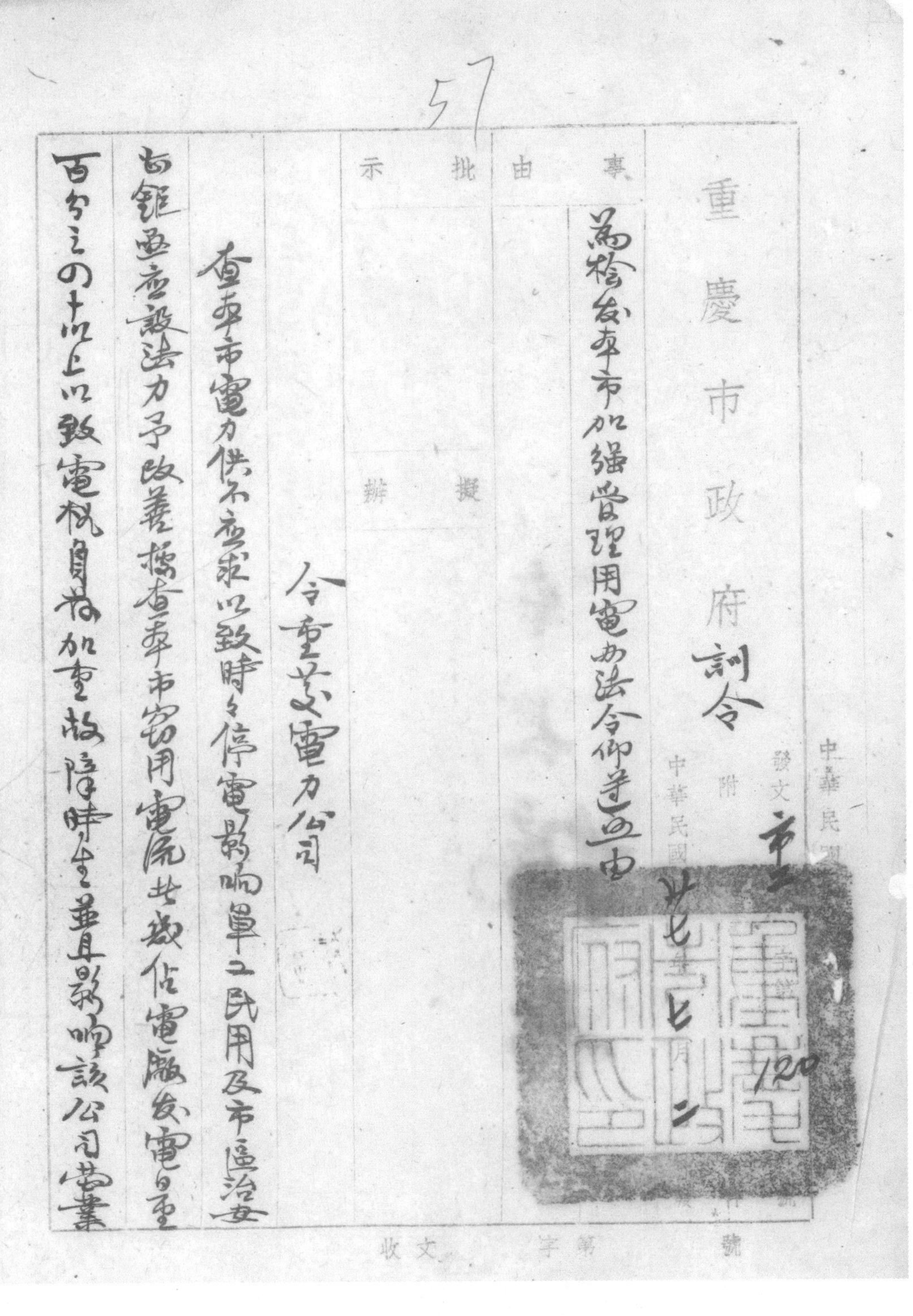

57

重慶市政府訓令

發文 市工 字第 120 號

中華民國卅七年七月二日

附

事由：為檢發本市加強管理用電辦法令仰遵照由

批示

擬辦

令重慶電力公司

查本市電力供不應求，以致時時停電，影响工民用及市區治安至鉅，亟應設法力予改善。據查本市家用電爐甚夥，佔電廠發電量百分之四十以上，以致電機負荷加重，故障時生，並且影响該公司營業

收文 字第 號

重庆市政府关于检发重庆市加强管理用电暂行办法给重庆电力股份有限公司的训令（附办法）

（一九四八年七月二日） 0219-2-245

57-1

收入妨害正當用戶無明正大照應嚴予取締以資整頓茲經本府擬訂「重慶市加強管理用電辦法」一種經呈奉 國民政府主席重慶行轅卅七年五月卅日警察字第8674號代電核准施行在案除分別函令並佈告週知外合行檢發該項辦法令仰該公司遵照為要！

此令。

計檢發重慶市加強管理用電辦法一份

市長 楊森

監印
校對
監印涂國卿

重慶市政府福利委員會印製 7——續

重庆市政府关于检发重庆市加强管理用电暂行办法给重庆电力股份有限公司的训令（附办法）

（一九四八年七月二日） 0219-2-245

重慶市加強管理用電暫行辦法

民國三十七年七月二十五日公佈

一、凡未裝表而已使用電流者無論機關團體私人統限於七月廿日以前向重慶電力公司申請裝表

二、已通過鄰近電表而申請加裝分表者着暫緩安裝以節物力

三、在七月十日以後未經向重慶電力公司申請裝表用電仍使用電流者無論機關團體私人均照竊電嚴予懲罰

四、凡有下列行為之一者即為竊電應予取締

(1)未經電力公司裝置電表而在公司所設之線路上擅自接電者

(2)繞越電度表及其他計電器者損壞或改動表外之線路者

(3)損壞或改變電度表及其他計電器之構造或以其他方法使電度表及其他計電器失效或不準者

(4)故意損壞電度表及其他計電器之外殼或其他保護物者

(5)損壞或偽造公司所置封誌或封印者

(6)在電價較低之線路上私接電價較高之電器者

(7)其他以竊電為目的之行為者

五、為加強管理用電起見電力公司用電檢查組應經常派員攜帶檢查證在營業區域內認真檢查取締竊電井得沒收其屋內所裝之用電器材

六、各用電户應體諒本市電力供不應求注意節省白晝及下半夜萬勿開燈卽用燈時亦當隨開隨關不得浪費

七、電力公司在其發電設備未充實以前用户不得使用電力燒水煮飯及取暖如經查獲應予沒收其器材上半夜電流只准供給電燈用不得供給電力用並嚴禁非兵工工廠在上半夜使用電力

八、承裝商店或承裝人代用户設法竊電者一經查獲由市政府吊銷其執照並送法院從嚴懲處之

九、自本辦法施行後無論機關或個人如有竊電行為一經查獲除照章按實際用電量照每日六小時依現行電價賠償一年之電費並由市府登報公告其姓名外必要時得依電業法起訴

十、檢查竊電沒收之器材由電力公司按月造具清册送交市政府拍賣作為整理本市路燈費用

十一、本辦法呈經重慶市政府核准施行井經市政府轉呈 重慶行轅備查修正廢止亦同

重庆市工务局关于登报公告加强管理用电办法给重庆电力股份有限公司的训令（附办法）
（一九四八年七月三日） 0219-2-245

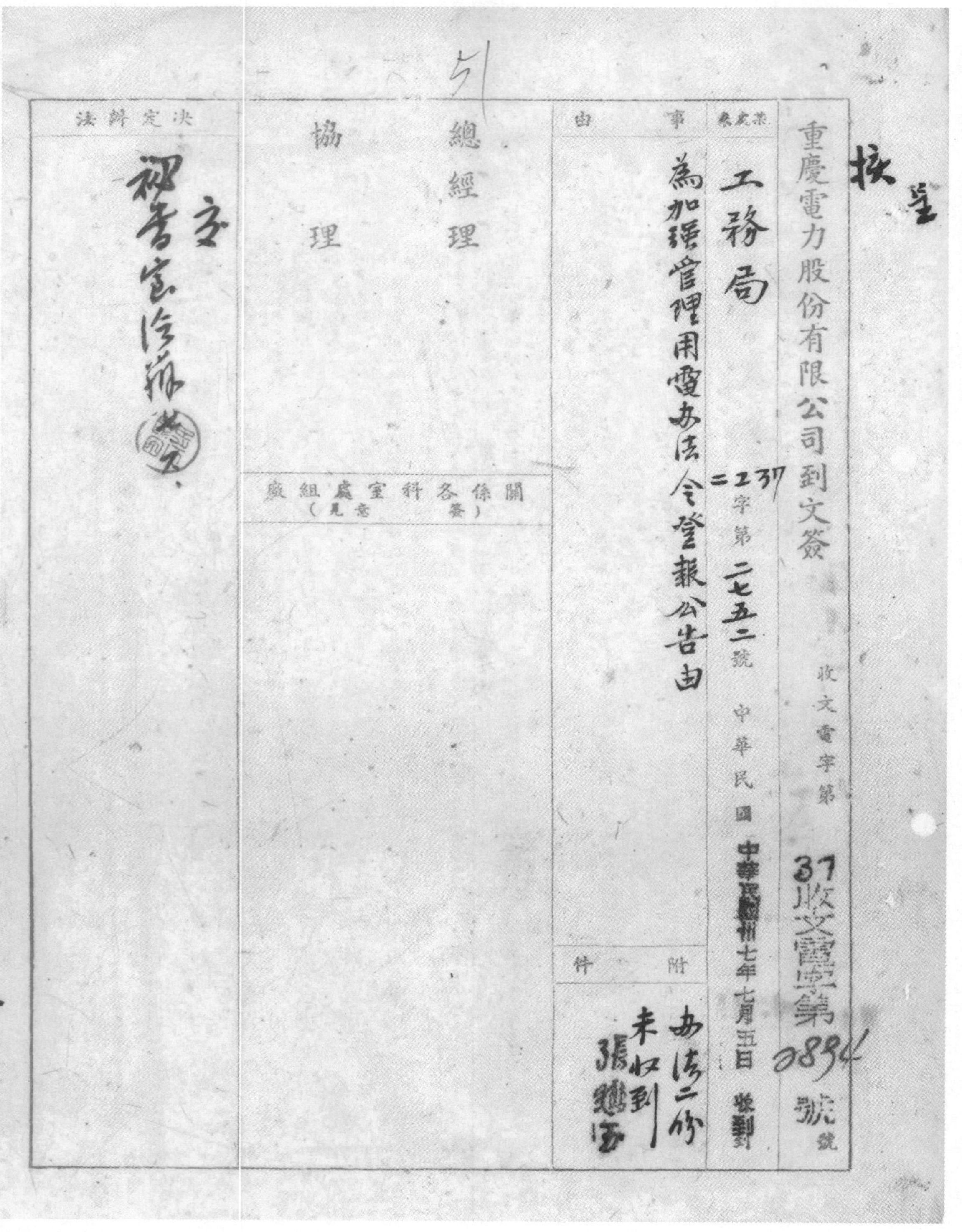

重慶電力股份有限公司到文簽

收文電字第 37收文電字第 2834 號

來文機關：工務局

二237 字第二七五二號

中華民國卅七年七月五日收到

事由：為加强管理用電办法令登報公告由

附件：办法二份

總經理

協理

關係各科室處組廠（簽意見）

決定辦法

重庆市工务局关于登报公告加强管理用电办法给重庆电力股份有限公司的训令（附办法）

（一九四八年七月三日） 0219-2-245

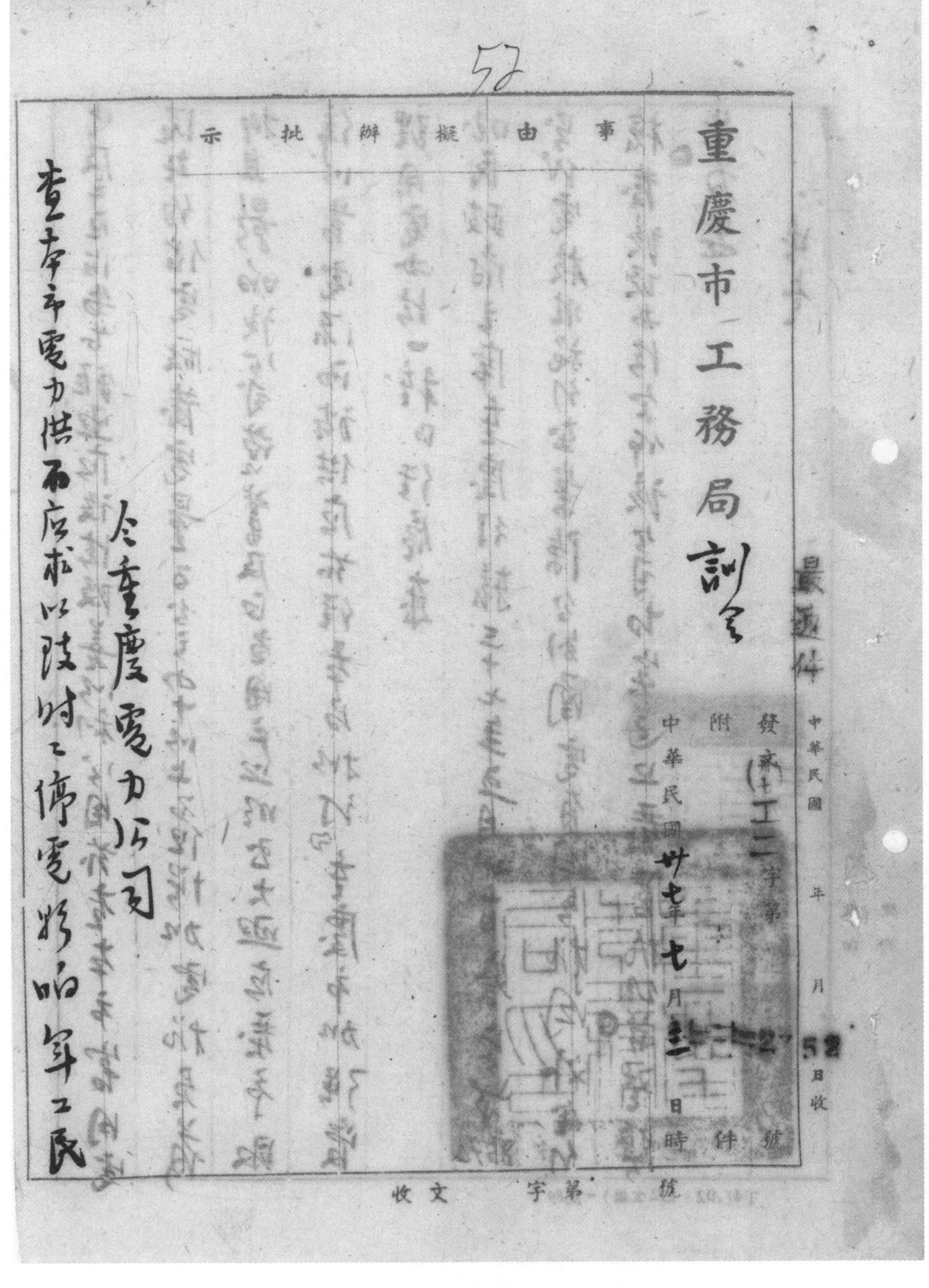
重慶市工務局訓令

最速件

發文（十）工二字第　號

中華民國卅七年七月三日　時　件

事由

擬辦

批示

令重慶電力公司

收文　字第　號

重庆市工务局关于登报公告加强管理用电办法给重庆电力股份有限公司的训令（附办法）

（一九四八年七月三日）　0219-2-245

52-1

生及本府指示，亟應設法改善，以利公用。茲查本市竊用電流者仍佔電廠發電量百分之四十以上，不但增加電機負荷，抑且影响該公司營業及正當用户照明，亟應嚴予取締，以節電流而諸供應。茲經本局擬訂「重慶市加强管理用電辦法」一種，隨令發來。呈國民政府主席重慶行轅三十七年五月卅一日察字第8576號代電核准施行在案。除分别函電有関各機關外，合行檢發該項辦法，令仰該公司切實遵照，嚴厲執行，並登報公告為要。

此令

丁4（19.2×27.2公厘）—局印

重庆市工务局关于登报公告加强管理用电办法给重庆电力股份有限公司的训令（附办法）

（一九四八年七月三日） 0219-2-245

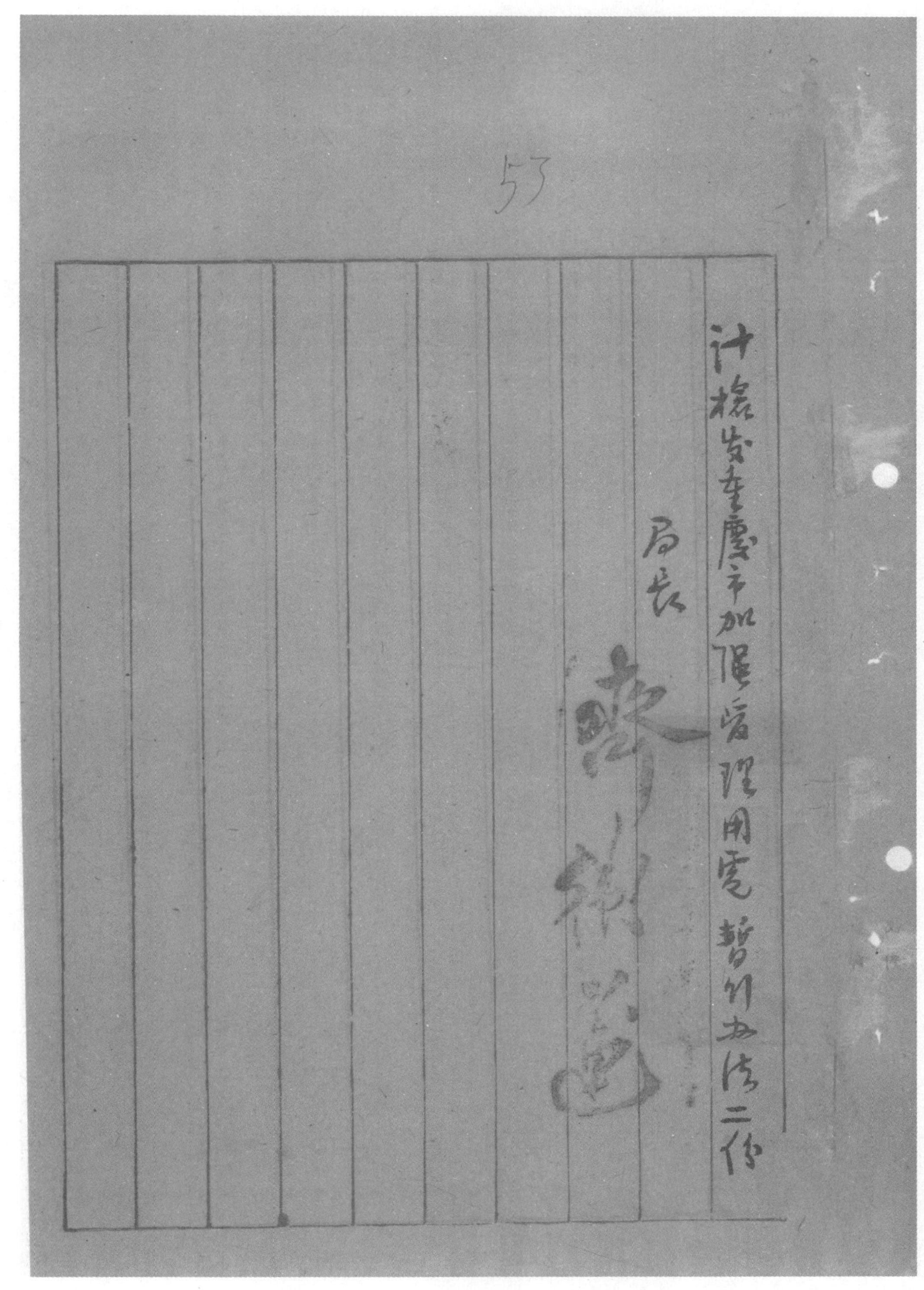

53

計檢發重慶市加強管理用電暫行辦法二份

局長

重庆市工务局关于登报公告加强管理用电办法给重庆电力股份有限公司的训令（附办法）
（一九四八年七月三日）　0219-2-245

重庆市政府工二字一二二號佈告公佈
重慶行轅驟字八五七四號代電核准

重慶市加强管理用電暫行辦法

民國三十七年七月廿日公佈

一、凡未裝表而已使用電流者無論機關團體私人統限於七月十日以前向重慶電力公司申請裝表
二、已通過鄰近電表而申請加裝分表者着暫緩安裝以節物力
三、在七月十日以後未經向重慶電力公司申請裝表用電仍使用電流者無論機關團體私人均照竊電嚴予懲罰
四、凡有下列行為之一者即為竊電應予取締
(1)未經電力公司裝置電表而在公司所設之線路上擅自接電者
(2)繞越電度表及其他計電器者損壞或改動表外之線路者
(3)損壞或改變電度表及其他計電器之構造或以其他方法使電度表及其他計電器失效或不準者
(4)故意損壞電度表及其他計電器之外殼或其他保護物者
(5)損壞或偽造公司所置封誌或封印者
(6)在電價較低之線路上私接電價較高之電器者
(7)其他以竊電為目的之行為者
五、為加強管理用電起見電力公司用電檢查組應經常派員攜帶檢查證在營業區域內認真檢查取締竊電并得沒收其屋内所裝之用電器材
六、各用電户應體諒本市電力供不應求注意節省白晝及下半夜萬勿開燈即用燈時亦當隨開隨關不得浪費
七、電力公司在其發電設備未充實以前用户不得使用電力燒水煮飯及取暖如經查獲應予沒收其器材上半夜電流只准供給電燈用不得供給電力用並嚴禁非兵工工廠在上半夜使用電力
八、承裝商店或承裝人代用户設法竊電者一經查獲由市政府吊銷其執照並送法院從嚴懲處之
九、自本辦法施行後無論機關或個人如有竊電行為一經查獲除照章按實際用電量照每日六小時依現行電價賠償一年之電費並由市府登報公告其姓名外必要時得依電業法起訴
十、檢查竊電沒收之器材由電力公司按月造具清册送交市政府拍賣作為整理本市路燈費用
十一、本辦法呈經重慶市政府核准施行并經市政府轉呈　重慶行轅備查修正廢止亦同

重庆市工务局关于登报公告加强管理用电办法给重庆电力股份有限公司的训令（附办法）

（一九四八年七月三日）　0219-2-245

重慶市政府公告

市工二字第一二二號

查本市電力供不應求以致時時停電影响軍工民用及市區治安甚鉅亟應設法力予改善據查本市竊用電流者幾佔電廠發電量百分之四十以上以致電機負荷加重故障時生並且影响電力公司營業收入妨害正當用户照明至大亟應嚴予取締以資整頓業經本府擬訂『重慶市加強管理用電暫行辦法』一種經呈奉國民政府主席重慶行轅卅七年五月卅一日察字第8574號代電核准施行在案除已分别函令外合行抄附上項辦法布告週知！

抄附：重慶市加強管理用電暫行辦法

一、凡未裝表而已使用電流者無論機關團體私人統限於七月十日以前向重慶電力公司申請裝表

二、已通過鄰近電表而申請加裝分表者着暫緩安裝以節物力

三、在七月十日以後未經向重慶電力公司申請裝表用電仍使用電流者無論機關團體私人均照竊電嚴予懲罰

四、凡有下列行為之一者即為竊電應予取締

(1)未經電力公司裝置電表而在公司所設之線路上擅自接電者 (2)繞越電度表及其他計電器者損壞或改動表外之線路者 (3)損壞或改變電度表及其他計電器之構造或以其他方法使電度表及其他計電器失效或不準者 (4)故意損壞電度表及其他計電器之外殼或其他保護物者 (5)損壞或偽造公司所置封誌或封印者 (6)在電價較低之線路上私接電價較高之電器者 (7)其他以竊電為目的之行為者

五、為加強管理用電起見電力公司用電檢查組應經常派員攜帶檢查證在營業區域内認真檢查取締竊電并得沒收其屋内所裝之用電器材

六、各用電户應體諒本市電力供不應求注意節省白晝及下半夜萬勿開燈即用燈時亦當隨開隨關不得浪費

七、電力公司在其發電設備未充實以前用户不得使用電力燒水煮飯及取暖如經查獲應予沒收其器材上半夜流電只准供給電燈用不得供給電力用並嚴禁兵工工廠在上半夜使用電力

八、承裝商店或承裝人代用户設法竊電者一經查獲由市政府吊銷其執照並送法院從嚴懲處之

九、自本辦法施行後無論機關或個人如有竊電行為一經查獲除照章按實際用電量照每日六小時依現行電價賠償一年之電費並由市府登報公告其姓名外必要時得依電業法起訴

十、檢查竊電沒收之器材由電力公司按月造具清冊送交市政府[illegible]作為整理本市路燈費用

十一、本辦法呈經重慶市政府核准施行并經市政府轉呈[illegible]展止實同

中華民國卅七年六月　日

市長　楊森

重庆电力股份有限公司关于拨借五千瓩机炉致南京总统府大总统、重庆绥靖公署、重庆市政府市长、重庆市参议会等的代电（一九四八年七月十九日） 0219-2-265

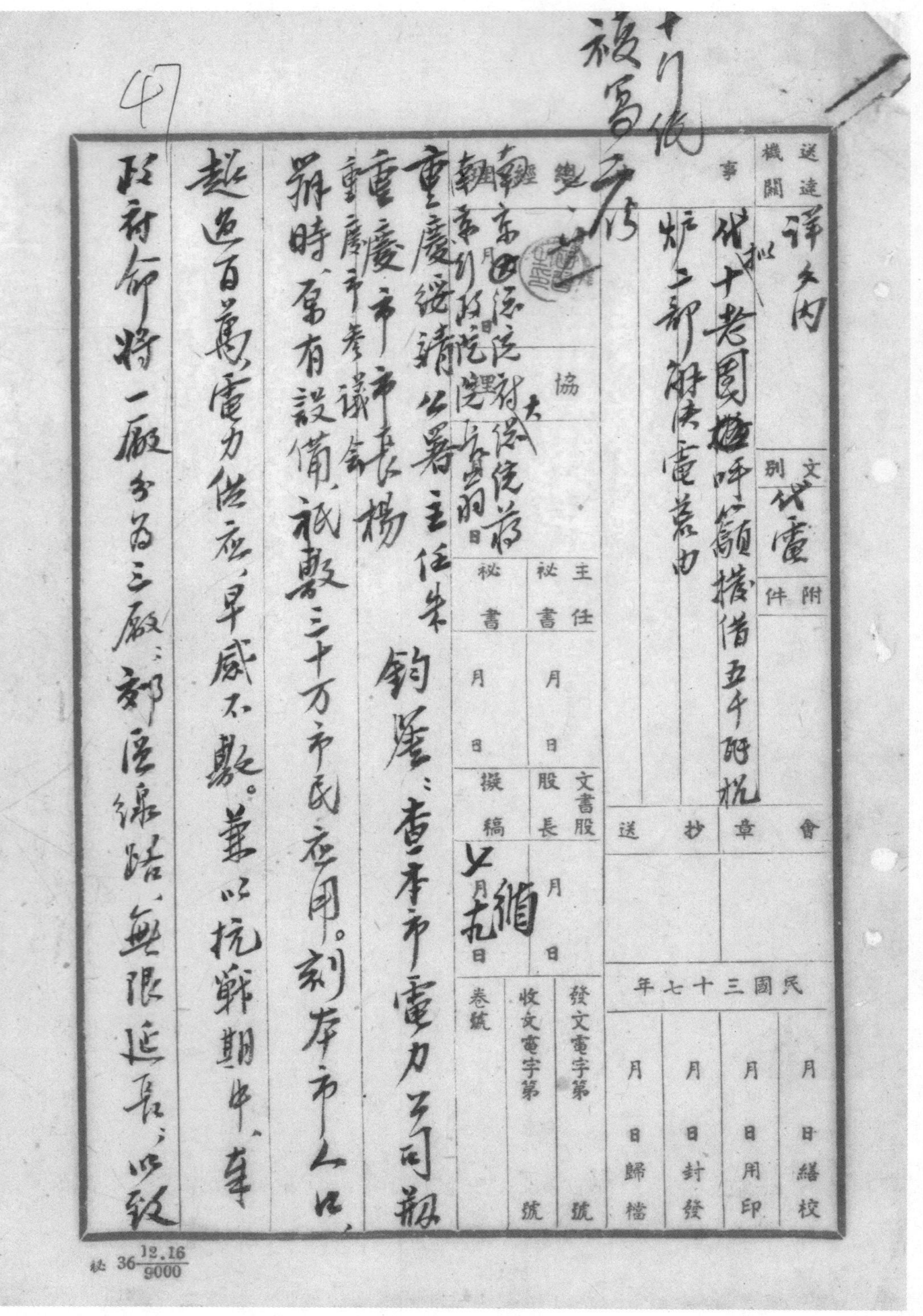

送達機關：詳文內

事由：代十老圓呼籲撥借五千瓩機炉二部解決電荒由

文別：代電

南京總統府大總統蔣、南京行政院院長翁、重慶綏靖公署主任朱、重慶市市長楊、重慶市參議會鈞鑒：查本市電力公司籌辦時，原有設備祇敷三十万市民應用。刻本市人口超過百萬，電力供應，早感不敷。兼以抗戰期中，奉政府命將一廠分為三廠，郊區線路無限延長，以致

民國三十七年

秘 36 $\frac{12.16}{9000}$

48

機炉不斷使用，敝舊不堪。同时又受戰时法
令管制，未能提存折舊，備件無法補充；機関
學校更享有特價優待，收支愈失平衡。雖有
分區輪流停電辦法，亦未能絲毫減輕負荷，隨
时尚發生故障，被迫停電，連帶影響自來水
無法起水，工廠動力無法發動，市民更無时無地
不感受黑暗之威脅。○○等以重慶在戰时蒙
鈞座（改退總統之用）
蔣大總統八年領導，勝利後節麾東下，留别
賜訓，認為重慶不啻第二故鄉，允此後每年
短期駐節，藉留棠蔭。重慶本市之情，僅

重庆电力股份有限公司关于拨借五千瓦机炉致南京总统府大总统、重庆绥靖公署、重庆市政府市长、重庆市参议会等的代电（一九四八年七月十九日） 0219-2-265

於言表。查電氣事業為現代都市文明之象徵。重慶既奉定為陪都，維繫西南，形勢重要，該公司于抗戰時不惜犧牲，貢獻國家。戰後為維持供應，更盡最大努力，若任其自生自滅，不僅有失政府愛護公用事業之宗旨，亦深負鈞座暨大總統倚重之盛意。前該公司因設備限制，收支不敷，危機日亟，若不及時拯救，本市水電，均有被迫停供之虞。民非水火，不能生活，值此社會動盪之際，更恐引出嚴重後果。○○等謹屬桑梓，心所謂危，未便緘默。爰針對現實，貢獻

重庆电力股份有限公司关于拨借五千瓦机炉致南京总统府大总统、重庆绥靖公署、重庆市政府市长、重庆市参议会等的代电（一九四八年七月十九日） 0219-2-265

重庆电力股份有限公司关于拨借五千瓦机炉致南京总统府大总统、重庆绥靖公署、重庆市政府市长、重庆市参议会等的代电（一九四八年七月十九日） 0219-2-265

49

救济办法：

一、请资源委员会将可得电机，暂借五千瓩者二部与该公司使用，俾得将二三两厂合併于第一厂，暂维目前需要。

二、本市窃电用户甚多，应请政府加强取缔，减轻该公司损失。间接即为减轻市民负担。

三、公用事业宗旨，在取之于民，用之于民，本身利润有限。政军机关学校为民间之表率，开支本有预算，应请先行示范，照章缴费，不应再有特价优待，加重该公司负担。

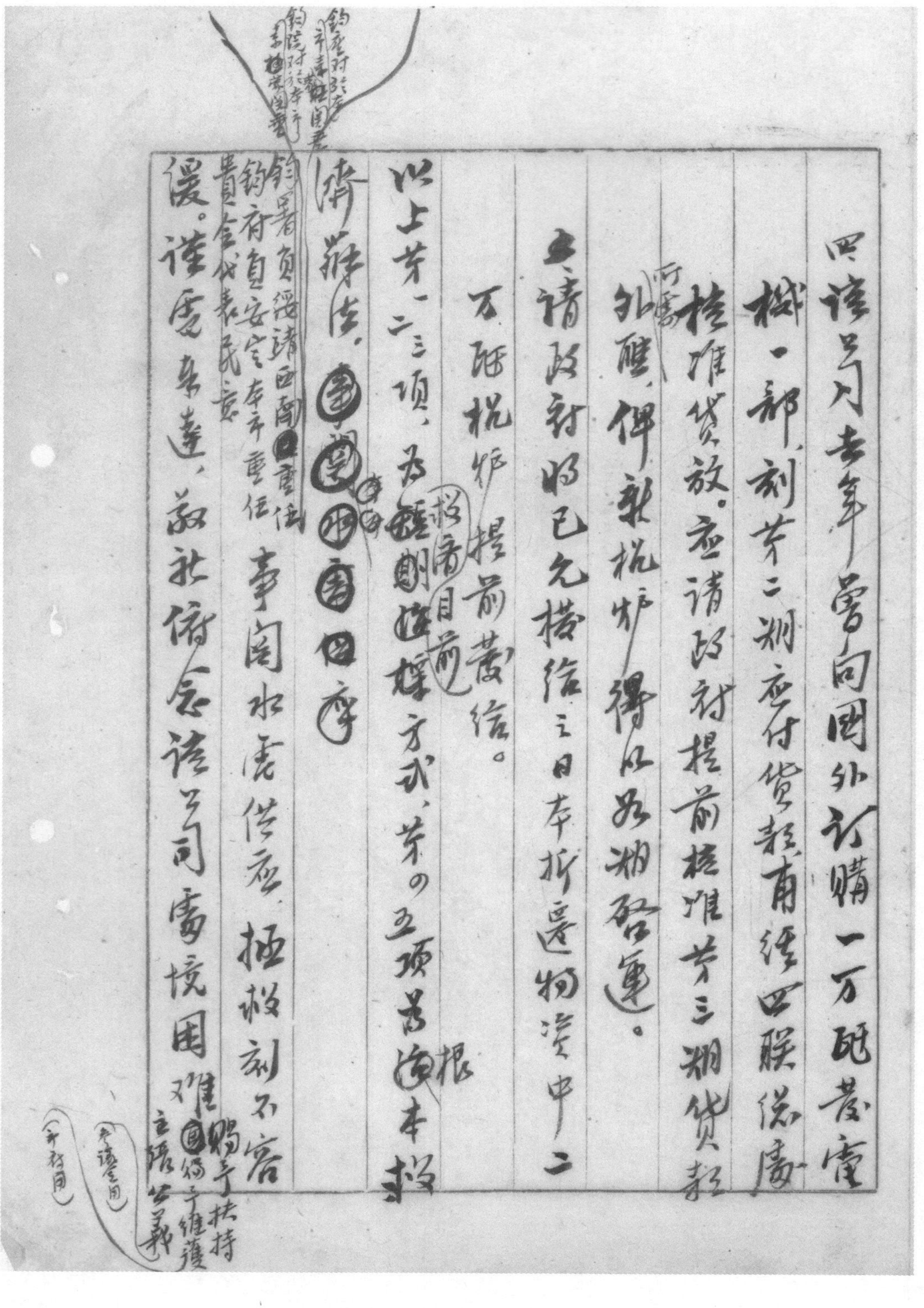

四　该公司去年曾向国外订购一万瓩发电
机一部，刻第二期应付货款，有经四联总处
核准贷放，亟请政府提前核准第三期贷款
所需外汇，俾新机炉得以如期启运。
五　请政府将已允拨给之日本拆迁物资中二
千瓩机炉提前拨借。
以上第一二三项，为维持目前营业方式，第四五项为根本救
济办法。
钧署负绥靖西南之重任，
钧府负安定本市重任，
贵会代表民意，事关水电供应，拯救刻不容
缓。谨电奉达，敬祈俯念该公司处境困难，赐予扶持维护，

重庆电力股份有限公司关于拨借五千瓦机炉致南京总统府大总统、重庆绥靖公署、重庆市政府市长、重庆市参议会等的代电（一九四八年七月十九日）　0219-2-265

重庆电力股份有限公司关于拨借五千瓦机炉致南京总统府大总统、重庆绥靖公署、重庆市政府市长、重庆市参议会等的代电（一九四八年七月十九日） 0219-2-265

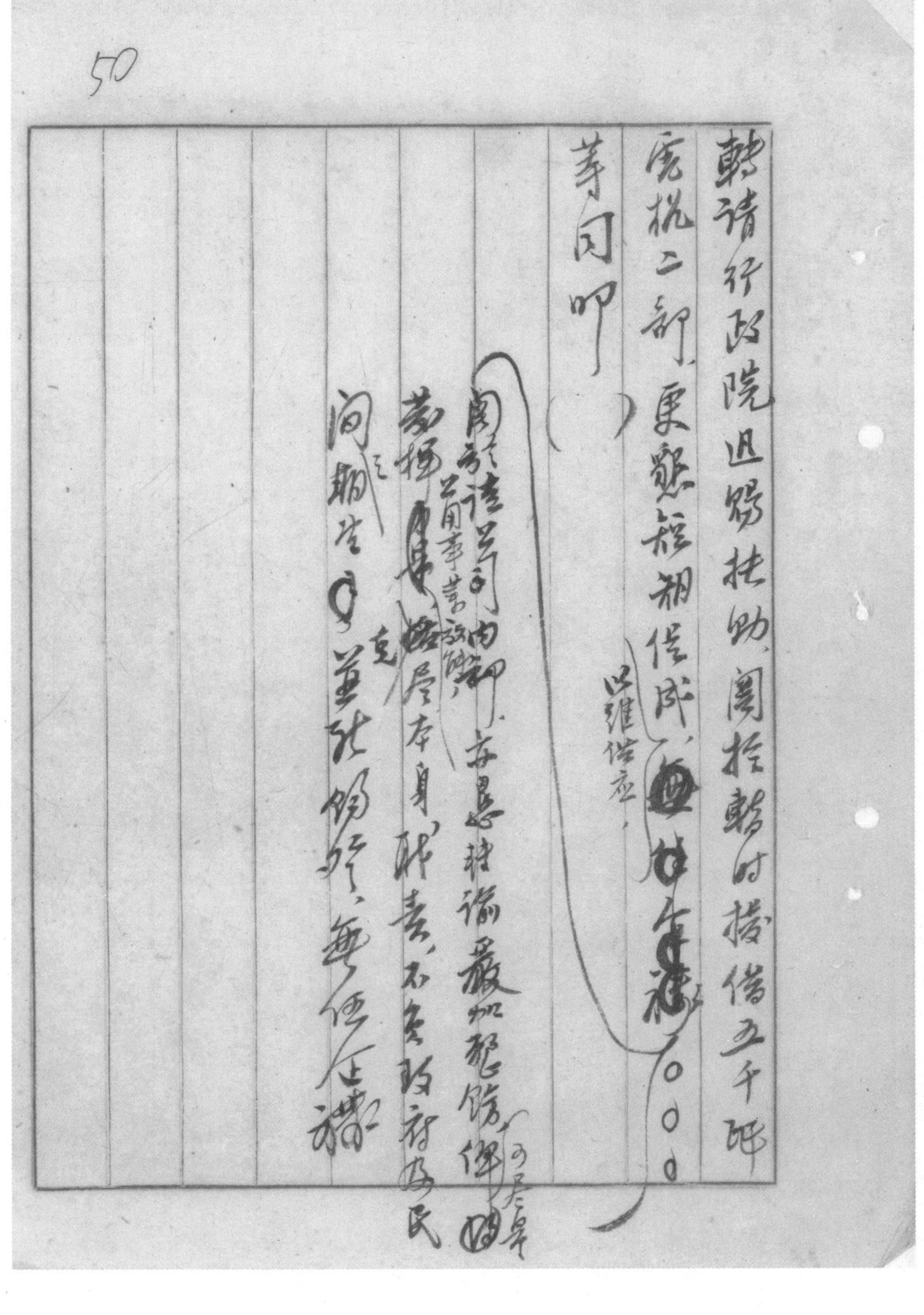
50

轉請行政院迅賜扶助，關於轉飭撥借五千瓩

電機二部，更懇設法借成，以維供應

等因，叩（ ）

重庆电力股份有限公司关于拨借五千瓦机炉致南京总统府大总统、重庆绥靖公署、重庆市政府市长、重庆市参议会等的代电（一九四八年七月十九日） 0219-2-265

51

致本市参议会函

敬启者：查本市电力公司创办时原有设备，祇
敷三十万市民应用。抗战期中，政府西迁，重庆为
战时首都，人口激增至百万以上，电力供应，早感
不敷。并以奉政府命令，将一厂分为三厂，郊区线
路，无限延长，以致机炉不断使用，消磨过度。
况同时本身复受战时法令管制，
在折旧、备件无法补充，
损耗殊深。十任破旧机炉，勉强残喘，虽有多
至输电停电频繁，并未丝毫减轻负荷，当随时
发生故障，被迫停电。连带影响自来水无法

重庆电力股份有限公司关于拨借五千瓦机炉致南京总统府大总统、重庆绥靖公署、重庆市政府市长、重庆市参议会等的代电

（一九四八年七月十九日）　0219-2-265

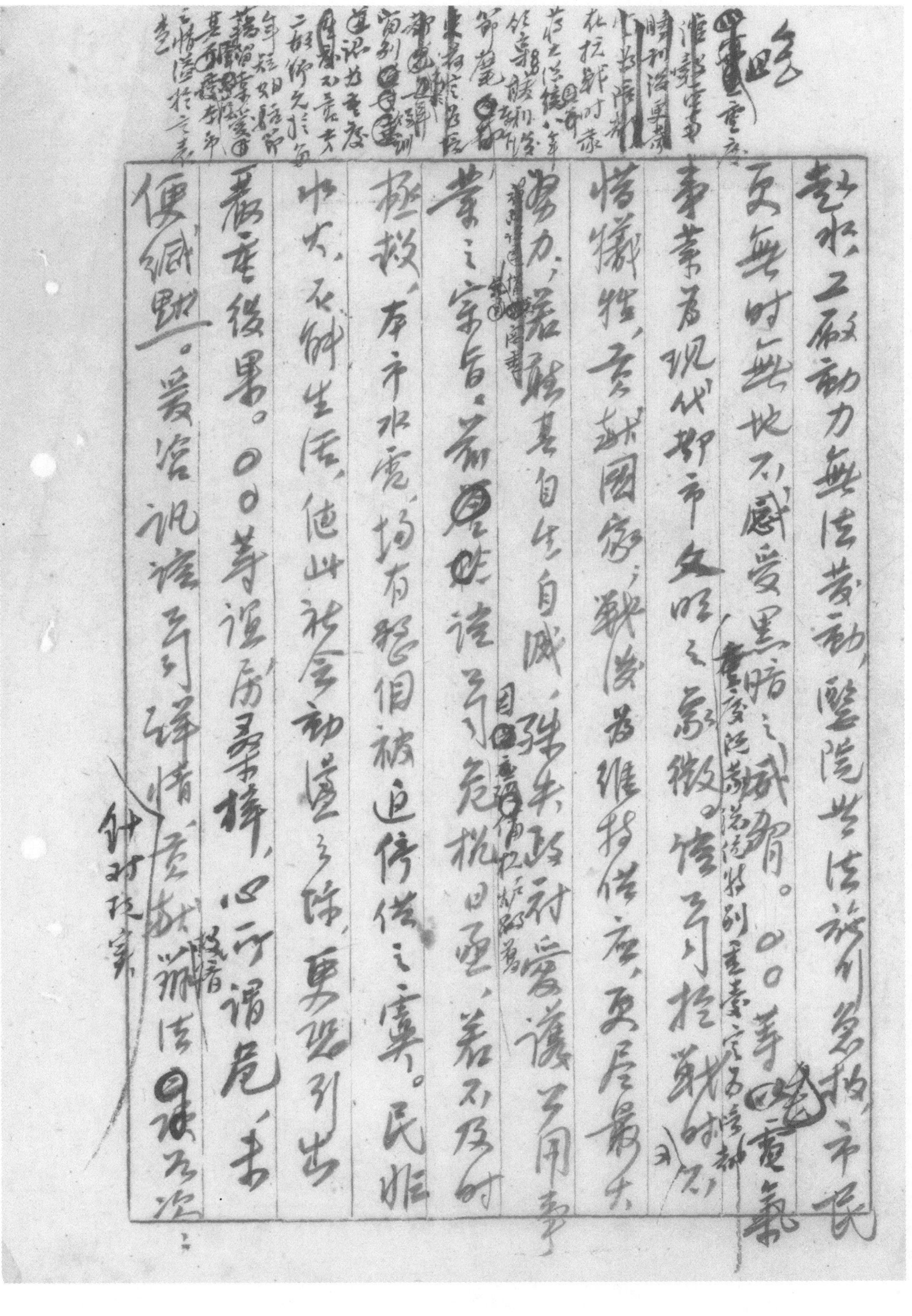

重庆电力股份有限公司关于拨借五千瓦机炉致南京总统府大总统、重庆绥靖公署、重庆市政府市长、重庆市参议会等的代电（一九四八年七月十九日） 0219-2-265

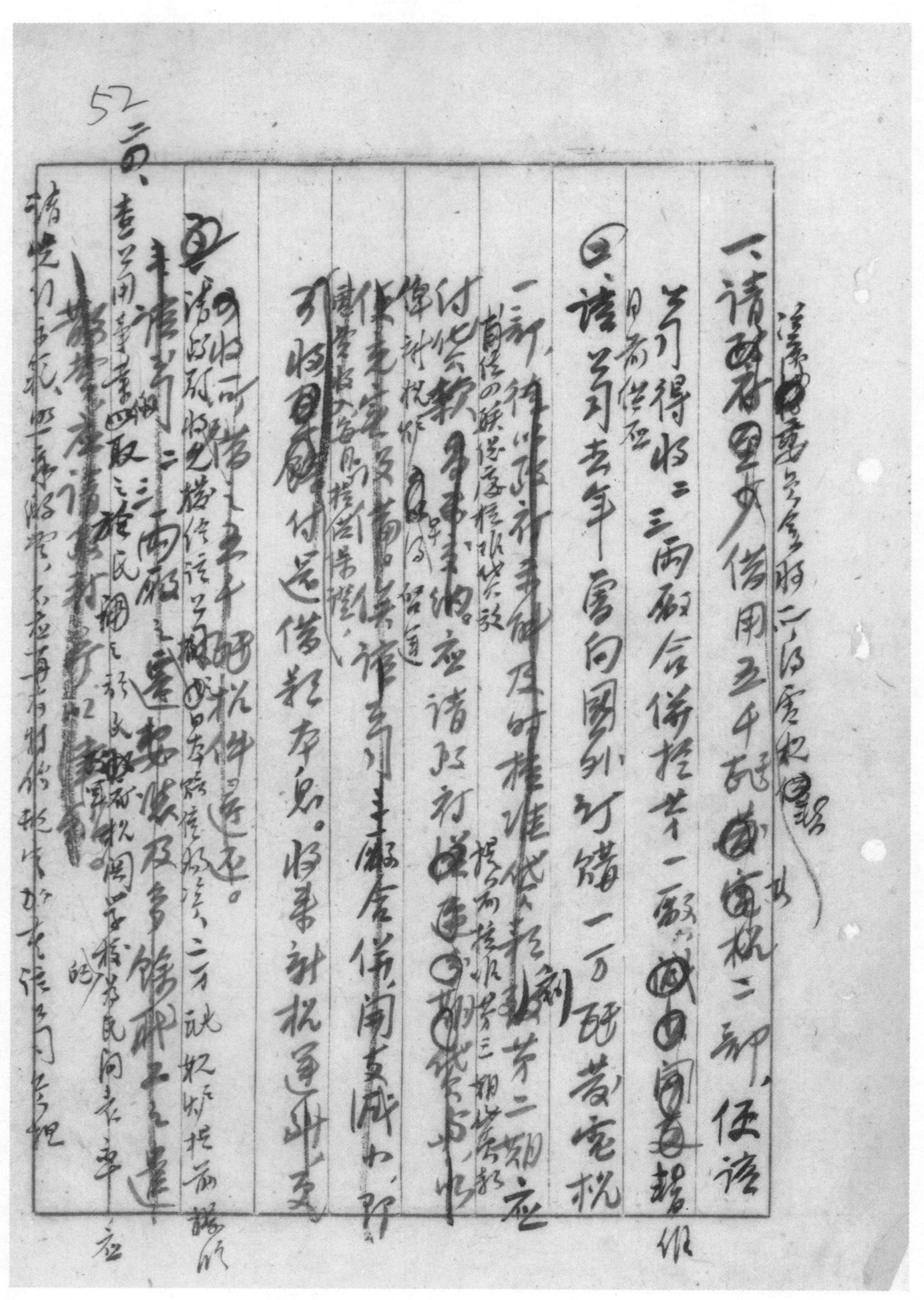

重庆电力股份有限公司关于拨借五千瓦机炉致南京总统府大总统、重庆绥靖公署、重庆市政府市长、重庆市参议会等的代电（一九四八年七月十九日） 0219-2-265

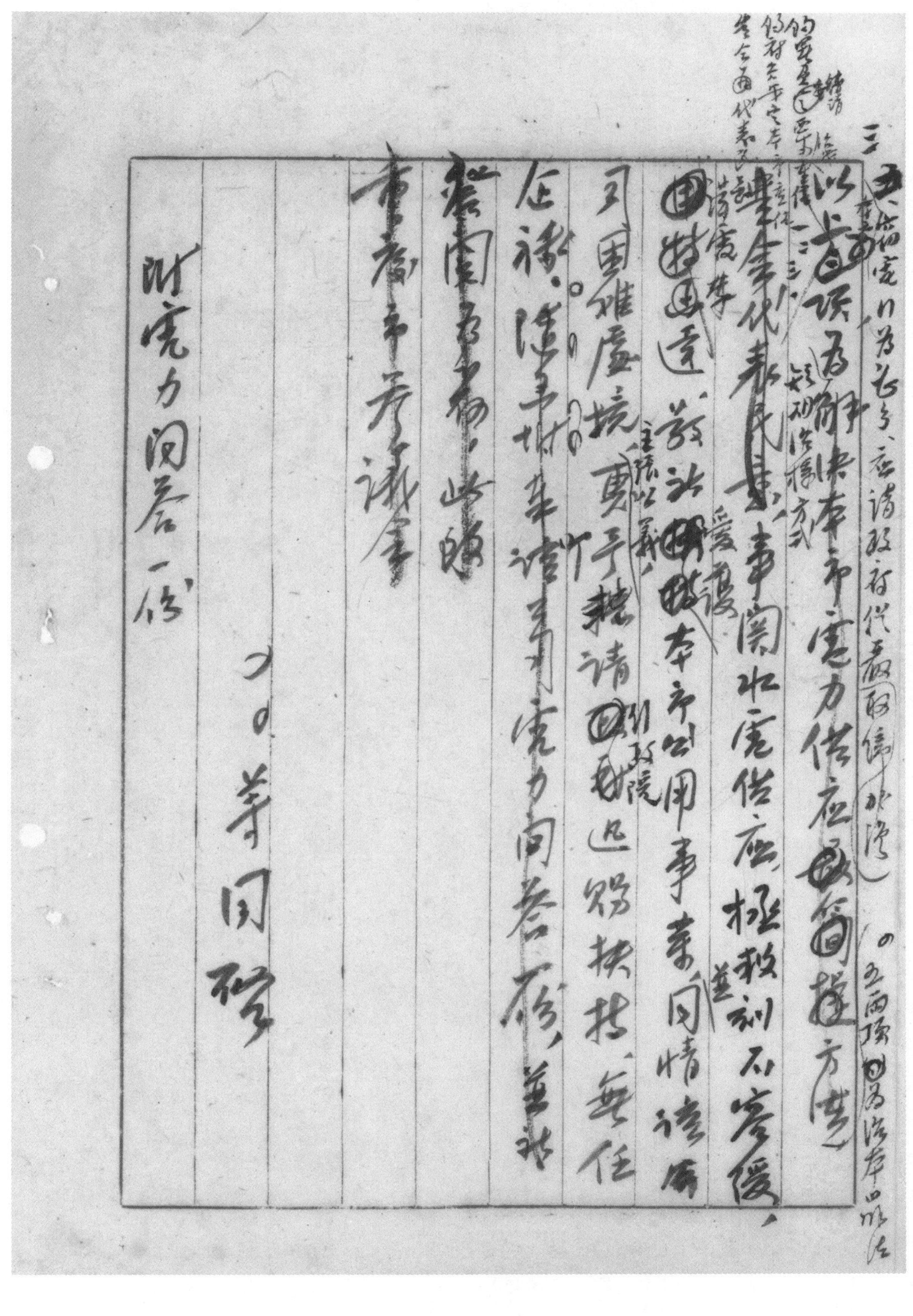

重庆电力股份有限公司关于拨借五千瓦机炉致南京总统府大总统、重庆绥靖公署、重庆市政府市长、重庆市参议会等的代电

（一九四八年七月十九日） 0219-2-265

53

主席公鉴 下略于借五千瓩一部將三厰合併
使南支減廿六南支減廿陸續[illegible]餘付遷借
聯能達所訂之新機器按期運渝安裝
退還所借之五千瓩機器三所有二三兩廠
之搬遷安裝及多餘職工之遣散費等
請政府津貼

重慶電力股份有限公司便箋

重庆电力股份有限公司关于拨借五千瓦机炉致南京总统府大总统、重庆绥靖公署、重庆市政府市长、重庆市参议会等的代电（一九四八年七月十九日） 0219-2-265

54

竊查本市地居長江上游管轄西南形勢之重
不次武漢自國府西遷以後機關學校大部內遷人口
驟增勝利後工廠又紛紛復工人口更向都市集中需
要之公共設備與動力更為迫切本市原有水電設備
係在抗戰以前設置其估計用量遠較現時需要
者為小據重慶電力公司報告該公司原有發電量
為一萬一千瓩本市現在之用電量為二萬瓩其不敷
之電量則靠分區輪流停電平均供應且鍋爐器
材等又均係舊件使用過久已漸舊不堪一有故障即行停
機修理不可一遇停電則自來水公司無法抽水儲備

重庆电力股份有限公司关于拨借五千瓦机炉致南京总统府大总统、重庆绥靖公署、重庆市政府市长、重庆市参议会等的代电（一九四八年七月十九日）　0219-2-265

不独违视施用手术工业更通俱告停顿社会秩序并成问题使每一市民俱遭受莫大损失其补救之办法拟该公司负责人已乃于去年向瑞士及英国厂商订购一万瓩机炉一部但运货时间尚有一年半运回安装已快还有两年半为时遥远该公司原有旧机炉陈难胜任重负而本市需电迫急亦难待此两年半之久该府已将本市定为陪都并计划使其现代化电力又为发展都市之重要因素对此一端如予漠视建设必被其误。等服务桑梓谁安熟视一再设宜在电力公司新机未到以前应另设法增加发电量俾本市需电

重庆电力股份有限公司关于拨借五千瓦机炉致南京总统府大总统、重庆绥靖公署、重庆市政府市长、重庆市参议会等的代电（一九四八年七月十九日） 0219-2-265

55

力為推動者尤於中級以論建設乃有進步揆閱最近資源
委員會徇四川省政府之請撥給四川省灌縣宜賓兩地五千瓩
電機各一部供其使用查灌縣現有發電量自用之外并已
輸送成都足徵有餘宜賓地位既不重要工業設備又少
需前已有發電設備似不急急需要此項大型電機之補
充本市工商林立人口已逾百萬需電情形十倍於灌宜兩
地爰請該府洞察情形急其所急將撥給灌宜兩
地之五千瓩發電機各一部暫借與本市使用俾重慶
電力公司新機運到後由政府指定該公司拆卸歸還
既可稍紓燃急且復以公濟公實為一舉數便我們

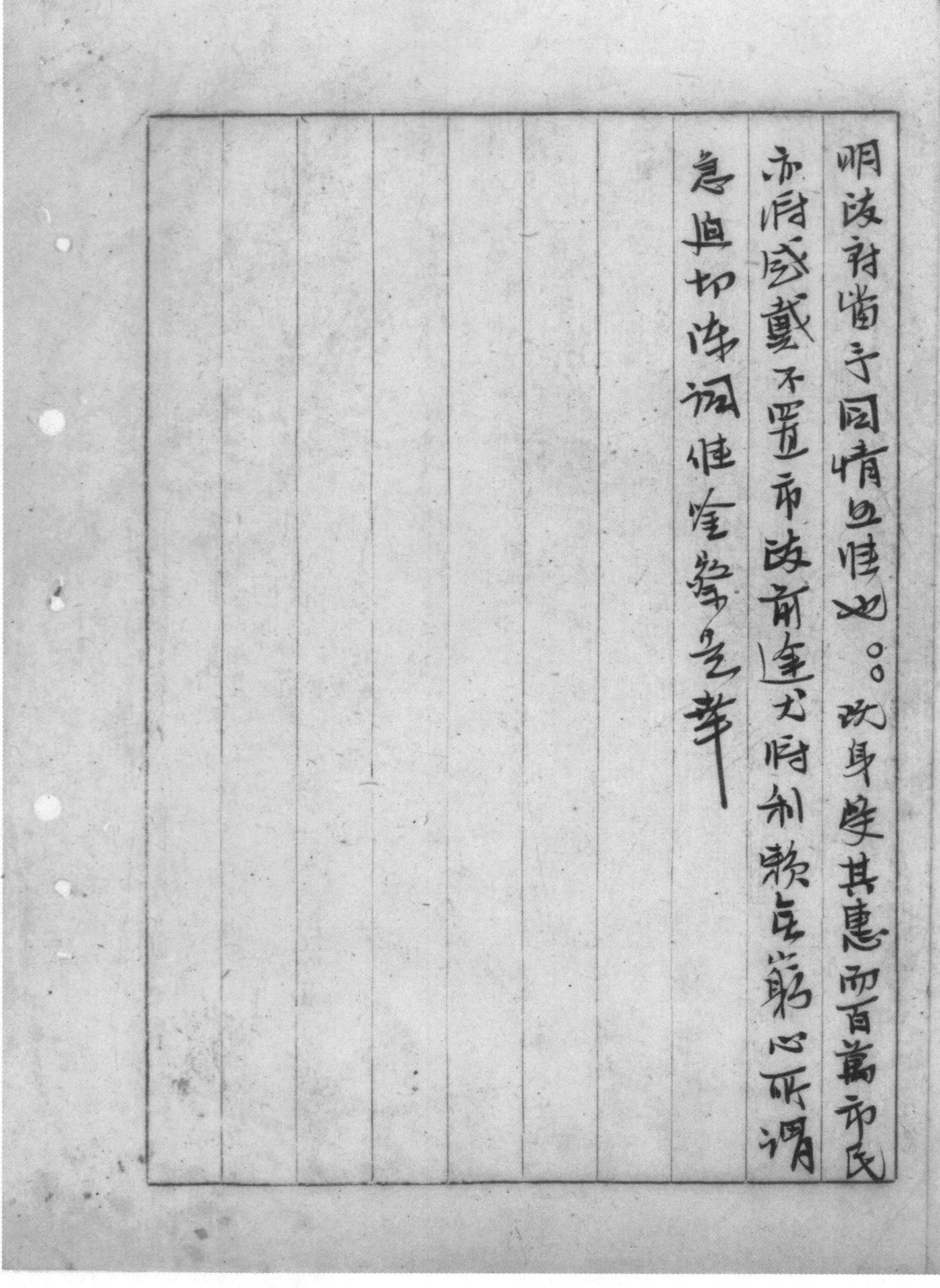

明政府當予同情且維也。。政身受其惠而百萬市民
亦將感戴不置市政前途尤將利賴匪窮心所謂
急迫切陳詞維企察奪爲荷

重庆电力股份有限公司关于拨借五千瓦机炉致南京总统府大总统、重庆绥靖公署、重庆市政府市长、重庆市参议会等的代电
（一九四八年七月十九日） 0219-2-265

重庆电力股份有限公司关于拨给五千瓦电机致工商部、重庆市政府的代电（一九四八年八月三十日） 0219-2-265

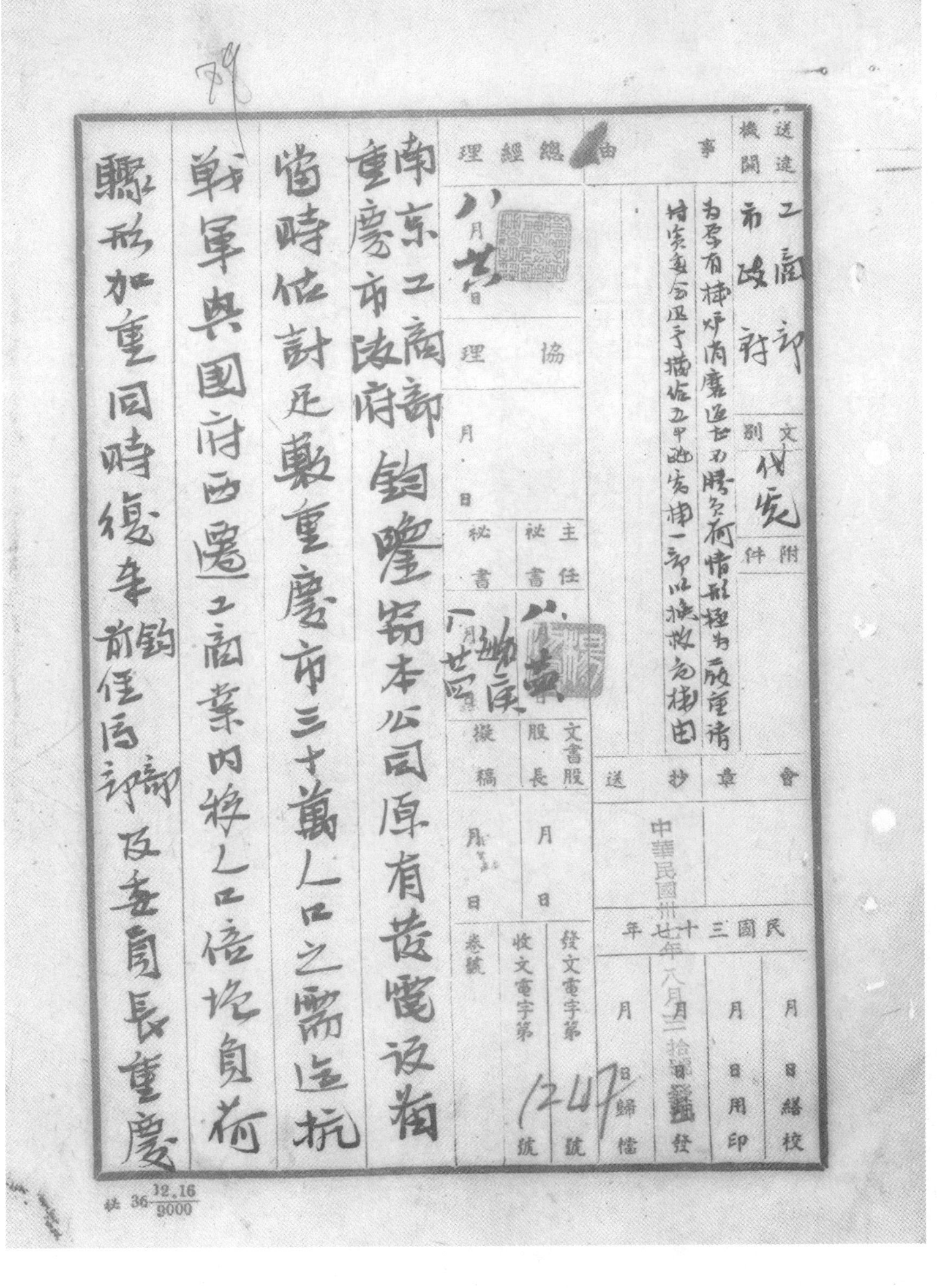

送達機關：工商部、市政府

文別：代電

附件：

事由：為本公司鍋爐內燃機返老力勝負荷情形極為嚴重請資委會迅予撥借五千瓩電機一部以挽救危機由

總經理 八月卅日

協理 月 日

主任秘書 八月廿 日

秘書 八月廿四日

文書股股長 月 日

擬稿 月 日

會 章 抄 送

中華民國卅七年八月三十日 發

民國三十七年

月 日 繕校

月 日 用印

月 日 封發

月 日 歸檔

發文電字第 號

收文電字第 號

卷號 1247

南京工商部、重慶市政府鈞鑒：竊本公司原有發電設備，當時依計足敷重慶市三十萬人口之需。迨抗戰軍興，國府西遷，工商業內移，人口倍增，負荷驟形加重，同時復奉鈞部前往局部及委員長重慶

秋 36 12.16 9000

行營限令疏散兩廠適應抗戰以致員工增多開支加大不惟收不敷支經常負債且原有機爐均供應給軍工民生生產需要八年中晝夜不息為超負荷之供電又無備件可以輪流替修以致消磨過甚效率大減經常發生故障不惟影響生產及照明不便而公司亦遭受莫大損失戰時復受鈞前經濟部管制批售提存準備過少幾乎不足道以致無力增加設備勝利後雖蒙鈞工商部及資源委員會洞察公司戰時

重庆电力股份有限公司关于拨给五千瓦电机致工商部、重庆市政府的代电（一九四八年八月三十日） 0219-2-265

重庆电力股份有限公司关于拨给五千瓦电机致工商部、重庆市政府的代电（一九四八年八月三十日）　0219-2-265

損失情形，如將日本賠償拆遷物資中之江別廠二萬五千瓩發電機全套及德島廠一萬八千八百瓩發電機優先配給公司，補償戰時損失，給以辦法，變更未付實現，而公司請求貸款訂購之一萬瓩發電機又以請貸結匯等手續困難重重，以致交貨尚遙，現在百萬市民同工商業所需動力仍不得不靠此殘破機爐予以勉強供應，唯機齡已逾久年，喘息機會，經常在時停時修當中，如最近大溪溝第一發電廠發機因被雷擊

82

受損甚鉅停電修理達十日之久收入全無而開支仍衆生用電者不明鍋爐現狀群加責難而公司因損失之嚴重更有難於支持之苦雖蒙市政府鈞府諒察不加譴責但情形之嚴重有加無已若不急謀救濟將有全部停供可能公司責任所在不敢逃避謹再陳全困難伏祈俯賜鑒察以予轉請資源委員會迅撥五千瓩發電機一套交本公司裝用以挽救本市之迫切電荒免致因鍋爐不勝負荷突然停供影響

重庆电力股份有限公司关于拨给五千瓦电机致工商部、重庆市政府的代电（一九四八年八月三十日） 0219-2-265

重庆电力股份有限公司关于拨给五千瓦电机致工商部、重庆市政府的代电（一九四八年八月三十日）　0219-2-265

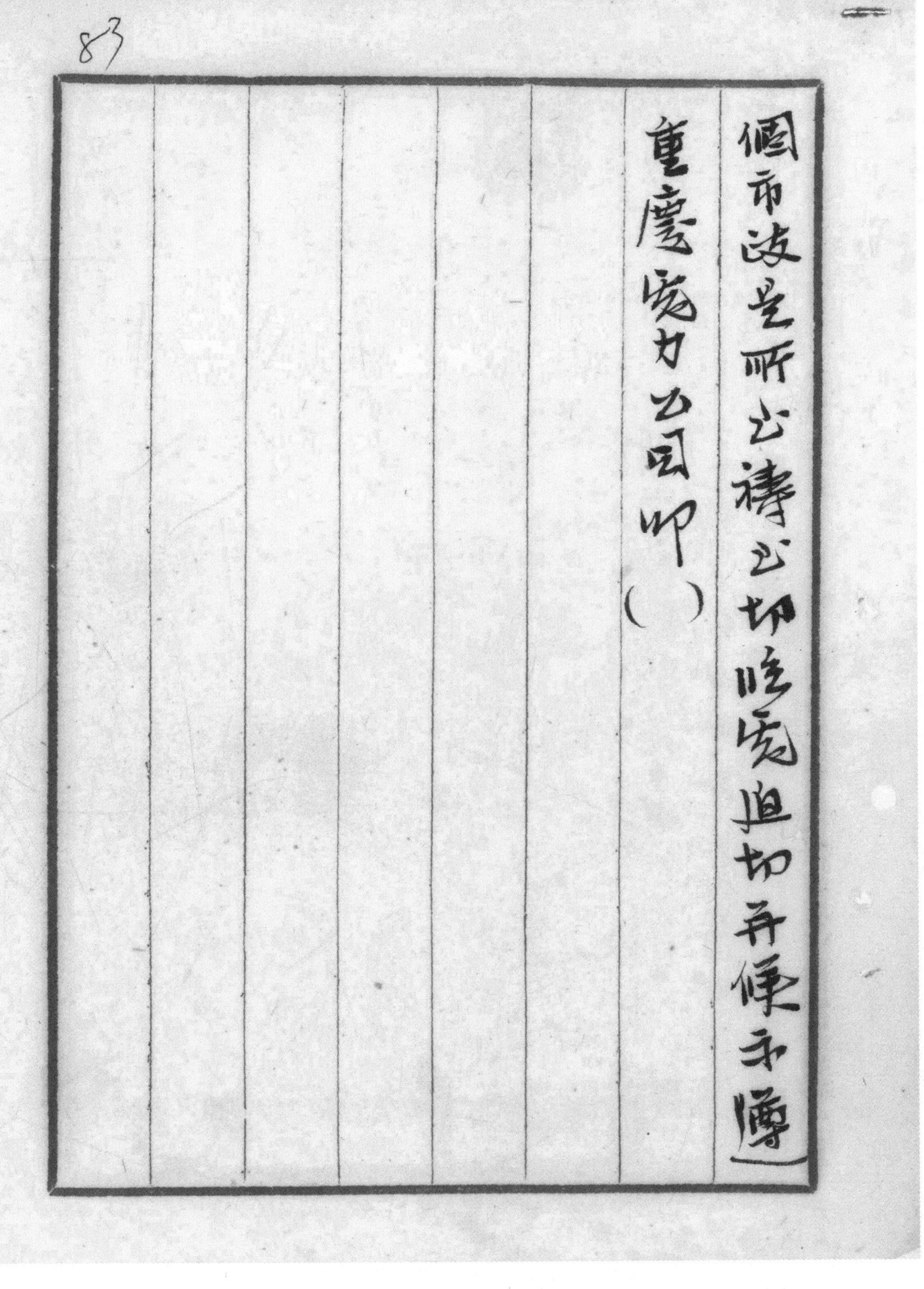

83

倘市政當所必需之切時電迫切并候示遵

重慶電力公司叩（　）

重庆电力股份有限公司关于拨给五千瓦电机致工商部、重庆市政府的代电（一九四八年八月三十日） 0219-2-265

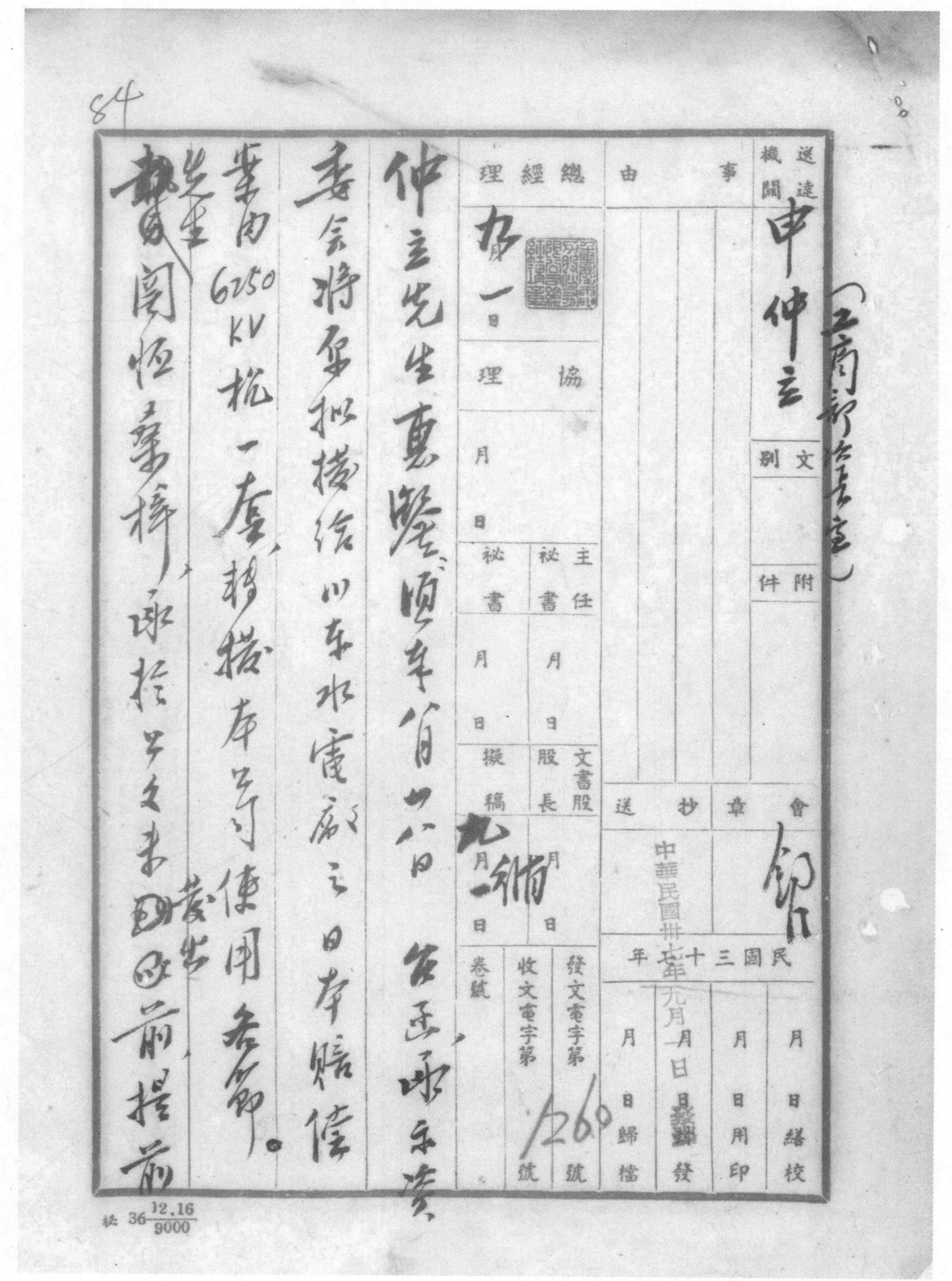

重庆电力股份有限公司关于制定厂务科各发电厂燃煤竞赛暂行办法给各科、室、厂、处、组的通知（附办法）

（一九四八年九月二十一日） 0219-2-261

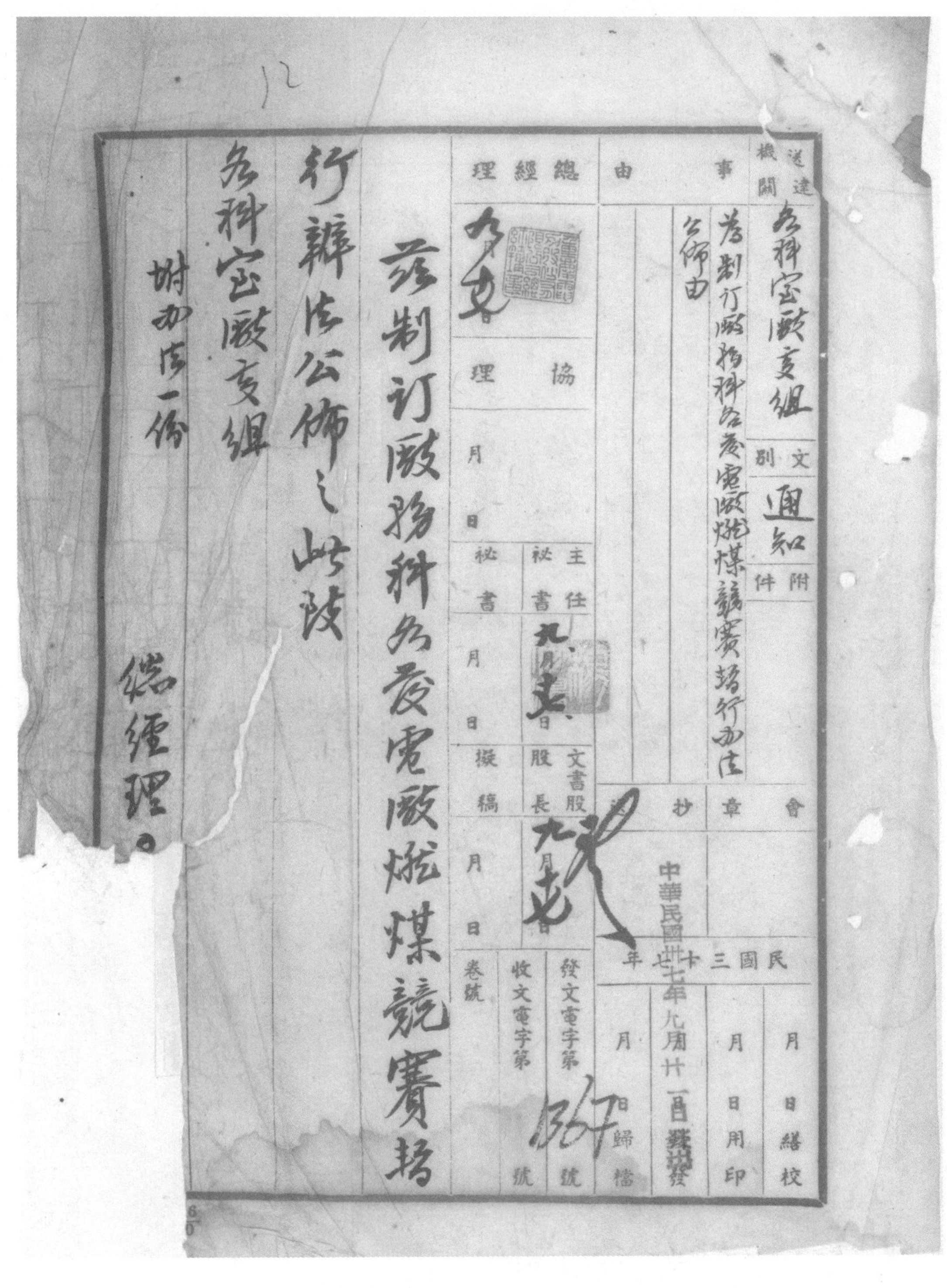

送達機關：各科室廠處組

文別：通知

附件：

事由：為制訂廠務科各發電廠燃煤競賽暫行辦法公佈由

總經理

協理

主任秘書 九月廿一日

文書股長 九月廿一日

會章

抄

中華民國卅七年九月廿一日發

民國三十七年 月 日繕校 月 日用印 月 日歸檔

發文電字第 號

收文電字第 號

卷號

茲制訂廠務科各發電廠燃煤競賽暫行辦法公佈之此致

各科室廠處組

附办法一份

總經理

重庆电力股份有限公司关于制定厂务科各发电厂燃煤竞赛暂行办法给各科、室、厂、处、组的通知（附办法）

（一九四八年九月二十一日） 0219-2-261

厂务科各发电厂燃煤竞赛暂行办法

（一）本公司为奖励减低煤耗、节省燃料起见，特设订本办法。

（二）参加竞赛单位以各厂锅炉房三班管理锅炉工友为限，并以班为竞赛单位，由各厂单独进行竞赛。

（三）各厂均每六周举行结算一次，凡平均煤耗不超过最高限度者，均分别给奖，以资鼓励。

（四）最高煤耗限度因各厂机炉情形不同，特分别规定如下：

（甲）一厂　一、三〇〇公斤

（乙）二厂　二、〇〇〇公斤

（丙）三厂　一、五〇〇公斤

凡超过上项限度者，均不能得奖。

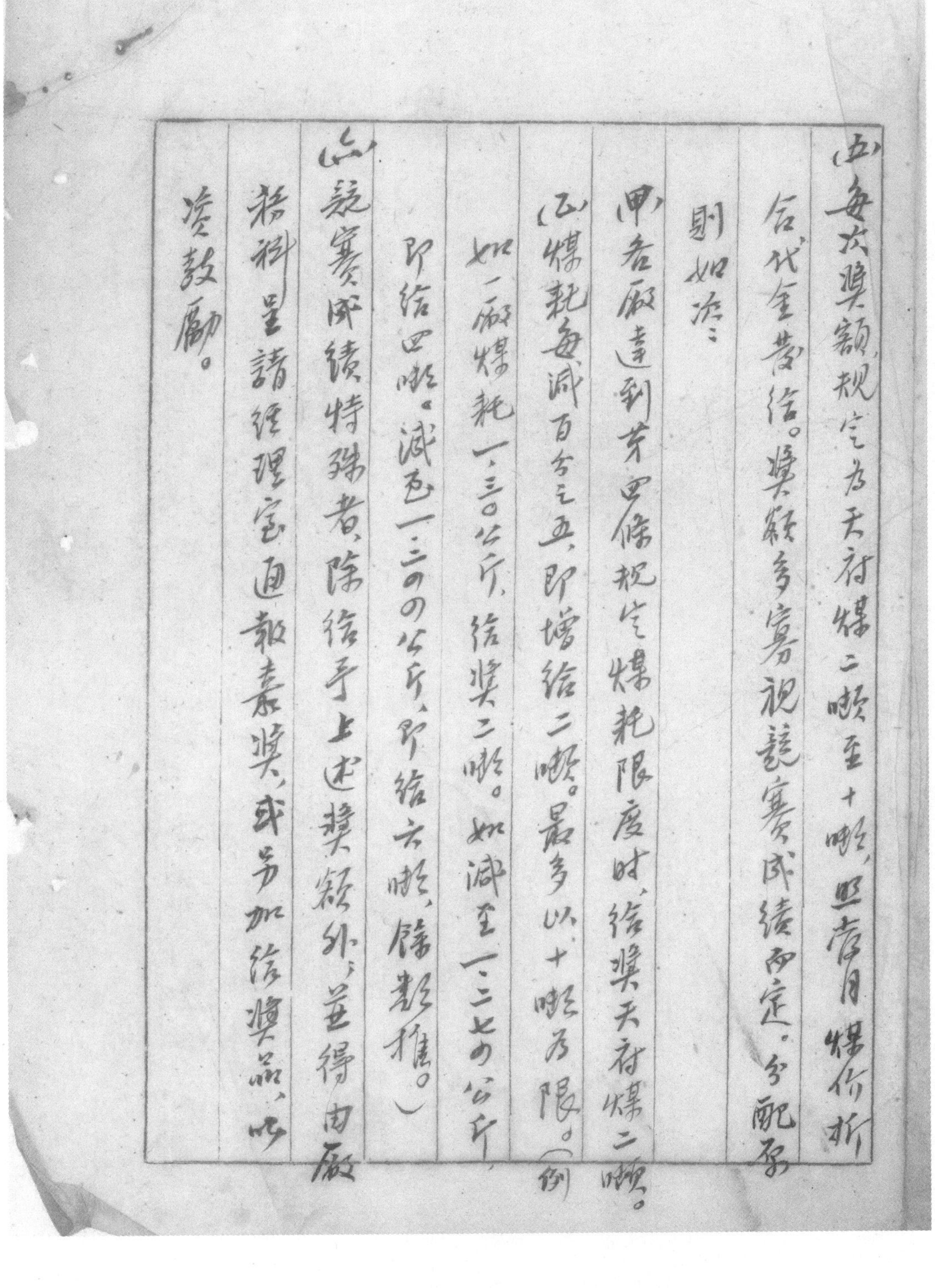
（五）每次奖额规定为天府煤二吨至十吨，照当月煤价折合代金发给。奖额多寡视竞赛成绩而定，分配原则如次：

（甲）各厂达到第四条规定煤耗限度时，给奖天府煤二吨。

（乙）煤耗每减百分之五，即增给二吨，最多以十吨为限。（例如一厂煤耗一·三〇公斤，给奖二吨。如减至一·二七〇公斤，即给四吨。减为一·二〇〇公斤，即给六吨，余类推。）

（六）竞赛成绩特殊者，除给予上述奖额外，并得由厂务科呈请经理室通报嘉奖，或另加给奖品，以资鼓励。

重庆电力股份有限公司关于制定厂务科各发电厂燃煤竞赛暂行办法给各科、室、厂、处、组的通知（附办法）

（一九四八年九月二十一日） 0219-2-261

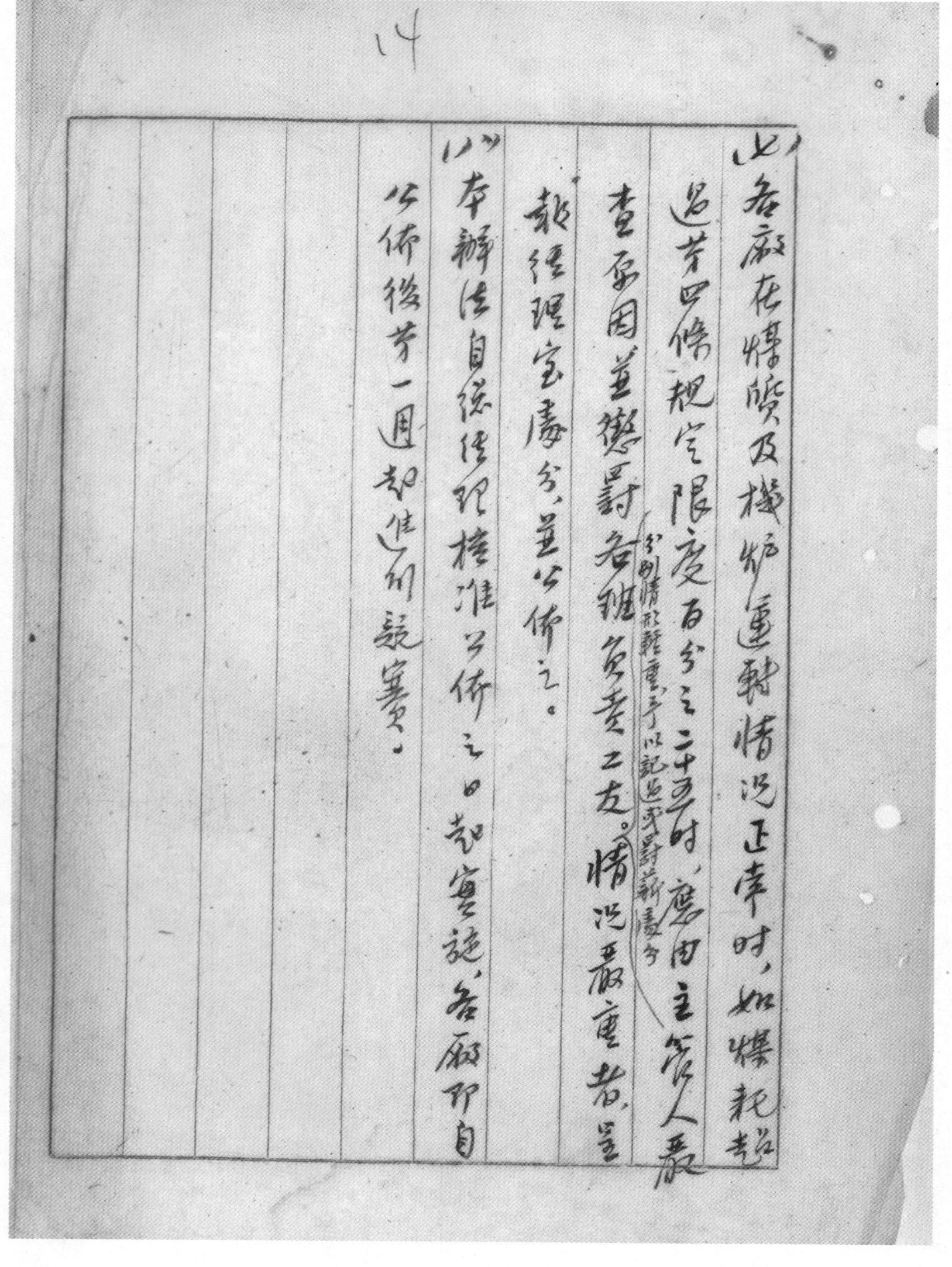

14

（七）各厂在锅炉及机炉运转情况正常时，如煤耗超过第四条规定限度百分之二十五时，应由主管人严查原因并惩罚各班负责工友。（分别情形轻重予以记过或罚薪处分）情况严重者，呈报经理室处分，并公布之。

（八）本办法自总经理核准公布之日起实施，各厂即自公布后第一周起进行竞赛。

重庆电力股份有限公司关于制定厂务科各发电厂燃煤竞赛暂行办法给各科、室、厂、处、组的通知（附办法）

（一九四八年九月二十一日） 0219-2-261

重庆电力股份有限公司关于告知用户注意支付电费的启事（一九四八年九月二十四日） 0219-2-245

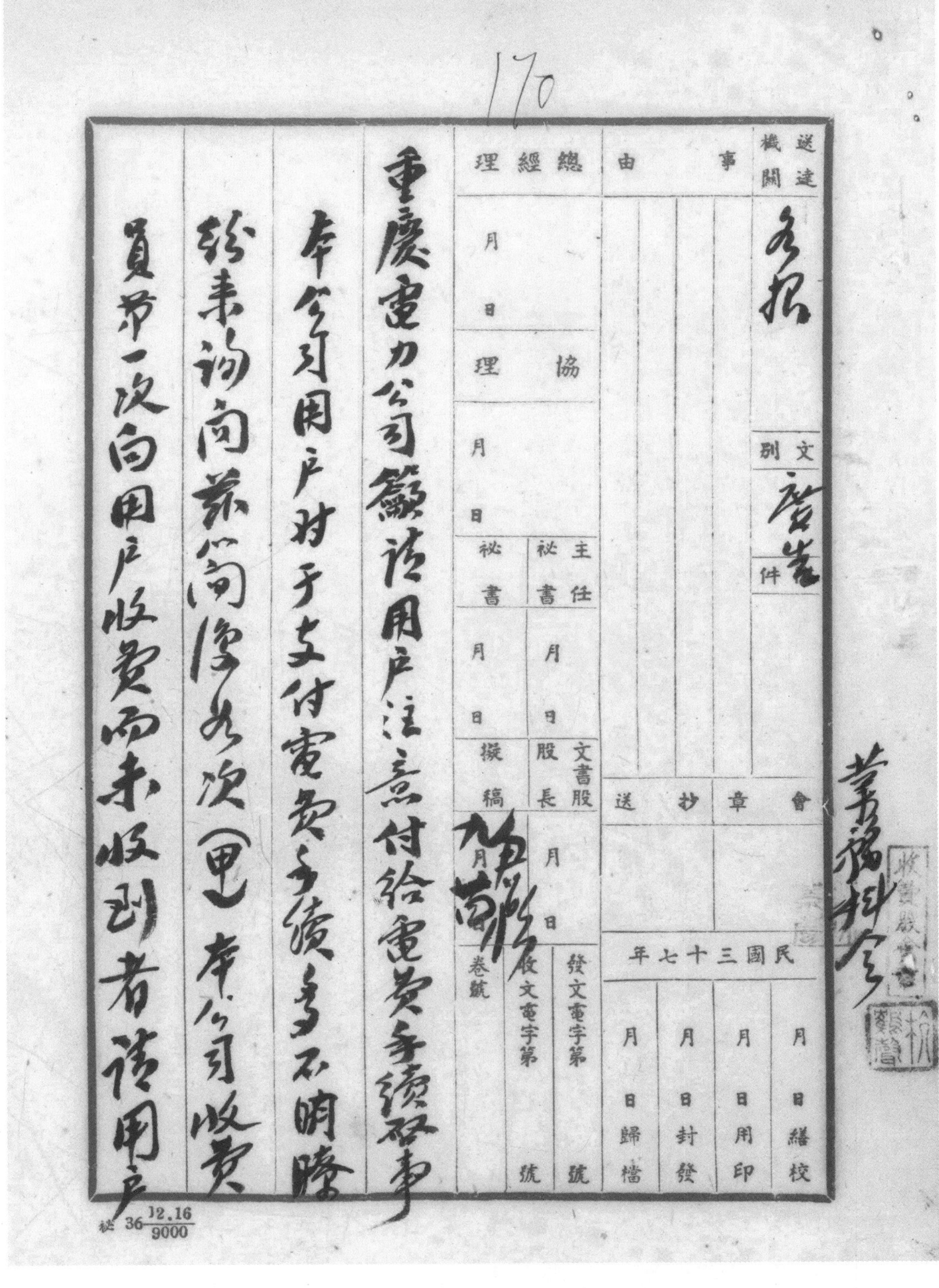

170

送達機關：各報

事由

文別：啓事

件

總經理 月 日

協理 月 日

主任秘書 月 日

秘書 月 日

文書股股長 月 日

擬稿 九月廿四

會章抄送

民國三十七年

月 日 繕校　月 日 用印　月 日 封發　月 日 歸檔

發文電字第 號

收文電字第 號

卷號

重慶電力公司籲請用戶注意付給電費手續啟事

本公司用戶對于支付電費手續多不明瞭，紛來詢問，茲將簡[illegible]如次：（甲）本公司收費員每一次向用戶收費而未收到者，請用戶

收費股

秘 36 12.16/9000

重庆电力股份有限公司关于告知用户注意支付电费的启事（一九四八年九月二十四日） 0219-2-245

在本公司備就通知單上蓋章證
明並約定付款時向（乙）用戶第一次
約定付款期以本公司按期結收（丙）
第二次仍未收到者由本公司收費股
填發繳費通知單限期送繳（丁）
超逾限期仍未送繳者照章派員
剪火剪火時隨帶收據如用戶
立即先付費可免除剪火（戊）仍在
遙遠地區之用戶願在城內付費者
請告知本公司即改在城內收費

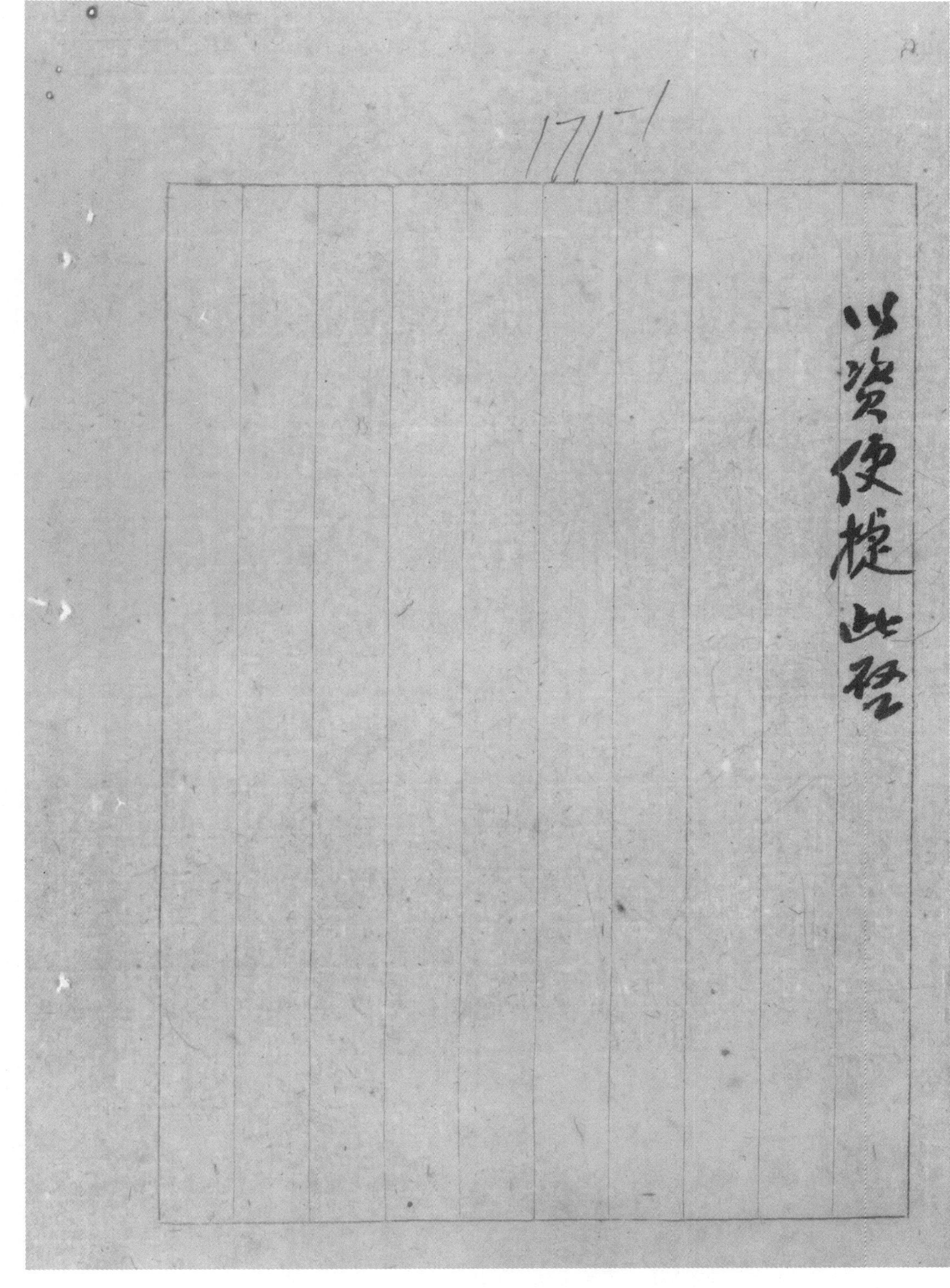

171-1

以资便捷此启

重庆电力股份有限公司关于告知用户注意支付电费的启事（一九四八年九月二十四日） 0219-2-245

重庆电力股份有限公司关于制定锅炉燃煤暂行办法致各科、厂、处、组的函（附办法）（一九四八年九月三十日） 0219-2-261

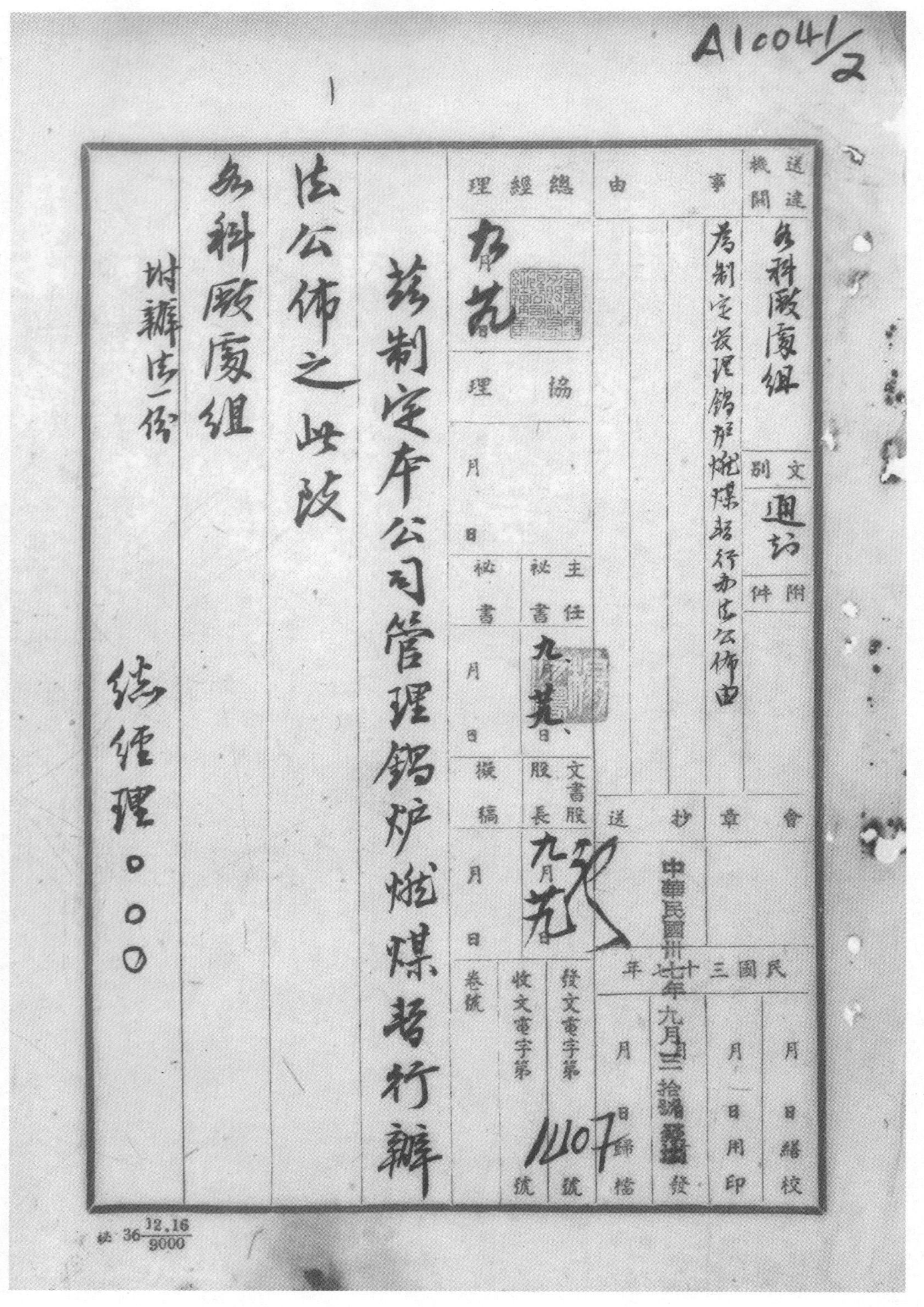

A1004/2

送達機關	各科廠處組
事由	為制定管理鍋爐燃煤暫行辦法公佈由
文別	通知
附件	
總經理	
協理	
主任秘書	九月卅日
秘書	
文書股股長	九月卅日
擬稿	
會章	
抄送	
發文電字第	1107 號
收文電字第	號
卷號	
中華民國卅七年九月卅日發	

茲制定本公司管理鍋爐燃煤暫行辦法公佈之。此致

各科廠處組

附辦法一份

總經理 ○○○

重庆电力股份有限公司关于制定锅炉燃煤暂行办法致各科、厂、处、组的函（附办法）（一九四八年九月三十日） 0219-2-261

秘書室提交本週會報研究 九

重慶電力公司管理鍋爐燃煤暫行辦法

(甲) 本公司各煤棧關於煤觔之驗收發出盤存悉依本辦法辦理之

(乙) 驗收

(一) 驗收燃煤應由燃料股監管人員會同廠務科派員逐船驗收照公司規定煤質標準合格者驗收其有夾石及水濕過重者均應拒絶收卸

(二) 驗收燃煤以公噸計算根據各廠收煤辦法一二兩廠每挑淨重六〇公斤以十六．六六六挑折合一公噸第三廠每挑淨重六二．五公斤以十六挑折合一公噸

(三) 扣煤籮皮每挑皮重應於驗收每一煤船挑至半數時以十挑磅量

本處作業經會議修正通過送總經理判行 九、廿六

一次求出平均重量即作為平均皮重之標準在籮皮重磅過以後如發覺籮皮過濕或附着煤屑過多應即令其停止起卸

（四）驗收途中如發覺某船滲混夾石或水份過多應斟酌情形隨時拒絕起卸或將水濕部份傾倒俟晒乾後再照實扣去水份折皮

（五）如遇天雨時除急需外應停止起卸煤觔如必需起卸時應會同廠務科及煤商訂定應除水份之重量

（六）收煤磅稱應每週較對一次

（七）驗收煤觔途中廠務科認為應予試燒時應先起卸一部試燒後再行驗收

（八）發煤

重庆电力股份有限公司关于制定锅炉燃煤暂行办法致各科、厂、处、组的函（附办法）（一九四八年九月三十日） 0219-2-261

重庆电力股份有限公司关于制定锅炉燃煤暂行办法致各科、厂、处、组的函（附办法）（一九四八年九月三十日） 0219-2-261

3

（一）發出煤斤照向例第一廠以十五挑折合一噸每挑淨重六六·六六公斤第二廠以二十挑折合一公噸每挑淨重五〇公斤第三廠以十六挑折合一公噸每挑淨重六二·五公斤

（二）篾皮鉄板及發煤磅秤每週應較對一次

（三）雨天發煤如係在露天堆存者應除去水份計算其應除重量臨時會同廠務科商訂之

（丁）盤存

（一）各廠煤棧視實際情形按月盤點一次並呈報經理室備查其盤虧率夏季不得超過每月總收入百分之一·五冬季不得超過百分之一但有特殊情形者得根據實際情形另行呈報經理室核定

重庆电力股份有限公司关于制定锅炉燃煤暂行办法致各科、厂、处、组的函（附办法）（一九四八年九月三十日） 0219-2-261

（戊）懲罰

（一）磅煤工人不照規定數量辦法收發煤觔初犯者罰工半月重犯者罰扣工資一個月連續犯規者立即開除

（二）收煤工人不拒收夾石水份過重之煤或水濕加磅不按規定辦理初犯者罰工資半月重犯者罰扣工資一月屢戒不悛者立即開除

（三）煤棧管理職員督導不力或因循敷衍者得由會同主管人員及燃料股隨時考核呈報懲處

（己）本辦法經呈請經理室核訂公佈施行並得斟酌實際管理情形增訂之

重庆电力股份有限公司关于制定锅炉燃煤暂行办法致各科、厂、处、组的函（附办法）（一九四八年九月三十日） 0219-2-261

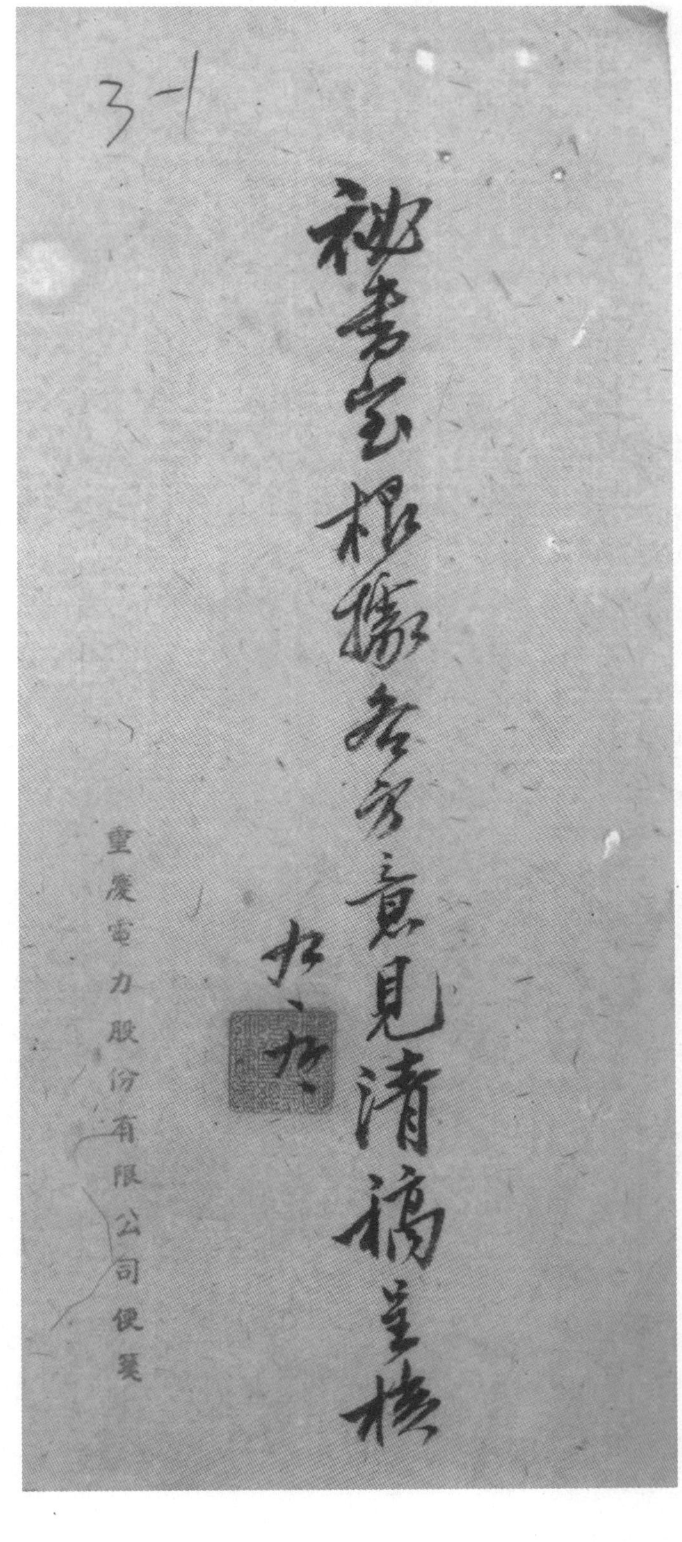

3-1

秘書室根據各方意見清稿呈核

重慶電力股份有限公司便箋

重庆电力股份有限公司关于制定锅炉燃煤暂行办法致各科、厂、处、组的函（附办法）（一九四八年九月三十日）　0219-2-261

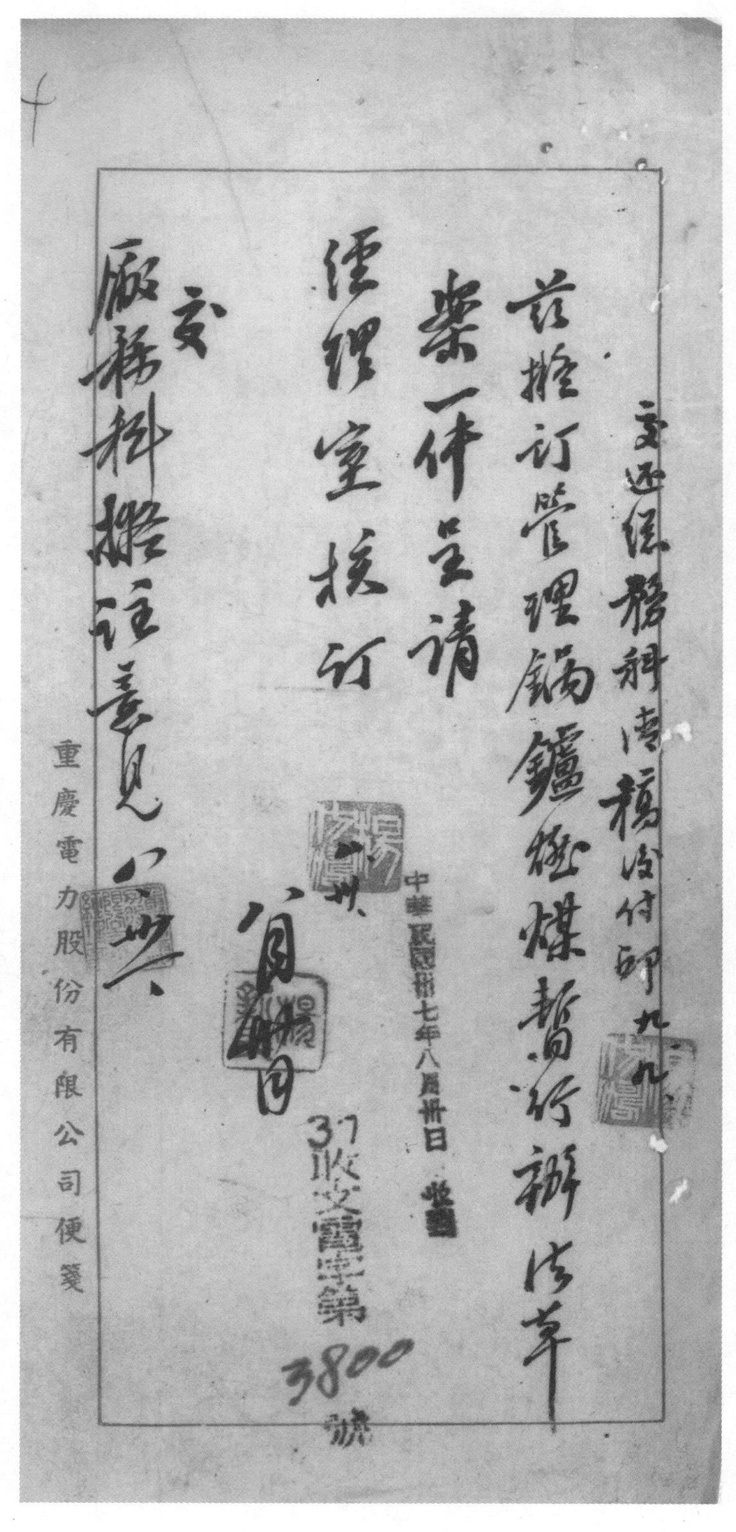

交还总务科传稿　付印

兹拟订管理锅炉燃煤暂行办法草案一件呈请

经理室核订

交

厂务科拟注意见

中华民国卅七年八月卅日

37收文电字第3800号

重庆电力股份有限公司便笺

重庆电力股份有限公司关于装设用户电表的启事（一九四八年九月三十日） 0219-2-245

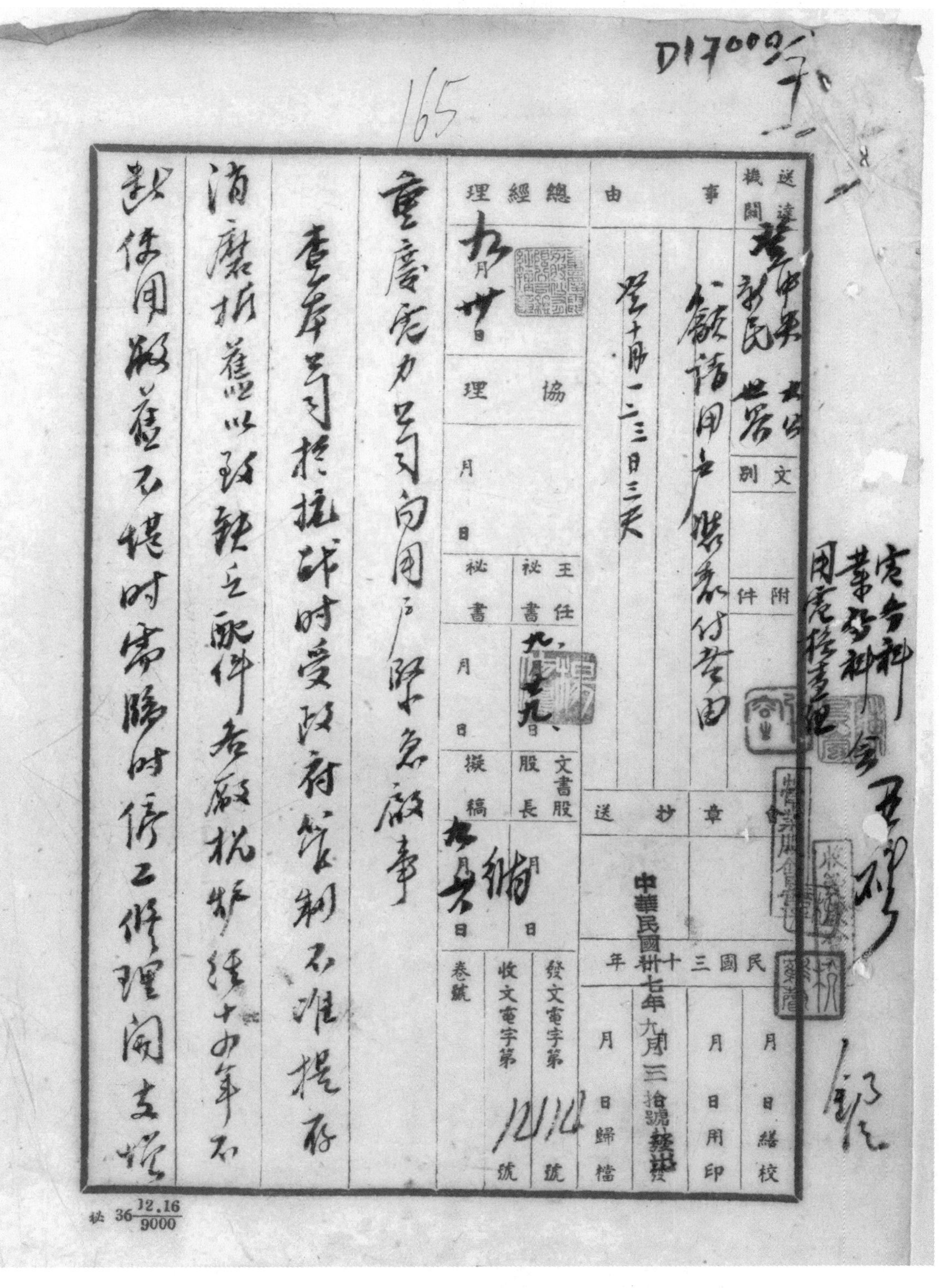

D170005

165

送達機關：中央日報 新民報 大公報 世界日報

事由：敬請用戶裝表付費由

登十月一二三日三天

總經理 九月廿日

協理 月 日

主任秘書 九月廿九日

秘書 月 日

文書股 股長 月 日

擬稿 九月廿六日

中華民國卅七年九月三拾號發出

發文電字第 號

收文電字第 號 12114

卷號

校繕 月 日

用印 月 日

歸檔 月 日

重慶電力公司向用戶緊急啟事

查本公司於抗戰時受政府管制不准提存

消磨折舊以致缺乏配件存廠機器經十四年不

斷使用澈底不堪時需隨時停工修理開支浩

秘 36 12.16/9000

重庆电力股份有限公司关于装设用户电表的启事（一九四八年九月三十日） 0219-2-245

166

鉅，收數減少，維持現狀，倍感困難，除陳請政府撥
配電桿以資救濟外，目前公司機器損壞程度更
甚，危機日重，謹再向本市用戶懇切呼籲兩點：
（一）請本市全體用戶本愛護公用事業之立
場，以公正無私態度隨時檢舉竊電行為
如有前未裝電表用戶，請即日向本公司報裝電
表，惟在本公司電表未運到以前，除請用戶
自備電表向本公司申請報裝外，[illegible]

重庆电力股份有限公司关于装设用户电表的启事（一九四八年九月三十日） 0219-2-245

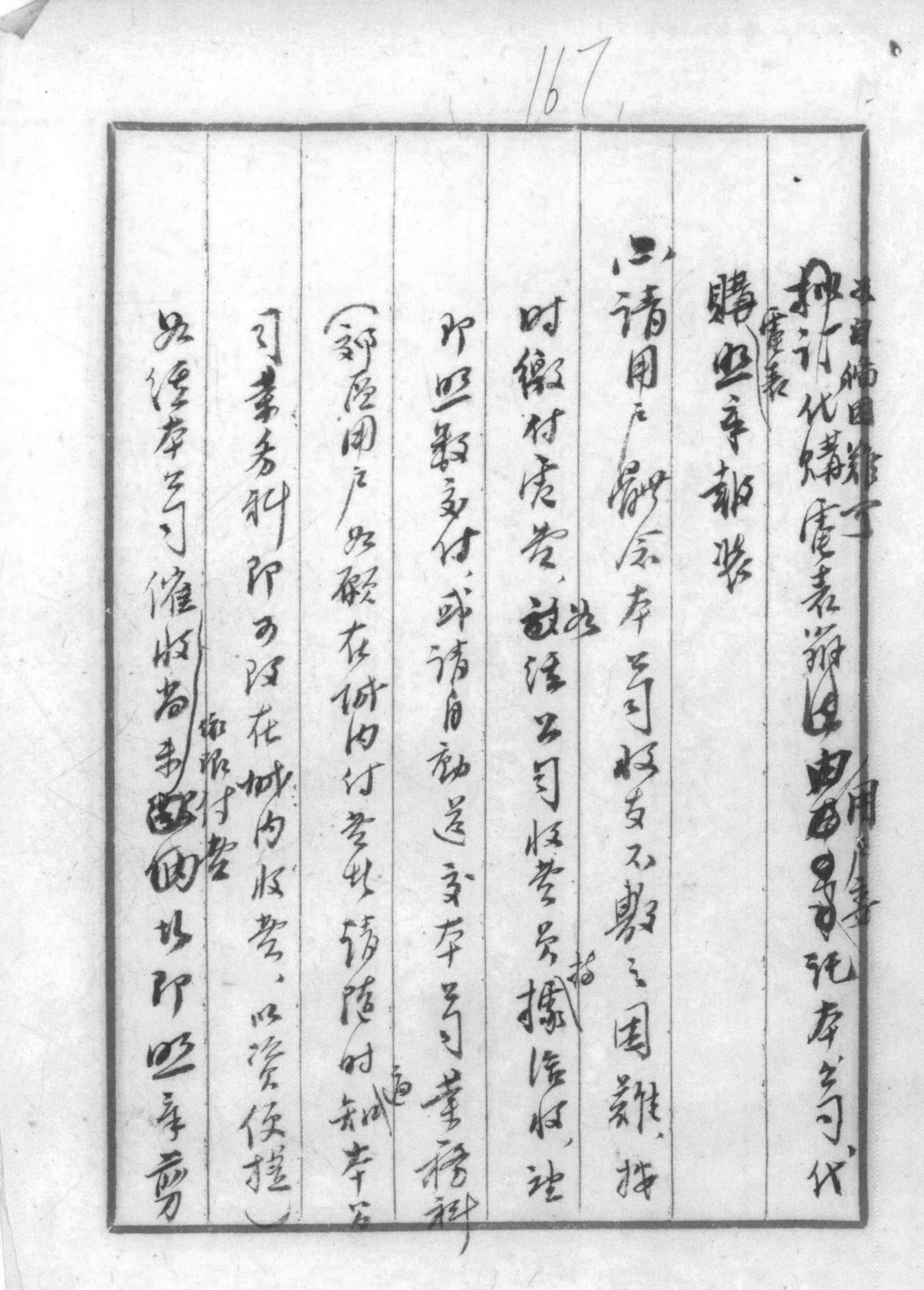

167

本公司因储备困难，拟请代购电表办法，由用户委托本公司代

购电表照章装

二、请用户体念本公司收支不敷之困难，按

时缴付电费，如遇公司收费员持据催收，请

即照数交付，或请自动送交本公司业务科

（郊区用户如欲在城内付费，请随时函知本公

司业务科，即可改在城内收费，以资便捷）

如经本公司催收者来函催收付费，收据即照章剪

重庆电力股份有限公司关于装设用户电表的启事（一九四八年九月三十日） 0219-2-245

168

者，每次催缴一星期再不送缴，即行撤表。

三、凡因欠费撤表之用户，如在撤表之日起一个

月以内缴清欠费申请复电者，本公司可照旧例

复电手续办理，并收复电费。超过一个月申请

复电者，照新户装表手续办理，照新户

规则收取保押金及一切业务费用，超过六个

月者，照章再接受请求。

四、凡因窃电被本公司撤表之用户，如经本公司同

重庆电力股份有限公司关于装设用户电表的启事（一九四八年九月三十日） 0219-2-245

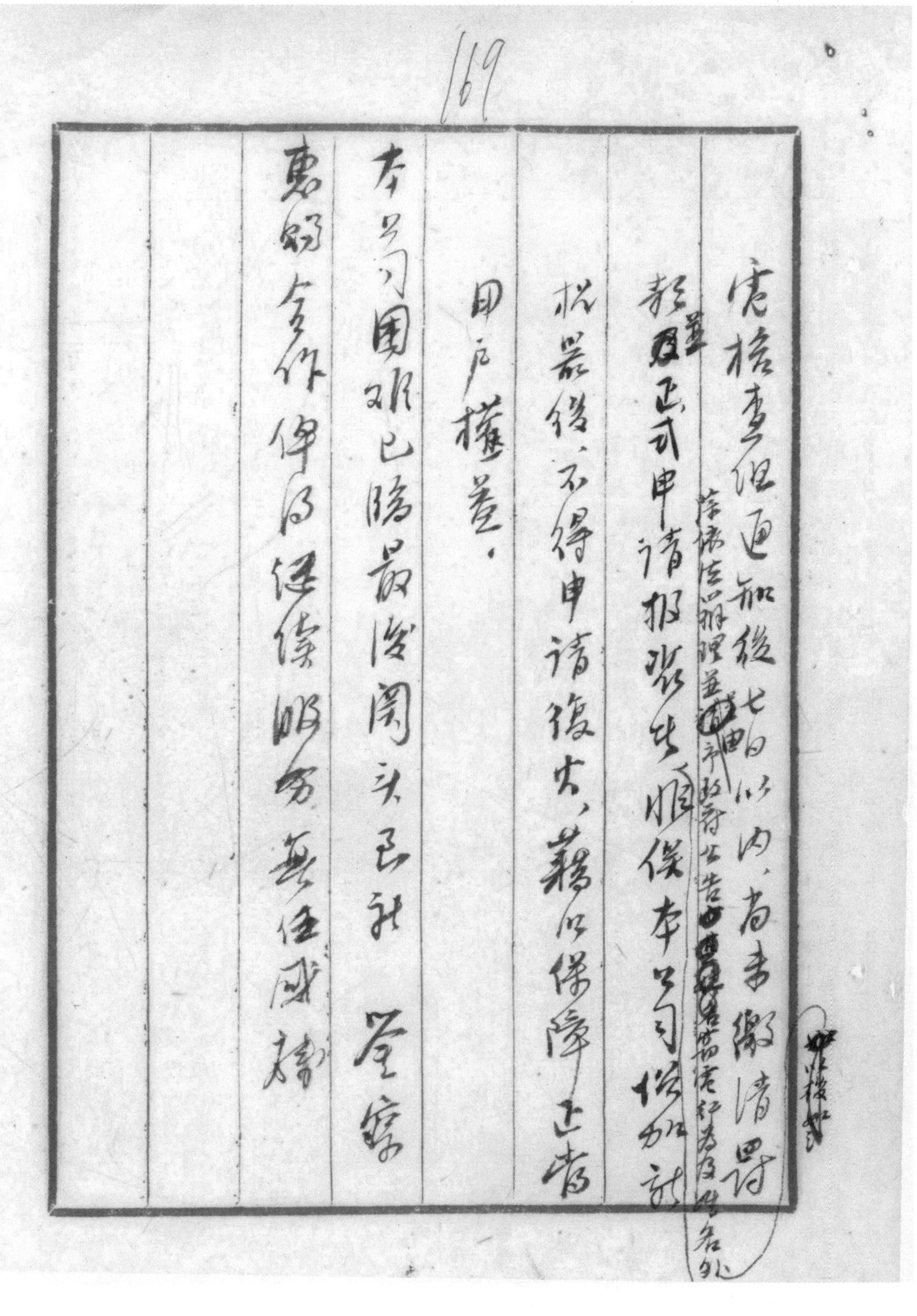

169

憑檢查組通知後七日以內，前來繳清罰款，並正式申請報裝，生效俟本公司核加計（除依法呈報經理並由本政府公告其姓名外）電器後，不得申請復電，藉以保障正當用戶權益。

本公司因職已臨最後關頭，至祈　各界惠賜合作，俾得繼續服務，無任感禱。

重庆电力股份有限公司放线材料补助费价目表（一九四八年十月九日） 0219-2-311

4

重慶電力公司放線材料補貼價目表

原表單號

材字NO.120

户名 聯勤總部第卅兵工廠 聯勤總部第一四[illegible] 37年 10月 9日

材料名稱	單位	數量	單價	金額											備考
				億	千	百	十	萬	千	百	十	元	角	分	
6"×40′木桿	株	20													
6½"×35′ 〃 〃	〃	39													
6"×35′ 〃 〃	〃	69													
6½"×30′ 〃 〃	〃	30													
6½"×20′ 〃 〃	〃	28													
7/#10 (A.W.G.)裸銅線	呎	23400													
7/#12 〃 〃 〃	〃	24610													
7/#10 (S.W.G.)鋁包鋼線	〃	17400													
2½"×5′木擔及附件	付	125													
2½"×4′ 〃 〃 〃	〃	67													
2½"×14" 〃 〃 〃	〃	125													
2½"×12" 〃 〃 〃	〃	63													
32433磁瓶	只	96													
31351 〃 〃	〃	58													
22KV 〃 〃	〃	12													
12847 〃 〃	〃	375													
12848 〃 〃	〃	189													
1/#8 (S.W.G.)鍍鋅鐵線	呎	13000													
6"拉線盤	付	66													
7" 〃 〃 〃	〃	20													
鐵塔	座	2													材料樣式附圖

材料股股長 [illegible]　　覆核　　製表

重庆电力股份有限公司放线材料补助费价目表（一九四八年十月九日） 0219-2-311

5 2

重慶電力公司放線材料補助費價目表

原表單號

材字NO. 128

户名 聯勤總部第卅兵工廠 聯勤總部第四被服廠 37年 10 月 9 日

材料名稱	單位	數量	單價	金額 億	千	百	十	萬	千	百	十	元	角	分	備考
1/0 G(A.W.G.) 裸銅線	呎	30210													拆退可用材料
天 瓷 又	又	501													
稷 石 又	又	570													
黄 小 又	又	1576													

材料股股長 覆核 製表

重庆电力股份有限公司关于查收杆线测量图及放杆器材数量表并按规定补助致兵工署第三十兵工厂、联合勤务总司令部第四粮秣厂的函（一九四八年十月十三日）　0219-2-311

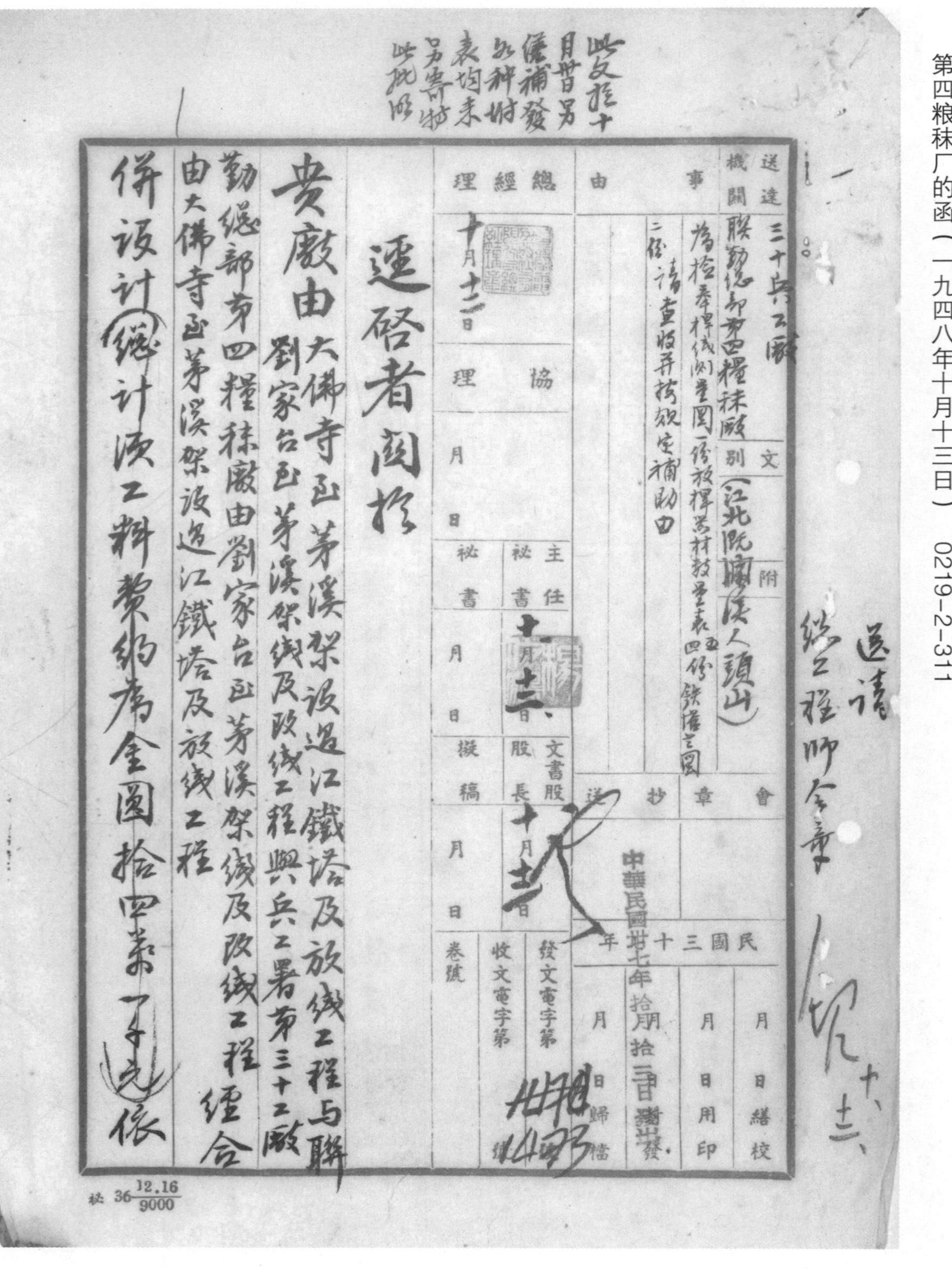

送達機關：三十兵工廠、聯勤總部第四糧秣廠

文別：函（江北既家人頭山）

事由：為檢奉桿綫測量圖一份放桿器材數量表二份請查收並按規定補助由

附：表四份　鐵塔二圖

總經理　十月十二日

民國三十七年拾月拾三日發出

逕啓者：

貴廠由大佛寺至茅溪架設過江鐵塔及放綫工程與聯

劉家台至茅溪架綫及改綫工程與兵工署第三十工廠

勤總部第四糧秣廠由劉家台至茅溪架綫及改綫工程經合

由大佛寺至茅溪架設過江鐵塔及放綫工程

併設計（總）計須工料費約需金圓拾四萬元依

重庆电力股份有限公司关于查收杆线测量图及放杆器材数量表并按规定补助致兵工署第三十兵工厂、联合勤务总司令部第四粮秣厂的函（一九四八年十月十三日） 0219-2-311

2

照本公司營業章程第三章第八條「桿線變壓器補助費」添桿放線及加裝變壓器（包括一切附屬器材）之補助費按市價七成加工費計算」之規定，用戶須繳納百分之七十之補助費（工程設計器材費減去拆退可用器材費「依50%計算」設備總數照七折收費（工資費用全部折扣）（合計應付金圓壹拾貳萬壹仟元正）而全部資產仍屬本公司。茲隨函附奉桿線測量圖一份、鐵塔藍圖二份、放線材料數量表四份，即請查收並按規定撥付補助費為荷。此致

兵工署第三十工廠

聯勤總司令部第四糧秣廠

附件

公司啓

重庆电力股份有限公司关于查收杆线测量图及放杆器材数量表并按规定补助致兵工署第三十兵工厂、联合勤务总司令部第四粮秣厂的函（一九四八年十月十三日） 0219-2-311

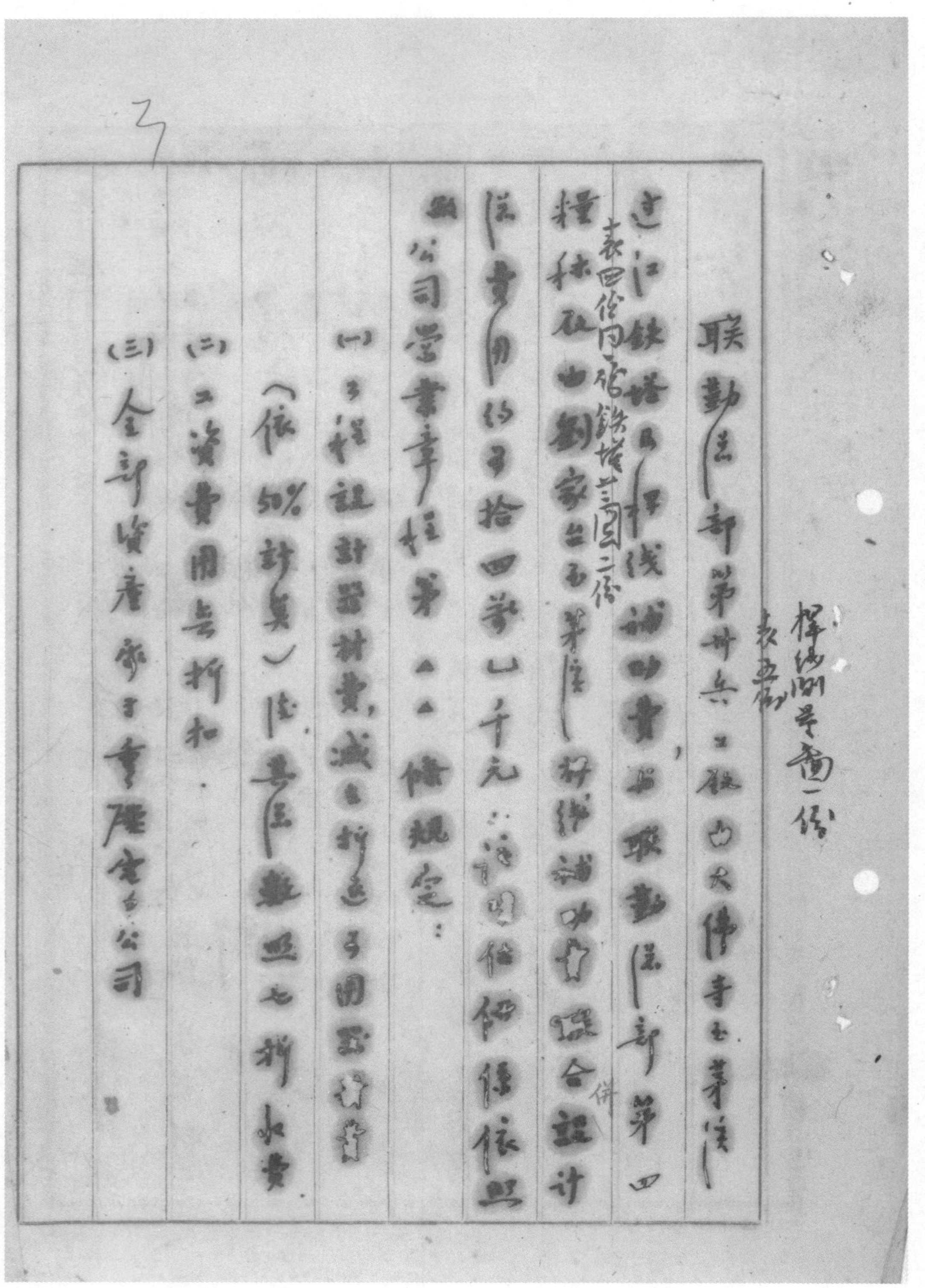

联勤总部第卅兵工厂大佛寺分厂[illegible]
迁江铁塔段杆线补助费，与联勤总部第四
粮秣厂山刘家台分厂杆线补助费联合设计（表四份同原铁塔[illegible]图二份）
所费用约为拾四万[illegible]千元，[illegible]依照
敝公司营业章程第△△条规定：
（一）杆线设计器材费，减五折送予[illegible]
（依50%计算）[illegible]照七折收费
（二）工资费用五折扣
（三）全部资产归于重庆电力公司

重庆市参议会关于检送解救重庆市电荒办法致重庆电力股份有限公司的代电（一九四八年十月二十六日）　0219-2-295

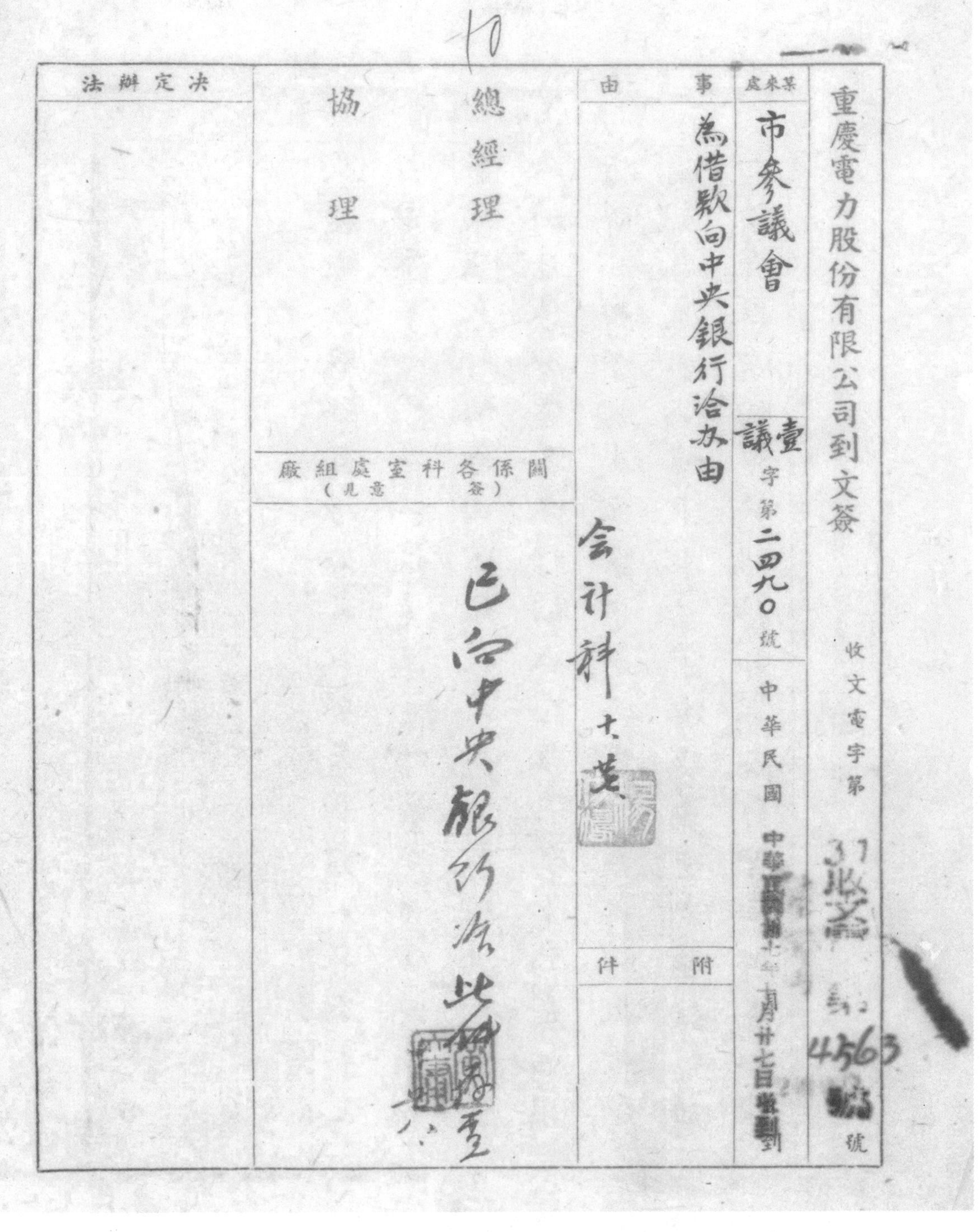
重慶電力股份有限公司到文簽

收文電字第 37收文 4563 號

來處	市参議會
字號	壹議字第二四九〇號
收到日期	中華民國三十七年十月廿七日收到
事由	為借款向中央銀行洽办由
附件	
總經理	
協理	
關係各科室處組廠（簽意見）	会计科 十.廿八 已向中央銀行洽 此
決定辦法	

重庆市参议会关于检送解救重庆市电荒办法致重庆电力股份有限公司的代电（一九四八年十月二十六日）

0219-2-295

重慶市參議會代電箋

事由：為准中中交農四行總處復電關於解救本市電荒辦法一案轉請查照洽辦由

[illegible]議字2490號

卅七年十月廿六日

重慶電力股份有限公司公鑒：案准貴公司本年七月電字第一零二二號箋函為請對公司當前困難事項亟代呼籲等由，當經提交本會第九次大會議決辦法並分電各方呼籲在卷。茲准中中交農四銀行聯合辦事總處京業字第三零一七七號復電節開：「本處奉令結束，本案業經移由中央銀行核辦，即請查照逕向中央銀行貼放委員會洽辦」等由准

重庆电力股份有限公司关于检送修正材料处理规则给各单位的通知（附规则）（一九四九年五月十六日） 0219-2-312

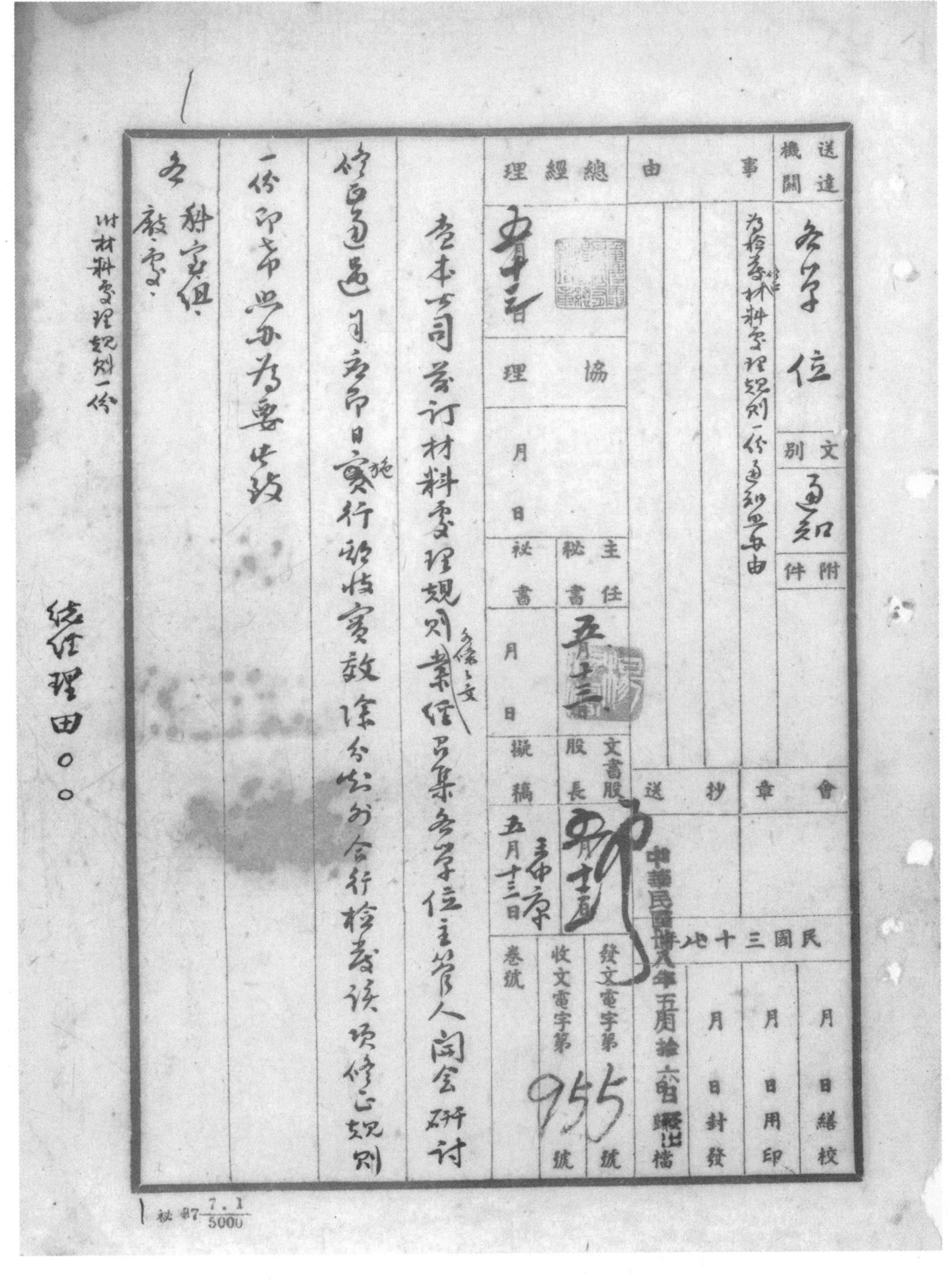

送達機關：各單位

事由：為檢送修正材料處理規則一份通知照辦由

文別：通知

附件：

總經理：五月十六日

協理：

主任秘書：五月十三日

文書股股長：五月十三日

擬稿：五月十三日

會章

抄送

民國三十八年 月 日繕校 月 日用印 月 日封發

發文電字第955號

收文電字第 號

卷號

中華民國卅八年五月拾六日發出檔

查本公司前訂材料處理規則，業經召集各單位主管人開會研討修正通過，自本月日施行，藉收實效。除分令外，合行檢發該項修正規則一份，即希照辦為要。此致

各單位

附材料處理規則一份

經理田〇〇

重庆电力股份有限公司关于检送修正材料处理规则给各单位的通知（附规则）（一九四九年五月十六日） 0219-2-312

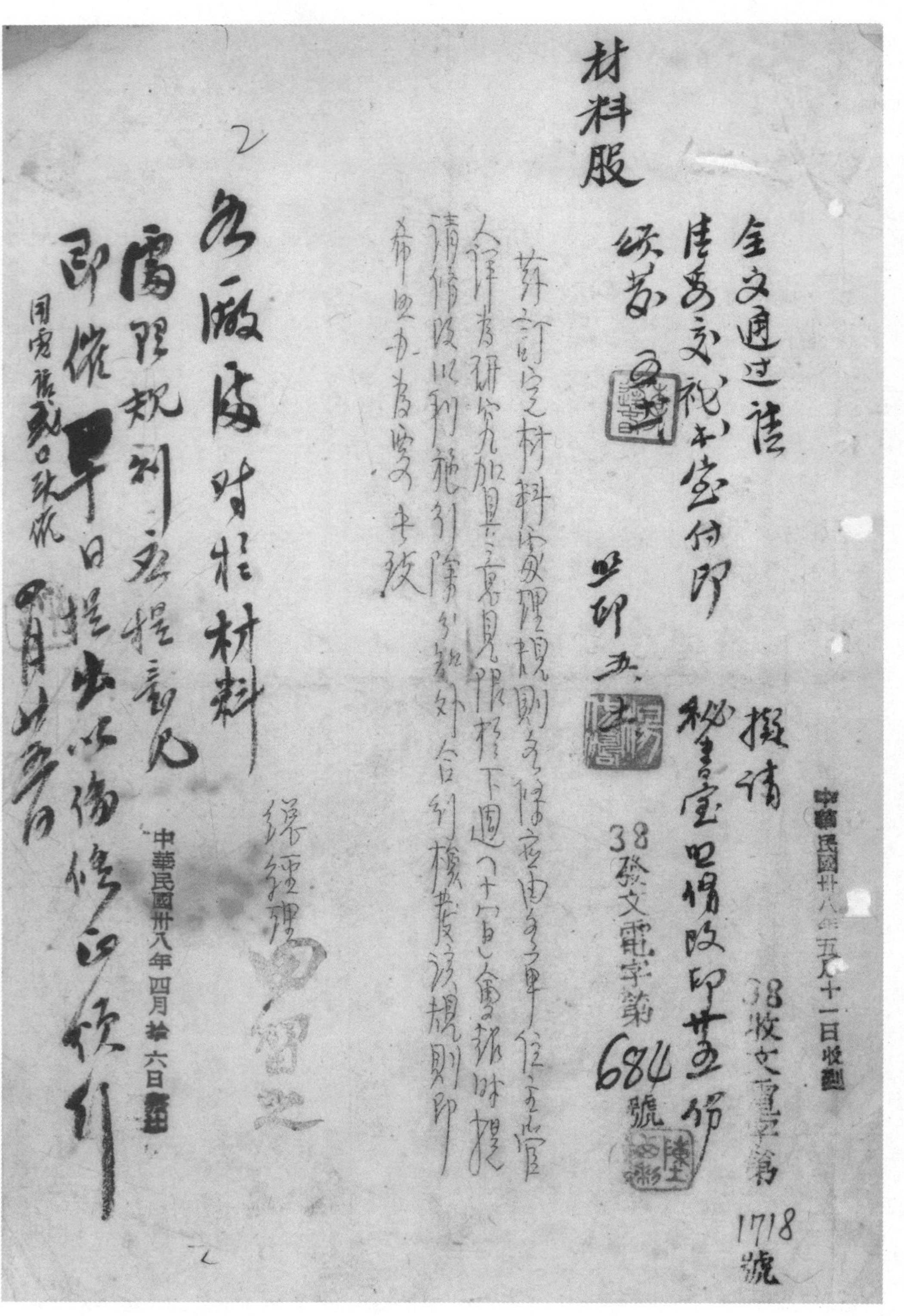

材料股

全文通过请

总务处转秘书室付印

照印五

拟请

秘书室照修改印廿五份

中華民國卅八年五月十一日收到

38收文電字第1718號

38發文電字第684號

兹订定材料处理规则乙份，除分由各单位主管人详为研究，如有意见限于下周（十六日）会报时提请修改以利施行外，合行检发该规则，即希查办为要，此致

各厂处

对于材料

处理规则意见

即依照

务限于星期日提出以便修正施行

四月廿三日

總經理

中華民國卅八年四月拾六日發出

重庆电力股份有限公司关于检送修正材料处理规则给各单位的通知（附规则）（一九四九年五月十六日）　0219-2-312

材料處理規則

第一條　本公司所需之材料（包括器具在內）悉依本規則處理之

第二條　本公司所需之材料分為經常用料及擴充工程用料兩類，於每年度開始前由各部份編造預算送總之經理根據實際需要及材料股庫存量擬須添數目陳請總協理核定之，交購料委員會照辦

第三條　如係臨時用料，未列入預算並無庫存而需要迫切者，由材料股開列請購單陳經總協理核准，交購置股詢價採購並通知購料委員會接洽

第四條　一切用料除臨時必需應陳經核准者外，購置股收到請購單後應即詢價，並以標準方式編造比較表送料長室由核陳總協理核定之

第五條　經核定之應購之料即由購置股擬定貨單或草約，會同陳總協理簽定之，並將副本分送稽核室計算科等

第六條　如需購材料無法購置或需添購材料不能立即購到時，應由購置股與用料部份商洽辦理

第七條　由總工程師商請總協理指定若干人為驗收材料委員每

重庆电力股份有限公司关于检送修正材料处理规则给各单位的通知（附规则）（一九四九年五月十六日） 0219-2-312

半年更換一次於每批材料送達時由材料股邀同驗收會具收料報告如發現貨色不符或數量短少應即通知購置股向承辦商調換或補足之如由外國或外埠購運之材料於驗收時發現損壞或貨量不符由材料股通知購置股抄具處理辦法簽陳經協理核定之

第八條 付款 購置股收到承辦商交來之收料報告及發票須核對無誤後即根據定之單或合同制發購料報告連同附件送交會計科制發支付傳票經有關科長核章陳經協理核發付款

第九條 領料手續 各部份需用材料時須先填寫領料單註明數量用途經該主管人核定後持向倉庫領用管料人即於次日根據各項傳票填制材料日報送呈總工程師查核蓋章

第十條 以舊換新 各部份領用材料（包括工具在內）如係以舊易新者須請領用部份主管人在領料單上註明以舊易新字樣隨同退料單與舊料向材料室換用如無換舊等字樣註明管理人即當新領材料發給至各領用人如有將材

重庆电力股份有限公司关于检送修正材料处理规则给各单位的通知（附规则）（一九四九年五月十六日）　0219-2-312

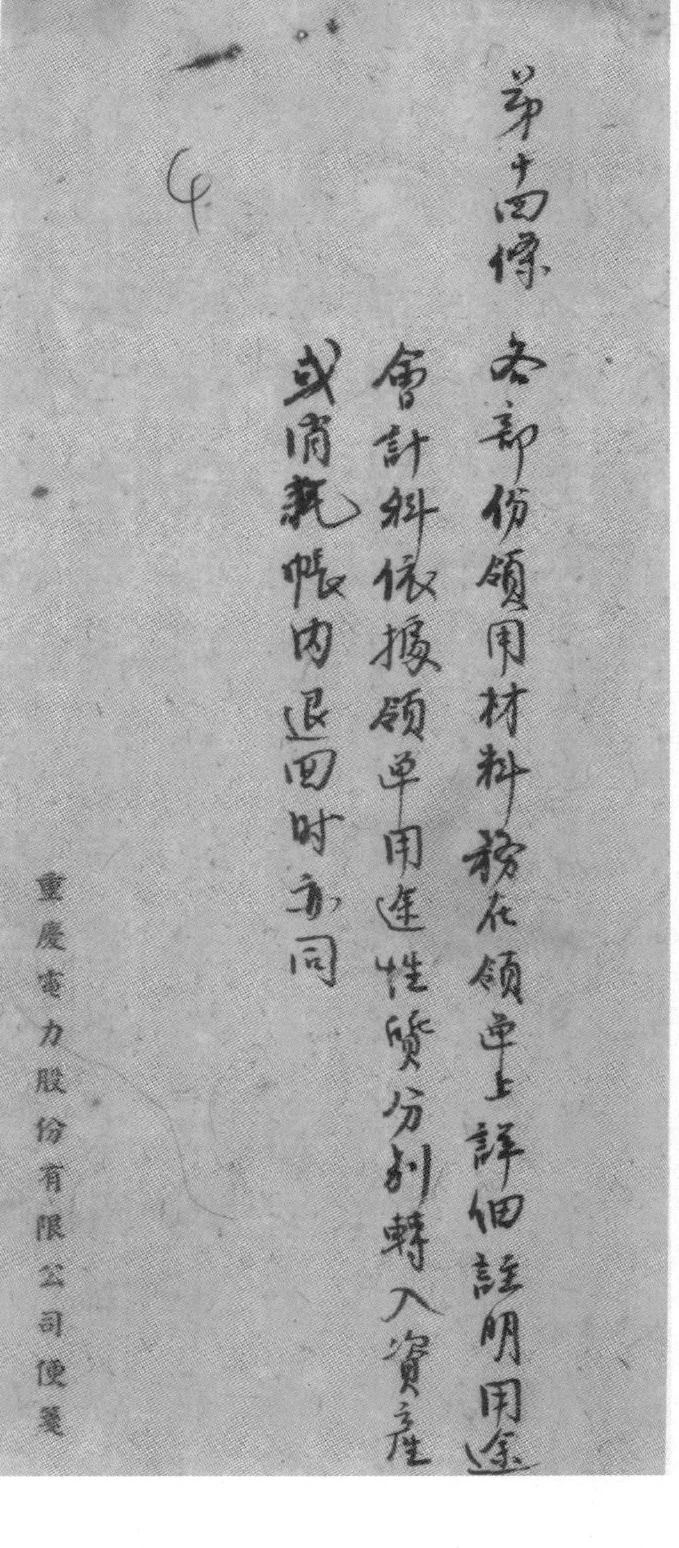

第十四條　各部份領用材料務在領單上詳細註明用途
會計科依據領單用途性質分別轉入資產
或消耗帳內退回時亦同

重慶電力股份有限公司便箋

重庆电力股份有限公司关于检送修正材料处理规则给各单位的通知（附规则）（一九四九年五月十六日） 0219-2-312

料損短缺先簽請由領料部份主管人報請總經理核
辦

退料

材料室 第十一條 材料股於廢料或收回退回材料後應將實收實發數量
填於領料單或退料單內由領退材料人蓋章以憑記
帳

第十二條 材料股各材料室應設材料庫存分戶帳及材料卡片以
便各方便於查核

股 第十三條 各部份領用撥還或退還材料須自備材料草帳以備各
部份查對

會計科 第十四條 各部份領用材料由會計科登入暫記帳候用出後應由用
料部份填列實用清單送交會計科審核再由會計科
分別轉入消耗或資產帳

股 業務處 第十五條 撥交工程完竣後應由主管部份造具報告送會計科
審查驗收後送交會計科填價陳總協理核閱

股 業務處 第十六條 凡資產材料有變動遷移時（如供電方面線路變更應予之
變動及修理配件之調換等）由用料部份應隨時填
具拆遷材料報告表三份送由總工程師分別核轉會計

重庆电力股份有限公司关于检送修正材料处理规则给各单位的通知（附规则）（一九四九年五月十六日） 0219-2-312

料課帳稽核科查核另以一份存查

領、舊料退還 第十七條 凡用料部份對於已用餘材料（包括不合用材料）之拆卸舊料及廢料等可隨時製就退料傳票一式三份隨同退料交材料室以憑作帳

材料室 第十八條 材料股所收退料應分「新」「舊」「廢」各別登帳按月造表送稽核科及會計科查核呈閱

售料 第十九條 出售不合使用或外面請求公司價讓之材料時材料股得經理室批准後即製就售出料發票一式三份送稽核科審核股核章後根據收款消帳

借入借出材料 第二十條 公司借入或借出材料之具時須先陳經總工程師及總協理核准其借入之件之清單及借出之件之收據均應送交材料股保管存查

盤查 第廿一條 凡存材料每半年指派人員盤查一次必要時臨時由總協理派員盤查之每次盤查後應作成盤查報告具報

仝上 第廿二條 材料盤查如發現實存與帳冊不符應立即陳報總協理核並再分別轉入材料「盤盈」或「盤虧」科目

會計 第廿三條 會計科應於月終年終編製結存月報及結存年報陳

重庆电力股份有限公司关于检送修正材料处理规则给各单位的通知（附规则）（一九四九年五月十六日） 0219-2-312

經之經理總協理核閱

第廿四條 舊料廢料之收發領用報銷記帳等均應與新料同樣辦理

第廿五條 舊料廢料之屬於資產者於收後應於資產帳上轉正之

另議 第廿六條 廢料舊料之確已不能再用者應每年年終簽陳總協理之核准標價賣出

仝上 第廿七條 出售材料如售價高或低於估價時轉入損益帳

第廿八條 運送中途之材料在結帳時（月結年結）必須付清賬價以運途中材料科目記入材料帳

第廿九條 材料之價值應以其原價加上運費及力資關稅捐稅等合併計算之

第三十條 本規則經呈請董事會通過後實行修改時亦同

6

[illegible]

重庆电力股份有限公司关于检送修正材料处理规则给各单位的通知（附规则）（一九四九年五月十六日） 0219-2-312

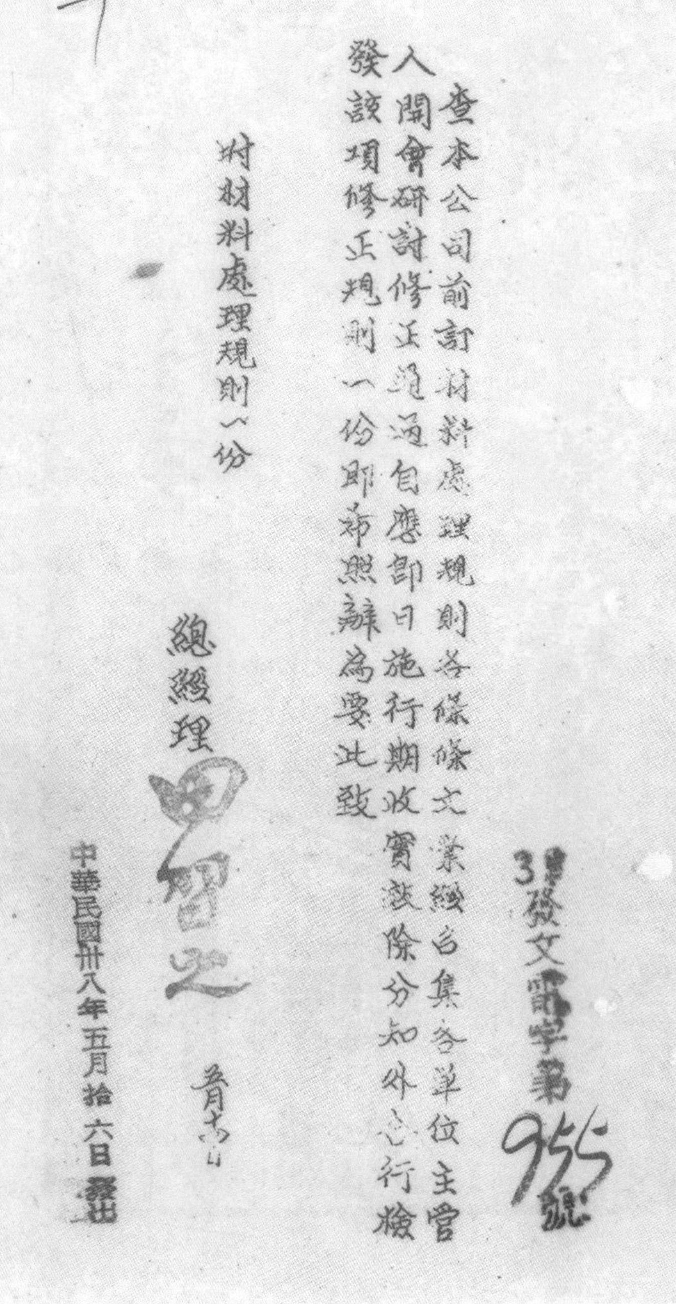

3發文電字第955號

查本公司前訂材料處理規則各條條文業經召集各單位主管人開會研討修正兹通令應即日施行期收實效除分知外合行檢發該項修正規則一份即希照辦爲要此致

附材料處理規則一份

總經理

中華民國卅八年五月拾六日發出

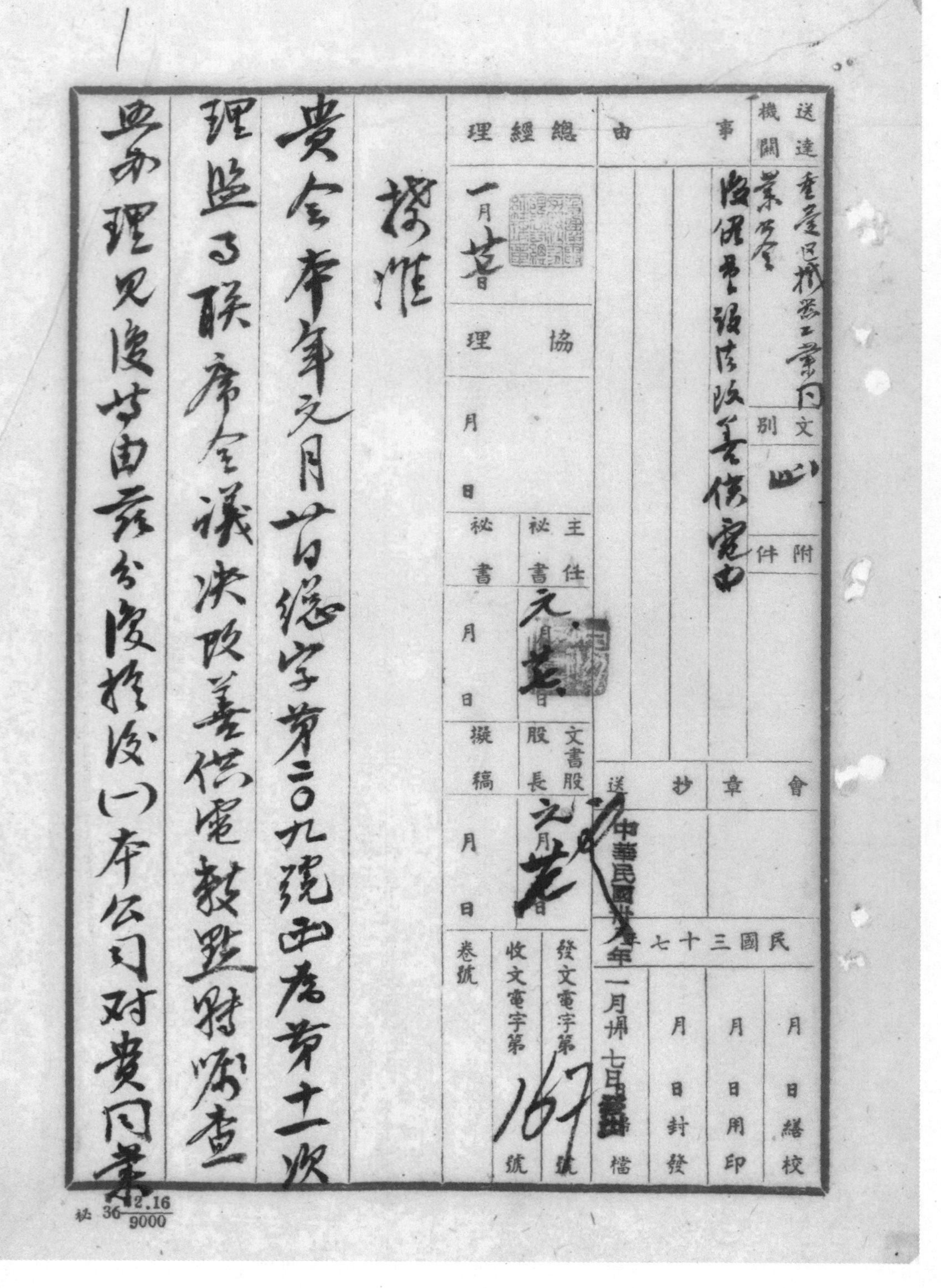

送達機關：重慶區機器工業同業公會
文別：函
附件：
事由：為設法改善供電由

總經理：一月廿七
協理：月　日
主任秘書：元月廿七
秘書：月　日
文書股股長：元月廿七
擬稿：月　日
會章抄送：中華民國卅八年一月廿七日
民國三十七年　月　日
繕校：月　日
用印：月　日
封發：月　日
歸檔：一月廿七日
發文電字第167號
收文電字第　號
卷號

擬准

貴會本年元月廿日總字第二〇九號函為第十一次理監聯席會議決改善供電數點請煩查照辦理見復等由准此茲分復於後：（一）本公司對貴同業

秘 36 2.16/9000

重庆电力股份有限公司关于设法改善供电致重庆区机器工业同业公会的函（一九四九年一月二十七日）　0219-2-292

重庆电力股份有限公司关于设法改善供电致重庆区机器工业同业公会的函（一九四九年一月二十七日）　0219-2-292

2

用電问極注意惟因機炉使用过久負荷過重故障叢生致不免常有临时停電情事發生藉尊處之僅量設法改善不使輪流停電之外再有不規则之停電(二)度問題　貴會當請就經濟部解答此係部頒法令本公司無法修改(三)关工廠自有設備發電問題應請商會市政府特函商洽辦理如能办到公司極表贊成相應復請查照為荷此致

重慶區機器工業同業公會

啓

田习之关于重庆电力股份有限公司供电、发电方面的答复　0219-2-270

習之受重慶電力公司董事會之委託接管電力公司總經理職務自問力薄
難勝重任祇以敦促再四凛於時艱匹夫有責之義未敢固辭勉為其難
任事後對公司內外情形經詳加研究根據過去經濟部指示以及市政府最
近令示改善各點並針對現實情形擬訂中心工作六項(一)加強窃電取締(二)
增加發電設備(三)縮小供電區域(四)保持停電正常(五)增加工廠供電(六)加強
服務精神按次推動以為改進外並將各界人士平昔對用電疑問試擬重
慶市電力問答 別供諸社會以為不明白本公司真像及關心本市電力者之一
解答

一、關於供電發電方面者

問 電力公司設備僅有一萬一千瓩現在分為三廠管理既不方便開支亦增原因何在

答 本公司原有四千五百瓩機器兩套一千瓩機器三套均集中安裝在大溪溝廠
內二十七年委員長重慶行營命將一千瓩機器兩套移裝南岸彈子石名為應
急電廠二十九年六月廿六日委員長蔣手令重慶電燈廠原有之新式大機
器應即速拆卸移置岩洞內拆卸遷移期間暫用小機器或已成殘備
之機器甚至暫時停電亦可盼望限期遷移其計劃請詳報侍從室於
廿九年六月廿九日以工貴第六二六八六號通知遵辦 工程費用由電費附加負
費用當時來往指示故祗好仍維現狀

問 還有一部一千瓩的機器裝設何處

答 二十八年被銅元局軍政部二十兵工廠以三十一萬元代價征用

問 發電量與用電量是否平衡如果不夠又如何維持

答 本公司自身發電量共一萬一千瓩購買各工廠餘電三千五百瓩共計一萬四
千五百瓩本市用電量已到一萬九千餘瓩不敷約五千瓩補救的辦法
是將全部劃分為 個供電區在下午四時至十一時為本市用電最大
時候經呈准主管當局予以分區輪流停供使用電與發電可以平衡同
時各區用戶也得到平均用電機會

67

問：除輪流停電外何以又有臨時停電

答：臨時停電有下列幾種原因（一）鍋炉發生故障停機修理（二）方棚燒燬（三）外線燒斷（四）外電桿倒碰斷。以上各節看情形輕重以為停電久暫，但最大原因為各廠設備祇有一套並均長時不斷使用超過負荷，例如一個發電三千瓩的電廠平時祇應發電二千瓩，餘一千瓩作為臨時補充調節之用，本公司各廠機器迄無替換機會，譬如人體積疾已深，故隨時均有發生故障臨時停電可能。

問：機炉隨時修理有無辦法使其保持長久不修

答：四部機炉都裝用了十四年之久，中間又因適應抗戰需要八年來晝夜不停使用到現在，可說破舊不堪，實不應再作過量負荷，但為了適應全市需要無法停下，仍祇得勉強發動，在修理時又因無船來配件，有時并以本地材料代替，不合標準，不能經久耐用，所以有時修時停之現象。如果要徹底修理，除非是把機器完全拆卸下來，大大的檢查清洗修理一次才行，但是最快時間也得四十天，目前用電情形這樣迫切，絕對不能容許，而且也祇能暫時治標，如果要保持長久供電，除增加機器外別無他法。

問：在新機器未購置以前要使供電正常燈光明亮，為何才能做到

答：一、把現在的供電區域縮小起來，使機炉負荷減輕，做到供求相應。

二、要須將的煤不攙沙石，使燃燒力強，容易起磅，使電壓增高。

三、向政府暫時借用發電機器，使發電量增加。

問：第一廠最近停機修理復電時間何以會較公告時間遲三十六小時

答：就是如上面所說，機器本身已陳舊不堪，又從未大檢查，內容之壞難以預測，每到修理甲部時又才發現乙部有故障，故必須延長修理時間，加以鍋炉熄火達二千餘度以上，必須俟其冷卻方可施工，此即這次第一廠逾期修好之原因，惟此種情事在機器未大修前勢難再免。

田习之关于重庆电力股份有限公司供电、发电方面的答复　0219-2-270

48

問　對於發電設備之準備如何

答　已在去年五月向外國廠家訂購一萬瓩新機炉一部，因爲外國廠家忙於接原交貨，遲有一年半，連同安裝發電時間至快也在民國卅九年底

問　新機未到以前過渡辦法如何維持

答　治標辦法除取締竊電及呼籲節約用電外，唯一的是縮小供電區域，使舊機器有喘息機會，可以不致立即崩潰

問　除此以外對於增加供電尚有何種辦法

答　請求政府將上次允許撥給之日本賠償拆遷物資中之發電機炉提前撥給，另外並請政府將撥給他處不急使用之發電機暫借五千瓩者一部與本公司使用

關於業務和人事者

問　竊電之戶何以愈來愈多，此一問題有無辦法解決

答　完全是社會道德不够，此其一，其他種々原因所促成。自市府公佈加強用電辦法後，本公司在治本方面儘量供給用戶裝表用電，使無所藉口；治標方面將市區劃分爲若干區段，會同警憲定期普查，務使竊電者逐漸減少，乃至於無。實行以來，向本公司接洽裝表者日見其多，解決竊電問題已見成效，并望市民協助公司，爲輿論上之制裁，收通力合作之效

問　用戶申請裝表用電感覺手續不便之原因何在

答　本公司向外國訂購電表已到，配裝辦法業已公佈，歡迎用戶裝表，惟表不多，大小不齊，因此歡迎用戶自備電表，在手續上力求簡化，如用戶能依照屋內用電裝置規則規定委託承裝商將屋內裝置完妥，本公司在接到報裝單，經檢驗合格後兩日內即可裝表用電，惟有部份用戶不明情形，對於屋內裝置往々不合規定，本公司爲保障用戶安全，惟有請用戶改正再裝，各方引起不滿與感覺不便之原因大約在此

田习之关于重庆电力股份有限公司供电、发电方面的答复　0219-2-270

问公司停电情形近来是何原因
答本公司每月发电度数中，非荣电度百分之三十以上，损失占全部收入三分之
一，应收电费又必须满月以后始能收到，本公司所用之燃料须与用户时间相差
已有两月以外，过渡费用完全靠借贷维持，应付之煤款购储煤款
材料等资则须先付，物价逐月上涨，周转金随月增多，资金耗费，库存仓
日形短绌，影响更重，以前所以会发生停电者，亦系于不能之中，现在此等已到达
燃料购买必须早为储备，然不致因断煤而停电，此又为本公司惟一困难
不能办到，必请求政府极力协助，并将用户加收电费，解除困难是幸
问贵公司员工太多，薪津亦高，是否属实
答本公司机务营业两方面由一个总公司连营三个厂，大约以前　信用
人员多为必需之理论与技术，现在一个厂时增加两倍迄今事
实仅超过非本公司所能自全，待遇亦不过三四万元，与指数相
差尤甚，并无冗员，待遇亦实足以为不难
问今后办法如何
答今后市公用事业须致力推动，外并向政府请求辅助，以利电气事业维持
营业，前并征求有关单位之厂商电价，并以每月应收电费作为总
请政府比例核准资金，以期周转，一面增加业务，减轻负债，使之
稳定，推行电化建设，使电价正常，标准相应，满足市民需要为目的
上述各项问答请
查阅，如有未尽之处另纸加写意见，并盼于本月十一日（周五）送达，庶便备考
此致

秘书室　谨
六月九日

热力试验室购置设备费用预算

名称	数量	规格	用途	单价	
水银温度计	10根	32°–150°F	测给水温	150,000	
	10	150–1000°F	水温	150,000	1[illegible]
热偶式温度计	2	100°–1500°F	测烟温风温	4,800,000	9,600,000
斜管式风力計	2		测风道及烟道压力	4,600,000	9,200,000
博登管式压力表	2		测蒸汽压力及水压力	5,000,000	10,000,000
二氧化碳表	2		测煤燃烧成分	5,200,000	10,400,000
畢脱式流量表	1		测空气流量	9,000,000	9,[illegible],000
细颈管式流量表	1		测蒸汽及给水流量	8,500,000	8,500,000
磅秤	2架	量1吨	磅水用	2,000,000	4,000,000
水抵抗机械设备	2套		调整发电负荷用	3,500,000	7,000,000
其他					10,000,000
共計					$80,700,000

注意 (1) 以上设备係供[illegible]两厂用
(2) 试验室房屋建築未计在内

化验室设备及药品预算表 219-2-261

化验室设备及药品预算表 219-2-261

32

化驗室設備及药品預算表

品名	規格	單位	數量	單價	總價
分析天秤(附砝碼)	灵敏度1/10000 g.	具	1	14,000,000	14,000,000
普通天秤 〃	〃 1/10 g.	〃	1	2,500,000	2,500,000
台秤 〃(2kg)	〃 克 g.	〃	1	1,500,000	1,500,000
高溫電氣炉(附測溫裝置)	220V. 1400°C	〃	1	8,000,000	8,000,000
恒溫電烘箱(附溫度計)	220V. 0-260°C	〃	1	7,500,000	7,500,000
煤揮發物定量分析電炉(連變阻器)		〃	1	8,000,000	8,000,000
球式測熱器 Bomb calorimeter parr		〃	1	45,000,000	45,000,000
渾濁度計 Jackson candle meter		〃	1	2,000,000	2,000,000
電動離心器		〃	1	1,500,000	1,500,000
色度計 color comparator		〃	1	2,500,000	2,500,000
氫游子濃度計 PH electro meter		〃	1	1,500,000	1,500,000
烟道氣分析器 orsat		〃	1	1,500,000	1,500,000
燃点計(開口式)	附溫度計 360°C	〃	1	1,000,000	1,000,000
粘度計 Redwood 附溫度計	30-110°F 100-180°F 170-250°F [illegible]	〃	1	3,000,000	3,000,000
白金坩堝	30 g.	只	2	9,000,000	18,000,000
鎳坩堝		〃	4	100,000	400,000
銅水鍋	dia. 18 cm.	〃	4	35,000	140,000
坩堝鉗子		〃	4	15,000	60,000
跑錶		〃	1	1,000,000	1,000,000
白鉄盤(長40cm.寬25cm高30cm)		〃	5	10000	50,000
普通電炉		〃	2	30000	60,000
本生燈灯(附調精裝置)		〃	2	150,000	300,000
篩子	5重 40-120孔	套	1	300,000	300,000
研缽(鉄)		〃	1	50000	50000
膠皮管夾		只	5	10,000	50,000
螺旋夾		〃	5	20000	100,000
石綿鉄絲網		〃	6	4,000	24,000
鉄高架(帶頭鉗架)		〃	4	45,000	180,000
10-foot copper coil		〃	1	50000	500,000
試管刷,滴管刷		〃	2	3,000	6,000

化验室设备及药品预算表 219-2-261

31

化驗室設備及藥品預算表

品名	規格	單位	數量	單價	總價
波美比重計 Beamé		只	1		14,000
比重瓶	100 CC	〃	1		32,000
滴定管	25 CC	〃	4	80,000	320,000
〃	50 CC	〃	10	100,000	1,000,000
直形移液管	50 CC	〃	4	10,000	40,000
〃	25 CC	〃	4	8,000	32,000
〃	15 CC	〃	4	6,000	24,000
〃	10 CC	〃	4	4000	10.000
〃	5 CC	〃	4	3000	12000
〃	2 CC	〃	3	2000	6000
〃	1 CC	〃	3	1500	4500
長頸量液瓶	1000 CC	〃	10	20,000	200,000
	500 CC	〃	10	16,000	160,000
	250 CC	〃	10	12,000	120,000
乾燥器	dia 20 cm.	〃	4	100,000	400,000
Kipp氏氣体發生器	500 CC	〃	2	80,000	160,000
量筒	1000 CC	〃	2	21,000	42,000
〃	500 CC	〃	2	15,000	30,000
〃	100 CC	〃	4	6,000	24,000
〃	50 CC	〃	4	5,000	20,000
〃	10 CC	〃	4	3,200	12,800
〃	5 CC	〃	2	2000	4000
乾燥管U形球形		〃	6	1,000	6,000
漏斗	20 cm	〃	2	7,000	14,000
〃	10 cm	〃	2	1,800	3,600
〃	8 cm	〃	4	1,500	6,000
直管分液漏斗	250 CC	〃	2	20,000	40,000
表面皿	6 cm.	〃	6	1500	9,000
平底燒瓶	500 CC	〃	10	8,000	80,000
三角瓶	250 CC	〃	6	3,600	21,800

化验室设备及药品预算表　219-2-261

32

化驗室設備及藥品預算表

品名	規格	單位	數量	單價	總價
三角瓶	150 CC	只	6	4000	24,000
〃	100 CC	〃	6	2,800	16,800
燒杯	1000 CC	〃	3	13,200	39,600
〃	500 〃	〃	10	8,000	80,000
〃	250 〃	〃	10	5,200	52,000
〃	150 〃	〃	6	3,600	21,600
〃	100 〃	〃	6	2,800	16,800
細口瓶	1000 〃	〃	20	6,000	120,000
〃	500 〃	〃	30	3,600	108,000
〃	250 〃	〃	20	2,400	48,000
〃	125 〃	〃	10	1,800	18,000
指示药瓶 dropper.		〃	10	4000	40,000
酒精灯		〃	4	3,000	12,000
稱量瓶	50×25 m/m	〃	8	8,000	64,000
大玻瓶	10 l.(40P.)	〃	4	50,000	200,000
〃	5000 CC	〃	4	22,000	88,000
玻板	10 cm	〃	5	2000	10,000
〃	8 cm	〃	5	1500	7500
分液漏斗	500 CC	〃	2	24,000	48,000
〃	250 CC	〃	2	20,000	40,000
試管	15×150 m/m	〃	50	400	20,000
圓底燒瓶	500 CC	〃	5	8,000	40,000
〃	250 〃	〃	5	3,600	18,000
廣口瓶	500 〃	〃	5	3,600	18,000
〃	250 〃	〃	10	2,400	24,000
〃	125 〃	〃	10	1,800	18,000
玻璃棒		磅	2	6,000	12,000
玻璃管		〃	2	6,000	12,000
吸濾器	500 CC	只	2	10,000	20,000
高氏坩鍋 Gooch Crucible 連橡皮套		〃	3	80,000	240,000

化验室设备及药品预算表 219-2-261

33

化驗室設備及药品預算表

品名	規格	單位	數量	單價	總價
磁坩堝	30 CC	只	5	200,000	1,000,000
〃	15 CC	〃	5	150,000	750,000
磁蒸發皿	10 Cm.	〃	10	50,000	500,000
有柄蒸發皿	7½ cm dia.	〃	4	75,000	300,000
白磁板		〃	4	40000	160,000
陶土三角架		〃	10	4,000	40,000
瓷船		〃	6	100,000	600,000
研鉢(磁)		〃	2	12,000	24,000
無灰重量濾紙	dia 12 cm	束	2	300,000	600,000
粗濾紙	大張	〃	10	4,000	40,000
移液管架(木質)		只	1	60,000	60,000
橡皮塞	大小			150000	150,000
橡皮管	7 m/m	呎	30	2,800	84,000
軟木塞	#1—30號 24只	組	5	40,000	200,000
滴管架(附管夾)		只	5	45,000	225,000
試管架		〃	3	12,000	36,000
鐵三角架		〃	4	5,000	20,000
三角銼	4" U.S.A.	只	1	30,000	30,000
穿孔器	三枚	套	1	35,000	35,000
圓銼		只	1	15000	15000
骨匙	3只	組	4	6,000	24,000
溫度計	100°C	只	2	25,000	50,000
〃	200°C	〃	2	40,000	80,000
〃	360°C	〃	2	80,000	160,000
寒暑表	晴雨	〃	1	23,000	23,000
冷凝管	蛇形40cm	〃	2	25,000	50,000
〃	直形40cm	〃	2	20,000	40,000
漏斗架		〃	4	12,000	48,000
安全漏斗		〃	4	2,000	8,000
工作服(藍色)		件	3	70000	210000

化验室设备及药品预算表 219-2-261

34.

化驗室設備及药品預算表

品名	規格	單位	數量	單價	總價	備註
药張		只	1	150,000	150,000	
盐酸	比重1.2 C.P.	磅	5	14,000	70,000	
硫酸	〃 1.84 〃	〃	5	12,000	60,000	
硝酸	〃 1.2 〃	〃	3	20,000	60,000	
醋酸		〃	5	20000	100,000	
磷酸	85%	〃	1	140,000	140,000	
草酸		〃	1	35,000	35,000	
硼酸		〃	1	14,000	14,000	
氫氧化鈉		〃	2	15,000	30,000	
氫氧化鉀	pure 條形	〃	2	180,000	360,000	
〃〃〃鋇	日品500g装	〃	1	420,000	420,000	
〃〃〃錏	比重0.9	〃	3	17,000	51,000	
碳酸鈉		〃	2	5,000	10,000	
硫〃〃		〃	1		8,000	
草〃〃	pure	〃	1		60,000	
磷〃〃		〃	1		750,000	
溴化鉀		〃	1		48,000	
酒石酸氫鉀		〃	1		200,000	
磷酸氫二鈉	E.D.H.	〃	1		480,000	
氧化亞砷		〃	1/2	60000	30,000	
氯化鋇	pure	〃	1		80,000	
碳酸鉀		〃	1		15,000	
氰化鉀		〃	1/2	50,000	25,000	
碘〃〃	東品	〃	2	280,000	560,000	
氯酸鉀		〃	1		20,000	
高錳酸鉀		〃	1/2	50,000	25,000	
碳酸鋰		〃	1		24,000	
氯化鈷		〃	1/2	200,000	100,000	
氯化鋰	B.D.H.	〃	2	300,000	600,000	
二氧化汞	"merck" 1/2磅装	〃	1		400,000	

化验室设备及药品预算表 219-2-261

35 6

化驗室設備及药品預算表

品名	規格	單位	數量	單價	總價	備註
硝酸鋁		磅	1		30,000	
硫酸亞鐵銨		〃	1		24,000	
溴化鉀	英出	〃	1		80,000	
鉬酸銨		〃	1		1000000	
硝酸銀	pure	〃	1		180,000	
硫氰化鉀		〃	1		200000	
鋁酸鈉		〃	1		80000	
氯化鈣		〃	3	10,000	30,000	
碳酸氫鈉		〃	1		12,000	
硫代硫酸鈉		〃	1		6,000	
氯化銨		〃	1		36,000	
草酸鉀		〃	1		70,000	
〃 〃 銨		〃	1		96,000	
氯化亞銅	pure	〃	1		440,000	
亞硫酸鈉		〃	1		20,000	
磷酸氫鉀	KH_2PO_4	〃	1		860,000	
碳酸鈣		〃	1		3,000	
重鉻酸鉀		〃	1		30,000	
碘片		〃	1/2	320,000	160,000	
醋酸鈉		〃	1		30,000	
磷酸氫鈉銨		〃	1		550,000	
硼砂		〃	1		10,000	
四氯化碳		〃	1		100,000	
三氯甲烷		〃	1		80,000	
硝酸銨		〃	1		40,000	
赤血鹽		〃	1		80,000	
黃血鹽		〃	1		50,000	
氯化鉀		〃	1		15,000	
鉻酸鉀		〃	1		80,000	
Isopropyl alcohol		〃	1		150000	

化验室设备及药品预算表 219-2-261

36

7.

化驗室設備及藥品預算表

品名	規格	單位	數量	單價	總價	備註
Benzidine hydrochloride		磅	1		600000	
焦性沒食子酸	日品 pure	〃	1		80,000	
Tetra-hydroxyquinone		〃	1		500000	
凡士林		〃	1		30,000	
橄欖油		〃	1		60,000	
純錫粒		〃	1		40,000	
純銅絲		〃	1		60,000	
酒精		磅	5		250000	
二氯化錫	pure	磅	1		240,000	
甲基橙		克	50		500,000	
酚酞		〃	50		200,000	
Erythrosine(愛利斯洛新紅)		〃	50		250000	
安息香酸		磅	1		60,000	
澱粉		〃	1		8,000	
石蕊試驗紙	(藍紅)	本	4	3,000	12,000	
α-Naphthylamine Acetate		lb	1		350,000	
$NaNO_2$		lb	2		300,000	
phenoldisulphonic acid		lb	1		250,000	

總共人民幣143,862,800元

重庆电力股份有限公司一九四四年度平均抄见度数统计表　0219-2-198

卅三年度平均抄見度數每月為 4,080,000度
電力 2,720,000度
電灯 1,360,000度

電力
每月抄見度數為 2,720,000度
每度$23.70　共計電费 $64,464,000

電灯
每月抄見度數為 1,360,000度
機関学校佔23.6% 為320,960度
第一級（每户十度以下）佔31% 為99,498度
每度$8.00　共計電费 $795,984
第二級（每户十度以上）佔69% 為221,462度
每度$12.00　共計電费 $2,657,544
.機関学校用電灯每月收電费共計 $3,453,528
普通電灯用户佔76.4% 為1,039,040度
第一級（每户十度以下）佔31% 為322,102度
每度$30.00　共計電费 $9,663,060
第二級（每户十度以上廿度以内）佔20% 為207,808度
每度$50.00　共計電费 $10,390,400
第三級（每户廿度以上五十度以内）佔26% 為270,150度
每度$80.00　共計電费 $21,612,000

95

重庆电力股份有限公司一九四四年度平均抄见度数统计表　0219–2–198

第四级(每安五十度以上)佔23%　為238,980度

每度$120.00　共計電費$28,677,600

普通電灯用户電费共計$70,343,060

合計：

電力	2,720,000度	電费$64,464,000
楼衖灯	320,960度	電费$3,453,528
普通灯	1,039,040度	電费$70,343,060
總計	4,080,000度	電费$138,260,588

七、财务状况

成渝铁路工程局与重庆电力股份有限公司订立购用、供给电流合同（一九三六年九月十四日） 0219-2-319

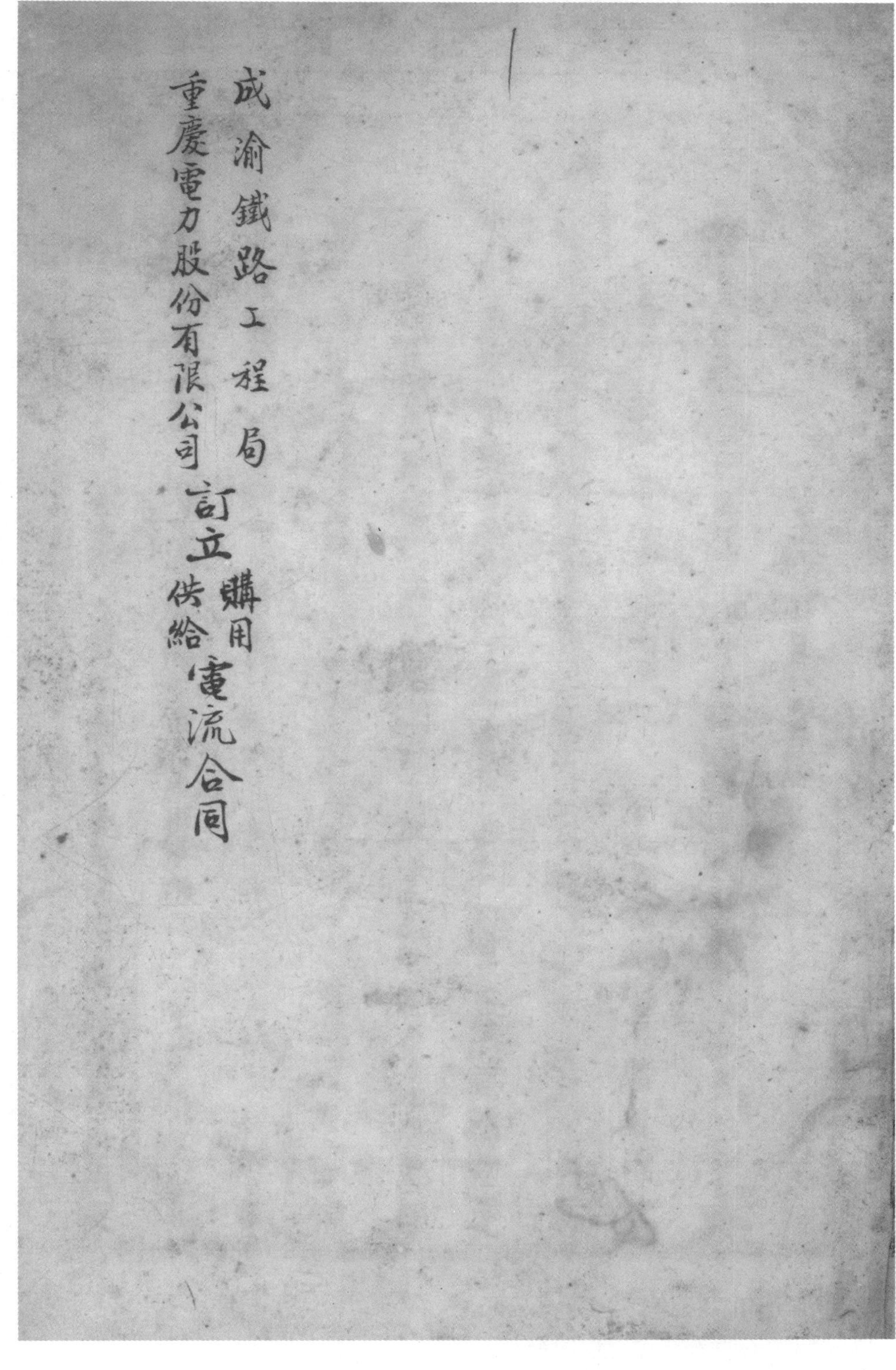

成渝鐵路工程局
重慶電力股份有限公司
訂立購用供給電流合同

成渝铁路工程局与重庆电力股份有限公司订立购用、供给电流合同（一九三六年九月十四日） 0219-2-319

成渝鐵路工程局
重慶電力股份有限公司 訂立購用供給電流合同

一 本合同各條雙方各稱以甲乙兩字簡稱代表之

二 本合同商訂一切手續甲乙兩方除照訂定各條逐項有效辦理外其餘悉照乙方現行營業章程辦理

三 本合同商訂由乙方供給甲方烘圖機（電熱）晒圖機（煤精燈）之電流乙方除因修理機器變壓器線路等事或甲方有違背本合同條件行為得停止供電外在本合同有效期中乙方應予照常供電不得無故停止致妨甲方工作

四 本合同由雙方商定其有效期暫定為叁個月從雙方簽定開始供電之日起如甲乙兩方任何一方認為本合同有繼續性或修改及

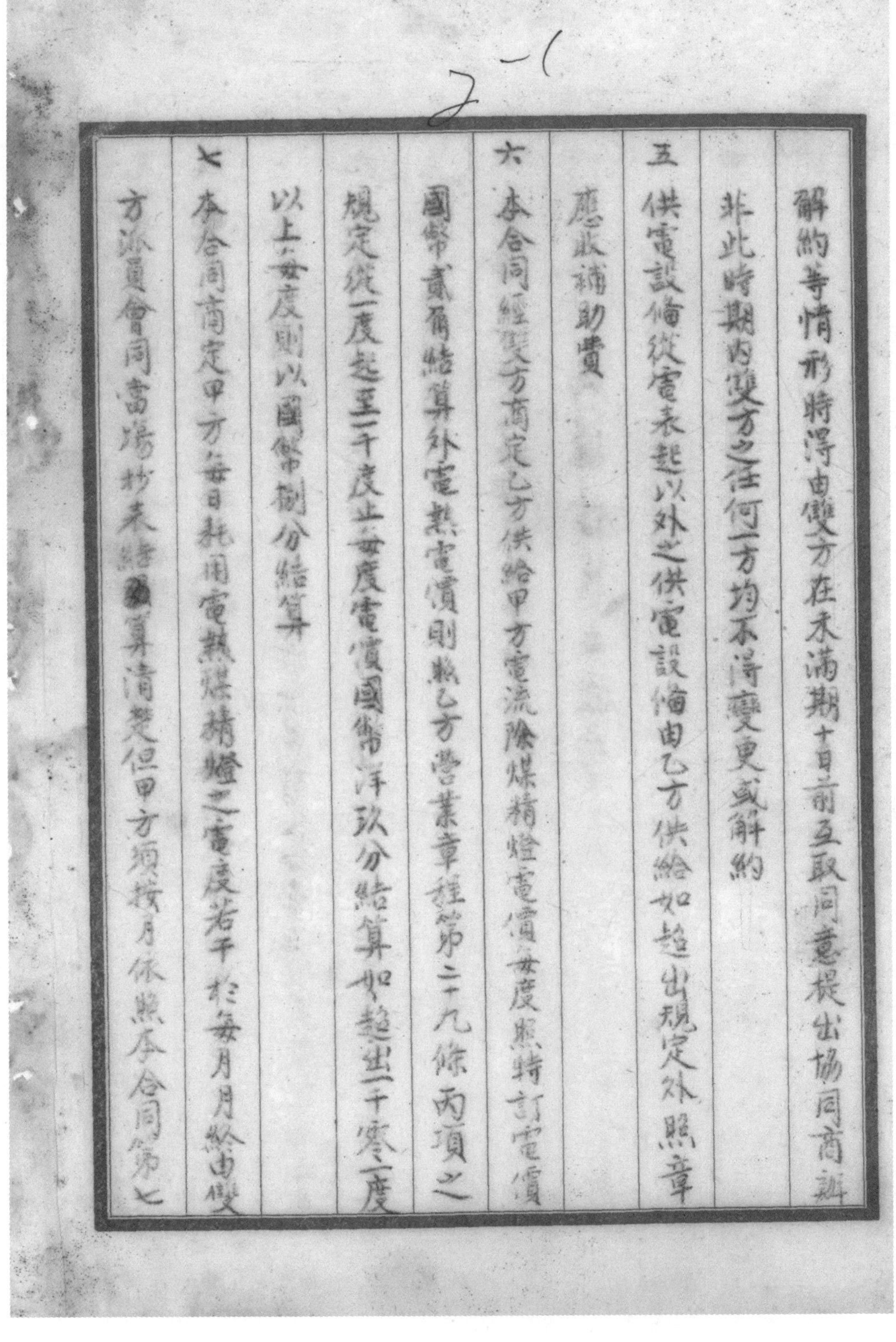

解約等情形時得由雙方在未滿期十日前互取同意提出協同商辦
非此時期內雙方之任何一方均不得變更或解約

五 供電設備從電表起以外之供電設備由乙方供給如超出規定外照章
應收補助費

六 本合同經雙方商定乙方供給甲方電流除煤精燈電價每度照特訂電價
國幣貳角結算外電熱電價則照乙方營業章程第二十九條丙項之
規定從一度起至二千度止每度電價國幣洋玖分結算如超出二千零一度
以上每度則以國幣捌分結算

七 本合同商定甲方每日耗用電熱煤精燈之電度若干於每月月終由雙
方派員會同當場抄表結算清楚但甲方須按月依照本合同第七

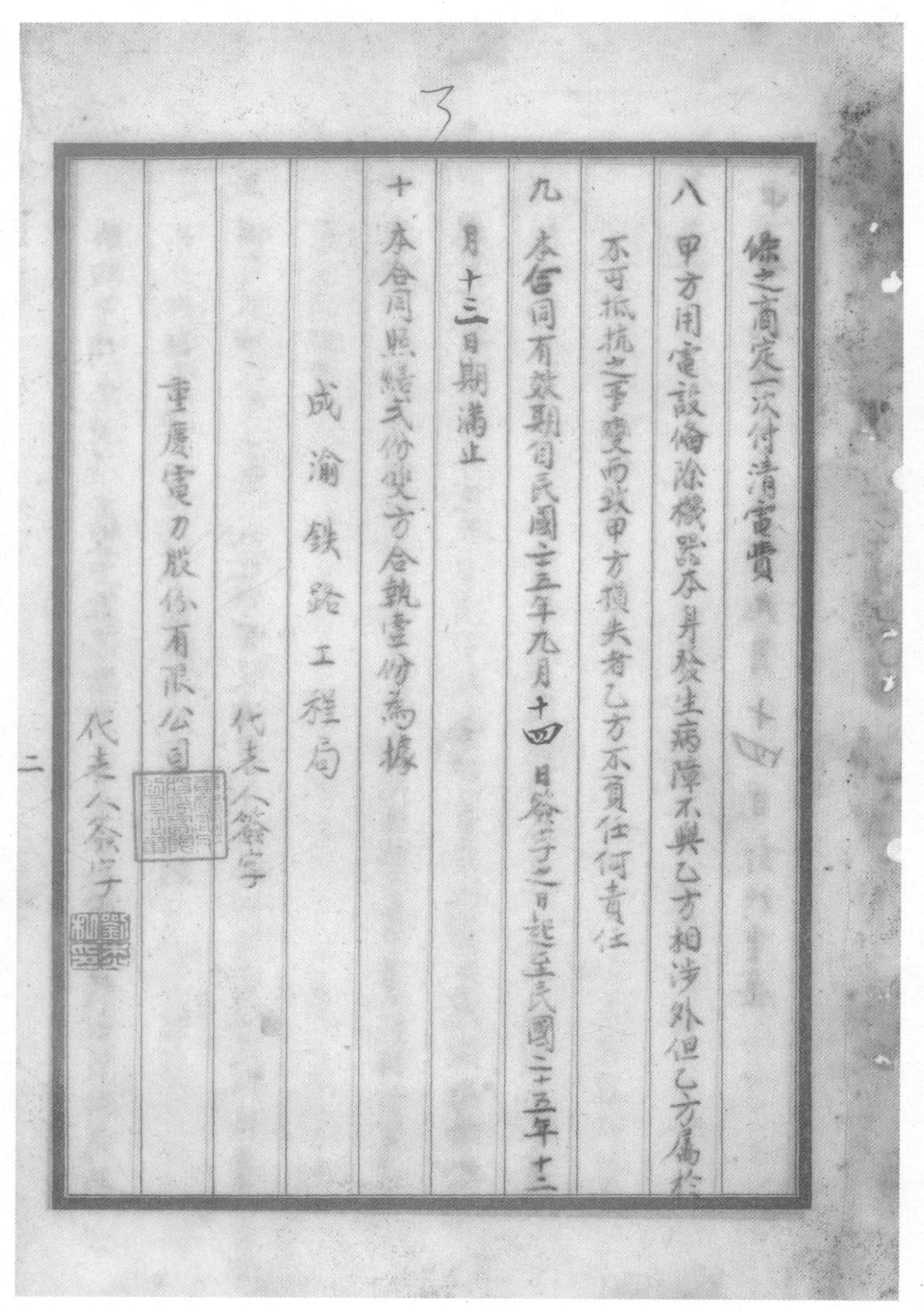

3

條之商定一次付清電費

八 甲方用電設備除機器本身發生病障不與乙方相涉外但乙方屬於不可抵抗之事變而致甲方損失者乙方不負任何責任

九 本合同有效期自民國二十五年九月十四日簽字之日起至民國二十五年十二月十三日期滿止

十 本合同照繕式份雙方合執壹份為據

成渝鉄路工程局

代表人簽字

重慶電力股份有限公司

代表人簽字

二

成渝铁路工程局与重庆电力股份有限公司订立购用、供给电流合同（一九三六年九月十四日） 0219-2-319

交通部重庆电报局与重庆电力股份有限公司订立馈电合同（一九三七年十月一日） 0219-2-319

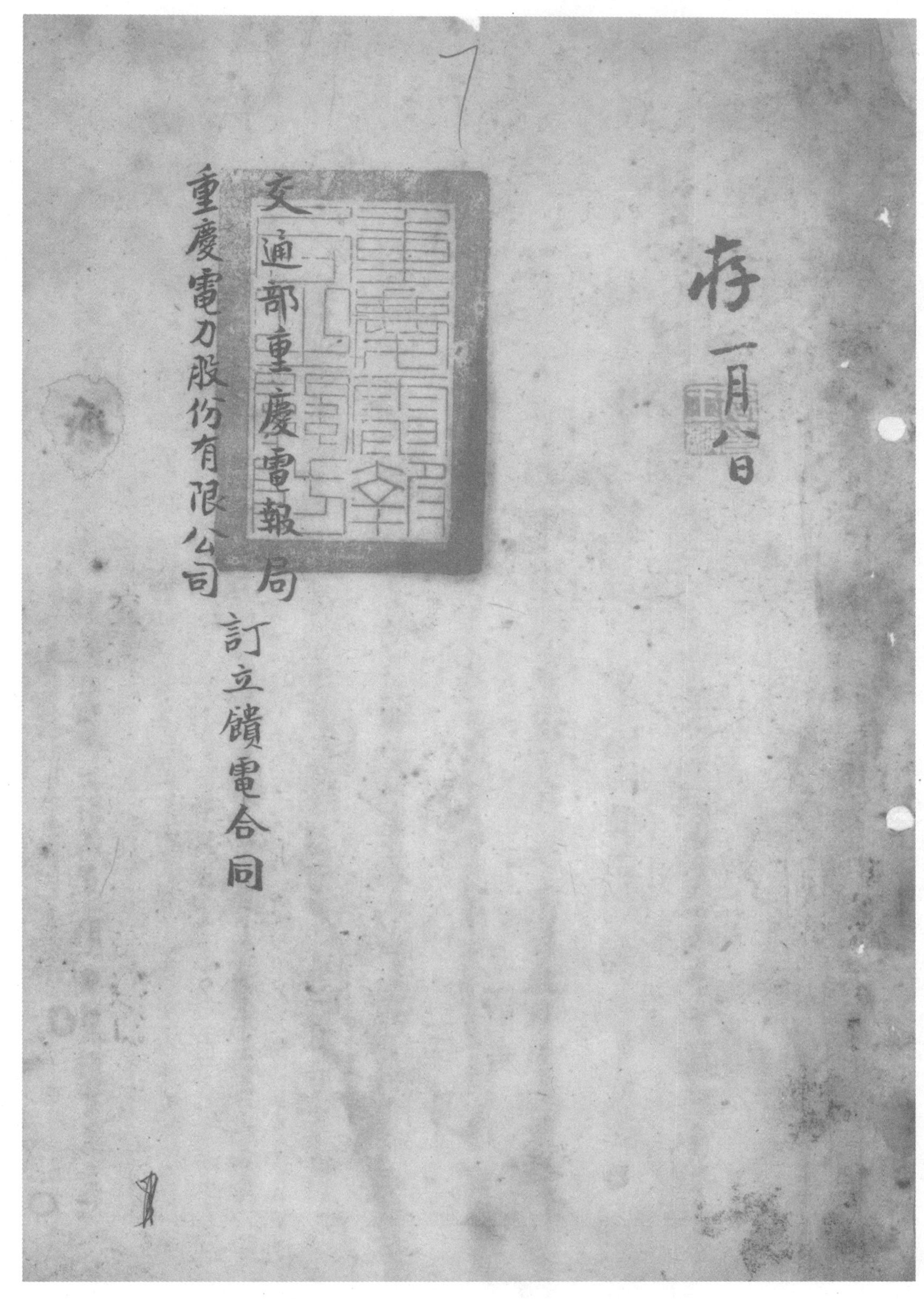

交通部重慶電報局

重慶電力股份有限公司

訂立饋電合同

存

一月八日

交通部重庆电报局与重庆电力股份有限公司订立馈电合同（一九三七年十月一日）

0219-2-319

8

饋電合同

立合同人 交通部重慶電報局（以下簡稱甲方） 重慶電力股份有限公司（以下簡稱乙方） 今甲方願向乙方購用電流、乙方願供給電流，雙方協議訂立合同如左：

第一條 甲方在沙坪壩晒光坪、浮圖關七牌坊所設無線電收發話台由乙方負責施放專線供給甲方全部電流之用。

第二條 專線及變壓器等全部工程（即自電度表起至電廠之機件及線路在電廠方面之設備），發話台方面規定由乙方於二十六年十一月底前，負責裝置完竣供電，收話台方面至遲于本年十二月底以前裝竣供電。

第三條 乙方供電方式為交流五十週波、三相或單相，電壓規定為二百

1

8-1

二十伏一種，電壓調整之上下相差數，各不得超過規定電壓百分之五。

第四條　甲方所用之電流，無論電力電熱所用，因其數量頗大，乙方為優待公用事業起見，每一啟羅華特時（KWH）（以下簡稱為度）電價照陸分計算。

第五條　乙方應在甲方發話台，設置一百開維愛低壓電壓為三相二百二十伏之變壓器一只，並在收話台應設十開維愛低壓電壓為單相二百二十伏之變壓器一只，及電表一切應需設備。變壓器等之保養修理，由乙方負擔。惟變壓所與電度表等裝置之地位，應由雙方會勘擇定甲方電台房屋之適當處，裝置之。

交通部重庆电报局与重庆电力股份有限公司订立馈电合同（一九三七年十月一日） 0219-2-319

第六條 甲方發話台上之一切設備，悉歸甲方自置設備，乙方概不負担。

第七條 乙方之高壓電線、電纜、及各種設備與電表等，無論何時發生障礙，或失竊時，例如保險絲爆斷等，應由甲方通知乙方，乙方接到通知於四小時內，派員工查明修復。否則甲方因停電超過規定時間所受之損失，乙方應照第十三條之規定，負責賠償。但所派員工，如因人力所不能避免之特別事故，在途阻碍致誤時間，乙方即不負賠償之責。

第八條 甲方所裝電力、電熱設備（包括直接用電之線路機械），須按照乙方所訂規章，並須由乙方工程師加以檢驗，認可後方能供電。認為欠妥時，乙方得通知甲方更改，更改後，再經乙方複驗之。以後如

交通部重庆电报局与重庆电力股份有限公司订立馈电合同（一九三七年十月一日） 0219-2-319

9-1

有更改及增添，直接使用市電，部份之設備，甲方須通知乙方檢驗，平時乙方亦得檢視甲方一切電力電熱設備，甲方應予以便利。

第九條 甲方按月消耗之電流，其電費憑乙方所裝於收發話台兩處各電表所記電度，每月合併照第四條規定電價計算，並於每月抄錄電度時，應由乙方通知甲方負責人員眼同對抄。

第十條 乙方所裝電度表，規定每年校驗一次，如甲方對于乙方電度表是否準確發生疑問時，得要求乙方將電表會同校驗，校驗結果，如顯示電表記錄動率快慢已超過百分之二，應即以校驗所得之準確相差成數，核算較準日以前之本月份電費，並應由乙方修整或掉換電表，免付校驗費。如電表校驗結果，並不超過準

交通部重庆电报局与重庆电力股份有限公司订立馈电合同（一九三七年十月一日） 0219-2-319

10

確之規定者（即百分之三），則原裝電表繼續使用，用戶須付校驗費每
表五元。

第十二條

〈一〉保證金 甲方應於簽訂合同時，交付保證金，計國幣大洋伍百元。
此項保證金於本合同期滿停止供電時，無欠費或賠償等情，如
數交還甲方，但不計利息。

〈二〉基本電費 甲方每月用電，不滿壹千度時，須付給乙方基本電度
壹千度電費，但超過壹千度時，照實用抄現度數計費。

〈三〉付款手續 甲方每月付給乙方電費，於接到乙方實用電度證明單後
乙方派員到局收費，甲方儘於十天內付清。如逾期不付，經由乙方寄

10-1

發掛號催費通知單一次，限於寄發之時起（以郵局戳記或甲方收條為憑）十日內甲方未聲明理由，仍未付清欠費時，乙方得停止供電，乙方不負任何責任，但甲方欠費結清時，乙方應立即供電。

第十一條　乙方遇有修理，或清理機械、變壓器、線路等，須停止電流以便工作時，應於事先五日將停電時間及原因通知甲方，商得同意後實行，但停電時間以十小時為限，倘遇臨時發生意外障礙，不及通知者，亦應由乙方於四小時內修復之，如超過四小時，應照第十二條規定賠償損失。

甲方如於本合同未滿期前，未得乙方同意，終止用電，電廠得酌量情形將保證金抵償損失。

交通部重庆电报局与重庆电力股份有限公司订立馈电合同（一九三七年十月一日） 0219-2-319

甲方如遇天災人禍，或特別事故，及其他不得已情事，甲方得於十日前，書面通知乙方，取得同意後，停止供電。如停電繼續在一個月以上者，在停電期內甲方不付基本電費，乙方不負供電責任。甲方恢復用電時，須於三日前，書面通知乙方辦理。

第十三條 在本合同有效期内，無論何時，除天災人禍，罷工，以及其他乙方所不能預防之原因，或事先已得甲方之同意，暨第七及十二條所規定者不論外。如遇有無故停電情事，乙方應賠償甲方之損失，以停電每經過一小時，賠償損失伍元正。

第十四條 本合同饋電期限為五年，自民國廿六年十月三十一日起，至民國三十一年十月三十日止。饋電期滿，倘有一方不欲繼續合同，或須

交通部重庆电报局与重庆电力股份有限公司订立馈电合同（一九三七年十月一日） 0219-2-319

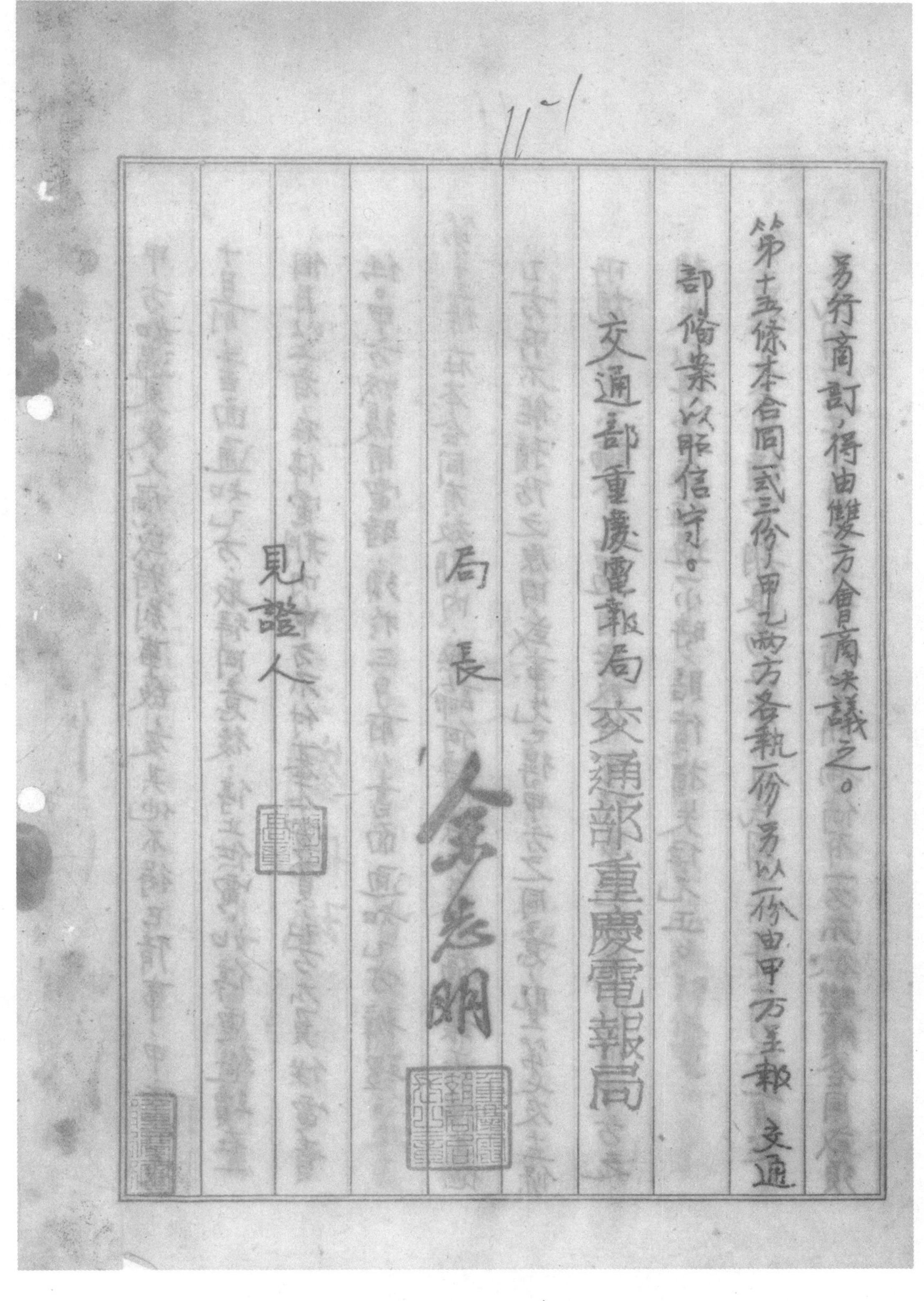

另行商订，得由双方会商决议之。

第十五条 本合同式三份，甲乙两方各执一份，另以一份由甲方呈报交通部备案，以昭信守。

交通部重庆电报局

局长 余思明

见证人

12

重慶電力股份有限公司

總經理 劉航琛

見證人

交通部重庆电报局与重庆电力股份有限公司订立馈电合同（一九三七年十月一日） 0219-2-319

交通部重庆电报局与重庆电力股份有限公司订立馈电合同（一九三七年十月一日） 0219-2-319

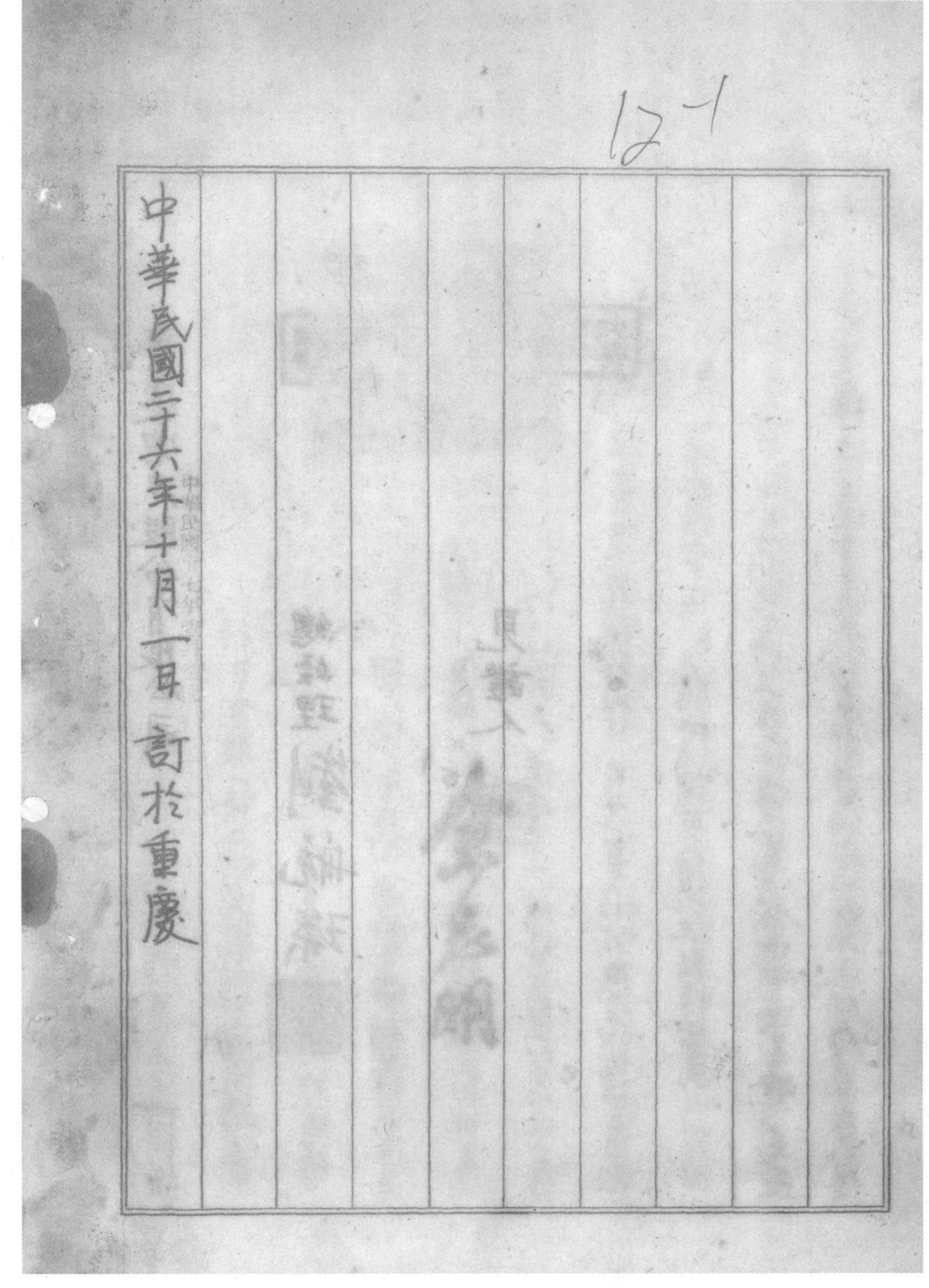

127

中華民國二十六年十月一日訂於重慶